SAMMLUNG TUSCULUM

HHerausgeber: Karl Bayer, Max Faltner, Gerhard Jäger

LUCI IUNI MODERATI
COLUMELLAE

DE RE RUSTICA
LIBRI DUODECIM

INCERTI AUCTORIS
LIBER DE ARBORIBUS

VOL. II

LUCIUS IUNIUS MODERATUS

COLUMELLA

Zwölf Bücher über
LANDWIRTSCHAFT
Buch eines Unbekannten über
BAUMZÜCHTUNG

lateinisch – deutsch

herausgegeben und übersetzt von
WILL RICHTER
Namen- und Wortregister von
ROLF HEINE

BAND II

ARTEMIS VERLAG

CIP-Kurztitelaufnahme der Deutschen Bibliothek

Columella, Lucius Iunius Moderatus:
[Über Landwirtschaft]
Zwölf Bücher über Landwirtschaft. Buch eines Unbekannten über Baumzuchtung.
Lat.-dt.
Lucius Iunius Moderatus Columella.
Hrsg. u. übers. von Will Richter. Namen- u.
Wortreg. von Rolf Heine.
München : Artemis-Verlag
(Sammlung Tusculum)
Einheitssacht.: De re rustica
Parallelt.: Luci Iuni Moderati Columellae de
re rustica libri duodecim.
Bd. 1 als: Tusculum-Bücherei

NE: Columella, Lucius Iunius Moderatus:
[Sammlung]; Richter, Will [Hrsg.]

Bd. 2 (1982).
ISBN 3-7608-1642-8

Columella, Lucius Junius Moderatus

1. Auflage 1982
© 1982 Artemis Verlag München und Zürich
Verlagsort München
Satz und Druck: Druckhaus Bayreuth
Printed in Germany

INHALT

TEXT UND ÜBERSETZUNG

LIBER SEXTUS

haec continet

INCIPIT LIBER SEPTIMUS. SEPTIMUS LIBER HAEC CONTINET
SA *sim. inscr. habent* **R** *aliquot, part. post argum.*

argumenta libri om. **R** *aliquot, eorum numeros alii aliter disposuerunt;
in cod.* **S** *haec dispositio rerum legitur:*
I de bubus probandis – II de bubus domandis – III de burandis
bubus – IV de cibaria boum – V de vitia boum et medicinae –
VI ventris dolor – VII ranae boum sic curantur – VIII de fussi –

SECHSTES BUCH

DIE GROSSTIERE

Inhalt

Codd. **AR** *sequuntur illum ordinem, quem auctor post finem libri undecimi inseruit.*

PRAEFATIO

Scio quosdam, Publi Silvine, prudentis agricolas pecoris   1
abnuisse curam gregariorumque pastorum velut inimicam
professionis suae disciplinam constantissime repudiasse
neque infitior id eos aliqua ratione fecisse, qua sit
5 agricolae contrarium pastoris propositum, cum ille quam
maxime subacto et puro solo gaudeat, hic novali grami-
nosoque, ille fructum e terra speret, hic e pecore, ideoque
arator abominetur, at contra pastor optet herbarum pro-
ventum. sed in is tam discordantibus votis est tamen   2
10 quaedam societas atque coniunctio, quoniam et pabulum
ex fundo plerumque domesticis pecudibus magis quam
alienis depascere ex usu est et copiosa stercoratione, quae
contingit e gregibus, terrestres fructus exuberant. nec ta-   3
men ulla regio est, in qua modo frumenta gignantur, quae

VORWORT

Ich weiß, Publius Silvinus, daß verschiedene ernstzunehmende Landwirte die Viehzucht abgelehnt und die Kunst des Tierhalters als mit ihrem Beruf unvereinbar aufs beharrlichste von sich gewiesen haben, und ich gebe sogar zu, daß sie dies mit einigem Grund taten insofern, als das Ziel des Viehzüchters dem des Bauern entgegengesetzt ist; denn dieser legt den größten Wert auf bearbeiteten und reinen Boden, jener auf jungfräulichen und grasbewachsenen; dieser erwartet seinen Ertrag von der Erde, jener vom Vieh, und folglich verwünscht der Ackerbauer das Aufkommen von Gras und Unkraut, der Hirte aber wünscht es. Dennoch besteht bei aller Gegensätzlichkeit der Ziele eine gewisse Gemeinsamkeit, da es einmal meist nützlicher ist, das Grünfutter auf dem Grund und Boden durch eigene Tiere abweiden zu lassen als durch fremde, und da außerdem durch den reichlichen Dung, der von den Tierherden abfällt, auch der Ertrag des Bodens üppiger wird. Und doch gibt es keine Gegend, in der Feldfrüchte erzeugt werden, ohne daß der Boden ebenso mit Hilfe von

15 non ut hominum ita armentorum adiuvatorio colatur, unde
etiam iumenta et armenta nomina a re traxere, quod
nostrum laborem vel onera subvectando vel arando iuva-
rent.

Itaque sicut veteres Romani praeceperunt, ipse quoque
20 censeo tam pecorum quam agrorum cultum pernoscere.
nam in rusticatione vel antiquissima est ratio pascendi 4
eademque quaestuosissima, propter quod nomina quoque
pecuniae et peculi tracta videntur a pecore, quoniam et
solum id veteres possederunt et adhuc apud quasdam
25 gentis unum hoc usurpatur divitiarum genus. sed ne apud
nostros quidem colonos alia res uberior, ut Marcus Cato
prodidit, qui consulenti, quam partem rei rusticae exercen-
do celeriter locupletari posset, respondit, si bene is pasceret, rursusque interroganti, quid deinde faciendo satis
30 uberes fructus percepturus esset, adfirmavit, si mediocriter pasceret. ceterum de tam sapiente viro piget dicere, 5
quod eum quidam auctores memorant eidem quaerenti,
quidnam tertium in agricolatione quaestuosum esset,

15 hominum Sü² omnium **AR** ouium **p²**
adiuuatorio colatur *Lundstr.* adiuratorio (ra *del.*) colatur **S** adiurator
iuculator **A** adiurator (*vel* -iuuator *vel* -iugator) iugulatur (*vel* -tor) **R**
adiuratorio excolatur *in ras.* t
16 nomina a re *Lundstr.* nominare **S** nomen are **A** (*vel* a re) **R**
17 subuectando **R** subiectando **S** subtectando **A**
21 rusticatione uel/rusticatiū neuel **A**   23 uidentur **R** uidetur **SA**
quoniam **SA** quom *vel* cum **R**
23 s. et solum id *Lundstr.* et solum in **SA** id solum **ntüx** et non solum **R**
plerique
24 possederunt/posserunt **S¹** posuerunt possederunt **p**   adhunc **S²R**
25 sed **S** et **AR**   26 res uberior γ re superior **SAR**
27 prodidit **S** reddidit **AR** credidit γ   consuleti **S¹A** consulentem **p**
28 posset **Sü¹** possit **AR**
28 s. is pasceret *Lundstr.* ipsasciret **S** ipsas (ipsam γ) geret **AR**
30 uberes **S** uberet **AR**   esset γ est **SAR**
adfirmabis **S** adfirmauis **A**   32 eum/cum κ tamen γ
33 quidnam κ quidam **SA** qu(o)idam *vel* quoddam **R** quid γ
questusum **S** quęstu sum **A**

Haustieren wie von Menschen bearbeitet würde. Daher haben ja auch die *iumenta* und *armenta* ihren Namen von der Sache selbst, weil sie unsere Arbeit unterstützen[1], indem sie entweder Lasten tragen oder den Pflug ziehen.

Darum halte auch ich es für richtig, wie es die alten Römer verlangt haben, ebenso wie die Behandlung des Ackers auch die der Tiere durchaus zu erlernen. In der Landwirtschaft ist nämlich die Kunst der Viehhaltung am ältesten und zugleich am ergiebigsten, weshalb auch die Bezeichnungen für „Geld" (*pecunia*) und „Vermögen" (*peculium*) vom Vieh (*pecus*) abgeleitet zu sein scheinen. Denn in alter Zeit besaß man nichts als dies, und bei manchen Völkern kennt man noch heute nur diese eine Form des Besitzes. Aber auch bei unseren eigenen Bauern gibt es nichts, was mehr Ertrag abwirft; so lehrt auch Marcus Cato, und als ihn jemand fragte, welchen Zweig der Landwirtschaft er betreiben solle, um rasch reich werden zu können, gab er zur Antwort: er solle tüchtig Vieh züchten; als jener weiterfragte, was er tun müsse, um ordentlich üppige Früchte zu ernten, versicherte Cato: er solle nur einigermaßen ordentlich Vieh züchten. Im übrigen ist es freilich mißlich, von einem so gescheiten Mann berichten zu müssen, er habe – nach einigen Quellen – auf die weitere Frage jenes Mannes, was in der Landwirtschaft an dritter Stelle des Ertrags stehe,

adseverasse, si quis vel male pasceret, cum praesertim
35 maius dispendium sequatur inertem et inscium pastorem
quam prudentem diligentemque conpendium. de secundo
tamen responso dubium non est, quin mediocrem negle-
gentiam domini fructus pecoris exsuperet.

Quam ob causam nos hanc quoque partem rei rusticae, 6
40 Silvine, quanta valuimus industria, maiorum secuti praecepta posteritati mandavimus, igiturque cum sint duo
genera quadripedum, quorum alterum paramus in consor-
tium operum sicut bovem, mulam, equum, asinum, alterum
voluptatis ac reditus et custodiae causa ut ovem, capellam,
45 suem, canem, de eo genere primum dicemus, cuius usus
nostri laboris est particeps. nec dubium, quin, ut ait Varro, 7
ceteras pecudes bos honore superare debeat, praesertim
et in Italia, quae ab hoc nuncupationem traxisse credi-
tur. quod olim Graeci tauros italos vocabant, et in ea
50 urbe, cuius moenibus condendis mas et femina boves aratro
terminum signaverunt, vel, ut antiquiora repetam, quod
idem Atticis Athenis Cereris et Triptolemi fertur minister,

35 inscium **kltü**[2] scium **SAR**
36 prudentem γ prudenti **SAR** *plerique*
conpendium de **S**[2] (*om.* de) **t** conprendium de **S**[1]**A** comprendi unde **R**
37 s. negligentiam **R**   **38** exuperet **AR**   **40** secuti **S**γк sicuti **AR**
41 igiturque **S** igitur **AR**   sint duo/duo (du **d**) sint γ**dq**
42 quadrupedum **R**   **44** uoluptatis **R** uolumtatis **S** uoluntatis **A**
redditus γψ   suem **S**γ ouem **AR**   **45** canem γ tamen **SAR**
usus γ**k** usum **SAR**   **46** Varro *rust. 2, 5, 3*   **48** et in/autem in γ
49 olim/enim γк   graeci/gregi **A**[1]
gregi tauros nostri/nostri tauros greci γ
uocabant *Mul. 946* uocant **SAR**
50 condendis mas **Sü**[1] condendissimas **A** condendis si mas **R**
boues **S** *om.* **AR**   aratro/arato *ev. corr.* **S**
51 antiquiora repetam *Lundstr. ex Mul.* (anti qui orare petam) petä **SA**[2]
petü **A**[1] petum *vel* pecum **R**   **52** atticis *ed. pr.* atticus **SAR**
attenis **S**[1]**A**[1]   cereris/celeris **A**[1] ceteris **R** *aliquot*

erklärt: wenn man noch so schlecht Vieh züchte[2]. Denn ein Vieh-
hirte ohne Geschick und Kenntnisse kann noch mehr Schaden verursachen, als ein kenntnisreicher und sorgfältiger an Gewinn erzielen kann. Bezüglich der zweiten Antwort besteht aber kein
Zweifel, daß der Ertrag aus der Viehhaltung eine einigermaßen
hinlängliche Sorgfalt des Besitzers mehr als reichlich lohnt.

Aus diesem Grund habe ich, Silvinus, auch dieses Gebiet der
Landwirtschaft nach bestem Vermögen gemäß den Vorschriften
der Alten für die kommenden Geschlechter aufgezeichnet, und da
es zwei Klassen von Vierfüßlern gibt, deren eine wir zur Hilfe bei
unserer Arbeit halten, wie das Rind, das Maultier, das Pferd und
den Esel, die andere aber zu Genuß, Gewinn und Bewachung, wie
Schaf, Ziege, Schwein, Hund, so wollen wir zunächst über die Klas-
se sprechen, die an unserer Arbeit teilhat. Es steht aber außer
Zweifel, daß, wie Varro sagt, das Rind unter allen Haustieren an
erster Stelle stehen muß, zumal in Italien, das von ihm seinen Namen haben soll, weil die Griechen in alter Zeit die Stiere *italoi*
nannten[3], und in derjenigen Stadt, bei deren erster Ummauerung
ein männliches und ein weibliches Rind die Stadtumfriedung mit
dem Pflug markiert haben[4], oder auch – um auf ältere Dinge zu-
rückzugreifen – deshalb, weil das Rind in Athen als Diener der
Demeter und des Triptolemos gilt[5], weil es am Himmel einen

quod inter fulgentissima sidera particeps caeli est, quod
denique laboriosissimus adhuc hominis socius in agricul-
55 tura, cuius tanta fuit apud antiquos veneratio, ut tam capi-
tal esset bovem necuisse quam civem. ab hoc igitur promissi
operis capiamus exordium.

DE BUBUS PROBANDIS   1

Quae in emendis bubus sequenda quaeque vitanda sint,   1
non ex facili dixerim, quoniam pecudes pro regionis
caelique statu et habitum corporis et ingenium animi et
pili colorem gerunt. aliae formae sunt Asiaticis, aliae
5 Gallicis, Epiroticis aliae, nec tantum diversitas pro-
vinciarum, sed ipsa quoque Italia partibus suis discrepat.
Campania plerumque boves progenerat albos et exiles,
laboris tamen et culturae patrii soli non inhabiles; Umbria   2
vastos et albos eademque rubios nec minus probabiles
10 animis quam corporibus, Etruria et Latium compactos, sed
ad opera fortis, Apenninus durissimos omnemque difficultatem tolerantis nec ab aspectu indecoros. quae cum tam
varia et diversa sint, tamen quaedam quasi communia et
certa praecepta in emendis iuvencis arator sequi debet,
15 eaque Mago Carthaginiensis ita prodidit, ut nos deinceps
memorabimus.

53 caeli est *scripsi* caeli sit *Mul.* caelis **SA** celi **R**
53 s. quod denique *Mul.* quod deinde qd **SA** quod deinde **R**
55 apud antiquis **A**[1] aputanti quis **S**[1]   tam **S** tamen **AR**
56 necasse **R**   ab **S** ob **AR**
57 *post* exordium *tit.* I. DE BUBUS PROBANDIS **SA** *om.* **R** *plerique*

2 quoniam **SA** quom *vel* cum **R**   **3** habitum **S** habitu **AR**
corporis **R** corpori **A** corporum **S**   ingenium **S** ingenii **AR**
7 progenerant **SA**
9 rubios **AR** *part.* rubeos *vel* rubros *vel* rubrios **R** *plerique* rabios **S**
10 et truria **SA**[1]   **11** fortes **R**   **13** diuersa γdkl uersa **SAR**
14 iuuencis/iumentis **R** *aliquot*   **15** carthaginensis **R**
16 memorauimus **S**[1]**AR** *aliquot*

Platz unter den hellsten Sternbildern hat, schließlich weil es noch immer der fleißigste Helfer des Menschen in der Landarbeit ist, ein Tier, dessen Verehrung bei den Alten so groß war, daß es ebenso ein Kapitalverbrechen war, ein Rind zu töten, wie einen Menschen. Mit ihm wollen wir also die versprochene Arbeit beginnen.

1. KAPITEL:
DIE BEGUTACHTUNG DER RINDER

Was man beim Rinderkauf suchen, was man meiden soll, ist nicht so ganz leicht zu sagen, weil die Tiere je nach Landschaft und Klima unterschiedliche Statur, Gemütsart und Haarfarbe haben. So ist die Gestalt der Rinder in Asien, Gallien, Epirus ganz verschieden, und nicht allein die verschiedenen Länder, sondern auch Italien selbst weist von Gebiet zu Gebiet Unterschiede auf. Campanien erzeugt vorwiegend weiße und schlanke, aber gleichwohl für die Arbeit auf dem heimischen Boden recht brauchbare Rinder; Umbrien hat breite und helle, aber auch rötliche und gleichermaßen körperlich und charakterlich tüchtige Tiere, Etrurien und Latium gedrungene, aber für schwere Arbeit geeignete, der Apennin sehr zähe Rinder, die jede Belastung ertragen und auch dem Auge kein übles Bild bieten. Ungeachtet all dieser Unterschiede muß der Bauer doch beim Rinderkauf sich an gewisse gemeinsame und feststehende Regeln halten, und die hat Mago aus Karthago[6] so überliefert, wie ich sie nun der Reihe nach nennen will.

Parandi sunt boves novelli, quadrati, grandibus membris;   3
cornibus proceris ac nigrantibus et robustis, fronte lata et
crispa, hirtis auribus, oculis et labris nigris, naribus resi-
20 mis patulisque, cervice longa et torosa, palearibus amplis
et paene ad genua promissis, pectore magno, armis vastis,
capaci et tamquam inplente utero, lateribus porrectis, lumbis latis, dorso recto planoque vel etiam subsidente, clunibus rotundis, cruribus conpactis ac rectis, sed brevioribus
25 potius quam longis nec genibus inprobis, ungulis magnis,
caudis longissimis et setosis, pilo totius corporis denso
brevique, colore rubii vel fusci, tactu corporis mollissimo.

DE BUBUS DOMANDIS   2

Talis notae vitulos oportet, cum adhuc teneri sunt,   1
consuescere manu tractari, ad praesepia religari, ut exiguus
in domitura labor eorum et minus sit periculi. verum
neque ante tertium nec post quintum annum iuvencos do-
5 mari placet, quoniam illa aetas adhuc placida est, haec
iam praedura. eos autem, qui de grege feri conprehendun-
tur, sic subigi convenit.

Primum omnium spatiosum stabulum praeparetur, ubi   2
domitor facile versari et unde egredi sine periculo possit.

---

17 grandibus **bü**[2] *Pall.* grandis **SAR** magnis γκ   **18** fronte/promptae S[1]A[1]
20 patulis (*om.* que) γκ   **21** uastis γkpä uasti **SAR**
23 subsidente **vä** susidente S[2] subidente S[1]**AR**
25 ungulis Sγκ uinculis **AR**
26 pilo totius *Ponted. ex Pall.* pilosius SA pilosis **R**   **27** rubei γκ
mollis simo S   *post* mollissimo *tit.* de bubus (*vel* bobus) domandis
R *pauci*

1 adhunc S[1]A   **4** nec/neque **R**   **5** qŭo SAκ quom *vel* cum **R**
adhūc **A**
6 praedura eos *ed. pr.* predureos S[1]A (*vel* -ros) **R** predure eos S[2]
preduruit eos γ   qui de S[2] quidem S[1]**AR**   feri S fieri **AR**
7 *post* conuenit *tit.* II. DE BUBUS DOMANDIS SA

Man kauft junge, klotzige Rinder mit großen Gliedmaßen, hochragenden, dunklen, kräftigen Hörnern, breiter, krausbehaarter Stirn, zottigen Ohren, schwarzen Augen und Lippen, breiter und stumpfer Nase, langem, fleischigem Nacken, großer Wamme, die fast bis auf den Vorderbug herabhängt, mächtiger Brust, breiten Oberschenkeln, umfangreichem, wie schwanger aussehendem Bauch, gestreckten Flanken, breiten Lenden, geradem und flachem oder auch eingesatteltem Rücken, runden Hinterbacken, kompakten und geraden, eher kurzen als langen Beinen ohne Mängel an den Beugen, mit großen Hufen, sehr langem Schwanz mit Quaste, dichtem und kurzem Haarkleid am ganzen Leib von rötlicher oder dunklerer Haarfarbe und mit einer Haut, die sich ganz zart anfaßt.

2. KAPITEL:
DIE ABRICHTUNG DER RINDER

Jungrinder solcher Qualität muß man, solange sie noch zart sind, an die Berührung durch die menschliche Hand und an das Festbinden an der Krippe gewöhnen, damit die Mühe und die Gefahr bei der Abrichtung nicht so groß wird. Man soll aber Pflugrinder nicht vor dem dritten und nicht nach dem fünften Jahr abrichten, weil sie in diesem Alter noch nachgiebig, später aber schon zu widerspenstig sind. Diejenigen aber, die man als Wildlinge aus der Herde holt, sind folgendermaßen zu zähmen:

Zuallererst bereitet man einen geräumigen Stall vor, in dem sich der Abrichter leicht bewegen und aus dem er sich ungefährdet ent-

10 ante stabulum nullae angustiae sint, sed aut campus aut
   via late patens, ut, cum producentur iuvenci, liberum
   habeant excursum, ne pavidi aut arboribus aut obiacenti
   cuilibet rei se inplicent noxamque capiant. in stabulo sint   3
   ampla praesepia superque transversi asseres in modum
15 iugorum a terra septem pedibus elati configantur, ad quos
   religari possint iuvenci. diem deinde, quo domituram
   auspiceris, bonum a tempestatibus et a religionibus matutinum eligito cannabinisque funibus cornua iuvencorum ligato. sed laquei, quibus capulantur, lanatis pellibus involu-   4
20 ti sint, ne tenerae frontes sub cornua laedantur. cum deinde
   buculos conprehenderis, perducito ad stabulum et ad stipites religato, ita ut exiguum laxamenti habeant distentque
   inter se aliquanto spatio, ne in conluctatione alter alteri
   noceat, si nimis asperi erunt, patere unum diem noctem-
25 que desaeviant; simul atque iras contuderint, mane produ-
   cantur, ita ut et a tergo conplures, qui secuntur, retina-
   culis eos contineant et unus cum clava salignea procedens
   modicis ictibus subinde inpetus eorum coerceat.
      Sin autem placidi et quieti boves erunt, vel eodem die,   5
30 quo adligaveris, ante vesperum licebit producere et docere
   per mille passus conposite ac sine pavore ambulare; cum
   domum reduxeris, arte ad stipites religato, ita ne capite
   moveri possint, tum demum ad alligatos boves neque a
   posteriore parte neque a latere, sed adversus placide et
35 cum quadam vocis adulatione venito, ut adcedentem con-

---

10 angustia **SA**
   sed aut campus sed aut **SA**   11 uia **A²R** ui **SA¹**
   producentur **Syak** producerentur **AR**   13 inplicet **S¹A¹**   16 possit **A¹**
19 *ad §§ 4–14 cf. Varro 2, 5, 7; Pall. 4, 11*   copulantur **R** *part.*
20 tenere frontes **S²A²** tenere frontet **S¹A¹** tenera fronte **R**
21 perducito **blpst** perducite **SAR** perduc **γ**
   ad stabulum **kt** *ed. pr.* extra st. **γ**   22 que *post* distent *om.* **γκ**
25 desaeuiant/daesequeant **S¹**   contuderint **γ** contulerint **SAR**
   mane **S** manu **AR**   26 sequuntur **R**   28 modicis **R** modicibus **SA**
31 passos **Aψ**   composito **R** conposita **SA**
32 reduxeris **S²** preduxeris **AR**   arcte **R**
35 accendentem **SAγ**

fernen kann. Außerhalb des Stalles darf kein Engpaß sein, sondern entweder offenes Gelände oder ein breiter Weg, damit die Jungrinder, wenn sie herausgelassen werden, freien Auslauf haben; sonst könnten sie scheuen und gegen einen Baum oder einen anderen im Wege befindlichen Gegenstand rennen und dadurch zu Schaden kommen. Im Stall sollen geräumige Futterstände sein; darüber fügt man Querbalken in der Art von Jochen, sieben Fuß über der Erde, an denen die Rinder festgebunden werden können. Außerdem soll man für den Beginn der Abrichtung einen Morgen auswählen, der frei von Wetterstörungen und religiösen Hindernissen ist, und die Hörner der Rinder mit Hanfstricken umwinden. Die Stricke aber, an denen sie geführt werden, sollen mit wolligen Fellen umwickelt sein, damit die zarte Haut unter den Hörnern nicht verletzt wird. Hat man die jungen Stiere eingefangen, dann führt man sie in den Stall und bindet sie derart an Pfosten fest, daß sie nur geringen Spielraum haben und in beträchtlichem Abstand voneinander stehen, damit nicht beim widerspenstigen Toben einer dem anderen Schaden zufügt. Sind sie gar zu ungebärdig, dann lasse man sie einen Tag und eine Nacht sich austoben; haben sie dann ihren Zorn abreagiert, so führt man sie morgens ins Freie, und zwar so, daß mehrere Männer, die hinterhergehen, sie an Stricken führen und einer, der mit einem Weidenknüppel vorausgeht, ihr Ungestüm immer wieder mit maßvollen Hieben eindämmt.

Sind die Rinder aber sanft und ruhig, so kann man sie auch schon am gleichen Tage, an dem man sie gebunden hat, noch vor dem Abend ins Freie führen und eine Meile weit gemessen und ohne Scheu zu gehen lehren; hat man sie dann nach Hause gebracht, so bindet man sie eng an die Pfähle, so daß sie sich mit dem Kopf nicht bewegen können, und tritt schließlich an die angebundenen Tiere nicht von hinten oder von der Seite, sondern von vorn ruhig und mit ein paar freundlichen Worten heran, damit

suescant aspicere, deinde nares perfricato, ut hominem
discant odorari. mox etiam convenit tota tergora et trac-   6
tare et respergere mero, quo familiariores bubulco fiant,
uteris quoque et sub femina manum subicere, et ne ad
40 eius modi tactum postmodum pavescant et ut ricini, qui
plerumque feminibus inhaerent, eximantur; idque cum fit,
a latere domitor stare debet, ne calce contingi possit. post   7
haec diductis malis educito linguam totumque os et palatum sale defricato libralesque offas praesulsae adipis in
45 gulam demittito ac vini singulos sextarios per cornum
faucibus infundito. nam per haec blandimenta triduo fere
mansuescunt iugumque quarto die accipiunt, cui ramus
inligatus temonis vice traicitur; interdum et pondus aliquod
iniungitur, ut maiore nisu laboris exploretur patientia. post   8
50 eiusmodi experimenta vacuo plostro subiungendi et paulatim longius cum oneribus producendi sunt. sic perdomiti
mox ad aratrum instituantur, sed in subacto agro, ne
statim difficultatem operis reformident neve adhuc tenera
colla dura proscissione terrae contundant. quem ad modum
55 autem bubulcus in arando bovem instituat, primo praecepi
volumine. curandum ne in domitura bos calce aut cornu
quemquam contingat, nam nisi haec caventur, numquam
eiusmodi vitia quamvis subacta eximi poterunt.

37 discant γκ discat **SAR** *aliquot*
39 uteris/ueteris κψ uentris *vel* uentri γ   et ne *Lundstr.* et **SAR** ne γ
40 ricini r² riclini **SA** reclini (*vel* -cliui *vel* -dini) **R**
41 idque S² itque S¹A itaque **R** ita γ   fit γ sint **SAR**
42 calce A²R cale SA¹   **43** diductis **nvx** deductis **SAR**
educito tü² seducito **SA** reducito **R**
os et *Lundstr. ex Pall. 4, 12* eo sed **S** eo sub **AR** eorum sub γ
44 defrigato SA¹   praesulsae *Pall.* in praesulsae **SA** impresulse (*vel*
inp- *vel* -sulle) **R**   **44 s.** in gulam *Pall.* singula **SAR**
45 demittito p dimitte **SAR** *Pall.*   uini Sγ bini **AR**
cornum **R** cornü **SA**
48 inligatus SAtü² illigatur (*vel* inl-) **R**
52 ad (*ante* aratrum) γκ *om.* **SAR**   **54** contundant *Ald.* condant **SAR**
56 curandum γκklp curanda **SAR**   **58** quamvis/quâque S¹

sie sich an den Anblick des herankommenden Menschen gewöhnen, und streicht ihnen dann über die Nase, damit sie den menschlichen Geruch kennenlernen. Bald ist es auch angebracht, über den
ganzen Rücken zu streichen und ihn mit Wein zu besprengen, was
sie ihrem Wärter vertrauter machen soll, dann die Hand auch an
Bauch und Schenkel zu legen, damit sie später nicht bei solcher
Berührung scheu werden und damit die Läuse, die meist an den
Schenkeln sitzen, abgestreift werden; wenn dies geschieht, muß der
Abrichter auf der Seite stehen, damit er nicht mit dem Huf ge-
schlagen werden kann. Danach nimmt man die Kiefer auseinander,
zieht die Zunge heraus und reibt das ganze Maul und den Gaumen mit Salz ein, steckt pfundschwere Klumpen stark gesalzenen
Fetts in den Rachen und gießt durch einen Trichter einen Schoppen Wein in den Schlund nach. Denn durch diese sänftigenden
Maßnahmen werden sie in etwa drei Tagen handsam und nehmen
am vierten das Joch an, mit dem an Stelle einer Deichsel ein Ast
verbunden wird; zuweilen befestigt man daran auch irgendein Gewicht, um an der vergrößerten Anstrengung die Arbeitswilligkeit
des Tieres zu erproben. Nach derartigen Versuchen müssen sie vor
einen leeren Wagen gespannt und nach und nach mit Belastung
auf weitere Strecken geführt werden. So abgerichtet, lassen sie sich
bald am Pflug einsetzen, aber auf schon umgebrochenem Acker,
damit sie nicht gleich vor der Härte der Arbeit zurückschrecken
oder ihre noch weichen Nacken durch die anstrengende Erstpflü-
gung des Bodens wundscheuern. Auf welche Weise der Tierhalter
den Stier beim Pflügen anleiten soll, habe ich im ersten Buch dargestellt[7]. Man muß darauf achten, daß das Tier bei der Abrichtung
niemanden mit dem Huf oder Horn stößt; denn wenn man das
nicht verhütet, kann man solche Untugenden später zwar weit-
gehend eindämmen, aber nie mehr ganz beseitigen.

Verum ista sic agenda praecipimus, si veteranum pecus   9
60 non aderit; alioqui expeditior tutiorque ratio domandi est,
quam nos in nostris agris sequimur. nam ubi plaustro aut
aratro iuvencum consuescimus, ex domitis bubus valentissi-
mum eundemque placidissimum cum indomito iungimus;
is et procurrentem retrahit et cunctantem producit. si vero   10
65 non pigeat iugum fabricare, quo tres iungantur, per hanc
machinationem consequemur, ut etiam contumaces boves
gravissima opera non recusent. nam ubi piger iuvencus
medius inter duos veteranos iungitur aratroque iniecto
terrae molli cogitur, nulla est imperium respuendi facultas;
70 sive enim efferatus prosilit, duorum arbitrio inhibetur, seu
consistit, duobus gradientibus etiam invitus obsequitur, seu
conatur decumbere, a valentioribus sublevatus trahitur,
propter quae undique necessitate contumaciam deponit et
ad patientiam laboris paucissimis verberibus perducitur.

75   Est etiam post domituram mollioris generis bos, qui   11
decumbit in sulco; eum non saevitia sed ratione censeo
emendandum. nam qui stimulis aut ignibus aliisque tor-
mentis id vitium eximi melius iudicant, verae rationis
ignari sunt, quoniam pervicax contumacia plerumque saevi-
80 entem fatigat; propter quod utilius est citra corporis vexa-
tionem fame potius et siti cubitorem bovem emendare, nam
eum vehementius adficiunt naturalia desideria quam pla-
gae. itaque si bos decubuit, utilissimum est pedes eius sic   12

59 si ueteranum γ si ueranum (*vel* siue ranum) **SAR**
60 alioqui *Lundstr.* adeoque **SA** ateoque **R**   tuitiorque **A**
63 eundemque **A²R** uendenque **SA¹**   **64** is S qui γ *om.* **AR**
65 per *add. Lundstr. om.* **SAR**   **65 s.** hac machinatione *ed. pr.*
68 aratroque/atroque **S¹A¹**
69 terrae *scripsi* terra **SAR** terram moliri *edd. ante Lundstr., sed cf.*
    Varro 1, 20, 2   **70** efferatus S efferatur **AR**
70 s. *verba* seu consistit – obsequitur *om.* S
71 inuitus S inbitur **A¹** inhibitur (*vel* -betur) **A²R**   **76** saevitia seuiti **SA¹**
    rationem **SA¹**   **80** citra S circa **AR**   **80 s.** uexatione S

Diese Anweisungen gelten für den Fall, daß ein Altrind nicht zur Verfügung steht; andernfalls ist der Vorgang der Abrichtung einfacher und sicherer, so wie ich ihn auf dem eigenen Anwesen übe. Wenn ich nämlich ein Jungrind an den Wagen oder Pflug gewöhne, spanne ich den kräftigsten und ruhigsten der abgerichteten Rinder mit dem Neuling zusammen; der bremst ihn, wenn er vorandrängt, und zieht ihn mit, wenn er nicht gehen will. Wenn es einem aber nicht zu lästig ist, ein Joch herzustellen, unter dem drei Tiere gehen können, wird man durch diese Einrichtung erreichen, daß selbst widerspenstige Tiere sich den härtesten Anforderungen beugen. Denn wenn ein unlustiger Jungstier zwischen zwei Veteranen gespannt wird und den in weiches Erdreich gesetzten Pflug zu ziehen hat, gibt es keine Möglichkeit für ihn, sich dem Zwang zu entziehen; wenn er nämlich ungebärdig nach vorne drängt, wird er durch den stärkeren Willen der beiden anderen zurückgehalten; will er stehenbleiben, so muß er dem Schritt der beiden folgen, ob er will oder nicht; versucht er aber sich auf den Boden zu legen, dann ziehen ihn die Stärkeren hoch und schleppen ihn mit; deshalb legt er unter dem allseitigen Zwang seine Widerspenstigkeit ab und wird mit einem Mindestmaß von Schlägen zur Arbeitswilligkeit erzogen.

Es gibt eine empfindlichere Rinderart, die auch nach der Abrichtung sich noch in der Furche niedertut; die ist meiner Meinung nach nicht mit Schlägen, sondern nur durch planmäßige Einwirkung zu bessern. Wer es für besser hält, dies Übel mit Stacheln und Feuer und anderen Folterungsgeräten auszutreiben, versteht nichts von der Sache; denn hartnäckiges Ausharren läßt dies Toben meistens erlahmen. Deshalb ist es nützlicher, einen solchen „Lieger" ohne körperliche Mißhandlung eher durch Hunger und Durst zu erziehen; denn leibliche Bedürfnisse treffen ihn härter als Schläge. Wenn sich das Tier also niedergeworfen hat, ist es am besten, ihm die Beine so zu fesseln, daß es nicht aufstehen, nicht

cingulis obligari, ne aut insistere aut progredi et per hoc
85 pasci possit; quo facto inedia et siti conpulsus deponit
ignaviam. quae tamen rarissima est in pecore vernaculo,
longeque omnis bos indigena melior est quam peregrinus;
nam neque aquae nec pabuli nec caeli mutatione tempta-
tur neque infestatur condicione regionis sicut ille, qui ex
90 planis et campestribus locis in montana et aspera perductus est vel ex montanis in campestria. itaque etiam, cum 13
cogimur ex longinquo boves arcessere, curandum est, ut in
similia patriis locis traducantur. item custodiendum, ne in
comparatione vel statura vel viribus inpar cum valentiore
95 iungatur; nam utraque res inferiori adfert exitium.

Mores huius pecudis probabiles habentur, qui sunt 14
propiores placidis quam concitatis, sed non inertes, qui
sunt verentes plagarum et adclamationum, sed fiducia
virium nec auditu nec visu pavidi nec ad ingredienda
100 flumina aut pontis formidolosi, multi cibi edaces, verum in
eo conficiendo lenti. nam hi melius concoquunt ideoque
robora corporum citra maciem conservant, qui ex commo-
do quam qui festinanter mandunt. sed tam vitium est 15
bubulci pinguem quam exilem bovem reddere; habilis enim
105 et modica corporatura pecoris operarii debet esse nervisque
et musculis robusta, non adipibus obesa, ut nec sui tergoris mole nec labore operis degravetur.

84 cingulis üvx singulis SAR   85 siti R sitis SA
86 quae tamen rarissima γ quae tam arissima S¹ quâ et amarissima S²
qua et amarissima AR
88 nec pabuli SAR aliquot neque p. R plerique
neque caeli γκ fort. recte   mutationem SA   90 motana S¹
91 cum γbj¹lp cui SAR   93 similia Schn. ex Pall. 4. 11. 3 simili SAR
94 comparatione Ursinus corporatione SAR   viribus/uiridibus S¹A¹
95 iugatur S¹A   inferiori S inferiore AR
97 propiores γdk propriores SR propries A¹   100 aut A²R ut SA¹
101 hi/hii A   103 uitium est γb²k uitus ex SAR

gehen und also auch nicht grasen kann; so läßt es aus Hunger und
Durst von seiner Unart. Doch ist sie beim einheimischen Vieh
außerordentlich selten, und jegliches heimische Rind ist weit besser als ein auswärtiges; denn es wird weder vom Futter- und Kli-
mawechsel auf die Probe gestellt noch durch die Beschaffenheit
der Landschaft beeinträchtigt, wie jenes, das aus einer flachen
Ackerlandschaft in eine rauhe Gebirgsgegend oder umgekehrt
vom Bergland in die Niederung verpflanzt ist. Deshalb muß man
auch, wenn man gezwungen ist, von weither Rinder einzuführen,
darauf achten, daß sie in eine Gegend gebracht werden, die ihrer
Heimat ähnlich ist; ferner muß man dafür sorgen, daß nicht im
Gespann ein an Gestalt oder Kraft minderes Tier mit einem stärkeren verbunden wird; denn das eine wie das andere bedeutet für
das geringere den raschen Tod.

Der Charakter eines solchen Rindes gilt dann als lobenswert,
wenn es der Sanftmut näher steht als der Aufgeregtheit, aber dennoch nicht ohne Temperament ist, wenn es auf Schläge und Zuruf reagiert, wenn es der eigenen Kraft vertraut und nicht schreck-
haft ist gegen Gesichts- und Gehöreindrücke, keine Angst hat, in
Flüsse zu steigen oder Brücken zu betreten, wenn es reichlich
frißt, aber langsam kaut. Denn die gemächlichen Kauer verarbeiten die Nahrung besser als die eiligen und bewahren so ihren Körper vor Abmagerung. Aber es ist ebenso ein Fehler des Rinder-
knechts, ein Rind fett werden zu lassen, wie es abmagern zu lassen. Die körperliche Beschaffenheit eines Arbeitstieres muß eben
ein zweckmäßiges Mittelmaß einhalten, an Sehnen und Muskeln
kräftig, aber nicht mit Fettpolstern verstaut, damit es weder das
eigene Körpergewicht noch die Mühe der Arbeit zu sehr belastet.

Quoniam quae sequenda sunt in emendis domandisque
bubus tradidimus, tutelam eorum praecipiemus.

DE CURANDIS BUBUS   3

Boves calore sub dio, frigoribus intra tectum manere   1
oportet. itaque hibernae stabulationi eorum praeparanda
sunt stramenta, quae mense Augusto intra dies triginta
sublatae messis praecisa in acervum extrui debent. horum
5 desectio cum pecori tum agro est utilis: liberantur arva
sentibus, qui aestivo tempore per Caniculae ortum recisi
plerumque radicitus intereunt, et stramenta pecori subiecta
plurimum stercoris efficiunt.

Haec cum ita curaverimus, tum et omne genus pabuli
10 praeparabimus dabimusque operam, ne penuria cibi ma-
ciescat pecus. boves autem recte pascendi non una ratio   2
est. nam si ubertas regionis viride pabulum subministrat,
nemo dubitat, quin id genus cibi ceteris praeponendum sit;
quod tamen nisi in riguis aut roscidis locis non contingit.
15 itaque in his ipsis vel maximum commodum est, quod sufficit una opera duobus iugis, quae eodem die alterna temporum vice vel arant vel pascuntur. siccioribus agris ad   3
praesepia boves alendi sunt, quibus pro condicione regio-
num cibi praebentur, eosque nemo dubitat, quin optimi
20 sint vicia in fascem ligata et cicercula itemque pratense

---

108 quoniam **SA** quom *vel* cum **R**
109 *post* praecipiemus *tit.* III. DE CURANDIS BUBUS (BOUES **A**¹)
   SA *sim. varie* **R** *aliquot cf. Pall. 4, 12*

  1 die **S** diu **A**¹ diuo **R**   **2** hiberna **R**
     stabulationi *Ald.* stabulati **S** stabulatio **AR**   **4** messis γp mensis **SAR**
     precisa γ precisas **SAR**   **6** qui aestiuo **R** qu(a)estiuo **SA**¹
  7 stramenta pecori *Ursinus* stramentis pecoris **SAR**
  9 curauerimus/carauerimus **S**¹**A**¹   omnem **S**   **10** preparauimus **S**
  10 s. macrescat **R**   **11** pecus/peus **S**¹ peius **A**   **13** quin/qui in **S**
     cibi/ciui **S**   **14** nisi in γ si in **R** si **S** sirisi **A**¹   riguus **S**¹**A**
  17 pascantur **S**   **18** sint **S** sunt **AR**   **20** uicia γ uitia **SAR**

Nachdem wir nun dargestellt haben, was bei Kauf und Abrichtung der Rinder zu beachten ist, wollen wir jetzt ihre Wartung behandeln.

3. KAPITEL: WARTUNG UND FÜTTERUNG

Die Rinder sollen sich bei Wärme im Freien, bei Frost im geschlossenen Raum aufhalten. Deshalb sind für ihre Winterunterkunft Strohvorräte bereitzustellen, die im August dreißig Tage nach dem Schnitt der Ernte gemäht und zu einem Haufen aufgeschichtet werden müssen. Das Stroh zu mähen ist sowohl für das Vieh wie für den Acker vorteilhaft: Der Acker wird von dem Dorngestrüpp befreit, das, im Hochsommer um die Hundstage geschnitten, meist völlig zugrundegeht, und das Stroh, das dem Vieh untergestreut wird, ergibt eine große Menge Mist.

Haben wir dies auf solche Weise vorbereitet, dann werden wir Futter aller Art bereitstellen und Bedacht nehmen, daß das Vieh nicht durch Nahrungsmangel abmagert. Es gibt aber mehrere Möglichkeiten, das Vieh richtig zu füttern. Denn wenn der Reichtum einer Gegend Grünfutter bietet, zweifelt niemand daran, daß diese Art der Fütterung allen anderen vorzuziehen ist; aber das gibt es nur in Gegenden mit Bewässerung und Taufall. Deshalb ist es in solchen Gegenden gerade ein Hauptvorteil, daß eine einzige Arbeitskraft für zwei Gespanne genügt, die am gleichen Tage im Wechsel pflügen und weiden. In trockeneren Gegenden muß man die Rinder an der Krippe füttern, und man gibt ihnen, was das Land eben bietet: das unstreitig beste Futter ist gebündeltes Wicken- und Kichererbsenkraut sowie Wiesenheu. Weniger gut

faenum. minus commode tuemur armenta paleis, quae
ubique et quibusdam regionibus solae praesidio sunt. eae
probantur maxime ex milio, tum ex hordeo, mox etiam ex
tritico, sed iumentis iusta operum reddentibus hordeum
25 praeter has praebetur.

CIBARIA BOUM

Bubus autem pro temporibus anni pabula dispensantur. 4
Ianuario mense singulis fresi et aqua macerati ervi quaternos sextarios mixtos paleis dare convenit vel lupini macerati modios vel cicerculae maceratae semodios et super
30 haec adfatim paleas. licet etiam, si leguminum inopia est,
eluta et siccata vinacia, quae de lora eximuntur, cum paleis
miscere; nec dubium quin ea longe melius cum suis fol- 5
liculis, antequam eluantur, praeberi possint, nam et cibi et
vini vires habent nitidumque et hilare et corpulentum
35 pecus faciunt. si grano abstinemus, frondis aridae corbis
pabulatorius modiorum viginti sufficit vel foeni pondo triginta vel sine modo viridis laurea iligneaque frondes, et
his, si regionis vis permittit, glans adicitur, quae nisi ad
satietatem datur, scabiem parit. potest etiam, si proventus
40 vilitatem facit, semodius fabae fresae praeberi. mense 6

---

21 minus/minŭ S minimŭ A[1]   armenta S armento **AR**
22 eae S ea **AR**   **23** ordeo R ordio S[1]   **24** ordeum **R**
26 dispensantur/dissipantur S[1] *deinde tit.* IIII. CIBARIA BOUM SA (*in
marg.*) **R** *aliquot*   **27** singulis A singuli si S *om.* **R**
28 paleas S paleis **AR**   **30** si SA sit **R**   est S et **AR**
31 eluta γ elata **SAR**   de lora **R** dolore **SA**
36 pabulatorius tüx[1] pabulatoribus **SAR**
37 sine modo uiridis **S** (*cf. 11, 2, 99* adfatim viridem) sino (si non **R**)
modo uiris **AR**
iligneaq: (*corr. ex* et lig- *ut vid.*) **S** et lignea quae **A** (*vel* -que) **R**
et salignea γ   **38** uis γ *om.* **SAR**   permittat **R**
39 prouentus Sγ pro uento A prouentu **R**   **40** uilitatem **R** uilitem **SA**

verpflegt man Zugrinder mit Stroh, das überall, in manchen Gegenden sogar allein zur Verfügung steht. Dabei wird am meisten
das Stroh der Hirse geschätzt, dann dasjenige der Gerste, dann
auch das vom Weizen; aber wenn die Rinder ihr Maß Arbeit zu
leisten haben, gibt man ihnen außerdem noch Gerste.

FUTTER FÜR DIE RINDER

Die Zumessung des Futters für die Rinder erfolgt nach Jahreszeiten verschieden. Im Januar empfiehlt es sich, je vier Schoppen
zerkleinerte und in Wasser aufgeweichte Erven mit Stroh gemischt
zu geben oder einen Scheffel aufgeweichte Lupinen oder einen
halben Scheffel aufgeweichte Kleinkichern und dazu reichlich
Stroh. Man kann auch, wenn es an Hülsenfrüchten fehlt, Reben-
kerne, die der Nachpresse entnommen werden, ausgespült und getrocknet mit Stroh vermischen; und es ist kein Zweifel, daß man
sie noch weit besser mitsamt ihren Hülsen, ehe sie ausgespült
sind, geben kann; denn diese enthalten die Kraft des Futters und
des Weines und machen das Vieh glänzend, munter und prall.
Wenn wir kein Körnerfutter geben, genügt ein 20 Scheffel fas-
sender Futterkorb voll trockenem Laub oder 30 Pfund Heu oder
eine unbegrenzte Menge grünen Lorbeer- oder Steineichenlaubes;
darunter mischt man, wenn es die örtlichen Verhältnisse erlauben, Eicheln, die allerdings dann, wenn man sie nicht bis zur Sättigung füttert, Räude hervorrufen. Man kann auch einen Halbscheffel zerstoßener Bohnen vorwerfen, sofern sie billig genug er-

Februario plerumque eadem sunt cibaria, Martio et Aprili
debet ad foeni pondus adici, qua terra proscinditur; sat
erit autem pondo quadragena singulis dari. ab Idibus tamen mensis Aprilis usque ad Idus Iunias viride pabulum
45 recte secatur; potest etiam in Kalendas Iulias frigidioribus
locis idem praestari. a quo tempore in Kalendas Novembris
tota aestate et deinde autumno satientur fronde, quae tamen non ante est utilis, quam cum maturuit vel imbribus
vel adsiduis roribus, probaturque maxime ulmea, post
50 fraxinea et ab hoc populnea; ultimae sunt ilignea et quer-   7
nea et laurea; sed eae post aestatem necessariae deficienti-
bus ceteris. possunt autem folia ficulnea probe dari, si sit
ea copia aut stringere arbores expediat; ilignea tamen vel
melior est quernea, sed eius generis, quod spinas non
55 habet, nam id quidem ut iuniperus respuitur a pecore propter aculeos. Novembri mense ac Decembri per sementem   8
quantum adpetit bos, tantum praebendum est, plerumque
tamen sufficiunt singulis modii glandis et paleae ad satietatem datae vel lupini macerati modii vel ervi aqua consparsi
60 sextarii septem permixti paleis vel cicerculae similiter
consparsae sextarii duodecim mixti paleis vel singulis modii
vinaceorum, si his, ut supra dixi, large paleae adiciantur,
vel, si nil horum est, per se foeni pondo quadraginta.

41 et (*ante* Aprili) **nt** *om.* **SAR**   42 ad *om.* **nt**   43 autem erit γψ
quadragenas in singulis S   45 etiam/enim γψ
48 maturuit **AR** maturaueit S   49 ulmea/uel mea **A**   50 fraxine **A**
hoc/hac γ   ilignea S²**R** inlignea S¹**A**
51 eae *Lundstr.* ae S e **A** *om.* **R**
52 **s.** si sit ea *ed. pr.* sit (si **R**) ea **SAR** si sit eorum *Gesn.*
55 id quidem ut *Lundstr.* id qđ **SA** id quod **R** id quoque uti *Basil.*
iuniperus **R** imperius **A** erius S   56 semetem **SA**
58 modii/modi **SA**¹ *hic et infra bis*   59 consparsis S¹**A**ψ
61 singulis **SA**ψ singuli **R**   63 nil/ni S¹ nihil γκ
post quadraginta *tit.* uitia boum (bouum **t**) et medicinae (eorum *add.*
g) **dgqt** *om.* **SAR** *plerique*

zeugt werden können. Im Februar ist das Futter im allgemeinen dasselbe; im März und April muß man mehr Heu geben, wo der Boden erstmals aufgepflügt wird; 40 Pfund je Tier werden aber ausreichen. Von Mitte April bis Mitte Juni schneidet man natürlich Grünfutter; man kann es aber in kälteren Gegenden auch bis Anfang Juli geben. Von da an bis Anfang November füttert man die Rinder den ganzen Sommer und Herbst über mit Laub; doch taugt das nicht eher, als bis es durch Regenfälle oder anhaltenden Tau ausgewachsen ist, und man schätzt am meisten Ulmenlaub, danach Eschenlaub, in dritter Linie Pappellaub; an letzter Stelle stehen Ilex-, Eichen- und Lorbeerblätter; aber man braucht sie, wenn nach dem Sommer die anderen ausgehen. Man kann aber auch Feigenblätter mit Erfolg geben, sofern sie vorrätig sind oder es angängig ist, die Bäume zu kämmen. Ilexblätter sind immer noch besser als Eichenlaub, allerdings nur die stachellose Art; denn sonst lehnen die Tiere sie ebenso wie Wacholderlaub wegen der Stacheln ab. Im November und Dezember ist dem Ochsen wegen der Feldbestellung so viel zu geben, wie er verlangt; doch werden meistens ein Scheffel Eicheln und nach Appetit gebotenes Stroh genügen, wohl auch ein Scheffel aufgeweichter Lupinen oder 7 *sextarii* angefeuchteter Erven, mit Stroh vermischt, oder 12 *sextarii* ebenso befeuchteter Kleinkichern mit Stroh, oder ein Scheffel Trester, wenn man dazu, wie oben gesagt, reichlich Stroh gibt, oder, falls nichts von alledem vorhanden ist, 40 Pfund Heu allein.

VITIA BOUM ET MEDICINAE   4

     Sed non proderit cibo satiari pecora, nisi omnis adhibe-   1
tur diligentia, ut salubri sint corpore viresque conservent,
quae utraque custodiuntur large dato per triduum medicamento, quod conponitur pari pondere tritis capparis
5 foliis ac mirti silvestris cupressique et cum aqua nocte una
sub dio habetur, idque quater anno fieri debet ultimis
temporibus veris, aestatis, autumni, hiemis. saepe etiam   2
languor ac nausea discutitur, si integrum gallinaceum crudum ovum ieiuni faucibus inseras ac postero die spicas
10 ulpici vel alii cum vino conteras et in naribus infundas.
neque haec tantum remedia salubritatem faciunt: multi largo sale miscent pabula, quidam marrubium deterunt cum
oleo et vino, quidam porri fibras, alii grana turis, alii Sa-
binam herbam rutamque pinsitam mero diluunt eaque
15 medicamina potanda praebent, multi caulibus vitis albae   3

Capp. 4–18 exscr. Pall. 14, 4–20 (M)   *ad cap. 4 et 5. 1 cf. Veg. 4, 2,*
6; 8–13
1 cibo t cibos S cibus AR cibis γ
1 s. adhibetur S¹γ (*exc.* tü) adhibeatur S²tü adiuuetur AR
3 utraque γ utroque SAR   *a verbis* large dato *incipit* M
4 quod γM quo SAR
4 s. capparis foliis ac mirti silvestris *Lundstr. ex* M (folia: *cf. Veg. Hipp.*
    Par. 917) om. SAR   6 dio SA diuo RM *Veg.*   idque id γκ
    in anno M   7 saepe/semper γκ   8 langor RM
    nausea R nausia M neusea SA
9 ieiunis M   ac/ad S¹A¹ at R *part.*
9 s. spicas ulpici R spica sulpici A spicasuppici S apicas ulpci M
10 vino/uno S¹A   in naribus SAR (*cf. 8, 14, 8*) naribus tM
11 multi γM multo SAR   12 deterunt SM dederunt AR
14 rutamque pinsitam M (*cf. Veg.*) putaque uinitam SA putaque u ni tam
    (*vel* cum *vel* -lam) R   15 medicamenta γκ   vitis uitibus SA

4. KAPITEL: RINDERKRANKHEITEN UND HEILMITTEL

Es hat aber keinen Zweck, die Rinder sich sättigen zu lassen, wenn man nicht zugleich alle Sorgfalt einsetzt, daß sie körperlich gesund sind und ihre Kräfte erhalten. Beides erreicht man dadurch, daß man drei Tage lang in reichlicher Menge ein Mittel verabreicht, das sich zu gleichen Teilen aus geriebenen Kapernblättern, Waldmyrtenblättern und Zypressenblättern zusammensetzt und eine Nacht lang im Wasser unter freiem Himmel stehen muß; dies soll viermal jährlich geschehen, und zwar gegen Ende des Frühjahrs, Sommers, Herbstes und Winters. Oft vertreibt man auch Schlaffheit und Erbrechen, wenn man dem Tier in nüchternem Zustand ein unzerbrochenes rohes Hühnerei in den Schlund steckt und tags darauf Spitzen von Lauch und Knoblauch in Wein verreibt und in die Nasenlöcher gießt. Und nicht nur diese Mittel fördern die Gesundheit; viele mischen das Grünfutter mit reichlichem Salz, einige verreiben Andorn in Öl und Wein, manche Lauchwurzeln, andere Weihrauchkörner; wieder andere lösen Sadebaum(spitzen) und Raute pulverisiert in Öl auf und geben diese Mittel zu saufen; viele behandeln die Rinder mit den Stielchen der

et valvulis ervi bubus medentur, nonnulli pellem serpentis
obtritam cum vino miscent. est etiam remedio cum dulci
vino tritum serpullum, est concisa et in aqua macerata
scilla. quae omnes praedictae potiones trium heminarum
20 singulis diebus per triduum datae alvom purgant depul-
sisque vitiis recreant vires. maxime tamen habetur salutaris   4
amurga, si tantundem aquae misceas et ea pecus insuescat:
quae protinus dari non potest, sed primo cibi adspergun-
tur, deinde exigua portione medicatur aqua, mox pari men-
25 sura mixta datur ad satietatem.

Nullo autem tempore et minime aestate utilius est boves   5
in cursum concitari, nam ea res aut alvum movet aut   1
febrem. cavendum quoque est, ne ad praesepia sus aut
gallina perrepat, nam haec quod desidet inmixtum pabulo
5 bubus adfert necem. sus aegra pestilentiam facere valet.
quae cum in gregem incidit, confestim mutandus est status

16 ualuulis t ualbulis SA balbulis R bauolis M
    ervi om. M   17 obtritam γM obritam SAR   est SγM sed AR
18 serpullum SA serpillum RM   est/et R   19 scylla R
    omnes/omnis SA   20 diebus/potionibus M   20 s. repulsisque γκ
22 insuescat kM (consuescat Veg.) insuescas SAR
23 s. asperguntur γM Veg. adspergunt (asp- R) SAR
24 deinde M Veg. de SAR   25 satietatem/si & atē S

 1 minime γM minima SAR   utilius/utile M
 2 aut prius/acit R om.M   mouet aut αM meta ut SAR
 3 febrem M frequen et v. sp. SA (vel frequens vel frequenter vel fre-
    quentissime) R frequenter febrem Lundstr.   sus γM sua SAR
 4 haec/hoc γψ   desidet M desidit SAR decidit γ   5 bobus R
    post necem inser. et id praecipue quod ed. pr.
    sus (sub n) γ suaes SA (vel sues) R [ ]os M (deest litt. init.)
    pestilentia AR pestilenti γ   facere S²M face S¹AR
 6 gregem M grege SAR   mutandus SM mutatus AR

weißen Reben und mit Ervenschoten, manche mischen gestoßene
Schlangenhaut mit Wein. Heilsam ist auch verriebener Quendel
mit Süßwein, ebenso Meerzwiebel, kleingeschnitten und in Wasser
aufgeweicht. Alle hier aufgeführten Tränke, drei Tage lang zu je
3 Halbmaß verabreicht, reinigen den Darm, beseitigen Schäden
und stellen die Kräfte wieder her. Als heilkräftigstes Mittel aber
gilt der Ölschaum, wenn man ihn mit der gleichen Menge Wasser
mischt und wenn sich das Rind daran gewöhnt; man kann ihn nicht
unvermittelt geben, sondern besprengt zuerst das Futter damit,
dann versetzt man das Wasser mit einem kleinen Beiguß davon,
schließlich gibt man ihn halb und halb mit Wasser vermischt, bis
das Tier genug hat.

5. KAPITEL

Zu keiner Zeit, am wenigsten im Sommer, ist es gut, die Rinder
zum Trab anzutreiben; denn dies erregt entweder Durchfall oder
Fieber. Man muß auch darauf achten, daß nicht ein Schwein oder
Huhn sich an die Krippe macht; denn wenn Hühnerexkremente
ins Futter geraten, bringen sie den Rindern den Tod. Ein krankes
Schwein kann eine Seuche hervorrufen. Wenn diese eine Herde
befallen hat, muß unverzüglich das Klima gewechselt werden; die

caeli et in pluris partis distributo pecore longinquae regiones petendae sunt, atque ita segregandi sanis morbidi, ne
quis interveniat, qui contagione ceteros labefactet. itaque   2
10 cum ablegabuntur, in ea loca perducendi erunt, quibus
nullum inpascitur pecus, ne adventu suo etiam illi tabem
adferant. evincendi sunt autem quamvis pestiferi morbi et
exquisitis remediis propulsandi. tunc panacis et erungii
radices feniculi seminibus miscendae et cum fricti ac moliti
15 tritici farina candenti aqua conspargendae. eoque medicamine salivandum aegrotum pecus. tum paribus casiae   3
murraeque et turis ponderibus ac tantundem sanguinis ma-
rinae testudinis miscetur potio cum vini veteris sextariis
tribus et ita per nares infunditur. sed ipsum medicamentum
20 ponderis sescunciae divisum portione aequa per triduum
cum vino dedisse sat erit. praesens etiam remedium cogno-
vimus radiculae, quam pastores consiliginem vocant; ea
Marsis montibus plurima nascitur omnique pecori maxime
est salutaris. laeva manu effoditur ante solis ortum; sic enim
25 lecta maiorem vim creditur habere. usus eius traditur talis: 4
aenea fibula pars auriculae latissima circumscribitur, ita ut
manante sanguine tamquam O litterae ductus appareat. hoc
et intrinsecus et ex superiori parte auriculae cum factum

7 *post* caeli *add.* et mutanda regio est **M** *agn. Lundstr.* 8 ab sanis **M**
9 quis *om.* **M**   labefactet S²γM labefaciet (*vel* -iat) S¹AR
itaque/atque **M**   10 perducendi **M** perducenda **SAR**
11 inpascitur (*vel* imp-) **SAR** pascitur **M** *Veg.*
12 *a verbis* evincendi sunt *ad capitis fin. exscr. Pelag.* 21; 22 (*cf. Veg.* 4,3,6
sqq.); *versiones Gr. sunt Hipp. Berol. I 24; IV 12; Paris. 54*
13 panatis γ panici **M**   erungii S ereungii os aere ungii **AR** senngi **M**
14 cum fricti S confricti **M** cum defruti **AR**
15 candenti aqua **M** *Pel.* candentiaque (*vel* -quae) **SAR**
16 salivandum/saliuam dum **M**   17 murraeque murra eque **M**
18 testudinis/testundis A¹   20 ponderibus A¹
sexunciae (*vel* -cie) **AR** ses cum cie **M**   21 vino/uno **M**
24 ortum/hortum **M**   26 auriculae SγM auricula **AR**
27 ·o· littere ductus **M** o littere ductum SAtü² olitte (*vel* olicte) recuctum
R elictu reductim γ   28 superiori γM *Pel.* superiore **SAR**

Herde ist in mehrere Teile aufzulösen und in entfernte Gegenden
zu verlegen; ferner sind die kranken Tiere derart von den gesunden abzusondern, daß keines in der Lage ist, durch Übertragung
auch die übrigen Tiere zu gefährden. Deshalb sind sie beim Ab-
transport in Gegenden zu führen, in denen sonst kein Vieh weidet,
damit sie nicht durch ihre Ankunft auch diesem den Infekt über-
mitteln. Aber selbst noch so gefährliche Krankheiten sind zu überwinden und durch sorgsam ausgelesene Mittel zu vertreiben. In
solchem Falle mischt man die Wurzeln von Heilwurz und gefleck-
ter Golddistel mit Fenchelsamen, besprengt sie mit Wasser, in welches Mehl von geröstetem und gemahlenem Weizen eingerührt ist,
und streicht dieses Mittel dem kranken Rind ins Maul. Dann
mischt man einen Trank aus gleichen Mengen Mutterzimt, Myrrhe
und Weihrauch sowie dem gleichen Quantum Meerschildkröten-
blut mit drei *sextarii* alten Weins und gießt ihn durch die Nasenlöcher ein. Es wird genügen, wenn man dieses Mittel im Gewicht
von $1^1/_2$ *unciae*, in gleichen Portionen verteilt, an drei Tagen mit
Wein eingibt. Ein leicht zu beschaffendes Mittel haben wir auch
in der Wurzel kennengelernt, die die Hirten *consiligo* (Lungenkraut) nennen; es wächst massenhaft in den Marserbergen und ist
ein hervorragendes Heilkraut für alles Vieh. Mit der linken Hand
wird es vor Sonnenaufgang ausgegraben; man glaubt, auf diese
Weise gewonnen habe es noch größere Kraft. Über seine Anwendung gibt es folgende Überlieferung: Mit einer Broncenadel ritzt
man den breiten Teil der Ohrmuschel kreisförmig auf, so daß durch
das austretende Blut gewissermaßen der Schriftzug eines O gebildet wird; ist das auf der Innen- und Außenseite des Ohres ge-

est, media pars descripti orbiculi eadem fibula transuitur et
30 facto foramini praedicta radicula inseritur; quam cum
    recens plage conprehendit, ita continet, ut elabi non
    possit. in eam deinde auriculam omnis vis morbi pesti-
    lensque virus elicitur. donec ea pars, quae fibula cir-
    cumscripta est, demortua excidat et minimae partis iactura
35 caput conservetur. Cornelius Celsus etiam visci folia cum   5
    vino trita per nares infundere iubet; haec facienda, si gre-
    gatim pecora laborant, illa deinceps, si singula.

[V I T I A   B O U M   E T   M E D I C I N A E]   6

      Cruditatis signa sunt crebri ructus ac ventris sonitus,   1
    fastidia cibi, nervorum intentio, hebetes oculi, propter quae
    bos neque ruminat neque lingua se deterget. remedio erunt
    aquae calidae duo congi et mox triginta brassicae caules
5   modice cocti et ex aceto dati, sed uno die abstinendus est
    alio cibo. quidam clausum intra tectum continent, ne pasci   2
    possit. tum lentisci oleastrique cacuminum pondo quattuor
    et libram mellis una trita permiscent aquae congio, quae
    nocte una sub dio habent atque ita faucibus infundunt. de-
10 inde interposita hora macerati ervi quattuor libras obiciunt

---

29 transsuitus A   30 foramine A *Pel.*   31 elabi γM *Pel.* ea labi SAR
33 elicitur/eligitur S efficitur A¹   ea pars M *Pel.* pars SAR
34 ss. *verba* et minimae – conseruetur *om* M *Pel. Hipp.*   36 iubet/docet γ
36 s. segregatim S¹ψp *Pel.*
37 *post* singula *tit.* V. UITIA BOUM ET MEDICINAE SA (*litt. min. in*
   marg.) R *aliquot* cruditatis cura *in marg.* t

   capp. 6–8 exscr. Veg. 4,4 et 5   1 crudilitatis A¹ crudelitatis ψ
   uentri Aψ   2 cibi/ciui S¹   3 se/sed A
4 congi S² cogi S¹A congii R
4 s. modic(a)e caules SAR *transposui*   5 dati/dari γκ
   abstinendus M abstinendum SAR   6 continent/detinent M *Veg.*
7 possint S   oleastrique It oleastri qua SAR   8 libram M libra SAR
   quae/quem M   9 nocte unam A noctem unam R una nocte *Veg.*
   sub dio R sub diuo γM *Veg.* subsidio SA   10 hora mora M
   ervi/herbi M

schehen, dann sticht man mit derselben Nadel durch die Mitte des
beschriebenen Kreises und steckt in das entstandene Loch die oben
genannte Wurzel. Hat die frische Wunde sie gefaßt, dann hält sie
sie derart fest, daß sie nicht herausfallen kann. Nun zieht sich in
dieses Ohr die gesamte Kraft der Krankheit und der vergiftete
Körpersaft, bis der mit der Nadel umschriebene Teil des Ohres abstirbt und herausfällt und mit dem Verlust eines winzigen Körper-
teiles das Leben gerettet wird. Cornelius Celsus[8] schreibt auch
vor, Mistelblätter, in Wein verrieben, durch die Nase einzugeben;
dies muß man tun, wenn das Vieh herdenweise erkrankt, das Folgende, wenn einzelne Tiere erkranken.

6. KAPITEL [DIE RINDERKRANKHEITEN UND IHRE BEHANDLUNG]

Anzeichen einer Verdauungsstörung sind häufiges Aufstoßen
und Geräusche im Bauch, Unlust im Fressen, Sehnenverspannung,
ein matter Blick; außerdem käut das Rind nicht wieder und leckt
sich nicht mit der Zunge ab. Dagegen helfen 2 *congii* warmes Wasser, danach 30 Stengel von mäßig großen Kohlköpfen, gekocht und
in Essig gegeben; dabei ist dem Tier allerdings einen Tag lang jedes andere Futter vorzuenthalten. Manche halten das Tier unter
Dach eingeschlossen, damit es nicht weiden kann. Dann reiben sie
vier Pfund Mastix- und Oleasterspitzen und ein Pfund Honig zusammen, vermischen es mit einem *congius* Wasser und lassen es
eine Nacht im Freien abstehen; so zubereitet schütten sie es dem
Tier in den Schlund. Dann lassen sie eine Stunde vergehen, schütten ihm nun vier Pfund aufgeweichte Erven vor und entziehen ihm

aliaque potione prohibent. hoc per triduum fieri convenit,   3
ut omnis causa languoris discutiatur. nam si neglecta cruditas est, et inflatio ventris et intestinorum maior dolor
insequitur, qui nec capere cibos sinit et gemitus exprimit
15 locoque stare non patitur, saepe decumbere et volutari
cogit caudamque crebrius agitare. manifestum remedium
est proximam clunibus partem caudae vinculo vehementer
obstringere vinique sextarium cum olei hemina faucibus
infundere atque ita citatum per mille et quingentos passus
20 agere; si dolor permanet, ungulas circumsecare et uncta   4
manu per anum inserta fimum extrahere rursusque agere
currentem. si nec hoc profuit, tres caprifici aridi conteruntur et cum dodrante aquae calidae dantur. ubi nec haec
medicina processit, myrti silvestris foliorum duae librae
25 levigantur totidemque sextarii calidae aquae mixti per vas
ligneum faucibus infunduntur, atque ita sub cauda sanguis
emittitur; qui cum satis profluxit, inhibetur papyri ligamine.
tum concitate agitur pecus eo usque dum anhelet. sunt et   5
ante detractionem sanguinis illa remedia: tribus heminis
30 vini triens pinsiti alii permiscetur, et post eam potionem
currere cogitur, vel salis sextans cum cepis decem conteri-

11 s. conuenit ut M. *Svennung ex Pall. 14, 6, 3* cũ ut S cum AR
12 langoris R languor (*om.* cause) M
13 s. dolor insequitur γkp dolori sequitur S¹AR dolor sequitur S²M subse-
quitur (*om.* maior dolor) *Veg.*   14 sinet M *in Pall. corr. Svennung*
et M *om.* SAR   15 patitur γM patiatur SAR
15 s. uolutari cogit M *Veg.* cogitare c(o)epit SAR ructare cepit γ
16 agitare M agere SAR   17 caudae/claude SAR *aliquot*
18 oleo hiemina SA   19 mille ducentos γ   passos A
20 uncta γM *Veg.* cuncta SAR   21 anum/annum ψ aluum M
extrare S¹   22 hoc SAM hec R   tres SM res AR
23 aquae/antea quae SA   haec M *om.* SAR
25 leuigantur M (*cf.* tundantur *Veg.*) deligantur SAR
26 cauda ωM *Veg.* causa SA (*vel* cã, eã, ea) R   28 citate M
30 triens *Svennung* tribus SAR
pinsiti alii *ed. pr.* (*cf.* triti allii M) pinsitiali SAR
31 sextans (*cf.* duae ... unciae *Veg.*)/sextarius γM

jeden anderen Trank. Es empfiehlt sich, dies drei Tage lang zu tun,
damit jede Ursache von Mattigkeit beseitigt wird. Denn wenn man
die Verdauungsstörung nicht beachtet, wird der Bauch aufgetrieben und entstehen noch heftigere Schmerzen im Gedärm, die das
Tier nicht mehr fressen lassen und ihm ein Stöhnen entpressen,
und die es nicht mehr ruhig stehen lassen, sondern es zwingen, sich
oft niederzulegen, sich zu wälzen und immer wieder mit dem
Schwanz zu schlagen. Ein praktisches Mittel dagegen ist es, den
Schwanz ganz nahe bei den Hinterbacken stramm festzubinden,
ferner einen *sextarius* Wein mit einem Halbmaß Öl in den Schlund
zu gießen und nun das Tier 1 $^1/_2$ Meilen weit im Galopp zu jagen;
dauert der Schmerz an, dann beschneidet man die Hufe, geht mit
eingeölten Händen in den After und räumt den Kot aus. Ist auch
dies erfolglos, dann werden drei getrocknete wilde Feigen zerrie-
ben und mit einem *dodrans* warmen Wassers eingegeben. Nützt
auch dieses Mittel nichts, dann zerstößt man zwei Pfund Wild-
myrtenblätter, mischt zwei *sextarii* warmen Wassers darunter und
gießt dies aus einem hölzernen Gefäß in den Schlund; danach läßt
man es unter dem Schwanz zur Ader. Ist genug Blut geflossen,
so wird es mit einem Papyrusverband gestoppt. Danach jagt man
das Tier heftig umher, bis es außer Atem gerät. Vor dem Blutent-
zug gibt es noch folgende Mittel: In drei *heminae* Wein wird
$^1/_4$ Pfund zerstampfter Knoblauch gemengt; nach diesem Trank
zwingt man das Rind zu laufen; oder man verreibt $^1/_6$ Pfund Salz

tur et admixto melle decocto collyria inmittuntur alvo,
atque ita citatius bos agitur.

VENTRIS DOLOR 7

Ventris quoque et intestinorum dolor sedatur visu nan-   1
tium et maxime anatis, quam si conspexit, cui intestinum
dolet, celeriter tormento liberatur. eadem anas maiore pro-
fectu mulos et equinum genus conspectu suo sanat. sed in-
5 terdum nulla prodest medicina, sequiturque torminum vitium, quorum signum est cruenta et muccosa ventris proluvies. remedio sunt cupressini quindecim coni totidemque   2
gallae et utrorumque ponderis vetustissimus caseus, quibus
in unum tunsis admiscentur austeri vini quattuor sextarii,
10 qui pari mensura per quadriduum dispensati dantur, nec
desint lentisci murtique et oleastri cacumina. viridis alvos
corpus ac vires carpit operique inutilem reddit. quae cum
accident, prohibendus erit bos potione per biduum primo-
que die cibo abstinendus, sed mox cacumina oleastri et   3
15 harundinis, item bacae lentisci et murti dandae, nec potestas aquae nisi quam parcissime facienda est. sunt qui

---

32 aluo t**M** albo **SAR**
33 *post* agitur *tit.* VI. UENTRIS DOLOR **SA** (*litt. min. in marg.*) **R** *aliquot*

2 anatis/antis **S**   **3** liberetur **SA**   **3** s. prospectu γκ   **4** mulus **SA**
5 sequiturque **M** *Veg.* sequitur **SAR**
  torminum *scripsi* (*sic Svennung in Pall.*) terminum **S** minum **A** minus
  R omnium *Veg.* interraminum (*f. pro* interaneum?) **M** interaminum
  Lundstr. (*ex* **M**)   **6** s. profluuies **M**
7 remedio **SAR** remedii que **M**   coni pondo **M**
8 utrorumque **SM** uirorumque **AR**   caseus **SM** *Veg.* caeses **A** ceses **R**
10 quatriduum **AR**   **11** myrtique *ed pr.* murtisque **SA** (*vel* myrt- *vel* mirt-) **R**
  albos **SAR**   **12** inutiles **M**   **13** erit *om.* **M**
  biduum/uiduum **S¹** triduum γκ *Veg.*   **14** die **M** de **SAR**
15 bacae/uaci **S**   murti *Lundstr.* myrt(h)i γ mirti **M** multi **SAR**

mit zehn Zwiebeln, mengt abgekochten Honig bei, steckt Zäpfchen davon in den Darm und jagt dann das Rind ziemlich heftig umher.

7. KAPITEL: LEIBSCHMERZEN

Schmerzen in Bauch und Gedärm werden gemildert durch den Anblick schwimmender Tiere, vor allem der Ente; wenn das von Leibweh befallene Rind sie erblickt, wird es rasch von der Qual erlöst. Ebenso, aber mit noch größerem Erfolg, heilt die Ente Maultiere und Pferde durch ihren bloßen Anblick. Manchmal aber hilft keinerlei Medizin, und es entwickelt sich daraus die Ruhr, deren Anzeichen ein blutiger und schleimiger Ausfluß aus dem Darm ist. Dagegen wendet man 15 Zypressenzapfen und ebenso viele Galläpfel sowie sehr alten Käse im Gewicht beider angegebener Mittel an; man stößt sie zu einer Masse zusammen, mischt vier *sextarii* herben Weines bei und verabreicht den Trank an vier Tagen zu gleichen Teilen; auch Mastix-, Myrten- und Oleastertriebe soll er enthalten. Durchfall zehrt die Körperkräfte auf und macht das Tier zur Arbeitsleistung unbrauchbar; wenn er auftritt, soll man dem Rind zwei Tage lang nichts zu saufen, am ersten Tage auch nichts zu fressen geben; danach gibt man Oleaster- und Schilfspitzen, ferner Mastix- und Myrtenbeeren, Wasser nur in äußerst geringer Menge. Manche verreiben ein Pfund zarte Lor-

tenerarum lauri colium libram et aprotonum cepaticum
pari portione deterant cum aquae calidae duobus sextariis
atque ita faucibus infundant eademque pabula, ut supra
20 diximus, obiciant. quidam vinaceorum duas libras torrefaci-   4
unt et ita conterunt cum totidem vini austeri sextariis po-
tandumque medicamentum praebent omni alio umore sub-
tracto, nec minus cacumina praedictarum arborum obiciunt. quod si neque ventris erit citata proluvies neque
25 intestinorum ac ventris dolor cibosque respuet et praegra-
vato capite saepius coniverit lacrimaeque oculis et pituita
naribus profluent, usque ad ossa frons media uratur
auresque ferro descindantur. sed vulnera facta igni dum
sanescunt, defricare vetere bubula urina convenit; at ferro
30 rescissa melius pice et oleo curantur.

RANAE BOUM SIC CURANTUR   8

Solent etiam fastidia ciborum adferre vitiosa incrementa   1
linguae, quas ranas veterinarii vocant. haec ferro rescin-
duntur et sale cum alio pariter trito vulnera defricantur,

17 tenerarum lauri colium libram *Lundstr. coll. Veg.* teneram laurum coloni
libram **SAR** tenera earum **M**   abrotonum **R** habrotonum **M**
cepaticum *Lundstr. (cf. Veg.* hortense) ceraticum **SAR** erraticum **M** *fort.
retinendum* **18** potione **M**   deterant **S** (*ex. corr.*) **M** dederant **AR**
sextariis **M** *om.* **SAR** (*Veg.* sextario)   **21 s.** potandum quae **SA**
22 s. omni alio humore sub tracto **M** omnia in umores (hum- **R**) supra
dixi **SAR**   **24** erit **M** *Veg.* eriserit **S** crescerit **AR**   **25** cibusque **AR**
26 coniverit *Svennung* conibuerit **M** consueuit **SAR**
28 descindantur **M** discindantur *Veg.* decidantur **SAR**
igni dum **M** in dū **S** interdum **AR**   **29** uetere **M** ueteri *Veg. om.* **SAR**
at, ad **SA**[1]
30 *post* curantur *tit.* VII. RANAE BOUM (BOUUM **S**) SIC CURANTUR

     SA (*litt. min. sic vel sim., part. in marg.*) **R** *aliquot*
1 ciborum **M** cibo **SAR**   **2 s.** reciduntur **M**   **3** allio **RM**

beerstengel und die gleiche Menge Gartenstabwurz in zwei *sextarii* warmen Wassers und gießen dies durch den Schlund ein; im übrigen geben sie dieselbe Fütterung, wie sie oben genannt ist. Manche rösten zwei Pfund Weinbeerkerne, verreiben sie in ebenso vielen *sextarii* herben Weins und geben sie als Heiltrank, während sie jede andere Flüssigkeit entziehen; ferner werfen sie Spitzen der genannten Baumpflanzen vor. Hat das Tier aber weder Durchfall noch Schmerzen im Bauch oder Gedärm und lehnt dennoch das Futter ab, schließt öfter die Augen bei hängendem Kopf und scheidet Tränen aus den Augen und Rotz aus der Nase aus, dann brennt man die Mitte der Stirn bis auf den Knochen aus und schneidet die Ohren mit einem Messer ab. Bis aber die Brandwunden ausheilen, empfiehlt es sich, sie mit altem Rinderurin abzuwischen; die Schnittwunden dagegen behandelt man besser mit Pech und Öl.

8. KAPITEL: BEHANDLUNG DER „FRÖSCHE" BEI DEN RINDERN

Freßunlust ist oft auch auf krankhafte Schwellungen der Zunge zurückzuführen, die die Tierärzte „Frösche" nennen. Man schneidet sie mit einem Messer aus und streicht auf die offenen Wunden Salz und Knoblauch, zu gleichen Teilen verrieben, bis durch den

donec lacessita pituita profluat. tum vino perluitur os et
5   interposito unius horae spatio virides herbae vel frondes
dantur, dum facta ulcera cicatrices ducant. si neque ranae   2
fuerint neque alvus citata et nihilo minus cibos non adpetit, proderit alium pinsitum cum oleo per nares infundere
vel sale et cunela defricare fauces vel eandem partem alio
10 tunso et hallecula linire, sed haec si solum fastidium est.

Febricitanti bovi convenit abstineri cibo uno die, postero   9
die   exiguum   sanguinem   ieiuno   sub   cauda   mitti   atque   1
interposita hora modicae magnitudinis coctos brassicae
coliculos triginta ex oleo et garo salivati more demitti
5   eamque escam per quinque dies ieiuno dari; praeterea
cacumina lentisci aut oleae vel tenerrimam quamque frondem ac pampinos vitis abici, tum etiam spongea labra
detergeri et aquam frigidam ter die praeberi potandam.
quae medicina sub tecto fieri debet nec ante sanitatem bos   2
10 emitti. signa febricitantis manantes lacrimae, gravatum

---

4 pituita profluat (profl. *om.* **R**) tum uino perluitur os (os *om.* **M**) **MR**
pituita propuitur os et inter trito (triduo **A**) uulnera defricatur donec
lacessita pituita proluat tum uino perluitur os **S** (*verba* proluitur – pro-
luat *exp.*) **A**   **7** alvus/alius ψ   **8** allium **RM**   **9** allio **RM** alo **S**[1]**A**[1]
10 linere **M**   haec si **SM** hec his **AR**

cap. 9 usus est Veg. 4,6   **1** febricanti **S** fabricanti **A** febricitantem **M**
2 mitti/emitti γ dimitti **M**   **3** hora **M** *Veg. om.* **SAR**   **6** vel/aut γκ
7 ac/aut γκ   pampinos γM *Veg.* pampinus **SAR**
tum γ tun **M** cum **SAR**   **8** aqua frigida ter per diem **M**
potandam quae **S** potandamque (*partim om.* que **R**) **ARM**
9 medicinam **R**   sub tecto **R** subtectu **A** subiectu **S** intra tectum **M** *Veg.*
10 febricantis **S** febricatis **A** febricitantibus **M**   lacrimae manantes γ

Reiz der Rotz fließt. Dann wird das Maul mit Wein ausgespült und nach Ablauf einer Stunde Grünfutter oder Laub vorgeworfen, bis die offenen Stellen sich mit Schorf decken. Liegen weder Frösche noch Durchfall vor und will das Tier trotzdem nicht fressen, dann wird es nützlich sein, zerstoßenen Knoblauch mit Öl durch die Nasenlöcher einzugießen oder den Rachen mit Salz und *cunila* (wildem Majoran?) zu bestreichen oder dieselbe Partie mit zerstoßenem Knoblauch und etwas Seetierbrühe zu pinseln, allerdings nur, wenn die Abneigung gegen das Futter allein auftritt.

9. KAPITEL

Hat das Rind Fieber, dann soll man es einen Tag lang fasten lassen, am nächsten Tag es im nüchternen Zustand unter dem Schwanz etwas zur Ader lassen, nach einer Stunde 30 mäßig große Kohlpflänzchen gekocht in Öl und Fischsauce in der Art eines Speichelreiztrankes eingießen und diesen Trank fünf Tage lang jeweils vor der ersten Fütterung geben, desgleichen Mastix- oder Ölbaumtriebe oder zarteste Blätter und Rebentriebe füttern, ferner die Lippen mit einem Schwamm abwischen und dreimal täglich kaltes Wasser saufen lassen. Diese Behandlung muß unter Dach vorgenommen werden; das Rind darf vor seiner Genesung nicht ins Freie gelassen werden. Fiebersymptome sind Trä-

caput, oculi conpressi, fluidum salivis os, longior et cum
quodam inpedimento tractus spiritus, interdum et cum
gemitu.

DE TUSSI   10

Recens tussis optime salivato farinae hordeaceae dis-   1
cutitur. interdum magis prosunt gramina concisa et his ad-
mixta fresa faba. lentis quoque valvulis exemptae et minute
molitae miscentur aquae calidae sextarii duo, factaque sor-
5 bitio per cornu infunditur. veterem tussim sanant duae
librae hysopi macerati sextariis aquae tribus. nam id medicamentum teritur et cum lentis minute, ut dixi, molitae
sextariis quattuor more salivati datur ac postea aqua hysopi
per cornu infunditur. porri etiam sucus cum oleo vel ipsa   2
10 fibra cum hordeacea farina contrita remedium est; eiusdem
radices diligenter lotae et cum farre triticeo pinsitae ieiunoque datae vetustissimam tussim discutiunt. facit idem pari
mensura ervum sine valvulis cum torrido hordeo molitum
et salivati more in fauces dimissum.

11 fluidum Sγ fluuidum ARM   13 gemitum SA
post gemitum tit. VIII. DE TUSSI SA (litt. min. in marg. sic vel sim.)
R aliquot

cap 10. usus est Veg. 4, 7   1 tussis αγ tusis M tussi SAR
ordeace(a)e AR   2 magis interdum γ   3 lentis/lentisci M
ualuulis/balbulis R plerique bubulis M   4 aquae/atque SA
5 sanant SM sanan A sanari R   6 aquae/atque S¹A¹
7 lentis/lentisci M
7 s. molite sextariis M molita sestariis S molita est ariis R
9 infunditur/funditur A   sucus cum M Veg. suc(c)um SAR
10 ordeacea R   remedium SM remedia A¹ remedio R   11 ligenter S¹A¹
pinsita SA   10 s. ieiunoque StM eiuno quae A uinoque R
12 uetustissam S   facit tM faciunt SAR   13 ervum/herbum M
valvulis/uit uulis A babulis M   torrida ü̈M torreo SAR   ordeo AR
14 post dimissum tit. VIIII. DE SUPPURATIONE (SUBPUT- S) SA (litt.
min. in marg. sic vel sim.) R aliquot

nenfluß, hängender Kopf, zugekniffene Augen, Speichelfluß aus
dem Maul, auffallend gezogener und schwer gehender Atem, zuweilen in Verbindung mit Stöhnen.

10. KAPITEL: HUSTEN

Frisch auftretender Husten wird am ehesten durch einen Trank
aus Gerstenmehl vertrieben. Manchmal ist kleingeschnittenes Gras
mit einer Beimengung von geschroteten Bohnen noch wirksamer.
Auch mischt man zwei *sextarii* entschoteter und völlig zerstampfter
Linsen mit heißem Wasser und gießt die entstandene Suppe durch
einen Trichter in den Schlund. Einen alten Husten behandelt man
mit zwei Pfund Isop, in drei *sextarii* Wasser aufgeweicht; diese
Heilpflanze zerreibt man und gibt sie mit vier *sextarii* Linsen, die,
wie oben gesagt, ganz klein zerstampft sind, wie einen Speichel-
reiztrank ein; danach gießt man die Isopbrühe durch einen Trichter ein. Heilkräftig ist auch Lauchsaft mit Öl oder die mit Gerstenmehl verriebene Pflanzenfaser selbst; die Wurzeln derselben
Pflanze, sorgfältig gereinigt, mit Weizenschrot zerstoßen und dem
Tier auf nüchternen Magen gegeben, beseitigen auch den ältesten
Husten. Dasselbe bewirkt auch entschotete Erve, zu gleichen Teilen mit gerösteter Gerste zermahlen und in der Art eines Speichelreiztrankes eingegeben.

DE SUPPURATIONE   11

Suppuratio melius ferro rescinditur quam medicamento.
expressa deinde sanie sinus ipse, qui eam continebat,
calida bubula urina eluitur atque ita linamentis pice liquida et oleo inbutis conligatur, vel si conligari ea pars non
5 potest, lamina candente sebum caprinum aut bubulum instillatur. quidam cum vitiosam partem inusserunt, urina
vetere humana eluunt atque ita aequis ponderibus incocta
pice liquida cum vetere axungia linunt.

Sanguis demissus in pedes claudicationem adfert, quae 12
cum accidit, statim ungulam inspicito. tactus autem fervo-   1
rem demonstrat, nec bos vitiatam partem vehementius pre-

ad cap. 11 cf. Veg. 4, 8   1 supputatio (-tione **A**[1]) **SA**[1]
resciditur **SA**[1]   2 expresse **R**   sanie sinus **M** sasinus **SAR**
3 urinaeluitur **A** urine luit **S**   liniamentis (*vel* lanim-) **R**
4 conligatur/curatur **M** *Veg.*
  conligari ea/collui ea γ conlinea **A** (*vel* coll-) **R**
5 sebum/sebun **S** sebu **A** seuum **RM** *Veg.*   aut **SM** *Veg.* ut **AR**
6 stillatur **M** *Veg.*
6 s. partem inusserunt urina uetere humana eluunt **M** partē (parte **AR**)
  minus seruntur inhabeture huranç (ranc **AR**) luunt **SAR** partem
  inunxerint tunc urina ueteri humana lavant *Veg.*
8 axiungali nunc (*vel* nuc. nec, *al.*) **R**

cap. 12 usus est Veg. 4, 9 sq.   1 demissus **S** dimissus **RM** dimissis **A**
2 ungulam inspicito (-cis γ) **M**γ (*Veg.*) ungula inspicit **SAR**
  tactus/factus **M**   3 bos/uos **SA**

11. KAPITEL: ABSZESS

Ein Abszeß wird besser mit dem Messer ausgeschnitten als durch
Medikamente beseitigt. Ist der Eiter ausgedrückt, so wäscht man
die Höhlung, die ihn enthielt, mit warmem Rindsurin aus und verbindet sie dann mit Binden, die mit flüssigem Pech und Öl ge-
tränkt sind; läßt sich die Stelle nicht verbinden, so träufelt man mit
einer schmutzfreien Pipette Ziegen- oder Rindertalg ein. Manche
waschen die offene Stelle nach Ausbrennen mit abgestandenem
menschlichem Urin aus und bestreichen sie dann mit einer gleichteiligen Mischung aus eingekochtem flüssigem Pech und altem
Schweinefett.

12. KAPITEL

Blut, das in die Hufe eingedrungen ist, bewirkt Lahmen; in diesem Falle untersuche man sofort den Huf. Bei der Berührung wird
man Übertemperatur gewahr, und das Rind erträgt keinen stärkeren Druck auf die Stelle. Befindet sich aber das Blut noch ober-

mi patitur. sed si sanguis adhuc supra ungulas in cruribus
5 est, frictione adsidua discutitur vel, cum ea nihil profuit,
scarifatione emittitur. at si iam in ungulis est, inter duos
ungues cultello leviter aperitur, et postea linamenta sale   2
atque aceto inbuta adplicantur ac solea spartea pes induitur, maximeque datur opera, ne bos in aquam pedem
10 mittat et ut sicce stabuletur. hic idem sanguis nisi emissus
fuerit, famicem creabit, qui si suppuraverit, tarde per-
curabitur. primum ferro circumcisus et expurgatus, deinde
pannis aceto et sale et oleo madentibus inculcatis, mox
axungia vetere et sebo hircino pari pondere decoctis ad
15 sanitatem perducitur. si sanguis in inferiore parte ungulae   3
est, extrema pars ipsius unguis ad vivum resecatur et ita
emittitur, ac linamentis pes involutus spartea munitur. mediam ungulam ab inferiore parte non expedit aperire, nisi
si in eo loco iam suppuratio facta est.
20   Si dolore nervorum claudicat, oleo et sale genua poplites-
que et crura confricanda sunt, donec sanetur.
    Si genua intumuerunt, calido aceto fovenda sunt, et lini   4
semen aut milium detritum consparsumque aqua mulsea

  6 scarifatione (*vel* -fact-) **RM** scaripatione **SA**
     emittitur αM hemitur **SAR** demitur γ   at/ad S¹A ac **M**
     si iam/suam S¹Aκψ   **6 s.** duas ungulas **M**
  7 aperitur et **M** aperiet **SAR** aperies γ *Veg.*
  8 inbuta **M** imbuta **R** inbuto **SA**   soleas parte apes **A**
  8 s. induitur **MR** *pauci* inducitur **SAR** *plerique*   9 bos/uos S¹ us **A** is γκ
  10 mittat **S**αγ mittam **AR**
     sicce stabuletur/sic gestabuletur (*vel* ges stab-) **AR**
  11 famicem/saniem **R**   creauit SA¹   **11 s.** percurauit ob **AR**
  12 primum **SM** primo **AR** *Veg.*   **13** inculcatus **M**
  14 sebo SA¹ seuo **SM** *Veg.*   ponere SA¹
  15 inferiore/interiore *Veg.* priore **M**   16 unguis/ungulae γM *Veg.*
  17 linamentis/limentis **M**   **17 s.** media ungula **M**   **20 s.** popliteque **SA**
  21 confricanda **S** *Veg.* conficanda **A** compicanda (*vel* complic.) **R**
  22 intumuerint ψM *Veg.*
  23 semen aut **S** *Veg.* semina ut **A** semine ut (*vel* et) **R** semen cum milio
     detrito **M**   consparsoque **M**

halb der Hufe in den Beinen, so vertreibt man es durch anhaltendes Massieren; falls das nicht hilft, läßt man es durch Einritzen auslaufen. Ist es aber bereits in den Hufen, so öffnet man die Spalte zwischen beiden Hufen leicht mit einem Skalpell, stopft danach mit Salz und Essig getränkten Verbandmull hinein und steckt den Fuß in einen Hufschuh aus Hartgras; ferner achtet man genau darauf, daß das Rind nicht in Wasser tritt und trocken im Stall steht. Entläßt man das Blut nicht, so kann es einen Abszeß hervorrufen, der, einmal eitrig geworden, sehr lange Zeit zur Heilung erfordert. Man schneidet ihn zunächst mit dem Messer aus und reinigt ihn; dann stopft man mit Essig, Salz und Öl getränkte Lappen in die Wunde und heilt sie schließlich mit altem Schmalz und Bockstalg, zu gleichen Teilen verkocht, aus. Befindet sich das Blut im unteren Teil des Hufes, so schneidet man die unterste Partie des Hufes selbst bis zum lebenden Fleisch ab und entläßt das Blut auf diese Weise; dann verbindet man den Huf mit Leinenstreifen und schützt ihn mit Hartgras. Den mittleren Teil des Hufes von unten her zu öffnen empfiehlt sich nicht, es sei denn, daß dort bereits ein Geschwür entstanden ist.

Lahmt das Tier wegen Sehnenschmerzen, so reibt man seine Beugen, Gelenke und Glieder mit Öl und Salz ein, bis es wieder gesund wird.

Sind die Knie geschwollen, dann dämpft man sie mit warmem Essig und legt Leinsamen oder mit Honigwasser befeuchteten Hir-

inponendum. spongiae quoque ferventi aqua inbutae et
25 expressae litaeque melle recte genibus adplicantur ac fasceis circumdantur. quod si tumori subest aliquis umor, fer-
mentum vel farina hordeacea ex passo aut aqua mulsea
decocta inponitur et, cum maturuit suppuratio, rescinditur
ferro eaque emissa, ut supra docuimus, linamentis curatur.
30 possunt etiam, ut Cornelius Celsus praecepit, lilii radix vel   5
scilla cum sale vel sanguinalis herba, quam polygonum
Graeci appellant, vel marrubium ferro reclusa sanare. fere
autem omnis dolor corporis, si sine vulnere est, recens
melius fomentis discutitur, vetus uritur et supra ustum
35 vel butyrum vel caprina instillatur adeps.

DE SCABIE   13

    Scabies extenuatur trito alio defricta, eodemque reme-   1
dio curatur rabiosae canis vel lupi morsus, qui tamen et
ipse inposito vulneri vetere salsamento aeque bene sanatur.
sed ad scabiem praesentior alia medicina est: cunela bubula
5 et sulpur conteruntur admixtaque amurga cum oleo atque
aceto incoquuntur. deinde tepefactis scissum alumen tritum

24 spongiae *Veg.* (**M**) sphongia **S** spongia **R** sphongio **A**
   quoque *om*. **AR**   imbute **M** inbuta **SA** imbuta **R**
25 expresse γκ**M** *Veg.* expressa **SAR**   lita que **S** linite que **M**
25 s. fascea **M**   26 humor **RM**   27 ordeacea **AR**   aqua aliqua **A**ψ
   mulsa **SM** mulsea **AR**   28 supputatio **A**[1]   30 precipit **R** precipti **A**
31 scylla **R**   sanguinis herbam **M**
   poligonum **M** poligonam **S** poligona (*vel* -ly-) **AR**   32 reclausa **AR**
35 vel *addidi ex* **M**
   post adeps *tit.* X. DE SCABIE **SA** (*litt. min. in marg.*) **R** *aliquot*

   cap. 13 exscr. Veg. 4, 11
1 defricto **AR** defricato **M** defricata *Veg.*   2 rabios **S**[1] rabies **S**[2]
3 sanentur **AR**   4 sed **M** et **SAR**
   cunela bubula **M** (*cf. c. 8, 2; 7, 5, 18*) cunicula bubula **S** cuniculabula **A**
   (*vel* -cunab-) **R**   5 amurca γ**M** *Veg.*   atque **M** *Veg.* aqua **SAR**
6 ageto **SA**

segries auf. Auch Schwämme, die in kochendes Wasser getaucht,
dann ausgedrückt und mit Honig bestrichen sind, legt man mit Erfolg auf die Schwellung und wickelt Binden darum. Befindet sich
unter der Geschwulst eine Flüssigkeit, dann legt man gärendes
Malz oder Gerstenmehl, in Süßwein oder Honigwasser abgekocht,
auf die Stelle und schneidet sie auf, wenn das Geschwür reif ist;
nach der Entleerung versorgt man es mit Verbandmitteln, wie sie
oben beschrieben sind. Nach den Angaben des Cornelius Celsus
können auch Lilienwurzel oder Meerzwiebel mit Salz oder Knö-
terich, den die Griechen Polygonon nennen, oder Andorn die
Schnittwunden heilen. Fast jede schmerzende Stelle des Körpers
die ohne Wunde auftritt, wird im ersten Stadium vorteilhafter
durch Kompressen beseitigt, im fortgeschrittenen Zustand ausgebrannt; auf die Brandstelle träufelt man Butter oder Ziegenfett.

13. KAPITEL: RÄUDE

Die Räude wird gelindert, wenn man sie mit zerstoßenem
Knoblauch einreibt; mit dem nämlichen Mittel behandelt man
auch den Biß eines tollwütigen Hundes oder Wolfs, doch wird dieser nicht weniger erfolgreich durch Auflegen alter Fischmarinade
auf die wunde Stelle geheilt. Gegen die Räude ist aber ein anderes Mittel noch wirksamer: Man verreibt *cunila bubula*[9)] und
Schwefel, mischt Schweinefett bei und verkocht dies mit Öl und
Essig; wenn es etwas abgekühlt ist, streut man gespaltenen Alaun

spargitur; id medicamentum candente sole inlitum maxime
prodest. ulceribus gallae tritae remedio sunt. nec minus   2
sucus marrubii cum fuligine. est et infesta pestis bubulo
10 pecori – coriaginem rustici appellant –, cum pellis ita ter-
gori adhaeret, ut adprehensa manibus deduci a costis non
possit. ea res non aliter accidit, quam si bos aut ex languo-
re aliquo ad maciem perductus est aut sudans in opere
faciendo refrixit aut si sub onere pluvia madefactus est.
15 quae quoniam perniciosa sunt, custodiendum est, ut cum   3
ab opere boves redierint, adhuc aestuantes anhelantesque
vino aspergantur et offae adipis faucibus eorum inserantur.
quod si praedictum vitium inhaeserit, proderit decoquere
laurum et ea calda fovere terga multoque oleo et vino
20 confestim subigere ac per omnis partis adprehendere et
adtrahere pellem, idque optime fit sub dio sole fervente.
quidam fraces vino et adipi conmiscent eoque medicamento
post fomenta praedicta utuntur.

Est etiam illa gravis pernicies, cum pulmones exulceran- 14
tur. inde tussis et macies et ad ultimum phtisis invadit; quae   1
ne mortem adferant, radix consiliginis, ita ut supra docuimus, perforatae auriculae inseritur et porri sucus instar

---

  7 candente M cantendente SAR   sole M solum SAR
  8 remedium AR   9 marrubi M *Pel.*   11 adprensa S
     deduci ARM diduci S   12 accidit γM accedit SAR   bos 'uos S¹A
 12 s. langore R   13 aliquo αγM *Veg.* aliquod SA aliquid R
 14 refrixit S¹γM reflixit S²AR   15 quoniam/cum R
 16 redierint/rediderint SA   17 offea AR
 18 proderit S²γM prodiderit S¹AR   19 calida R calida aqua M
 21 adthrahere/detrahere γ   pellem γM *Veg.* pelle SAR
     diuo γM *Veg.*
 22 fraces *ed. Basil.* flaces SA flacces R fauces M faeces *Veg.*   adipe M

     cap. 14 exscr. Veg. 4, 13–15
  3 ne mortem SAR meortem M mortem *Veg.*
     consiliginis ita M consilis in his ita SA corili in his ita R
  4 *ante* porri *add.* nichilominus M

ein; dieses Mittel hat die stärkste Wirkung, wenn es bei Sonnenlicht aufgestrichen wird. Gegen Geschwüre helfen verriebene Galläpfel, ebenso Andorn mit Ruß. Gefährlich für das Vieh ist auch eine Krankheit – die Bauern nennen sie *coriago*[10] –, bei der die Haut derart fest am Rumpf haftet, daß man sie mit der Hand nicht von den Rippen abheben kann. Sie tritt nur dann auf, wenn das Rind entweder infolge einer Entkräftigung abgemagert ist oder im Schweiß bei der Arbeit sich abgekühlt hat oder unter einer Last vom Regen naß geworden ist. Da dies zum Tode führen kann, sind die Tiere, wenn sie von der Arbeit heimkommen, unverzüglich, noch solange sie dampfen und heftig atmen, mit Wein zu besprengen und ihnen ein Klumpen Fett in den Rachen zu stecken. Will das genannte Übel nicht weichen, dann ist es nützlich, Lorbeer zu kochen und damit, solange die Masse warm ist, den Rücken zu dämpfen, gleich danach die Haut reichlich mit Öl und Wein zu bearbeiten und an allen Stellen zu fassen und abzuheben; am besten geschieht das unter freiem Himmel bei brennender Sonne. Manche mischen Treber mit Wein und Fett und wenden dieses Mittel nach der oben erwähnten Dämpfung an.

14. KAPITEL

Eine schwere Erkrankung ist auch die Lungenvereiterung. Daraus entsteht Husten, Abmagerung und schließlich Schwindsucht. Um den Eintritt des Todes zu verhindern, steckt man Lungenkrautwurzel in den aufgeschnittenen Ohrlappen, wie es oben be-

5   heminae pari olei mensurae miscetur et cum vini sextario
    potandus datur diebus conpluribus. interdum et tumor pa-   2
    lati cibos respuit crebrumque suspirium facit et hanc spe-
    ciem praebet, ut bos totus pendere videatur. ferro palatum
    ⟨prodest⟩ sauciare, ut sanguis profluat, et exemptum val-
10 volis ervum maceratum viridemque frondem vel aliud mol-
    le pabulum, dum sanetur, praebere.
        Si in opere collum contuderit, praesentissimum est re-   3
    medium sanguis de aure emissus, aut si id factum non erit,
    herba quae vocatur avia, cum sale trita et inposita. si
15 cervix mota et deiecta est, considerabimus, in quam partem
    declinet, et ex diversa auricula sanguinem detrahemus. ea
    porro vena, quae in aure videtur esse amplissima, sarmen-
    to prius verberatur. deinde cum ad ictum intumuit, cultello
    solvitur, et postero die iterum ex eodem loco sanguis
20 emittitur ac biduo ab opere datur vacatio. tertio deinde die
    levis iniungitur labor et paulatim ad iusta perducitur. quod   4
    si cervix in neutram partem deiecta est mediaque intumuit,
    ex utraque auricula sanguis emittitur. qui cum intra tridu-
    um, quam bos vitium cepit, emissus non est, intumescit
25 collum nervique tenduntur, et inde nata durities iugum
    non patitur. tali vitio comperimus aptum esse medicamen-   5
    tum ex pice liquida et bubula medulla et hircino sebo et
    vetere axungia et vetere oleo aequis ponderibus conpo-

5 sextario γM *Veg.* sextari(i) AR sestari S
6 ss. *verba* interdum – pendet *om.* M
8 bos totus *Carroll Latom. 33, 1974, 919 f.* bos lotus (1 *ex corr.* S) SAR
  bovis os *Lundstr.*   9 prodest *ex Veg. add. Lundstr. om.* SAR
  et *om.* AR   12 si in S *Veg.* sin AR *fort. recte*   contunderit AR
13 emissus/dimissus M
14 avia *Ald.* abia ü *Veg.* habia SAR saluia M *fort. recte*
15 considerauimus SAM   in *om.* AR
16 auricula/uiriculi AR   17 uideo S   19 die *om.* AR   21 iungitur M
  labore A   24 uos S¹A   uitium *om.* A¹   emissum AR
26 aptum M *Veg.* autem SAR   27 sebo A seuo SRM
27 s. et uetere axungia M *Veg. om.* SAR

schrieben ist, mischt ein Halbmaß Lauchsaft mit der gleichen Menge Öl und gibt diese Mischung mit einem *sextarius* Wein mehrere Tage lang zu saufen. Zuweilen verhindert auch eine Gaumenschwellung die Nahrungsaufnahme und verursacht häufiges Röcheln; auch gewährt es den Eindruck, als lasse sich das Rind im ganzen hängen. Hier empfiehlt es sich, den Gaumen des Rindes mit dem Messer zu ritzen, so daß Blut austritt, und aufgeweichte Erven ohne Schoten und frisches Laub oder sonst ein weiches Futter zu reichen, bis das Tier geheilt ist.

Hat sich das Rind bei der Arbeit den Hals aufgescheuert, dann ist das wirksamste Mittel Blut aus dem Ohr oder, falls man darauf verzichten will, das sogenannte *avia*-Kraut (Kreuzwurz), mit Salz verrieben und aufgelegt. Bei verrenktem und hängendem Nacken wird man darauf achten, nach welcher Seite er abweicht, und an dem entgegengesetzten Ohr Blut entnehmen. Zunächst schlägt man mit einem kleinen Zweig auf die Ader am Ohr, die am stärksten zu sein scheint; wenn sie durch den Schlag angeschwollen ist, öffnet man sie mit dem Messer; tags darauf entnimmt man noch einmal aus derselben Stelle Blut und läßt das Tier zwei Tage lang ruhen. Am dritten Tag belastet man es mit leichter Arbeit und führt es nach und nach zu normaler Leistung zurück. Hängt aber der Nacken nach keiner Seite hin und ist er in der Mitte angeschwollen, dann läßt man an beiden Ohren zur Ader. Wenn der Aderlaß nicht innerhalb von drei Tagen nach dem Auftreten des Schadens erfolgt, schwillt der Hals an und spannen sich die Sehnen, und infolge der daraus entstehenden Verhärtung kann das Tier das Joch nicht tragen. Gegen einen derartigen Schaden gibt es nach meiner Kenntnis ein gutes Mittel, das man aus flüssigem Pech, Rindermark, Bockstalg, altem Schweinefett und altem Öl zu

situm atque incoctum. hac conpositione sic utendum est:
30 cum disiungitur ab opere bos, in ea piscina, ex qua bibit,
tumor cervicis aqua madefactus subigitur praedictoque medicamento defricatur et inlinitur. si ex toto propter cervicis 6
tumorem iugum recuset, paucis diebus requies ab opere
danda est, tum cervix aqua frigida defricanda et spuma
35 argenti inlinenda est. Celsus quidem tumenti cervici herbam, quae vocatur avia, ut supra dixi, contundi et inponi
iubet. clavorum, qui fere cervicem infestant, minor molestia est; nam facile sanantur oleo per ardentem lucernam
instillato. potior est tamen ratio custodiendi, ne nascantur 7
40 neve colla calvescant; quae non aliter glabra fiunt, nisi cum
sudore aut pluvia cervix in opere madefacta est. itaque
cum id accidit, pulvere latericio trito, priusquam diiungan-
tur, colla conspargi oportet, et deinde, cum adsiccuerint,
subinde oleo inbui.

Si talum aut ungulam vomere laeserit, picem duram et 15
axungiam cum sulpure lana sucida involvito et candente 1

---

30 bos M *Veg. om.* **SAR**
     in ea piscina M *Veg.* in (a)episcina **SAR**   bibitur **M**
31 madefactu S madefacta M   subigetur M subi(i)citur **SAR**
32 defrigatur M   **33** recusat M *Veg.*   **35** argentum A argentea M
     linienda *Veg.* linenda A   **36** avia/saluia M
38 facile sanantur oleo per ardentem M (*cf. Veg. 4. 15. 4 : Svennung, Eran.
     26, 168*) facileo per ardentem S facile operantem **AR**
39 potior **RM** patior S¹A paratior S²   nascatur **AR**
41 madefactum **SAR**
42 pulvere latericio *restitui ex Veg. 4, 15* ueteri latericio SγM ueteri lateri
     lateritio **R**   **43** colla SγM colle **R**   et S *Veg. om.* **ARM**
     assiccuerint γ ad siccum erint (erit S) **SAR** adsiccauerint **M**
44 subide S¹**A**

     cap. 15 usus est Veg. 4. 16 sq.   **1** pice **AR** *part.*
   2 sulfure S *Veg.* sulphure **R**
     involvito *Svennung ex Veg.* inuolluto **M** inuoluta **SAR**

gleichen Teilen zusammenstellt und einkocht. Diese Zusammenstellung wendet man folgendermaßen an: Wenn das Rind von der Arbeit ausgespannt wird, taucht man die angefeuchtete Nackengeschwulst in den Trog, aus dem das Tier säuft, reibt sie mit dem beschriebenen Mittel ein und bestreicht sie damit. Wenn es infolge der Nackenschwellung das Joch überhaupt ablehnt, läßt man es einige Tage von der Arbeit ruhen; dann reibt man den Nacken mit kaltem Wasser ab und bestreicht ihn mit Silberglätte[11]. Celsus läßt die oben genannte Kreuzwurz zerstoßen und auf den geschwollenen Nacken auflegen. „Nagelgeschwülste" [11a], die etwa den Nacken belästigen, machen weniger Schwierigkeiten; denn sie lassen sich leicht mit Öl heilen, das man durch eine offene Flamme auftropfen läßt. Besser freilich ist es vorzubeugen, daß solche Geschwülste nicht entstehen und der Hals nicht kahl wird; er wird aber nur dann kahl, wenn der Nacken bei der Arbeit durch Schweiß oder Regen naß wird. Wenn dies eintritt, soll man folglich den Hals noch vor dem Ausspannen mit feingestoßenem Ziegelstaub bestreuen und danach, wenn er abgetrocknet ist, sofort mit Öl tränken.

15. KAPITEL

Hat das Tier einen Knöchel oder Huf an der Pflugschar verletzt, so wickelt man hartes Pech und Schweineschmalz mit Schwe-

ferro supra vulnus inurito. quod idem remedium optime
facit exempta stirpe, si forte surculum calcaverit et acuta
5 testa vel lapide ungulam pertuderit. quae tamen si altius
vulnerata est, latius ferro circumciditur et ita inuritur, ut
supra praecepi, deinde spartea calceata per triduum suffu-
so aceto curatur. item si vomere crus sauciarit, marina   2
lactuca, quam Graeci tithymallum vocant, admixto sale in-
10 ponitur. subtriti pedes eluuntur calefacta bubula urina,
deinde fasce sarmentorum incenso, cum iam ignis in fa-
villam recidit, ferventi cineri bos cogitur insistere, ac pice
liquida cum oleo vel axungia cornua eius linuntur. minus
tamen claudicabunt armenta, si ab opere disiunctis multa
15 frigida laventur pedes et deinde suffragines coronaeque ac
discrimen ipsum, quo divisa est bovis ungula, vetere axungia defricentur.

Saepe etiam, vel gravitate longioris itineris vel cum in 16
proscindendo aut duriori solo aut obviae radici obluctatur,   1
convellit armos. quod cum accidit, e prioribus cruribus sanguis mittendus est, si dextrum armum laesit, in sinistro, si
5 laevum, in dextro; si vehementius utrumque vitiavit, item

4 acuto SA
5 pertuderit γM pertulerit SAR   7 calceata/calceatur M   10 pede R
eluntur AR elinitur γ   11 fasce RM fasces SA   iam *om*. M
12 recidit/redegit M   ferueti A feruentibus α
cineri bos M cineribus SAR   14 claudicabant A
si ab opere M *Veg.* si opere SAR   disiunctis/deuinctis M
multa/mulsa M
15 corone que M *Veg.* quouenę (qu *in ras.*) S coneuae A coneue (*vel sim.*) R
16 quo M quod SAR   uete A   17 defricentur S *Veg.* defricetur ARM

cap. 16 usus est Veg. 4,18–20   1 itineris M *Veg. om.* SAR
2 obluctatur *Lundstr.* obluctatus SARM   3 conuelit SA
4 emittendus M emittetur *Veg.*   est *om.* γκM   5 item/etiam M

fel in frischgeschorene Wolle und brennt sie mit einem glühenden Eisen in die Wunde ein. Das nämliche Mittel wirkt ausgezeichnet nach Entfernung eines Fremdkörpers, wenn sich das Tier etwa einen Spleiß eingetreten oder den Huf an einer scharfen Scherbe oder einem Stein aufgestoßen hat. Ist er jedoch tiefer verletzt, dann schneidet man ihn in weiterem Umkreis aus, brennt ihn aus, wie oben angegeben, und behandelt ihn drei Tage lang durch Übergießen mit Essig und Anlegen eines Hartgrasschuhes. Ferner wenn das Tier am Pflug ein Bein verletzt hat, legt man „Meerlattich" – griechisch *tithymallos* genannt – mit einer Beimischung von Salz auf. Abgetretene Hufe werden mit erwärmtem Rinderurin ausgewaschen; dann verbrennt man einen Bund Reisig, und wenn die Flamme bereits in die Asche zurückfällt, zwingt man das Rind, in die heiße Asche zu treten; schließlich schmiert man seine Hörner mit flüssigem Teer, Öl und Schweinefett ein. Die Zugtiere werden aber weniger leicht lahmen, wenn man ihnen nach dem Ausspannen die Hufe mit reichlichem kaltem Wasser wäscht und dann Beuge, Krone und die Spalte selbst, die den Huf des Rindes teilt, mit altem Schweinefett einreibt.

16. KAPITEL

Oft zieht sich das Rind durch die Anstrengung auf einem zu langen Weg oder dann, wenn es beim ersten Umbrechen des Bodens mit besonders harter Erde oder mit auftretendem Wurzelwerk zu kämpfen hat, eine Schulterzerrung zu. In diesem Falle ist an den Vorderbeinen zur Ader zu lassen, bei rechtsseitiger Verletzung links, bei linksseitiger rechts. Bei stärkerer beidseitiger Verletzung werden auch die Adern an den Hinterbeinen geöffnet.

in posterioribus cruribus venae solventur. praefractis cor-	2
nibus linteola sale atque aceto et oleo inbuta superponuntur ligatisque per triduum eadem infunduntur. quarto
demum axungia pari pondere cum pice liquida et cortice
10 pineo levigata inponitur, et ad ultimum, cum iam cicatricem
ducunt, fuligo infricatur.

Solent etiam neglecta ulcera scatere vermibus; qui si mane perfunduntur aqua frigida, rigore contracti decidunt, vel
si hac ratione non possunt eximi, marrubium aut porrum
15 conteritur et admixto sale inponitur; id celerrime necat
praedicta animalia. sed expurgatis ulceribus confestim	3
adhibenda sunt linamenta cum pice et oleo vetereque
axungia et extra vulnera eodem medicamento circumlinen-
da, ne infestentur a muscis, quae ubi ulceribus insederunt,
20 vermes creant.

Est etiam mortiferus serpentis ictus, est et minorum	17
animalium noxium virus. nam et vipera et caecilia saepe,	1
cum in pascuo bos inprovide supercubuit, lacessita onere
morsum inprimit, musque araneus, quem Graeci μυγαλῆν
5 appellant, quamvis exiguis dentibus, non exiguam pestem
molitur. venena viperae depellit super scarifationem ferro

---

6 uene SγM *Veg.* bene **AR**		prefractis S²**R** prefactis S¹A¹**M**
10 pineo leuigata **SM** pineolo uigata **A** pineolo iugata **R**	11 infrigatur **A**
13 contracti decontracti decidunt S¹Aψ	16 expurgatis SγM expurgati **AR**
ulceribus S²γM ulceri α ulceri ulceribus S¹**AR**	17 ueterique **M**

cap. 17 usus est Veg. 4, 21–23;	1 mortiferis **M**		itus **M**
minorum **M** *Veg.* magnorum **SAR**	4 quem **RM** quae **S** que **A**
MYTAΛHN S MYIααHN A¹ mygalem **M** *partim om. partim deprav.* **R**
6 mollitur Sψ
uipere depellit Sγ ut per aede (ede **R**) pellit **AR** uipera depellit **M**
scariphationem **SA** sacrificationem κ scaripationem **M**

Um angebrochene Hörner wickelt man in Salz, Essig und Öl getränkte Lappen und begießt diesen Verband drei Tage lang mit derselben Flüssigkeit. Am vierten Tag endlich legt man Schweinefett, zu gleichen Teilen mit Teer und Fichtenrinde verrieben, auf; zuletzt, wenn sie schon vernarben, streicht man Ruß darauf.

Oft sind vernachläßigte Eiterungen voll Maden. Übergießt man diese am frühen Morgen mit kaltem Wasser, dann ziehen sie sich durch die Kälte zusammen und fallen ab; kann man sie auf diese Weise nicht beseitigen, so verreibt man Andorn und Lauch, mischt Salz bei und legt diese Mischung auf; dadurch sterben die genannten Tierchen in kürzester Zeit ab. Die so gereinigten Schwären aber sind sofort durch einen Verband mit Pech, Öl und altem Schweinefett zu schützen, die Partien ringsum mit eben dieser Salbe zu bestreichen, damit sie nicht von Mücken heimgesucht werden, die Maden erzeugen, wenn sie sich auf die offenen Wunden niederlassen.

17. KAPITEL

Verderblich ist auch der Schlangenbiß, und schädlich ist der Schleim mancher kleinerer Tiere. Oft nämlich beißt eine Viper oder eine Eidechse, wenn sich das Rind auf der Weide versehentlich auf sie legt, vom Druck gepeinigt zu, und auch die Spitzmaus, die die Griechen *mygale* nennen, verursacht trotz ihrer kleinen Zähne eine keineswegs unbedeutende Krankheit. Das Viperngift vertreibt man dadurch, daß man die Bißstelle mit dem Messer

factam herba, quam vocant personatia, trita et cum sale
inposita. plus etiam eiusdem radix contusa prodest vel si   2
montanum trifolium invenitur, quod fragosis locis efficacis-
10   simum nascitur, odoris gravis neque absimilis bitumini – et
idcirco Graeci eam ἀσφάλτειον appellant; nostri autem
propter figuram vocant acutum trifolium, nam longis et
hirsutis foliis viret caulemque robustiorem facit quam
pratense –; huius herbae sucus cum vino mixtus infunditur   3
15   faucibus, atque ipsa folia cum sale trita malagmatis
vice cedunt. vel si hanc herbam viridem tempus anni negat, semina eius collecta et levigata cum vino dantur potanda, radicesque cum suo caule tritae atque hordeaceae
farinae et sali commixtae ex aqua mulsa scarifationi su-
20   perponuntur. est etiam praesens remedium, si conteras   4
fraxini tenera cacumina quinque librarum cum totidem vini
et duobus sextariis olei expressumque sucum faucibus
infundas, itemque cacumina eiusdem arboris cum sale trita
laesae parti superponas.
25   Caeciliae morsus tumorem suppurationemque molitur;
idem facit etiam muris aranei, sed et illius sanatur noxa

---

7 factam ltü²M captam SAR   herbam R
   personatia (-am *Veg.*) M *Veg.* persona SAR
8 s. si montanum SM simoniamum A simonianum *sim. varie* R
9 invenitur/repperitur M   10 bitumini/uitumine M
11 ΛCφΑΛΤειοN SA asphaltitem M *om.* R *plerique*
12 nam M non SAR   13 caulemque γM caulumque SAR   14 pratensem S
   cum (cun M) uino M *Veg.* uino SAR
16 uice cedunt M uicedunt SA incendunt R
18 caule trite atque hordeatie farine M (*cf. Veg.* caule trite addita hordeacca
   farina) caula α triteatque hordeaciae farinę S caula (*corr.* -le) ettrite
   farine A caule et trite farine R   19 sali S sale AR salis M
   scarifationi M (s)cariphationis SAR
21 tenera S²M tera S¹A terna R trina γ   22 oleis SA
   expressumque αγM expressusqu(a)e SAR   23 cacumine S
   eidem AM   25 cecilie γM c(a)eli SAR
   subpurationeque (supu- A) SA

aufritzt und sogenannte Filzklette, gerieben und eingesalzen, darauflegt. Stärker wirkt noch ihre zerstoßene Wurzel oder – falls man ihn finden kann – der Bergklee, dessen wirksamste Art an schroff abfallenden Hängen wächst und einen starken, an Teer erinnernden Geruch ausströmt, weshalb ihn die Griechen *asphálteion* nennen. Die Römer nennen ihn wegen seiner Form spitzes Dreiblatt, denn es grünt mit langen, haarigen Blättern und bildet einen kräftigeren Stengel aus als der Wiesenklee; der Saft dieser Pflanze wird mit Wein vermischt in den Rachen gegossen, und die Blätter selbst dienen, mit Salz verrieben, als Verband. Wenn die Jahreszeit diese Pflanze im grünenden Zustand nicht bietet, nimmt man ihren Samen, den man gesammelt hat, weicht ihn mit Wein auf und gibt ihn im Trank; außerdem verreibt man ihre Wurzel mit den zugehörigen Stengeln, mischt sie mit Gerstenmehl und Salz und legt sie, in Honigwasser befeuchtet, auf die geritzte Haut auf. Ein wirksames Mittel gibt es auch, wenn man fünf Pfund zarter Eschentriebe verreibt, mit ebenso viel Wein und zwei *sextarii* Öl mischt, den Saft auspreßt und in den Schlund des Tieres gießt; ferner wenn man die Triebe desselben Baumes, mit Salz verrieben, auf die Bißwunde auflegt.

Der Biß der Eidechse ruft Schwellung und Eiterung hervor; dasselbe bewirkt der Biß der Spitzmaus. Auch dieser Schaden läßt sich

fibula aenea, si locum laesum conpungas cretaque Cimolia
ex aceto linas. mus perniciem, quam intulit, suo corpore   5
luit; nam animal ipsum oleo mersum necatur et, cum in-
30 putruit, conteritur, eoque medicamine quandoque morsus
muris aranei linitur. vel si id non adest tumorque ostendit
iniuriam dentium, cuminum conteritur eoque adicitur
exiguum picis liquidae et axungiae, ut lentorem malagmatis habeat; id inpositum perniciem conmovet; vel si, ante-   6
35 quam tumor discuteretur, in suppurationem convertit, optimum est ignea lamina conlectionem resecare et quidquid
vitiosi est inurere atque ita liquida pice cum oleo linire.
solet etiam ipsum animal vivum creta figulari circumdari,
quae cum siccata est, collo bovum suspenditur; ea res
40 innoxium pecus a morsu muris aranei praebet.

   Oculorum vitia plerumque melle sanantur. nam sive intu-   7
muerunt, aqua mulsa triticea farina conspargitur et inponitur, sive album in oculo est, montanus sal Hispanus vel
Ammoniacus vel etiam Cappadocus minute tritus et in-
45 mixtus melli vitium extenuat. facit idem trita sepiae testa
et per fistulam ter die oculo inspirata, facit et radix, quam

§§ 5 sq. exscr. Pelagon. 279 sq., vert. Hipp. Ber. 87, 6
28 [ ]usquam perniciem **M**   **30** conteriter S¹**AR** aliquot
31 tumorque **M** umorque **SA** humorque **R**   **32** ciminum **M**
33 liquida **SA**¹   **34** commovet/summovet **M** submovet Pel. fort. rectius
35 discutetur **M**
36 collectionem **M** Veg. conuertionem (-uers- **R** aliquot) **SAR**
37 linere **M**   **38** cumdari S¹**A**   **39** boum **AR**
40 morsu muris/morumoris S¹A¹ morsuoris S²   **41** s. si intumuerint **M** Veg.
42 mulsa **RM** Veg. mulsae **SA**
   triticea farina **SM** Veg. tritice afarine **A**¹ triticee (-cea A⁺) farine A²**R**
43 sive/⟨s⟩i vero **M** Veg.
44 cap(p)adocus (vel -is) **R** cappadocis **SA** cappadicus **M**
44 s. inmixtis **SA**   **45** intrita **M**   tasta **SA**¹   **46** die om. **M**

mit einer Broncenadel heilen, indem man die verletzte Stelle auf-
sticht und mit essiggetränktem kimolischem Seifenton[12] bestreicht. Die Spitzmaus macht den Schaden, den sie anstellt, mit
dem eigenen Leib wieder gut; man tötet nämlich das Tier selbst
dadurch, daß man es in Öl taucht und, wenn es verwest ist, zerreibt; dieses Mittel streicht man gelegentlich auf Spitzmausbisse.
Wenn es nicht verfügbar ist und eine Schwellung eine Bißverlet-
zung anzeigt, verreibt man Kümmel, gibt etwas flüssiges Pech und
Schweinefett bei, so daß das Mittel die zähflüssige Form einer
Zugsalbe hat, und legt es auf; das beseitigt den Schaden. Wenn
aber die Geschwulst, ehe sie geheilt wird, schon in Eiterung über-
geht, ist es am besten, den Herd mit einer glühenden Klinge auf-
zuschneiden, die gesamte Schadenstelle auszubrennen und dann
mit flüssigem Pech und Öl zu bestreichen. Man pflegt auch die lebende Spitzmaus in Töpferton zu packen und, wenn dieser getrocknet ist, dem Rind an den Hals zu hängen; das macht das Vieh
gegen den Biß der Spitzmaus immun.

Augenkrankheiten werden im allgemeinen mit Honig geheilt.
Sind die Augen geschwollen, so wird Weizenmehl mit Honigwasser
angefeuchtet und aufgelegt; treten weiße Flecken in den Augen
auf, dann lindert spanisches Steinsalz oder Salmiak oder auch
kappadokisches Salz[13], ganz fein verrieben und mit Honig vermengt, das Leiden. Dasselbe bewirkt zerstoßene Tintenfischschale, dreimal täglich durch eine Kanüle ins Auge geblasen, und

Graeci σίλφιον vocant, vulgus autem nostra consuetudine
laserpitium appellat. huius quantocumque ponderi decem   8
partes salis Ammoniaci adiciuntur eaque pariter trita oculo
50 similiter infunduntur, vel eadem radix tunsa et cum oleo
lentisci inuncta vitium expurgat. epiphoram subprimit polenta consparsa mulsa aqua et in supercilia genasque inposita; pastinacae quoque agrestis semina et sucus armora-
ceae cum melle conlevata oculorum sedant dolorem. sed   9
55 quotiensque mel aliusve sucus remediis adhibetur, circum-
linendus erit oculus pice liquida cum oleo, ne a muscis
infestetur. nam et ad dulcedinem et ad odorem mellis
aliorumque medicamentorum non eae solae, sed et apes
advolant.

Magnam etiam perniciem saepe adfert hirudo hausta 18
cum aqua. ea adhaerens faucibus sanguinem ducit et in-   1
cremento suo transitum cibis praecludit. si tam difficili
loco est, ut manu detrahi non possit, fistulam vel arundinem

47 σίλφιον **R** *pauci* αφιοN **S** ιοN **A**[1] silpionem **M**
consuetudinem **SA**   48 laserpicum *ex. corr.* **M**   49 admoniaci **SA**
adiciunt **M**   eaque/eque **M**   trita *om.* **M**
50 contunsa **A**[1] contusa **R**   51 epiphoram **SAR** *Veg.* epiphoras **M**
52 s. imposita γ**M** inpositas (im- **R**) **SAR**   53 pastinaceque **AR**
seminis **M**   53 s. amorace(a)e **AR**
54 conlevata/conglouata **M** (*Veg.* tritas)   55 quotienscumque **R**
57 odorem **M** oculorum **SAR**   58 ęe αγ ea **SAR** he **M**
et apes **S**αγ**M** etates **AR**

ad cap. 18 cf. Veg. 4, 24   1 hirudo **R** hirundo **SA** hirumdo **M**
2 adhaerens/adhaeres **S**[1] ad res **A**[1]   2 s. incementu **A**
3 transitu ciuis **A**   4 harundinem **A** hirundinem **R** *aliquot*

ebenso eine Wurzel, die bei den Griechen *silphion* heißt und in unserem Sprachgebrauch *laserpitium* genannt wird[14]. Einer beliebigen Menge davon mischt man Ammoniak im Verhältnis 1:10 bei, verreibt beides fein und streut es auf gleiche Weise in das Auge; auch die Wurzel dieser Pflanze, zerstoßen und mit Mastixöl als Salbe aufgetragen, beseitigt die Krankheit. Eine Tränenfistel heilt Polenta, mit Honigwasser angefeuchtet und auf Augenlider und Wangen aufgetragen. Auch der Samen des wilden Pastinak und der Saft des Meerrettichs, mit Honig versetzt, lindert Schmerzen an den Augen. Stets aber ist bei Verwendung von Honig in Medikamenten rings um das Auge flüssiges Pech und Öl zu streichen, damit das Tier nicht von Mücken belästigt wird. Denn auf die Süßigkeit und den Duft des Honigs und anderer Medikamente fliegen nicht nur sie, sondern auch die Bienen herbei.

18. KAPITEL

Großes Unheil richtet oft auch der Blutegel an, wenn er zusammen mit dem Wasser verschluckt worden ist. Er setzt sich im Rachen an, saugt Blut und versperrt im Anwachsen den Weg für die Nahrung. Sitzt er an so unbequemer Stelle, daß man ihn mit der Hand nicht wegreißen kann, dann stecke man eine Kanüle

5 inserito et ita calidum oleum infundito, nam eo contactum
animal confestim decidit. potest etiam per fistulam deusti   2
cimicis odor inmitti, qui ubi superpositus igni fumum emi-
sit, conceptum nidorem fistula usque ad hirudinem perfert, isque nidor depellet haerentem. si tamen vel stoma-
10 chum vel intestinum tenet, calido aceto per cornu infuso
necatur.

Has medicinas quamvis bubus adhibendas praeceperim,
posse tamen ex his plurima etiam omni maiori pecori
convenire nihil dubium est.

Sed et machina fabricanda est, qua clausa iumenta   **19**
bovesque curentur, ut et propior accessus ad pecudem   1
medentibus sit nec in ipsa curatione quadripes reluctando
remedia respuat. est autem talis machinae forma: roboreis
5 axibus conpingitur solum, quod habet in longitudinem
pedes novem et in latitudinem pars prior dipundium semis-
sem, pars posterior quattuor pedes. huic solo septenum   2
pedum stipites recti ab utroque latere quaterni adplicantur. ii autem, qui ipsis quattuor angulis adfixi sunt, ⟨. . .⟩

5 contactu **A²R**   **6 s.** deustici micis **A** *item* (*vel* nucis, mitis *sim.*) **R**
7 *verba* odor – conceptum *om.* **M**   superpositus **S** superponuntur **AR**
8 conceptum/contēp. **S**   nitorem **S¹**
hirudinem γ hirundinem **SARM**
8 **s.** perfert isque/perfectisque **M** perferunt isque γ   **9** depellit γ**M**
12 adhibendas **S** adihibendas **M** *om. v. sp. rel.* **AR**   **13** his **ARM** is **S**

cap. 19 exscr. Veg. 4, 25   **2** propior **R** *pauci* proprior **SAR** *plerique*
3 medentibus (tib *in ras.* **S**) sit **Sα**γ medenti tussit **AR**
reluctando **S²** reluctanda **R** relictando **S¹** relictanda **A**   **4** formam **SA**
6 dipundium/diputandium **A**   **9** ii **btü²**v it **SA** id **R** *plerique*
autet **S**   qui *scripsi* in **SAR**
post sunt *lacunam statui. v. Hermes 80, 204*

oder einen Halm in den Schlund und gieße auf diese Weise heißes
Öl ein; denn sobald dieses den Egel erreicht, fällt er sofort ab.
Man kann durch das Rohr auch den Duft einer verbrannten Wanze
hineinleiten; wenn sie über einer Flamme qualmt, führt das Rohr
den Qualm bis zum Egel, und der bewirkt, daß der Egel abfällt.
Wenn er sich aber im Magen oder Gedärm befindet, wird er durch
warmen Essig, den man durch ein Rohr eingießt, getötet.
   Wenn ich diese Mittel auch nur für die Behandlung der Rinder
angebe, können sie doch ohne Zweifel fast alle auch für jedes beliebige andere größere Haustier Verwendung finden.

19. KAPITEL

   Man stellt auch ein Gerät her, in das man die Rinder bei der
Behandlung einsperrt, damit die Behandelnden näher herantreten
können und der Vierfüßler nicht in der Lage ist, durch Widerspenstigkeit während der Behandlung die Annahme der Mittel zu
verweigern. Das Gerät sieht folgendermaßen aus: Aus Hartholz-
bohlen wird ein Boden gezimmert, der in der Länge 9 Fuß, in der
Breite am vorderen Ende $2^1/_2$ Fuß, am hinteren Ende 4 Fuß mißt.
Auf diesem Boden werden beiderseits 4 senkrechte Balken von
7 Fuß Höhe genagelt. Diejenigen aber, die unmittelbar an den vier
Ecken befestigt sind, ‹. . . . .›, und alle werden unter sich mit 6

10 omnesque transversis sex temonibus quasi vacerrae inter se
    ligantur, ita ut a posteriore parte, quae latior est, velut in
    caveam quadripes possit induci nec exire alia parte pro-
    hibentibus adversis axiculis. primis autem duobus statumi-
    nibus inponitur firmum iugum, ad quod iumenta capistran-
15 tur vel boum cornua religantur, ubi potest etiam numella
    fabricari, ut inserto capite descendentibus per foramina
    regulis cervix catenetur. ceterum corpus laqueatum et dis-   3
    tentum temonibus obligatur inmotumque medentis arbi-
    trio est expositum. haec ipsa machina communis erit omni-
20 um maiorum quadripedum.

DE TAURIS ET VACCIS   20

    Quoniam de bubus satis praecepimus, opportune de tau-
    ris vaccisque dicemus. tauros maxime membris amplissimis,
    moribus placidis, media aetate probandos censeo. cetera
    fere eadem omnia in his observabimus quae in bubus
5   eligendis. neque enim alio distat bonus taurus a castrato,
    nisi quod huic torva facies est, vegetior aspectus, breviora

11 ligatur **AR**
    posteriore Sγ posteriori **R** posteriora **A**   latior γ laterior **SAR**
12 quadrupes **R**   13 duobus Sγ duabus **AR**   14 s. capristant⁓ S¹A
15 ss. *verba* ubi – obligant⁓ *in marg.* S   numella Sü² numelli **AR**
17 ceruix catenetur S ceruicax tenetur **AR**   18 olbigantur **SA**
20 quadrupedem **R**
    post quadrupedem *tit.* XI. (X **AR**) DE TAURIS **SA** (*litt. min. in marg.,*
    part. add. et uaccis) **R** *pauci*

    ad capp. 20–22 cf. Pall. 4, 11, 4 sq.; 7 sq.   1 oportune **AR**
1 s. tauros **AR** taurus S   3 media etatem **A** maedietatē S
    improbandos **R**   6 uegetior aspectus **AR** uegetiores pectus S

Querbalken verbunden, so daß der Vierfüßler von hinten, d.h. vom breiteren Ende her, wie in eine Höhle eingeführt wird und nach keiner anderen Seite entweichen kann, weil die Querbalken es daran hindern. Über die beiden vorderen Pfosten legt man ein kräftiges Joch, an das die Tiere angehalftert oder die Hörner der Rinder angebunden werden; man kann daran auch einen Halsring anbringen, um den Kopf des Tieres hineinzustecken und den Hals mit Pflöckchen, die man durch die Löcher der Halsfessel steckt, anzuketten. Außerdem wird der Körper gefesselt und straff an die Balken gebunden und ist dadurch unbeweglich dem Behandelnden ausgeliefert. Dieses Gerät ist gleichermaßen für alle Großtiere zu verwenden.

20. KAPITEL: VON ZUCHTBULLEN UND KÜHEN

Nachdem ich genügend Anweisungen über Arbeitsrinder gegeben habe, will ich zweckmäßigerweise noch über Zuchtbullen und Kühe sprechen. Meiner Meinung nach soll man möglichst großgliedrige, gutartige und in mittlerem Alter stehende Zuchtstiere wählen. Im übrigen wird man etwa dasselbe beachten wie bei der Auswahl der Ochsen. Denn ein guter Bulle unterscheidet sich sonst in nichts von einem Ochsen, außer daß sein Gesicht grimmiger, seine Erscheinung kräftiger, seine Hörner kürzer und sein Nacken

cornua, torosior cervix et ita vasta, ut sit maxima portio
corporis, venter paullo subtruncior, qui magis rectus et ad
ineundas feminas habilis sit.

DE VACCIS   21

Vaccae quoque probantur altissimae formae longaeque, 1
maximis uteris, frontibus latissimis, oculis nigris et pa-
tentissimis, cornibus venustis ac levibus et nigrantibus,
pilosis auribus, conpressis malis, palearibus et caudis am-
5 plissimis, ungulis modicis, cruribus ⟨brevibus⟩. cetera
quoque fere eadem in feminis quae et in maribus desideran-
tur et praecipue, ut sint novellae, quoniam cum excesserint
annos decem, fetibus inutiles sunt, rursus minores bimis
iniri non oportet. si ante tamen conceperint, partum earum 2
10 removeri placet ac per triduum, ne laborent, ubera exprimi,
postea mulctra prohiberi.

7 sit/si S¹α   **8** venter *Schn.* uentre **SAR**
subtruncior/substrictiore γ (*cf. Pall.* substricto)
rectus *ed. pr.* reus **AR** treus **S** *om. v. sp. rel.* γ
9 *post* sit *tit.* XII. (XI **AR**) DE UACCIS **SA** (*litt. min. in marg.*) **R** *pauci*

2 s. patientissimis S¹A patentibus (*deinde part. sp. v. rel.*) γκ
4 claudis **A¹**   **5** ruribus **SA¹**
brevibus *addidi ex Varr.* 2, 5 (parvis *Lundstr. ex. Pall.* 4, 11 5) *om.* **SAR**
6 et (*ante* in) *om.* **AR**   **8** uinores **A**   uimis **A**
9 sin ante tamen/sint & amen **S¹**
11 multra **S** mul(c)tram **nüx¹** multam κ

voller gepolstert und so breit ist, daß er den größten Teil des Körpers ausmacht, und daß sein Leib etwas gedrungener ist; je weniger gewölbt er ist, desto geeigneter ist der Stier für den Sprung.

21. KAPITEL: DIE KÜHE

Auch die Kühe bevorzugt man mit sehr hohem und langem Körperbau, möglichst mächtigem Leib, breiter Stirn, schwarzen und weit geöffneten Augen, elegant geformten, glatten und dunklen Hörnern, stark behaarten Ohren, einfallenden Wangen, sehr großer Wamme und langem Schwanz, mäßig großen Hufen und kurzen Beinen. Alles übrige soll bei den Kühen etwa ebenso sein wie beim Bullen; wichtig ist vor allem, daß sie noch jung sind; denn wenn sie mehr als zehn Jahre alt sind, sind sie zur Zucht ungeeignet; und umgekehrt soll man sie mit weniger als zwei Jahren nicht decken lassen. Wenn sie trotzdem jünger empfangen haben, empfiehlt es sich, ihnen das Kalb wegzunehmen, das Euter drei Tage lang auszudrücken, damit es nicht krank wird, und sie dann vom Melken auszuschließen.

Sed et curandum est omnibus annis aeque atque in re-   22
liquis gregibus pecoris, ut dilectus habeatur. nam enisae   1
et vetustae, quod gignere desierunt, summovendae sunt, et
utique taurae, quae locum fecundarum occupant, able-
5 gandae vel aratro domandae, quoniam laboris et operis
non minus quam iuvenci propter uteri sterilitatem patien-
tes sunt. eiusmodi armentum maritima et aprica hiberna   2
desiderat, aestate opaci⟨ssima⟩ nemorum, montium elata
magis quam plana pascua, nam melius nemoribus herbidis
10 et frutectis et carectis ⟨pascitur⟩, quoniam siccis et lape-
dosis locis durantur ungulae; nec tam fluvios rivosque desiderat quam lacus manu factos, quoniam et fluvialis aqua,
quae fere frigidior est, partum abigit et caelestis iucundior
est. omnis tamen externi frigoris tolerantior equino armen-
15 to vacca est ideoque facile sub dio hibernat.

2 dilectis **A**
    enisae (*post ed. Bipont. a. 1787*) *Lundstr.* et nise **h**[1]**nx**[1] et uis(a)e **SAR**
    et nixae *ed. pr.*   **3** uetuste **n** uetustate **SAR**
    summouendae **S** summouendi **AR** summoti **ψ**
6 sterilitatem **ψ** sterilitates **R** sterilites **SA**
8 aestate *ed. pr.* estatim **S** aestatim **A** cestatim **R** aestate autem *Lundstr.*,
    sed v. Josephson, Hss. p. 78
    opacissima nemorum, montium *scripsi* opacis nemorum montium **h**[2]**k**
    opacis morum omnium **SAR** opacissima nemorum ac (et *Lundstr.*) m.
    Gesn. Lundstr.   elata *Heinsius* ac laeta **S** ac leta **AR**
10 frutectis *Lundstr. coll. Pall. 4, 11, 7* fructibus **SAR**
    carectis **üx**[1] curetis **SR** turetis **A** dumetis **t**
    pascitur *add. Schn. Lundstr.* om. **SAR**   siccis **S** *om.* **AR**
11 duratur **SA**   fluuios **α** pluuios **SAR**   **12** lacus **R** lacu **SA**
    fluuialis **α** pluuialis **SAR**   **13** fere/re **S**[1]

22. KAPITEL

Es ist auch dafür zu sorgen, daß alljährlich ebenso wie in anderen Herden eine Ausmusterung vorgenommen wird. Denn die Kühe, die genug gekalbt haben und zu alt geworden sind, müssen entfernt werden, weil sie nicht mehr kalben können; und vor allem sind Zwitterkühe, die den fruchtbaren Kühen den Platz wegnehmen, auszuscheiden oder für den Pflug abzurichten, weil sie wegen der Unfruchtbarkeit ihres Leibes ebenso arbeitsfähig sind wie Ochsen. Derartige Zugtiere verlangen als Winteraufenthalt offenes Küstenland, im Sommer aber schattigste Wald- und Bergweide, eher auf der Höhe als in der Ebene. Denn es ist besser, wenn sie auf dicht bewachsenem und buschreichem Waldland weiden, weil auf trockenem und steinigem Boden die Hufe verhärten, und es bedarf weniger der Flüsse und Bäche als künstlich hergestellter Wasserbecken, weil fließendes Wasser, das ja ziemlich kalt ist, die Leibesfrucht abtreibt und weil Regenwasser angenehmer schmeckt. Immerhin ist die Kuh noch weit weniger empfindlich gegen äußere Kälteeinwirkung als das Pferd und kann folglich leicht im Freien überwintern.

Sed laxo spatio consepta facienda sunt, ne in angustiis **23**
conceptum altera alterius elidat et ut invalida fortioris ictus   1
effugiat. stabula sunt optima saxo et glarea strata, non
incommoda tamen etiam sabulosa, illa quod imbres re-
5   spuant, haec quod celeriter exsorbent transmittuntque. sed
utraque devexa sint, ut umorem effundant, spectentque ad
meridiem, ut facile siccentur, et frigidis ventis non sint
obnoxia. levis autem cura pascui est, nam ut laetior herba   2
consurgat, fere ultimo tempore aestatis incenditur. ea res
10 et teneriora pabula recreat deustis sentibus et fruticem
surrecturum in altitudinem conpescit. ipsis vero corporibus adfert salubritatem iuxta conseptum saxis et canalibus
sal superiectus, ad quem saturae pabulo libenter recurrunt,
cum pastorali signo quasi receptui canitur. nam id quoque   3
15 semper crepusculo fieri debet, ut ad sonum bucinae pecus,
si quod iam silvis substiterit, septa repetere consuescat.
hic enim recognosci grex poterit numerusque constare, si
velut ex militari disciplina intra stabularii castra manserint.
sed non eadem in tauros exercentur imperia, qui freti viri-
20 bus per nemora vagantur liberosque egressus et reditus habent nec revocantur nisi ad coetus feminarum.

4 s. respuant **t** respuat **SAR**   **5** ex(s)orbent **dv** exorbem **SAR**
6 utroque **A**[1]   ut **Sγ** *om.* **AR**   humorem **R**   **7** sint **γ** sit **SAR**
10 deustis sentibus *scripsi* dentis duribus **SA**[2] dentibus duribus **A**[1] dentibus
   duris **R** sentibus ustis **γ** densis sentibus ustis *Josephson* incensis sentibus
   duris *Lundstr. coll. Pall. 9, 4*   fructicem **R**
11 conpescit **S** compescuit **AR**   **17** numerusque **γ** neumerumque **SAR**
18 stabularii *ed. pr.* stabularum **SAR**   **20** nemore/nera **S**[1] nora [1]
21 cetus **R**

23. KAPITEL

Die Einzäunung darf nicht zu eng sein, damit nicht eine Kuh den Fötus der anderen durch Stöße abtreibt und damit eine schwächere den Hieben der stärkeren ausweichen kann. Die besten Standplätze sind die auf Fels oder Kies, nicht ungünstig auch die auf Sand, die ersteren, weil sie das Regenwasser abweisen, die letzteren, weil sie es rasch absorbieren und versickern lassen. In beiden Fällen aber sollen sie abschüssig sein, um das Wasser ablaufen zu lassen, nach Süden geneigt sein, um rasch abzutrocknen, und kalten Winden nicht ausgesetzt sein. Die Pflege des Weidebodens macht keine Schwierigkeiten; denn damit die Kräuter üppiger wachsen, brennt man sie gegen Ende des Sommers ab. Das stärkt die zarten Futterkräuter, wenn das harte Gestrüpp weggebrannt ist, und hält die Sträucher, die zu sehr ins Kraut schießen wollen, in Zaum. Für die Gesundheit der Tiere ist es gut, wenn man neben der Einzäunung auf Steine und Tröge Salz streut, zu dem sie gern zurückkommen, wenn sie vollgefressen sind, sobald das Hirtensignal sozusagen zum Rückzug bläst. Denn auch dies soll in der Dämmerung immer geschehen, damit das Vieh sich daran gewöhnt, wenn es schon im Wald untergetaucht ist, auf den Ton der Hirtenpfeife zur Hürde zurückzukehren. Nur dort kann man nämlich die Herde überschauen und abzählen, wenn sie gleichsam unter militärischem Drill sich im Lager der Einzäunung hält. Die Bullen allerdings unterwirft man nicht der gleichen Zucht; sie schweifen im Vollgefühl ihrer Kraft durch die Wälder, gehen nach Belieben aus und ein und werden nur zurückgeholt, wenn sie die Kühe decken sollen.

Ex is, qui quadrimis minores sunt maioresque quam 24
duodecim annorum, prohibentur admissura, illi, quoniam 1
quasi puerili aetate seminandis armentis parum habentur
idonei, hi, quoniam senio sunt effeti, mense Iulio feminae
5 maribus plerumque permittendae. ut eo tempore conceptos
proximo vere adultis iam pabulis edant; nam decem mensi- 2
bus ventrem perferunt. neque ex imperio magistri sed sua
sponte marem patiuntur, atque in id fere quod dixi tempus
naturalia congruunt desideria, quoniam satietate verni pa-
10 buli pecudes exhilaratae lasciviunt in venerem. nam si aut
femina recusat aut non adpetit taurus, eadem ratione, qua
fastidientibus equis mox praecipiemus, elicitur cupiditas
odore genitalium admoto naribus. sed et pabulum circa 3
tempus admissurae subtrahitur feminis, ne steriles reddat
15 nimia corporis obesitas, et tauris adicitur, quo fortius
ineant, unumque marem quindecim vaccis sufficere abunde
est. qui ubi iuvencam supervenit, certis signis conprendere
licet, quem sexum generaverit, quoniam, si parte dextra
desiluit, marem seminasse manifestum est, si laeva, femi-
20 nam. id tamen verum esse non aliter apparet, quam ubi post

cap. 24 sequitur Pall. 8,4,1   **1** is **S** his **AR**   quam *Ald.* cum **SAR**
2 illi γ illa **SAR**   **4** hi/hii **SA**   quoniam **SA** cum **R**
effeti **S** effecti **AR**   **6** edant γ edat **SAR**
8 marem γ marem quae **S** maremque **AR**   patiuntur t⸎ patitur **SAR**
fere γκ ferre **SAR** *plerique*   **9** conguunt **SA**
satietate γ stietate **S** sietate **AR**   **10** in uenerem **S** *om. v. sp. rel.* **AR**
11 recusata ut **AR**   adpeti (app- **R**) taurus **AR** appetituris κnüx[1]
12 eligitur **S**   **14** feminis **S**γ femines **A** feminas **R**   **15** obes ita set **A**
17 comprehendere **R**   **20** tamen γω tam **SAR**   ubi γ ui ψ in **SAR**

24. KAPITEL

Von den Bullen werden diejenigen von der Zucht ausgeschlossen, die weniger als vier und mehr als zwölf Jahre alt sind; die einen, weil sie wegen ihrer Jugend zur Zeugung von Arbeitstieren als noch ungeeignet gelten, die andern, weil sie durch das Alter entkräftet sind. Gewöhnlich läßt man die Bullen im Juli zu den Kühen, damit diese im nächsten Frühjahr zu einer Zeit kalben, in der die Gräser schon hochgewachsen sind; denn die Kühe tragen zehn Monate lang. Nicht auf Geheiß des Hirten, sondern von sich aus dulden sie den Stier, und um die angegebene Zeit begegnet sich der Paarungsdrang beider, weil die Tiere, durch die Sättigung von den Frühlingskräutern angeregt, nach Liebeslust verlangen. Wenn sich entweder eine Kuh verweigert oder ein Stier keine Lust verspürt zu springen, dann wird das Verlangen auf dieselbe Weise, wie ich es später für die Pferde angeben werde, dadurch angeregt, daß man den Geruch der Geschlechtsteile an die Nüstern bringt. Den Kühen entzieht man um die Zeit des Deckens Futter, damit nicht übermäßige Feistheit sie unfruchtbar macht; den Bullen gibt man noch zu, daß sie mit mehr Kraft springen, und ein Bulle genügt für 15 Kühe. Wenn er ein Jungrind gedeckt hat, kann man an bestimmten Anzeichen erkennen, welches Geschlecht das von ihm erzeugte Kalb haben wird; steigt er nämlich nach rechts ab, so hat er offensichtlich ein männliches Tier erzeugt; springt er nach links ab, dann ein weibliches. Doch stellt

unum coitum forda non admittit taurum. quod et ipsum 4
raro accidit, nam quamvis plena fetu non expletur libidine;
adeo ultra naturae terminos etiam in pecudibus plurimum
pollent blandae voluptatis inlecebrae.

25   Sed non dubium est, ubi pabuli sit laetitia, posse omnibus annis partum educari, at ubi penuria est, alternis submitti, quod maxime in operariis vaccis fieri placet, ut et
vituli annui temporis spatio lacte satientur nec forda simul
operis et uteri gravetur onere. quae cum partum edidit, nisi
30 cibis fulta est, quamvis bona nutrix labore fatigata nato
subtrahit alimentum. itaque et fetae cytisus viridis et 5
torrefactum hordeum maceratumque ervum praebetur et
tener vitulus torrido molitoque milio et permixto lacte
salivatur. melius etiam in hos usus Altinae vaccae proban-
35 tur, quas eius regionis incolae cevas appellant. eae sunt
humilis staturae, lactis abundantes, propter quod remotis
earum fetibus generosum pecus alienis educatur uberibus.
vel si hoc praesidium non adest, faba fresa et vinum recte
tolerat, idque praecipue in magnis gregibus fieri oportet.

21 admittit γ admittitur **SAR**   22 libidinem **S**   23 pluribus plurimum **S**
25 pabuli/pauli **S**   27 uaccis **S** *om.* **AR**   ut et/ut γκ
29 grauetur **S**γ grauentur **AR**   30 fagata **S**
31 uiridis γ uiri **SAR**   32 hordeum *ed. pr.* in horreum **SAR**
33 tener uitulus *Ponted.* tenuieruitolus **S**[1] tenuem uitulus **S**[2] teneruit olus
   A *sic vel sim. deprav.* **R**   torrido **S**[2]αγ torro ido **S**[1]**AR**
   permixto **S** permian **A** permiam (*vel per imam sim.*) **R**   lacta **A**
34 salinatur γ saluiatur **R** *aliquot*   34 s. probantur **AR** parantur **S**
35 ceuas/geuas **S**   eae/ea **A**ψ et γκ

sich das nur dann als zutreffend heraus, wenn die Mutterkuh nach diesem einen Sprung keinen Stier mehr annimmt. Das trifft freilich nur selten zu, denn selbst wenn sie empfangen hat, ist ihr Lusttrieb noch nicht befriedigt; solche Macht hat selbst bei den Rindern gewöhnlich der verführerische Reiz der Wollust über das natürliche Ziel hinaus.

Es steht aber fest, daß bei reichlichen Fütterungsmöglichkeiten jedes Jahr ein Kalb herangezogen werden kann, bei Futtermangel jedoch nur jedes zweite Jahr; dies letztere empfiehlt sich vor allem bei Arbeitskühen, damit die Kälber sich ein Jahr lang an der Milch sättigen können und die Kuh nicht gleichzeitig durch Trächtigkeit und Arbeitsleistung belastet wird. Hat eine Kuh gekalbt, so muß sie kräftig gemästet werden; andernfalls entzieht sie, selbst wenn sie eine ausgezeichnete Nährerin ist, aus Erschöpfung durch die Arbeit dem Jungen die Nahrung. Deshalb gibt man ihr nach der Entbindung grünen Schneckenklee, geröstete Gerste und aufgeweichte Erven und füttert das Kälbchen mit gerösteter und aufgeweichter Hirse und beigemengter Milch. Besonders gut bewähren sich dabei die Altiner Kühe[15], die man in ihrer Heimat *cevae* nennt. Sie sind von niedrigem Körperbau und geben viel Milch, weshalb man ihnen die eigenen Kälber wegnimmt und edle Tiere zur Aufzucht unter die fremden Euter gibt. Ist die genannte Möglichkeit nicht gegeben, dann nährt auch Bohnenschrot und Wein ausreichend, und damit soll man vor allem bei großen Herden arbeiten.

   Solent autem vitulis nocere lumbrici, qui fere nascuntur 25
cruditatibus. itaque moderandum est, ut bene concoquant,
aut si iam tali vitio laborant, lupini semicrudi conteruntur
et offae salivati more faucibus ingeruntur. potest etiam cum
5 arida fico et ervo conteri herba Santonica et formata in
offam sicut salivatum demitti. facit idem axungiae pars una
tribus partibus hysopi permixta. marrubii quoque sucus et
porri valet eiusmodi necare animalia.

DE CASTRATIONE VITULORUM

   Castrari vitulos Mago censet, dum adhuc teneri sunt, 26
neque id ferro facere, sed fissa ferula conprimere testiculos 1
et paulatim confringere, idque optimum genus castratio-
num putat, quod adhibetur aetati tenerae sine vulnere. nam 2
5 ubi iam induruit, melius bimus quam anniculus castratur,
idque facere vere vel autumno luna decrescente praecipit

cap. 25 exscr. Pall. 14, 21 (**M**)   **1** lumbri **M**
3 lupini/supini **S**   **4** inseruntur **M**   potes **S**   **5** ficu **M**
herbo **M**   sanctonica κψ**M**   **8** animalia/alia **S**
post animalia *tit.* de castratione (*vel* castratio) uitulorum (*vel* boum)
R *aliquot, nihil habent* **SA**

ad cap. 26 cf. Pall. 6, 7, 1–3   **2** fissa **S** *Pall.* fixa **AR**
4 putat γ putant **SAR**   **6** uere **S** (*cf. Pall.* verno) *om.* **AR**

25. KAPITEL

Den Kälbern schaden oft Spulwürmer, die bei Durchfall aufzu-
treten pflegen. Deshalb ist darauf zu achten, daß sie gut verdau-
en; wenn sie aber schon an diesem Übel leiden, zerreibt man an-
gekochte Lupinen und stopft ihnen Klößchen davon in der Art von
Speichelreizzäpfchen in den Schlund. Man kann auch „santoni-
sches Kraut" [16) mit getrockneten Feigen und Erven verreiben und
zu Klößchen geballt in gleicher Weise eingeben. Dieselbe Wirkung
hat ein Teil Schweinefett mit drei Teilen Isop. Auch Andorn- und
Lauchsaft vermag derartige Schädlinge zu töten.

26. KAPITEL: DIE KASTRATION DER JUNGRINDER

Die Kastration der Stierkälber soll nach Magos Auffassung noch
in zartem Alter erfolgen, und zwar nicht mit dem Messer, sondern auf die Weise, daß man mit einem gespaltenen Gertenkraut-
stengel die Hoden zusammendrückt und allmählich zerstört, und
er hält diejenige Kastration für die beste, die in der frühesten
Jugend unblutig vorgenommen wird. Wenn das Tier schon kräftiger geworden ist, wird es besser mit zwei Jahren als mit einem
kastriert; und zwar fordert Mago, dies im Frühjahr oder Herbst
bei abnehmendem Mond zu tun und das Stierchen dabei in das

vitulumque ad machinam deligare. inde prius quam ferrum
admoveas, duabus angustis ligneis regulis veluti forcipibus
adprehendere et ipsos nervos, quos Graeci κρεμαστῆρας ab
10 eo appellant, quod ex illis genitales partes dependent, con-
prehensos, deinde testis ferro reserare et expressos ita recidere, ut extrema pars eorum adhaerens praedictis nervis
relinquatur. nam hoc modo nec eruptione sanguinis peri-   3
clitatur iuvencus nec in totum effeminatur adempta tota
15 virilitate formamque servat maris, cum generandi vim
deposuit. quam tamen ipsam non protinus amittit, nam si
patiaris eum a recenti curatione feminam inire, constat ex
eo posse generari, sed minime id permittendum, ne profluvio sanguinis intereat. verum vulnera eius sarmenticio
20 cinere cum argenti spuma linenda sunt, abstinendusque eo
die ab umore et exiguo cibo alendus, sequenti triduo velut   4
aeger cacuminibus arborum et desecto viridi pabulo oblec-
tandus prohibendusque multa potione. placet etiam pice
liquida et cinere cum exiguo oleo ulcera ipsa post triduum
25 linire, quo et celerius cicatricem ducant nec a muscis infestentur. hactenus de bubus dixisse abunde est.

D E E Q U I S   27

    Quibus cordi est educatio generis equini, maxime con-   1
venit providere actorem industrium et pabuli copiam, quae
utraque vel mediocria possunt aliis pecoribus adhiberi.

---

8 angustiis **AR**   **9** ΚΡΕΜΑϹΤΗΡΑϹ **SA** *om. v. sp. rel.* **R**
11 reserare *scripsi coll. 7, 11, 2* resecare **SAR**   **13** relinquantur **S**[1]
15 cum **S** *om.* **AR**   **19** sarmentitio **R**   **20** cum argenti spuma **SA** *om.* **R**
linienda **R** *aliquot*   **21** humore **R**
sequenti γ *Pall.* sequensei **S** sequens **AR**   **22** s. albectandus **S**
24 ulcera/ulcare **S**   **25** linire (*inter* n *et* e *ras.*) **S**
26 *post* est *tit.* XIII. (*om.* **AR**) DE EQUIS **SAd** (*litt. min. in marg.*) **R**
aliquot

   2 actorem *Gesn.* auctorem **SAR**   **3** aliis **S**γω alias **AR**

Sperrgerät zu binden[17], dann vor dem Eingriff mit dem Messer mit zwei schmalen Holzleisten wie mit einer Zange die Sehnen, die die Griechen *kremastéres* („Hängesehnen") nennen, weil an ihnen die Zeugungsorgane hängen, festzuhalten, dann die Hoden zu packen und mit dem Messer bloßzulegen und zuerst herauszudrücken und dann derart abzuschneiden, daß ihr oberster Teil noch an den genannten Strängen hängenbleibt. Denn auf diese Weise wird das Tier weder durch großen Blutverlust gefährdet noch durch die völlige Beseitigung seiner Männlichkeit ganz und gar verweiblicht, und es bewahrt das Aussehen eines männlichen Tieres, obgleich es die Zeugungskraft verloren hat. Freilich verliert es diese nicht sofort; denn wenn man ihm gestattet, unmittelbar nach der Operation eine Kuh zu bespringen, kann es bekanntlich noch zeugen; doch darf man das auf keinen Fall dulden, damit es nicht an Blutverlust eingeht. Auf seine offenen Wunden aber ist Rebenholzasche mit Silberglätte[18] zu streichen, und am gleichen Tage ist es ohne Flüssigkeit und mit ganz wenig Futter zu halten. An den folgenden drei Tagen ist es wie ein krankes Tier mit Baumspitzen und frischem Grünfutter zu pflegen und von reichlicherem Wassergenuß fernzuhalten. Es empfiehlt sich auch, die Wundstelle nach drei Tagen mit flüssigem Pech, Asche und etwas Öl zu bestreichen, damit sie rascher vernarbt und nicht von Mücken belästigt wird. – Damit habe ich über die Rinder genug gesagt.

27. KAPITEL: VON DEN PFERDEN

Wer sich mit Pferdezucht abgeben will, der muß sich vor allem einen fleißigen Roßknecht und viel Futter besorgen, welches beides für andere Tiergattungen in geringerer Güte genügt. Denn Pferde verlangen sehr viel Mühe und reichliche Ernährung.

summam sedulitatem et largam satietatem desiderat equi-
5   tium, quod ipsum tripartito dividitur.

Est enim generosa materies, quae circo sacrisque certaminibus equos praebet; est mularis, quae pretio fetus sui
comparatur generoso; est et vulgaris, quae mediocres feminas maresque progenerat. ut quaeque est praestantior, ita
10 ubere campo pascitur. gregibus autem spatiosa et palustria   2
nec montana pascua eligenda sunt, rigua nec umquam siccanea, vacua magis quam stirpibus inpedita frequentibus,
mollibus potius quam proceris herbis abundantia. vulgari-   3
bus equis passim maribus ac feminis pasci permittitur, nec
15 admissurae certa tempora servantur. generosis circa vernum aequinoctium mares iniungentur, ut eodem tempore,
quo conceperint, iam laetis ac herbidis campis post annum
enisae parvo cum labore fetum educent, nam mense duodecimo partum edunt. maxime itaque curandum est prae-
20 dicto tempore anni, ut tam feminis quam admissariis desi-
derantibus coeundi fiat potestas, quoniam id praecipue armentum, si prohibeas, libidinis exstimulatur furiis, unde
etiam veneno inditum est nomen ἱππομανές, quod equi-
nae cupidini similem mortalibus amorem accendit. nec du-   4
25 bium quin aliquot regionibus tanto flagrent ardore coeun-

5 tripartito **R** *pauci* tripertito **SAR** *plerique*   **10** Grecibus S
11 rigua **AR** regua **S**   **11** s. siccanea γ sic(c)ana **SAR**
12 uacua γ bacuane **SAR** uacuaque ω
  frequentibus **S** frequenter **AR**   **13** mollibus Sγ mollis **AR**
14 feminis **R** finibus **SAψ**   **15** seruantur Sγ seruentur **AR**
16 iniungentur **S** iniugentur **A** iungenter **R**
17 conceperint **S²γ** concerint **S¹** coeperint **A** (*vel* cep-) **R**
18 enisae *scripsi* mensem (et m. **t**) **SAR** *del. Lundstr.*
  paruo cum **S²γκ** per uocum **S¹AR**   lauorae **A**
  fetum/feitum **S** fittū **A**   educant **A¹**
  mense **R** *pauci* mensem **SAR** *plurimi* post mensem γ
18 s. duodecimo **abk** duodecima **SAR** duodecimam γκ
19 edunt/educunt γκ
23 IππOMANEC *rubre.* **SA** *om. v. sp. rel.* **R** *paene omnes*   **25** aliquid S

Man unterscheidet bei der Pferdezucht drei Zweige: die edle Zucht, welche Rosse für den Zirkus und die kultischen Spiele liefert, dann die Maultierzucht, die sich durch den Wert der aus ihr hervorgehenden Tiere mit der Edelzucht vergleichen kann, und schließlich die normale, welche gewöhnliche Stuten und Hengste liefert. Nach dem Wert der Tiere richtet sich die Üppigkeit des Weidengrundes, den man ihnen gibt. Für Pferdeherden wählt man weiträumige und feuchte, aber nicht bergige Weiden mit guter Bewässerung, die nie trocken werden, und lieber offenes als mit Bäumen und Sträuchern zugewachsenes Gelände, und man zieht eine dichte und weiche Pflanzendecke einer hochgewachsenen vor. Gewöhnlichen Hengsten und Stuten gestattet man, gemeinsam zu weiden, und hält keine bestimmten Sprungzeiten ein. Edlen Stuten führt man die Hengste um die Frühlings-Tagundnachtgleiche zu, damit sie genau nach einem Jahr, nämlich wieder in der Jahreszeit ihrer Empfängnis, fohlen und ihre Fohlen ohne große Anstrengung aufziehen können, wenn die Weidegründe schon reich begrünt sind; denn sie fohlen im 12. Monat. In der genannten Jahreszeit ist also streng darauf zu achten, daß ebenso die Stuten wie die Hengste Gelegenheit zur Paarung bekommen, wenn sie danach verlangen. Denn gerade dieses Tier wird, wenn man es daran hindert, vom Lusttrieb rasend, wonach man auch ein Gift, welches in den Menschen einen der Gier der Stuten ähnlichen sexuellen Reiz entfacht, die Bezeichnung *hippomanés* (Stutenwut) gegeben hat. Es ist auch kein Zweifel, daß in manchen Gegenden die Stuten derart liebestoll sind, daß sie auch ohne Paarung mit

di feminae, ut etiam si marem non habeant, adsidua et nimia cupiditate figurando sibi ipsae venerem cohortalium
more avium vento concipiant. neque enim poeta licentius
dicit:

30   *scilicet ante omnis furor est insignis equarum.*   5
        illas ducit amor trans Gargara transque sonantem
        Ascanium, superant montis et flumina tranant,
        continuoque avidis ubi subdita flamma medullis,   6
        vere magis, quia vere calor redit ossibus, illae
35   *ore omnes versae ad zephyrum stant rupibus altis*
        exceptantque levis auras et saepe sine ullis
        coniugiis vento gravidae – mirabile dictu . . .,
                                        (*Verg. Georg. 3,266; 269 ss.*)

cum sit notissimum etiam sacro monte Hispaniae, qui   7
procurrit in occidentem iuxta Oceanum, frequenter equas
40 sine coitu ventrem pertulisse fetumque educasse, qui tamen
est inutilis, quod triennii, priusquam adolescat, morte ab-
sumitur. quare ut dixi dabimus operam, ne circa aequinoctium vernum equae desideriis naturalibus angantur.
        Equos autem pretiosos reliquo tempore anni [cum] re-   8
45 movere oportet a feminis, ne aut cum volent ineant aut, si
id facere prohibentur, cupidine sollicitati inde noxam contrahant. itaque vel in longinqua pascua marem placet able-
gari vel ad praesepia contineri, eoque tempore, quo vocatur a feminis, roborandus est largo cibo et adpropinquante
50 vere hordeo ervoque saginandus, ut veneri supersit; quan-

---

27 figurando S figurandus **AR**   uenerem Sγ bene rem **AR**
28 poeta **R** poetica SA^2 petica A^1 poeta: *Verg. ge. 3,266; 269 sqq.*
31 duci A^1 **32** superant montis (-tes **R**) / superanto bontis A^1
34 ossibus SA$^1\gamma$ omnibus **R**
35 ad zephyrum SA^1 in z. **R** (*eodem modo differunt codd. Verg.*)
38 ss. *ad § 7 cf. Varro 2, 1, 19*   **40** uentrem S uentē A uentum **R**
    pertulerisse S^{1}A   **43** angantur **ntüx**^{1} aguntur S**AR**
44 cum S**AR** *del. edd., forte subest aliqua vox decurtata*
46 sollicitati inde γ sollicitationis S sollicitationi **AR**
46 s. contrahant Sγ contrahunt **AR**   **47** mare **A**   **50** ervoque herboque S^{1}A

einem Hengst durch die anhaltende und übermäßige Sehnsucht sich vorstellen, sie fänden Erfüllung, und dadurch ähnlich wie das Geflügel aus dem Wind empfangen. So sagt ja auch der Dichter nicht ohne Grund:

Geht doch weit über alles die Geilheit rossiger Stuten.
Über den Gargara[18] jagt sie die Gier und über den wilden
Askan[19], übers Gebirg, durch Fluten reißender Ströme;
wenn der sengende Brand an ihrem begehrenden Mark frißt,
gar noch im Lenz, der tief im Gebein die Gluten erneuert,
stehn sie am steilen Gestad, die Köpfe nach Westen gewendet,
atmen die Brise, die leichte, und werden auch ohne Begattung
oft vom Winde geschwängert – ein Wunder ist es zu
                                            nennen . . .[19a]

zumal ja allgemein bekannt ist, daß auch auf dem heiligen Berg Spaniens, der nach Westen in das Weltmeer vorspringt, Stuten oft ohne Begattung empfangen und ein Fohlen aufgezogen haben, das allerdings unbrauchbar ist, da es innerhalb der ersten drei Jahre eingeht, ohne ausgewachsen zu sein. Deshalb werden wir, wie gesagt, dafür sorgen, daß die Stuten um die Frühlings-Äquinoktialzeit nicht vom Geschlechtshunger gepeinigt werden.

Wertvolle Hengste soll man in der übrigen Zeit des Jahres von den Stuten getrennt halten, damit sie nicht nach Belieben decken oder, wenn man sie daran hindert, vom Trieb gequält werden und davon Schaden nehmen. Aus diesem Grund liebt man es, den Hengst auf entfernten Weiden abzusondern oder an die Krippe zu binden; und zu der Zeit, wo er von den Stuten gebraucht wird, muß man ihn mit kräftiger Fütterung stärken und gegen Frühlingsbeginn mit Gerste und Erven mästen, damit er der geschlechtlichen Beanspruchung gewachsen ist; je größer die Kraft, mit der

toque fortior inierit, firmiora semina praebet futurae stirpi.
quidam etiam praecipiunt eodem ritu quo mulas admissa- 9
rium saginare, ut hac sagina hilaris pluribus feminis suffi-
ciat. verum tamen nec minus quam quindecim nec rursus
55 plures quam viginti unus debet implere, isque admissurae
post trimatum usque in annos viginti plerumque idoneus
est. quod si admissarius iners in venerem est, odore prori- 10
tatur detersis spongia feminae locis et admota naribus equi.
rursus si equa marem non patitur, detrita scilla naturalia
60 eius linuntur, quae res accendit libidinem. non numquam
ignobilis quoque [vulgaris] elicit cupidinem coeundi, nam
ubi admotus fere temptavit obsequium feminae, abducitur
et iam patientiori generosior equus inponitur.
    Inde maior praegnatibus adhibenda cura est, largoque
65 pascuo firmandae. quod si frigore hiemis herbae defecerint, 11
tecto contineantur ac neque opere neque cursu exercean-
tur nec frigori committantur nec in angusto clauso, ne aliae
aliarum conceptus elidant, nam haec omnia incommoda fetum abigunt. quod si tamen aut partu aut abortu equa la-
70 borabit, remedio erit felicula trita et aqua tepida permixta
ac data per cornu. sin autem prospere cessit, minime manu 12
contingendus pullus erit, nam laeditur etiam levissimo contactu. tanta cura adhibebitur, ut et amplo et calido loco cum
matre versetur, ne aut frigus adhuc infirmo noceat aut
75 mater in angustiis eum obterat. paulatim deinde producen-

---

53 pluribus S plurimis **AR**   55 isque Sγκ hisque **AR**
56 post trimatum S po⁻ trimus t p̄t rima **AR**
57 **s.** proritatur S propritatur **A** profricatur **R**
59 si equa *ed. pr.* si qua **SAR** *agn. Lundstr.*   patiatur γκ   scylla **R**
60 liniuntur γκ   61 uulgaris **SAR** *uncis inclusi, v. Hermes 80, 208*
    elicit S eligit **AR**   62 admotus γ admotu **SAR**
    feminae *Ursinus* femina **SR** semina **A**
64 pregnatibus S praegnantibus **AR**   69 tamen/non κ *om.* γ
69 **s.** laborabit *scripsi* laborauit **SAR**   71 ac data S addata **A** (*vel* addita) **R**
72 pullus erit S polluerit **AR**
73 tanta (-tum γ) **SAR** *inepte, coniciam tum etiam aliquid excidisse susp.*
    Lundstr. coll. Pall. 4, 13, ⁻   74 firmo **R**

er springt, desto vitaler der Samen für das künftige Leben. Manche verlangen sogar, den Zuchthengst wie Mauleselinnen zu mästen, damit er, durch solche Fütterung befeuert, noch mehr Stuten bewältigen kann. Doch soll ein Hengst nicht weniger als 15 und wiederum nicht mehr als 20 Stuten decken, und er ist für Zuchtzwecke gewöhnlich vom 3. bis zum 20. Jahr verwendbar. Wenn aber ein Hengst in der Liebe faul ist, wird er durch den Geruchssinn angeregt, indem man mit einem Schwamm die Genitalien einer Stute abwischt und diesen unter die Nüstern des Hengstes hält. Wenn umgekehrt die Stute den Hengst nicht dulden will, streicht man ihre Geschlechtsteile mit verriebener Meerzwiebel ein, wodurch der Geschlechtstrieb angeregt wird. Manchmal kann auch ein unedler Hengst den Paarungstrieb der Stute wecken; wenn dieser die Stute berührt und ihre Willfährigkeit erprobt hat, wird er weggezogen und der nunmehr williger gewordenen Stute ein edler Hengst verbunden.

Von nun an ist die größere Sorgfalt auf die trächtigen Stuten zu verwenden[20]; man stärkt sie mit reichlicher Fütterung. Gibt es während der Winterkälte kein Grünfutter, dann soll man sie im Stall halten und weder durch Arbeit noch durch rasches Laufen anstrengen noch der Kälte aussetzen noch zu eng zusammensperren, damit nicht die einen den anderen die Kälber verstoßen; denn alle diese Widrigkeiten treiben die Leibesfrucht ab. Wenn eine Stute trotzdem an einer schwierigen Geburt oder Frühgeburt erkrankt, dann hilft zerriebenes Engelsüß[21], mit lauwarmem Wasser vermischt und durch eine Röhre eingegeben. Ist aber die Geburt gut vonstatten gegangen, dann darf man das Fohlen auf keinen Fall mit der Hand berühren, denn schon die leiseste Berührung verletzt es. Man achtet sorgfältig darauf, daß es in geräumigem und warmem Stall bei seiner Mutter ist, damit dem noch zarten Tier kein Frost schadet und die Mutter es nicht in der Enge stößt. Später soll man es allmählich ins Freie führen und auf-

dus erit providendumque, ne stercore ungulas adurat. mox
cum firmior fuerit, in eadem pascua in quibus mater est
dimittendus, ne desiderio partus sui laboret equa; nam id 13
praecipue genus pecudis amore natorum, nisi fiat potestas,
80 noxam trahit. vulgari feminae sollemne est omnibus annis
parere, generosam convenit alternis continere, quo firmior
pullus lacte materno laboribus certaminum praeparetur.

Marem putant minorem trimo non esse idoneum admis- 28
surae, posse vero usque in vigesimum annum progenerare, 1
feminam bimam recte concipere, ut post tertium annum
enixa fetum educet, eandemque post decimum non esse uti-
5 lem, quod ex annosa matre tarda sit atque iners proles.
quae sive ut femina sive ut masculus concipiatur, nostri ar-
bitrii fore Democritus adfirmat, qui praecepit, ut cum progenerari marem velimus, sinistrum testiculum admissarii lineo funiculo aliove quolibet obligemus, cum feminam, dex-
10 trum, idemque in omnibus paene pecudibus faciendum
censet.

2 uices(s)imum AR   3 bimam Sγκ binam AR   4 senixa A
5 ex annosa matre S ex (sex R) annos a matre AR
   tarda sit SA tardarit R   7 precipit R

passen, daß es nicht durch den Mist die Hufe verätzt. Wenn es
dann kräftiger ist, entläßt man es auf die gleiche Weide, auf der
die Mutter geht, damit die Stute sich nicht in Sehnsucht nach ihrem Jungen verzehrt; denn gerade diese Tierart erleidet durch
Kindesliebe besonderen Schaden, wenn man die Jungen nicht zu
den Müttern läßt. Für eine gewöhnliche Stute ist es normal, jedes Jahr zu fohlen; für ein Rassetier ist es besser, alle zwei Jahre
trächtig zu gehen, damit das Fohlen durch die Muttermilch mit
um so größerer Kraft für die Anstrengungen der Wettkämpfe ausgestattet wird.

28. KAPITEL

Ein Hengst unter drei Jahren gilt als ungeeignet zum Sprung,
aber er soll befähigt sein, bis zum 20. Jahr zu zeugen; eine Stute sei dagegen mit zwei Jahren in der Lage zu empfangen, so daß
sie nach Vollendung des dritten Jahres niederkommt und ein Fohlen aufzieht; nach dem 10. Jahr sei sie dagegen unbrauchbar, weil
die Nachkommen eines alten Muttertieres langsam und träge
seien[22]. Ob ein männliches oder ein weibliches Tier gezeugt wird,
steht nach Demokritos[23] in unserer Entscheidung; er gibt nämlich an, wenn man die Erzeugung eines Hengstfohlens wünsche,
müsse man den linken Hoden des Hengstes mit einem Leinenfa-
den oder sonst etwas dieser Art abbinden, wenn man ein Stut-
fohlen haben wolle, den rechten, und dasselbe gelte fast bei allen
Haustieren.

Cum vero natus est pullus, confestim licet indolem aesti-   **29**
mare; si hilaris, si intrepidus, si neque conspectu novae rei   1
neque auditu terretur, si ante gregem procurrit, si lascivia
et alacritate, interdum et cursu [certaminis] aequalis exsu-
5   perat, si fossam sine cunctatione transilit, pontem flumen-
que transcendit, haec erunt honesti animi documenta.

CORPORIS EQUI FORMA

Corporis vero forma constabit exiguo capite, nigris ocu-   2
lis, naribus apertis, brevibus auriculis et adrectis, cervice
molli lataque nec longa, densa iuba et per dextram partem
10   profusa, lato et musculorum toris numeroso pectore, grandibus armis et rectis, lateribus inflexis, spina duplici, ventre
substricto, testibus paribus et exiguis, latis lumbis et subsi-
dentibus, cauda longa et setosa crispaque, mollibus atque
altis rectisque cruribus, tereti genu parvoque neque intror-   3
15   sus spectanti, rotundis clunibus, feminibus torosis ac numerosis, duris ungulis et altis et concavis rotundisque, qui-

1 pullus/pulpus **A**   2 intrepitus **SA**[1]
2 **s.** noue rei neque **S** noueque rei **AR** noue rei γκ
3 auditu **S** audita ut **AR**   4 certaminis *om.* **ntüx**[1]
    aequalis **Sntüx**[1] exequalis **AR**   4 **s.** exuberat **S**   5 ponte **A**
6 haec/hoc **A**[1]   **7 ss.** §§ 2–5 exscr. Pelag. 1–3, Mul. 779–781
    inde a corporis *inc.* **NP**
    tit. CORPORIS EQUI FORMA **NP** QUAE SIT OPTIMA FORMA
    EQUI *in marg.* **S**[2] pulcherrimi equi descriptio *in marg.* **boqsä**
8 adrectis (arr- **NPR**) **SANPR** rectis *Mul.*   9 iuua **S** *Pel.* tuta **Aαψ**
12 subtricto **N**   12 **s.** subridentibus **R**   13 caudam **A**
    setosa **SP** *Mul.* secta sa **A** secta **R** *evan. in* **N**
15 femoribus γ*Pel.*   **15 s.** ac numerosis *om. Mul.*   16 unguibus **N**

29. KAPITEL

Wenn das Fohlen geworfen ist, kann man alsbald seine Veranlagung abschätzen; ist es munter, ist es furchtlos, läßt es sich nicht durch einen neuartigen Gesichts- oder Gehöreindruck schrecken, läuft es der Herde voran, übertrifft es seine Kameraden an Ausgelassenheit und Lebenslust, zweilen auch an Schnelligkeit, überspringt es einen Graben ohne Zaudern, geht es über eine Brücke und durch einen Fluß, so sind das Anzeichen einer edlen Natur.

DER KÖRPERBAU DES PFERDES

Sein Körperbau wird folgende Merkmale aufweisen: Einen kleinen Kopf, schwarze Augen, offene Nüstern, kurze, aufrechte Ohren, einen weichen, breiten, nicht sehr langen Widerrist, eine dikke, nach rechts fallende Mähne, eine breite, mit zahlreichen Muskelpolstern gefütterte Brust, lange und gerade Vorderschenkel, eingewölbte Flanken, ein doppeltes Rückgrat, einen eingezogenen Bauch, gleiche, kleine Hoden, breite, zurücktretende Lenden, einen langen, dichten und buschigen Schweif, weiche, hohe und gerade Beine, eine glatte, kleine Beuge, die nicht nach rückwärts steht, runde Hinterbacken, pralle und muskulöse Hinterschenkel, harte, hohe, hohle und runde Hufe, über denen mittelstarke Kro-

bus coronae mediocres superpositae sunt. ⟨sitque⟩ sic universum corpus conpositum, ut sit grande, sublime, erectum,
ab aspectu quoque agile et ex longo, quantum figura per-
20 mittit, rotundum. mores autem laudantur, qui sunt ex pla-   4
cido concitati et ex concitato mitissimi. nam hi et ad obsequia reperiuntur habiles et ad certamina laboremque
promptissimi. bimus equus ad usum domesticum recte do-
matur, certaminibus autem expleto triennio, sic ut tamen
25 post quartum demum annum labori committatur.

Annorum notae cum corpore mutantur. nam dum bimus   5
et sex mensum est, medii dentes superiores et inferiores cadunt. cum quartum annum agit, his qui canini appellantur
deiectis alios adfert, intra sextum deinde annum molares
30 superiores et inferiores cadunt, sexto anno quos primos
mutavit exaequat; septimo omnes explentur aequaliter, et
ex eo cavatos ⟨non⟩ gerit. nec postea quot annorum sit
manifesto conprohendi potest. decimo tamen anno tempora
cavari incipiunt et supercilia non numquam canescere et

17 sunt/sint **NP** *Mul. Pel.*
   sitque sic *Lundstr.* sic **SANPR** *Mul.* (sit *cod.* **R**) *Pel.*
18 glande **S**[1]**A** grandre **N**   19 figuram **A**
21 concitati *om.* **A**[2]**R** concitati et ex *om.* **A**[1]
21 ss. *verba* nam hi – mutantur nam *om.* **NP**   et ad S𝛾 *Pel.* et **AR**
23 promptissimi bimus *om.* **A**[1]**R** bimus *om. Pel. ante* bimus *add.* inueniuntur
   Mul.
   § 5 usus est *Pall. 4,13,8 (cf. Veg. 3,5)*
26 corpore **SAR** *malim* tempore
27 mensum **SA** *Pel. Pall.* mensium **NPR** *Mul. Veg.*
   et inferiores *om. Pel. Pall. Mul.*   28 annum *om.* **AR**
30 et inferiores *om.* **AR** *Pel.*
31 s. *verba* et ex – gerit *del.* Ashworth (*Hermes* 95, 244) habent **SANPR**
   res deest ap. Pall. et Hipp. Ber. 95,1; cf. et Geop. 16,1,12
32 non *addidi*   quot **NPR** quod **SA**[1] *Pel. Mul.*

nen liegen. Der ganze Körper soll so gebaut sein, daß er mächtig, erhaben, aufrecht und schon dem äußeren Eindruck nach beweglich wirkt, und bei aller Länge doch rund, soweit die Körperform dies zuläßt. Sein Charakter gilt dann als vollkommen, wenn er aus der Ruhe zur Erregung und aus der Erregung zu völliger Ruhe übergehen kann. Denn so erweist er sich als lenksam und zugleich als höchst einsatzbereit für Kampf und Arbeit. Zweijährig wird das Pferd am besten zum Hausgebrauch abgerichtet, mit drei Jahren für Wettkämpfe, derart, daß es gleichwohl erst nach dem 4. Jahr für die Arbeit verwendet wird.

Die Altersmerkmale wechseln mit dem Ablauf der Zeit. Bis das Pferd 2 1/2 Jahre alt ist, fallen die oberen und unteren Schneidezähne aus. Im 4. Jahr verliert es die sogenannten Hundszähne und bekommt neue, im 6. Jahr fallen die oberen und unteren Mahlzähne; während des 6. Jahres erreichen die zuerst ausgewechselten Zähne ihre normale Größe, im 7. ergänzen sich alle gleichmäßig; von da an hat es keine ausgehöhlten Zähne[24)]; später läßt sich nicht mehr genau bestimmen, wie alt das Tier ist. Aber im 10. Jahr fangen die Schläfen an einzufallen, manchmal auch die Augenbrauen zu ergrauen und die Zähne vorzutreten. Soviel dürf-

35   dentes prominere. haec, quae ad animum et mores corpus-
     que et aetatem pertinent, dixisse satis habeo. nunc sequitur
     curam recte et minus valentium demonstrare.

                        DE MEDICINA   30

        Si sanis est macies, celerius torrefacto tritico quam hor-   1
     deo reficitur, sed et vini potio danda est, ac deinde paula-
     tim eiusmodi cibi subtrahendi inmixtis hordeo et furfuri-
     bus, dum consuescat faba et puro hordeo ali. nec minus co-
5   tidie corpora pecudum quam hominum defricanda sunt, ac
     saepe plus prodest pressa manu subegisse terga equi, quam
     si largissime cibos praebeas; paleae vero equis stantibus
     substernendae. multum autem refert robur corporis ac pe-   2
     dum conservare, quod utrumque custodiemus, si idoneis
10   temporibus ad praesepia, ad aquam, ad exercitationem pe-
     cus duxerimus curaeque fuerit, ut stabulentur sicco loco,
     ne umore madescant ungulae; quod facile evitabimus, si aut
     stabula roboreis axibus constrata aut diligenter subinde
     emundata fuerit humus et paleae superiactae.

35 ss. *verba* haec quae – demonstrare *om.* **NP**   **36** aetate S
37 *post* demonstrare *tit.* XVI (*om.* **AR**) DE MEDICINA (-a equorum
h -is equ. cap. VIII **m**) **SA** (*litt. min. part. in marg.*) **R** *aliquot* de minus
ualentibus equis (*vel sim.*) **R** *alii*

cap. 30, 1–2 usus est Pelag. 30; cf. Hipp. Ber. 68, 4
1 sanis **nx**[1] satis **SANPR**   trittico S   **1** s. ordeo **ANR** (*sic et infra* **AR**)
4 ali nec minus *om.* **NP**   ali **R** alii **SA**   **5** quam hominum *om.* **NP**
6 subegisse **NP** *Pel.* subigisse **SAR**   equi α *Pel.* qui **AR** *om.* **SNP**
7 prebeas **tx**[1] *Pel.* pr(a)ebeat **SAPR** prebeatur N
7 s. *verba* paleae – substernendae **NP** *om.* **SAR** *Pel.*
8 autem refert/hoc refertis N   **8** s. pedum **P**[2] *Pel.* pecudum **SA**[1]**NPR**
9 conseruare S *Pel.* seruare **AR** custodire **NP**   **11** -que *bis scr.* N
fuerit *om.* N   stabuletur N *Pel.*   **12** humore **PR** humere N
euitauimus **SA**[1] uitabimus γκ   aut *om.* γκ
14 fuerit **NP**[2]γ fuerint **SAP**[1]**R**   superiecta **AR**

te über Natur und Charakter, Körperbau und Alter genügen. Im folgenden ist nun noch die Pflege auch der kranken Pferde zu behandeln.

30. KAPITEL: PFERDEHEILKUNDE

Wenn Pferde, die sonst gesund sind, abmagern, werden sie schneller durch gerösteten Weizen wiederhergestellt als durch Gerste; man gibt aber auch einen Weintrank; später entzieht man ihnen nach und nach derartiges Futter dadurch, daß man Gerste und Kleie beimengt, bis sie sich daran gewöhnt haben, mit Bohnen und reiner Gerste gefüttert zu werden. Außerdem reibt man die Tierkörper ebenso wie menschliche Körper täglich ab, und oft nützt es mehr, den Rücken des Pferdes zu massieren, als noch so reichliches Futter zu geben; den stehenden Pferden aber streut man Stroh ein. Es kommt sehr darauf an, daß man die Kraft des Rumpfes und der Beine erhält; beides erreicht man dadurch, daß man das Tier zur richtigen Zeit zur Krippe, zur Tränke und zur Bewegung bringt und dafür sorgt, daß es trocken steht, damit die Hufe nicht durch Feuchtigkeit aufgeweicht werden, was man leicht vermeiden kann, wenn man entweder den Stall mit Holzbohlen auslegt oder den Boden pünktlich und gründlich säubert und Stroh aufstreut.

15   Plerumque iumenta morbos concipiunt lassitudine et   3
      aestu, non numquam et frigore et cum suo tempore urinam
      non fecerint, vel si sudant et a concitatione confestim bi-
      berint vel si, cum diu steterint, subito [aut in laborem aut]
      ad cursum extimulata sunt. lassitudini quies remedio est,
20   ita ut in fauces oleum vel adeps vino mixta infundatur. fri-
      gori fomenta adhibentur et calefacto oleo lumbi rigantur
      caputque et spina tepenti adipe vel uncto liniuntur. si   4
      urinam non facit, eadem fere remedia sunt. nam oleum in-
      mixtum vino supra ilia et renes infunditur, et si hoc parum
25   profuit, melle decocto ac sale collyrium tenue inditur fora-
      mini, quo manat urina, vel musca viva vel turis mica vel e
      bitumine collyrium inseritur naturalibus. haec eadem reme-
      dia adhibebuntur, si genitalia deusserit. capitis dolorem in-   5
      dicant lacrimae, quae profluunt, auresque flaccidae et tota
30   cervix cum capite adgravata et in terram submissa. tum
      rescinditur vena, quae sub oculo est, et os calida fovetur

capp. 30, 3 – 34 exscr. Pall 14, 22 – 26 (M) 30, 3 sq. exscr. Pel. 4; vert.
Hipp. Ber. 107, 3

 15 ante plerumque tit. MEDICINAE (-NA Ah) IUMENTORUM SA (in
    marg.) fh de medicinis equorum d (ltt. min.) gq
    ex lassitudine M aut lass. Pel.   16 et (ante frigore) om. NP
 17 si sudantia a M hand scio an recte, cf. sudantes et a Pel.
    confestim/statim NP Pel.   18 uel (ante si) om. M
    aut in laborem aut M om. SAR   19 stimulata RM (cf. Pel. stimulati)
    [ ] assitudinem M lassitudini autem et labori Pel.   quies om. M
 20 ita om. M   mista N mixtus M   21 verba et – rigantur om. AR
    rigantur lumbi M   22 linuntur PM
    cap. 30, 4 exscr. Pelag. 162; cf. Veg. 2, 79; 23; vert. Hipp. Ber. 48, 4
 23 s. oleum inmixtum uino om. M   24 uina A   super γM
 25 profuit/profuerit Pel. proficit N   ac/et AR Veg.
    collurium SA collirium NRM   inditur/inducitur M
 25 s. foramina AR
 26 manat urina/maturina AR meat urina α decurrit turina (t exp.) M
    musca uiua SNPM Veg. (Hipp.) quaecauiua A¹ in quae ca uiua A² varie
    deform. in R   26 s. e uitumine A¹ bitumine R bituminis M
 27 collyrium SP collirium ANRM   28 adibentur M
    deusserit SAPR deuserit N deusserint M
    § 5 in. usus est Pel. 47; vert. Hipp. Ber. 103, 4; 12   29 quae cum M
    et tota M eta A¹ et SNPR Pel.   30 grauata M   31 calda AR

Meist werden die Pferde durch Übermüdung und Hitze krank,
manchmal auch durch Kälte oder dadurch, daß sie nicht rechtzei-
tig Wasser lassen oder, wenn sie schwitzen und in heftiger Bewegung waren, sofort trinken oder nach langem Stehen unvermittelt
zur Arbeit oder zum Lauf getrieben werden. Gegen Übermüdung
hilft Ruhe, und zwar derart, daß man dabei Öl oder Fett mit
Wein in den Schlund gießt. Gegen Erkältung verwendet man war-
me Umschläge; die Lenden netzt man mit angewärmtem Öl, und
das Rückgrat bestreicht man mit lauwarmem Fett oder Balsam.
Wenn das Pferd kein Wasser lassen kann, helfen ungefähr die
gleichen Heilmittel; Öl, mit Wein vermischt, gießt man über die
Weichen und die Nierengegend, und wenn das zu wenig wirksam
ist, wird ein schlankes Zäpfchen aus gekochtem Honig und Salz in
die Harnausflußöffnung eingeführt oder eine lebende Mücke oder
ein bißchen Weihrauchharz in das Geschlechtsglied eingeschoben.
Die nämlichen Mittel verwendet man, wenn das Pferd entzündete
Geschlechtsteile hat. Anzeichen für Kopfschmerzen sind Tränen-
fluß, schlapp hängende Ohren und ein mitsamt dem Hals schwer zu
Boden hängender Kopf. In diesem Fall öffnet man die Ader, die
unter dem Auge verläuft, wärmt das Gesicht mit warmem Wasser

ciboque abstinetur primo die, inde postero autem potio
ieiuno tepidae aquae praebetur ac viride gramen, tum vetus
faenum vel molle stramentum substernitur, crepusculoque
35 aqua iterum datur parvumque hordei cum vicialibus, ut
per exiguas portiones cibi ad iusta perducatur.

Si equo maxillae dolent, calido aceto fovendae et axungia   6
vetere confricandae sunt, eademque medicina tumentibus
adhibenda est. si armos laeserit aut sanguinem demiserit,
40 medio fere in utroque crure venae solvantur et turis polline
cum eo qui profluit sanguine inmixto armi linantur, et ne
plus iusto exanimetur, stercus ipsius iumenti fluentibus ve-
nis admotum fasceis abligetur. postero quoque die ex isdem
locis sanguis detrahatur et eodem modo curetur hordeoque
45 abstineatur exiguo faeno dato. post triduum deinde usque   7
in diem sextum porri sucus instar trium cyathorum mixtus
cum olei hemina faucibus per cornu infundatur. post sextum diem lente ingredi cogatur et, cum ambulaverit, in
piscinam dimitti eum conveniet ita, ut natet; sic paulatim

32 autem M ante SNPR om. A¹   33 gramentum Aκ gegramen tum S¹
stramen tum Aω
35 paruūq ; SNP parumque AR plerumque ψ paulūq ; M   ordei Aαγκ
uitialibus AωM
36 exiguas portiones (pot- SP poc- N) SNPM exigua potione (port- A²γκ)
AR
37 s. pro verbis et axungia uetere confricandae habet si ea remedio non
erunt. Inurende M (cf. Hipp. Ber. 18, 3)
37 axungia/XXungia NP axungiae A   38 confricande A¹ confirmande ψ
§ 6 si armos – 7 fin. exscr. Pel. 43 (inde Veg. II 45 ; Hipp. Ber. 26, 21);
vert. Eumel. Hipp. Par. 1071
39 demiserit/dimiserit AR Pel.   40 medio om. M
crure A²γM² crire M¹ cruore SA¹NPR   41 proflubuit R (ex corr.) A
42 examinetur (vel -nentur) R aliquot exanietur Pel. sanguis emittatur M
43 admotam SA¹   postero/postremo M
isdem S iisdem vel hisdem AR eisdem NPM   44 locis om. AR
et eodem/eodem AR eodemque γ   ordeoque SANPγκ
45 postriduum ακ postridie γ per triduum M Veg.
46 cyatorum P ciatorum NM

und läßt am ersten Tage fasten, gibt dann am zweiten Tag auf
nüchternen Magen einen Trank lauwarmen Wassers und frisches
Gras; danach streut man altes Heu und weiches Stroh ein und gibt
bei Einbruch der Nacht erneut Wasser und ein wenig Gerste mit
Wickenhalmen, um das Tier mit kleinen Zuteilungen zu normaler
Fütterung zurückzuführen.

Hat das Pferd Kieferschmerzen, so behandelt man die Kiefer mit
warmem Essig und reibt sie mit altem Schweineschmalz ein; dasselbe Mittel wendet man auch bei Kieferschwellungen an. Hat es
die Vorderschenkel verletzt oder Blut verloren, so werden etwa
in der Mitte beider Beine die Adern geöffnet und die Schenkel
mit einer Mischung aus Weihrauchmehl und dem ausfließenden
Blut bestrichen; ferner wird, damit es nicht mehr als notwendig
blutet, der Mist des Tieres selbst auf die fließenden Adern gelegt und mit Binden festgehalten. Auch am folgenden Tage entnimmt man denselben Stellen Blut, behandelt das Tier auf die
nämliche Weise, versagt ihm die Gerste und gibt ihm nur ein
wenig Heu. Vom 3. bis zum 6. Tag gießt man etwa drei Becher
Lauchsaft mit einem Maß Öl durch ein Rohr in den Schlund des
Tieres. Nach dem 6. Tag zwingt man es, langsam zu gehen, und
wenn es gegangen ist, empfiehlt es sich, es in ein Wasserbecken
eintauchen zu lassen, so daß es schwimmt. So wird es nach und

50 firmioribus cibis adhibitis ad iusta perducetur. at si bilis 8
molesta iumento est, venter intumescit nec emittit ventos,
manus uncta inseritur alvo et obsessi naturales exitus ad-
aperiuntur, exemptoque stercore postea cunila bubula et
herba pedicularis cum sale tritae decocto melli miscentur
55 atque ita facta collyria subiciuntur, quae ventrem movent
bilemque omnem deducunt. quidam murrae tritae quadran- 9
tem cum hemina vini faucibus infundunt et anum liquida
pice oblinunt; alii marina aqua lavant alvum, alii recente
muria.
60 Solent etiam vermes atque lumbrici nocere intestinis.
quorum signa sunt, si iumenta cum dolore crebro volutan-
tur, si admovent caput utero, si caudam saepius iactant.
praesens medicina est, ita ut supra scriptum est, inserere 10
manum et fimum eximere, deinde alvom marina aqua vel
65 muria dura lavare, postea radicem capparis tritam cum sextario aceti faucibus infundere; nam hoc modo praedicta intereunt animalia.

50 adhibitis M (*ex corr.*) P adiuitis S¹A¹ adibitis S²N adiutus R
§ 8 et 9 in. vert. Eumel. Hipp. Ber. 75, 9   **51** molestia S²
tumescit γ   **52** naturalis SA¹   **52** s. adiperiuntur A¹
53 postea NPM posite a S posita ea AR   cunela M
54 pedicularis γκM pediuularis SANPR
tritae SANP trita et R trita M
decocto NP decoctos SA decocta R cocto M   **55** colliria Nγψ
55 s. *pro verbis* quae – deducunt *habet* citaque aluo uilis omnis deducit⁻ M
56 s. quadratem SA¹
57 anum S²NPαγM annū S¹R *part.* animal ω an nulli quid apice A
58 obliniunt NκM² aluum *om.* M
recente SNP recenti M recte A (*vel* rete) R   **59** murca M
60 ss. *inde a* solent *ad fin. cap. vert.* Eumel. Hipp. Par. 724
atque M in qua SAR in aqua Pψ (N?) και Hipp.
lumbri cio cere A¹   **61** crebra A¹ crebo N
61 s. uoluntantur A¹N² uolutantis M
63 inserere NPγκM insere SAR *plerique*
64 aluom S¹ aluum S²ANPR anum M   **64** s. aqua uel muria/aqua mana S¹
65 labare S lauere N   *verba* postea – cubet (*31, 1*) *om.* M
66 aceti SNP cum aceto AR   **66** s. intereunt *om.* N¹ interea ss. N²

nach unter Verabreichung kräftigen Futters zum Normalzustand
zurückgeführt. Wenn aber die Galle Beschwerden macht, der Leib
anschwillt und die Winde nicht austreten läßt, wird die einge-
fettete Hand in den Darm eingeführt und der versperrte natürliche Ausweg freigemacht, der Kot herausgenommen und danach
Rindskonile[9] und Läusekraut[25], mit Salz verrieben und mit Honig
vermengt, zu Zäpfchen geformt und diese eingeschoben; sie fördern den Stuhlgang und treiben alle Galle ab. Manche gießen ein
Viertelmaß Myrrhe mit einem Halbmaß Wein in den Schlund des
Tieres und bestreichen den After mit flüssigem Pech, andere spülen den Darm mit Meerwasser, wieder andere mit frischer Pökelbrühe.

Oft schaden auch Stuhlwürmer und Spulwürmer dem Darm. Anzeichen dafür sind gegeben, wenn sich die Tiere häufig unter
Schmerzen wälzen, wenn sie den Kopf an den Leib führen, wenn
sie besonders häufig mit dem Schweif schlagen. Ein rasch wirksames Mittel ist es, wie oben beschrieben[26], die Hand in den After
einzuführen, den Kot auszunehmen, dann den Darm mit Meerwasser und starker Pökelbrühe zu spülen, danach eine geriebene Ka-
pernwurzel mit einem *sextarius* Essig in den Schlund zu gießen;
denn auf diese Weise gehen die genannten Tiere ein.

Omni autem inbecillo pecori alte substernendum est, quo **31**
mollius cubet. recens tussis celeriter sanatur pinsita lente et 1
a valvulis separata minuteque molita. quae cum ita facta
sunt, sextarius aquae calidae in eandem mensuram lentis
5 miscetur et faucibus infunditur, similisque medicina triduo
adhibetur, ac viridibus herbis cacuminibusque arborum recreatur aegrotum pecus. vetus autem tussis discutitur porri
suco trium cyathorum cum olei hemina conpluribus diebus
faucibus infuso isdemque, ut supra monuimus, cibis prae-
10 bitis.

Inpetigines et quidquid scabiei est aceto et alumine de- 2
fricantur. non numquam, si permanent, paribus ponderibus
mixtis nitro et scisso alumine cum aceto linuntur. papulae
ferventissimo sole usque eo strigile raduntur, quoad eli-
15 ciatur sanguis. tum ex aequo miscentur radices agrestis

1 omnia (*om.* autem) N
2 *verbis* recens tussis – aegrotum pecus *usus est Eumel. Hipp. Ber. 22, 7;*
Pel. 108; Hipp. Ber. 22, 48
sanato N¹ **3** ualuulis/pabulis M **4** sextariis n¹M seẍ P sex N
eadem mensura M **5** misceatur A¹ **6** s. recreatur N
7 tussis discutitur *om.* N **8** cyatorum P ciat(h)orum AM
8 s. diebus faucibus *Lundstr.* diebus in fauces *Pel.* (*idem et nostro dedit*
Trotzki p. 469) diebus M (faucibus *pro* conpluribus A²tüẍ²) *om.* SANPR
9 iisdemque R
ad. cap. 31, 2 et 32 cf. Hipp. Ber. 69, 25 sq.
11 quicquit A queque NP
scabiei est *Lundstr.* scabri est M *agn. Trotzki l. l.* scabiei ktü² scabies
SANPR   et kl²tM ex SANPR
atumine A¹ antumine nx¹ autumine κ **13** mixtis/permixtis AR
scisso/fisso M cisse N   liniuntur/linuntur γ *varia* R
papulae A² pabulo SA¹NPR ut papulce M **14** strigili NP
radentur A¹ radantur P¹M   quoad/quod ad S¹ψ **14** s. eliciantur M

31. KAPITEL

Jedem kranken Tier muß man hoch einstreuen, damit es weich liegt. Frischer Husten wird rasch geheilt durch gestampfte, entschotete und feinst vermahlene Linsen. Sind diese so zubereitet, dann mischt man einen *sextarius* warmen Wassers unter die gleiche Menge Linsen und gießt die Mischung in den Schlund; dasselbe Mittel wird drei Tage lang angewandt, und mit grünen Kräutern und Baumtrieben wird das kranke Tier wiederhergestellt. Alter Husten aber wird beseitigt, indem man dem Tier drei Becher Lauchsaft mit einem Halbmaß Öl mehrere Tage lang in den Rachen gießt, nachdem man ihm das oben bezeichnete Futter gegeben hat.

Schorfstellen und überhaupt alle Hautkrankheiten werden durch Einreiben mit Essig und Alaun behandelt. Manchmal, wenn sie hartnäckig sind, werden sie mit einer gleichteiligen Mischung von Natron, gespaltenem Alaun[26a)] und Essig eingestrichen. Blattern werden in brennend heißer Sonne so tief mit dem Striegel ausgekratzt, bis die Haut blutet. Dann mischt man Wurzeln vom

hederae sulpurque et pix liquida cum alumine. eo medicamine praedicta vitia curantur.

Intertrigo bis die subluitur aqua calida; mox decocto ac 32
trito sale cum adipe defricatur, dum sanguis emanet. sca- 1
bies mortifera huic quadripedi est, nisi celeriter succurritur.
quae si levis est, inter initia candenti sub sole vel cedro vel
5 oleo lentisci linitur vel urticae semine et oleo detritis vel
unguine ceti, quod in lacibus sallitus thynnus remittit. prae- 2
cipue tamen huic noxae salutaris est adeps marini vituli, sed
si iam inveteravit, vehementioribus opus est remediis.
propter quod bitumen et sulpur et veratrum pici liquidae
10 axungiaeque veteri mixta pari pondere incocuntur, atque ea
conpositione curantur, ita ut prius scabies ferro erasa per-
luatur urina. saepe etiam scalpello usque ad vivom resecare 3
et amputare scabiem profuit atque ita factis ulceribus me-

16 hedere M (κισσοῦ *Hipp.*) herbe SANPR
    sulfurque SP sulphurque R (*om.* que) N   17 uicia N

1 bis in die γκ   subluitur/soluitur R *pauci*
1 s. ac trito SNPM agrito (-co γ) AR   2 et sale γκ
    defricato N defricantur M
    sanguis P sanguiss S saguis M sanei uis A sanie (*vel* -ni *vel* -niei *sim.*)
    uis R   emanat R manat N   3 quadrupedi NPR
    succurratur γψ   4 nitia S   candenti NPM candentis SAR
    sub sole/sobole R   cedro SNP cedre AR brebro M
5 semine/seme SA[1]   detritis/intritis M
5 s. *verba* uel unguine – remittit *om.* M
6 thynnus SAP tunnus N thymnus R
    § 2 usus est Pel. 359; vert. Hipp. Par. 306
7 adeps *post* uituli M   9 bitumine R   sulphur NP sulp(h)ure SAMR
    ueratrum P ueratum N ueratro SAR cera et M
    pice liquida M *Pel.*   10 axungia (*om.* -que) γκ *Pel.*   ueterio SA
    commixta R   incoquuntur RM   11 curatur NM *Pel.*
12 uiuom S[1] uiuum S[2]PRM uinum N uium A   13 profluit N

wilden Efeu, Schwefel und flüssiges Pech mit Alaun zu gleichen
Teilen; mit dieser Mischung heilt man die genannte Krankheit.

32. KAPITEL

Eine aufgeriebene Stelle wird zweimal täglich mit warmem Wasser gespült; dann reibt man sie mit gekochtem und zerstoßenem
Salz und Fett ein, bis Blut austritt. Die Räude ist für diese Tiergattung tödlich, wenn man nicht rasch eingreift. Ist sie noch leicht,
dann wird sie im Anfangsstadium bei Sonnenschein mit Zedernöl
oder Mastixöl oder einem Brei aus gestampftem Brennesselsamen
und Öl oder mit Thunfischtran, den der eingesalzene Thunfisch auf
den Tellern hinterläßt, bestrichen. Besonders heilsam gegen diese
Krankheit ist Robbenfett; wenn sie aber schon verhärtet ist,
braucht man stärkere Mittel, weshalb man Teer, Schwefel und
Nieswurz, mit flüssigem Pech und altem Schweinefett zu gleichen
Teilen vermischt, einkocht und mit dieser Zusammensetzung die
Räude behandelt, und zwar in der Weise, daß diese zuvor mit den
Messer ausgeschabt und mit Urin gespült wird. Oft ist es sogar
nützlich, mit dem Skalpell bis zum lebenden Fleisch einzuschnei-
den, die räudigen Teile abzulösen und die so entstehenden offenen

deri liquida pice atque oleo, quae et purgant et replent
15 vulnera. quae cum expleta sunt, ut celerius cicatricem et
pilum ducant, maxime proderit fuligo ex aeno novo⟩
ulceri infricata.

Muscas quoque vulnera infestantis submovebimus pice **33**
et oleo vel unguine infusis. excreta ulcera ervi farina recte 1
curantur. cicatrices oculorum ieiuna saliva et sale defricatae extenuantur vel cum fossili sale trita sepiae testa vel
5 semine agrestis pastinacae pinsito et per linteum super oculos expresso; omnisque dolor oculorum inunctione suci
plantaginis cum melle acapno, vel, si id non est, utique thy- 2
mino celeriter levatur. non numquam etiam per nares pro-
fluvium sanguinis periculum adtulit idque repressum est in-
10 fuso naribus viridis coriandri suco.

14 et purgant **A²NP** expurgant **SR** et exp. **A¹** purgant **M**
15 que (*ante* cum) **NPγM** aquae **S** aquae (*vel* aque *vel* aeque) qu(a)e **AR**
ita sint expleta **N**   cerius **S¹**   cicatrices **M**   **16** ducat **SAR**
aeno **SP** *Pel. 170* ceno **N** eno **A¹** aheno *vel* haeno **A²R**
novo *addidi ex Pall. 14, 24, 6 om. codd.*
17 infriata **S¹** (infriatur *Pel. 170*) infricta **M**

1 infestantes **NPγκ** insectantes **M**   summoliebimus **A¹**
pice/pie **M**
2 excreta *scripsi ex* creta † creta ü² certa κnü¹x¹ cetera **SANPRM**
ulcera **M** *om.* **SANPR**
3 ss. *verba* cicatrices – thymino *exscr. Pel. 437; vert. Hipp. Par. 422;*
Eumel. Hipp. Ber. 11, 35
defricatae **NγM** defricata **AR** defrictae **P²** defricta **SP¹**
4 fossali **N** fusili **AR**   **5** agrestis **PγM** *Pel.* agrestibus **SAR** agresti **N**
5 s. oculum **M**   **6** omnis quoque **M**   iniunctione **SA²**
7 acapno **M** *Pel.* acapo (*corr.* -io) **P** acaprio **SAR** a caprino **N**
7 s. thymino **SAP** *varie mut.* **NRM**   **8** leuabitur **S¹** liberatur **M**
a verbis per nares *ad fin. cap. exscr. Pel. 307; vert. Hipp. Par. 443*
9 repressum **NPγM** reprensum **S** reprehensum **AR**   **10** naritus *om.* **N**

Wunden mit flüssigem Pech und Öl auszuheilen; denn beides reinigt die Wunden und bedeckt sie. Hat man sie (damit) gefüllt, dann wird es sich besonders empfehlen, den Ruß einer ehernen Pfanne über die Wunden zu streuen, damit sie rascher vernarben und sich mit Haut überziehen.

33. KAPITEL

Auch die Mücken, die den offenen Wunden gefährlich sind, wird man mit einer Schutzschicht von Pech und Öl oder Salbe vertreiben. Offene Geschwüre werden erfolgreich mit Ervenmehl behandelt. Narben an den Augen reduziert man durch Einreiben von nüchternem Speichel und Salz oder von Tintenfischschale, die mit Steinsalz verrieben ist, oder mit dem zerstampften Samen des wilden Pastinak, der auf eine Binde über dem Auge ausgepreßt wird. Jeder Augenschmerz wird durch eine Verbindung von Wegerich und rauchlos gewonnenem Honig oder, falls nicht vorhanden, wenigstens von Thymianhonig beseitigt. Manchmal bringt auch Blutausfluß aus der Nase Gefahr; er wird zum Stehen gebracht, indem man den Saft frischen Korianders in die Nüstern träufelt.

Interdum et fastidio ciborum languescit pecus. eius re-   **34**
medium est genus seminis, quod git appellatur. cuius duo   1
cyathi triti diluuntur olei cyathis tribus et vini sextario atque ita faucibus infunduntur. sed et nausea discutitur, si
5 caput alii tritum cum vini hemina saepius potandum praebeas. suppuratio melius ignea lammina quam frigido ferramento reseratur et expressa postea linamentis curatur. est   2
etiam illa pestifera labes, ut intra paucos dies equae sub-
macie et deinde morte corripiantur; quod cum accidit, qua-
10 ternos sextarios gari singulis per nares infundere utile est,
si minoris formae sunt, nam si maioris, etiam congios. ea
res omnem pituitam per nares elicit et pecudem expurgat.

Rara quidem sed et haec equarum nota rabies, ut cum in   **35**
aqua imaginem suam viderint, amore inani capiantur et   1

ad cap. 34 cf. Hipp. Par. 136
 2 seminus (*om. ceteris usque ad* infunduntur) **N**   git **SPM** gis **AR**
 3 diluantur **M** diiuguntur **A** diiunguntur (*vel* de- *vel* ad-) **R**
 4 infundantur **M**   []ed et **M** det **S¹A** et **S²NPR**
 5 alii **SA** alei **M** allii **NPR**   **6** lamina **RM**   **6** s. ferramento ferro **N**
 7 linimentis **NP**   curetur **M**   **9** deinde/inde **M**
       quod cum/cum ita **N**   **10** sextarios/sex **P** sex **N**   **11** formae est **M**
12 pituitatem **M**

*cap. 35 in **M** breviatum et mutatum*
 1 haec/hoc **N**   equarum **NPαγ** ea quarum **SAR**
       nota **SNPγ** non **AR**   **2** amore/more **AR**

34. KAPITEL

Manchmal verliert ein Tier auch durch Unlust am Fressen seine Kraft. Dagegen hilft eine Samenart, die man *git*[27] nennt. Von ihm löst man zwei Becher in geriebenem Zustand in drei Bechern Öl und einem Schoppen Wein auf und gießt sie in den Schlund. Aber auch Brechreiz kann man beseitigen, wenn man öfters eine geriebene Knoblauchzehe in einem Maß Wein zu trinken gibt. Eine Eiterung wird besser ausgebrannt als kalt ausgeschnitten und, wenn sie entleert ist, mit einem Verband versorgt. Ein weiterer verheerender Verfall besteht darin, daß Stuten innerhalb weniger Tage plötzlich abmagern und dann eingehen. In solchen Fällen empfiehlt es sich, jedem Tier vier *sextarii* Marinade durch die Nüstern einzuflößen, sofern es sich um kleinere Tiere handelt; sind sie groß, dann auch einen ganzen *congius*. Das beseitigt jeglichen Schnupfen aus den Nüstern und reinigt den Tierkörper.

35. KAPITEL

Selten freilich, doch immerhin bekannt ist jener Wahnsinn der Stuten, der darin besteht, daß sie beim Anblick ihres Spiegelbildes im Wasser von sinnloser Liebe ergriffen werden, infolgedessen

per hunc oblitae pabuli tabe cupidinis intereant, eius vesaniae signa sunt, cum per pascua veluti exstimulatae con-
5   cursant, subinde circumspicientes requirere ac desiderare
aliquid videntur. mentis error discutitur, si decidas inaequaliter comas equae et eam deducas ad aquam. tum   2
demum speculata deformitatem suam pristinae imaginis
abolet memoriam.

10   Haec de universo equarum genere satis dicta sunt; illa
proprie praecipienda sunt iis, quibus mularum greges
curae est submittere.

DE MULIS   36

In educando genere mularum antiquissimum est diligen-   1
ter exquirere atque explorare parentem futurae prolis, feminam et marem; quorum alter si non est idoneus, labat
etiam quod ex duobus fingitur. equam convenit quadrimam 2
5   usque in annos decem amplissimae atque pulcherrimae formae, membris fortibus, patientissimam laboris eligere, ut
discordantem utero suo generis alieni stirpem insitam facile recipiat ac perferat et ad fetum non solum corporis
bona sed ingenii conferat. nam cum difficulter iniecta ge-

3   cupidinis/cupidis S^{1}AR
3   s. vesaniae Ash uas(a)e sapi(a)e SAR uero rabiei NP verae rabiei
    Lundstr. coll. M (ueri ardoris)   5 requirere NPγ requirit S requirit AR
6   decidas/deducas γ
6   s. verba inaequaliter – deducas ex M (inaequaliter recide et ad aquam
    perducito) restit. Svennung om. SANPR
10 inde ab haec de usque ad medetur (c. 38, 3) defic. NP   11 iis γ his SAR
12 post submittere tit. XVII (om. R) DE MEDICINE MULARUM S DE
    MULIS (in marg. XXVII) Ad (litt. min. part. in marg.) R aliquot

    capp. 36–38 in. om. M   cc. 36 et 37 usus est Pall. 4, 14
3   alter si Lundstr. (si alter Gesn.) alteri SAR   lauat A
4   equam SAγ equum R
    quadrimam Schn. ex Pall. quamam SA quoniam R
8   ad fetum Sγ ad fectum A adfectum (vel -tam) R

nichts mehr fressen und vor Sehnsucht sterben. Ein Anzeichen dieses Wahnsinns ist es, wenn sie auf der Weide wie aufgejagt hin und her rennen und immer wieder um sich blicken, als suchten und vermißten sie etwas. Diese Geistesstörung vergeht, wenn man der Stute die Haare ungleichmäßig stutzt und sie ans Wasser führt; wenn sie dann ihre Häßlichkeit erblickt, verliert sich die Erinnerung an das Bild von ehedem. – Damit ist über die gesamte Pferdehaltung genug gesagt; folgendes muß speziell für diejenigen angegeben werden, die es sich angelegen sein lassen, Maultierherden zu halten.

36. KAPITEL: VON DEN MAULTIEREN

Bei der Aufzucht von Maultieren ist das Grunderfordernis, die Eltern der künftigen Zucht sorgfältig auszusuchen und zu prüfen, und zwar ebenso das Mutter- wie das Vatertier; denn wenn auch nur eines von ihnen ungeeignet ist, dann mißrät das Erzeugnis beider. Die Stute wählt man 4- bis 10jährig, mit stattlichem, edlem Körperbau, kräftigen Gliedern und hoher Leistungsfähigkeit, damit sie die ihrer Gebärmutter eigentlich nicht angemessene Zeugung von fremder Art leicht aufnimmt und austrägt und dem Sprößling eine gute Ausstattung nicht nur körperlicher, sondern auch charakterlicher Qualitäten mitgeben kann. Denn erstens

10 nitalibus locis animentur semina, tum etiam concepta diu-
    tius in partum adolescunt atque peracto anno mense tertio
    decimo vix eduntur, natisque inhaeret plus socordiae pa-
    ternae quam vigoris materni. verum tamen equae dictos ut   3
    in usus minore cura reperiuntur, maior est labor eligendi
15 maris, quoniam saepe iudicium probantis frustratur experi-
    mentum. multi admissarii specie tenus mirabiles pessimam
    subolem forma vel sexu progenerant – nam sive parvi cor-
    poris feminas fingunt sive etiam speciosi plures mares quam
    feminas, reditum patris familiae minuunt –, at quidam con-
20 tempti ab aspectu pretiosissimorum seminum feraces sunt.
    non numquam aliquis generositatem suam natis exhibet,
    sed hebes in voluptate rarissime sollicitatur ad venerem.
    huius sensum magistri lacessunt subadmota generis eius-   4
    dem femina, quoniam similia similibus familiariora fecit
25 natura, itaque obiectu asinae cum superiectum eblanditi
    sunt, velut incensum et occaecatum cupidine, subtracta,
    quam petierat, fastiditae inponunt equae.

10 s. diutius AR dilatius S   11 atque γω ut que SA utque R
12 s. paternae A²R maternae SA¹
14 cura reperiuntur R cureperiuntur S cure periuntur A
15 maris γ magis SAR   quoniam/quom vel quomodo vel cum R
16 admissariis S   mirabiles pessimam Ursinus mirabilissimam SAR
17 sobolem S²R   forma γ formam SAR   sexu ed. pr. sex SAR
18 fingant R   specioso AR   19 minuunt at S minus ut a A minus ut R
19 s. contepti A contenti γκ   20 pretiosissimi S preciosorum γ
22 hebes í S hebe si AR ebesi γκ   23 sensum R sensium SA
    lacessunt S om. AR   admota S
25 superiectum Lundstr. superiectu SAR   26 cupidíne libidine γ
27 fastidite R festiditae (-te A¹) SA

wird der in die Gebärmutter geschleuderte Samen nicht ohne
Schwierigkeit lebendig; zum andern braucht er, einmal aufgenom-
men, längere Wachstumszeit bis zur Geburt; und zwar werden die
Jungen nach Ablauf eines Jahres bestenfalls im 13. Monat zur
Welt gebracht, und wenn sie geboren sind, haftet ihnen mehr vom
Leichtsinn des Vaters als von der Kraft der Mutter an. Trotzdem
findet man Stuten zu dem besagten Zweck noch mit erträglicher
Mühe; bedeutend größer ist die Mühe, einen Beschäler auszuwählen, weil das tatsächliche Ergebnis oft das Urteil des Prüfenden
enttäuscht. Viele Beschäler, die nach außen einen hervorragenden
Eindruck machen, bringen oft eine sehr schlechte Zucht zustande,
entweder hinsichtlich der Erscheinung oder hinsichtlich des Ge-
schlechtes – wenn sie nämlich weibliche Junge von geringer Gestalt
oder zwar Fohlen von großer Gestalt, aber mehr männliche als
weibliche erzeugen, mindern sie den Gewinn des Besitzers –, und
andere, die erbärmlich aussehen, tragen einen ausgezeichneten
Samen. Zuweilen teilt einer seine edle Art den Jungen mit, ist aber
lustlos und läßt sich nur sehr selten zum Geschlechtsakt anregen.
Die Züchter reizen die Sinnlichkeit eines solchen Tieres damit,
daß sie es zunächst mit einem Weibchen gleicher Art zusammen-
bringen, weil die Natur Tieren gleicher Art eine stärkere Zunei-
gung zueinander gegeben hat; wenn sie es so durch das Anbieten
einer Eselin bis zur Sprungbereitschaft angeregt haben, nehmen
sie dem Erregten und durch Sinnenlust Geblendeten das begehrte
Objekt weg und lassen ihn auf die zunächst verschmähte Stute
aufspringen.

Est et alterum genus admissarii furentis in libidinem, **37**
quod nisi astu inhibetur, adfert gregi perniciem. nam et   1
saepe vinculis abruptis gravidas inquietat et, cum admittitur, cervicibus dorsisque feminarum inprimit morsus. quod
5 ne faciat, paulisper ad molam iunctus amoris saevitiam labore temperat et sic veneri modestior adhibetur. nec tamen   2
aliter admittendus est etiam clementioris libidinis, quoniam
multum refert naturaliter sopitum pecudis ingenium modica exercitatione concuti atque excitari vegetioremque fac-
10 tum marem feminae iniungi, ut ita cita quadam vi semina
ipsa principiis agilioribus figurentur.

Mula autem non solum ex equa et asino, sed et asina et   3
equo itemque onagro et equa generatur. quidam vero non
dissimulandi auctores ut Marcus Varro et ante eum Diony-
15 sius ac Mago prodiderunt mularum fetus regionibus Africae
adeo non prodigiosos haberi, ut tam familiares sint incolis
partus earum, quam sunt nobis equarum. neque tamen ul-   4
lum est in hoc pecore aut animo aut forma praestantius
quam quod seminavit asinus, ⟨quamvis⟩ possit huic ali-

---

1 est et **AR** et est **S** est γκψ   **3** abruptis γκ adruptis **SAR**
5 amoris Sγ a maioris **AR**   **5** s. labore γ laborare **SAR**
6 adhibetur **m** adiubetur **S** adiuuetur **AR** admiscetur γ
7 quoniam/cum **R**   **9** exercitatione γω excitatione **SAR**
10 marem A²γ mare SA¹R   quadam ui αγκω quadram ui **SAR** *aliquot*
11 principis γκ principiis **SAR**   **12** mula Sγ multa **AR**   equa aequ S¹
sed et SA sed ex **R**   **14** Varro *rust. 2, 1, 27*   **16** ut tam/uitam A
famiares S¹   **18** formam SA
19 seminauit asinus γ seminabiuinsinus **S** seminabitu in sinus S *sim. varie* **R**
quamvis *add. Lundstr.* (quamquam *ed. pr.*) *om.* **SAR**

37. KAPITEL

Es gibt eine weitere Art Beschälesel von so toller Liebeswut, daß sie für die Herde gefährlich werden, wenn man sie nicht mit List in Schranken hält. Oft reißen sie ihre Ketten los und belästigen trächtige Stuten; wenn man sie zum Sprung zuläßt, beißen sie die Stuten in Hals und Rücken. Damit sie das nicht tun, spannt man sie eine Weile vor die Mühle; so dämpfen sie durch die Anstrengung ihre Liebestollheit und dienen der Begattung mit weniger Temperament. Doch soll auch ein Tier von allzu sanftem Sinnentrieb nicht anders zum Sprung geführt werden, weil es sehr wesentlich ist, daß der natürlicherweise eingeschläferte Trieb des Tieres durch mäßige Anspannung angestoßen und hervorgelockt wird und der Beschäler erst dann mit der Stute vereinigt wird, wenn er etwas munter gemacht ist, derart, daß die auf solche Art gewissermaßen gewaltsam angeregten Samenkörper aus beweglicheren Elementen[28] gebildet werden.

Ein Maultier kann aber nicht bloß von einer Stute und einem Esel, sondern auch von einer Eselin und einem Hengst und ebenso von einem Wildesel und einer Stute erzeugt werden. Einige nicht unbeachtliche Gewährsmänner wie Varro und vor ihm schon Dionysius und Mago[29] haben mitgeteilt, daß Junge von Maultieren in afrikanischen Gegenden so wenig ungewöhnlich seien, daß sie den dortigen Eingeborenen nicht weniger vertraut sind als uns die Fohlen von Pferdstuten. Unter den Tieren dieser Gattung ist freilich keines edler und schöner als dasjenige, das der Esel erzeugt hat, wenn auch mit ihm ein Nachkomme eines Wildesels in etwa

20 quatenus conparari quod progenerat onager. nisi et indomi-
tum et servitio contumax silvestris mores strigosumque patris praefert habitum. itaque eiusmodi admissarius nepotibus magis quam filiis utilior est. nam ubi asina et onagro
natus admittitur equae, per gradus infracta feritate quid-
25 quid ex eo provenit paternam formam et modestiam, forti-
tudinem celeritatemque avitam refert. qui ex equo et asina 5
concepti generantur, quamvis a patre nomen traxerint,
quod hinni vocantur, matri per omnia magis similes sunt.
itaque commodissimum est asinum destinare mularum ge-
30 neri seminando, cuius ut dixi species experimento est speciosior. verum tamen ab aspectu non aliter probari debet 6
quam ut sit amplissimi corporis, cervice valida, robustis
ac latis costis, pectore musculoso et vasto, feminibus lacer-
tosis, cruribus conpactis, coloris nigri vel maculosi. nam
35 murinus cum sit in asino vulgaris, tum etiam non optume
respondet in mula. neque nos universa quadripedis species 7
decipiat, si qualem probamus conspicimus. nam quem ad
modum arietum quae sunt in linguis et palatis maculae plerumque in velleribus agnorum deprehenduntur, ita si disco-
40 lores pilos asinus in palpebris aut auribus gerit, subolem
quoque frequenter facit diversi coloris, qui et ipse. etiam
si diligentissime in admissario exploratus est, saepe tamen
domini spem decipit. nam interdum etiam citra praedicta

20 comparari αγκ compari (con- SA) SAR   **21** seruitio γ seruili SAR
mores strigosumq ; t more strigo (tergo γ) sunt quam SAR
22 praefert *Lundstr.* praeferret SAR   **23** onagro Sγ onager AR
24 infracta γ infra et a SAR   **25** paterna AR   forma γκ
modestia A molestia κ mole suam γ   **26** auitam/aui γ
§§ 6–8 *exscr. Mul.* 782–784
34 maculosi *scripsi* macili AR magili S (magillini *Mul.*)   **35** optime R
36 quadrupedis R *Mul.*   **40** subolem A² subole S¹A¹ subole S² soibolem R
43 domini spem S *Mul.* domini AR *plerique* dominum R puici diutius γ

verglichen werden kann, abgesehen davon, daß er mit seinem un-
gebärdigen und bösartig-widerspenstigen Charakter die wilden Sitten und die dürre Erscheinung seines Vaters verrät. Deshalb liegt
der Wert eines solchen Beschälers eher in den Enkeln als in den
Söhnen. Wenn nämlich ein Abkömmling von einer Eselin und
einem Wildesel mit einer Stute verbunden wird, so weist deren
Junges bei der in unterschiedlichen Abstufungen gebrochenen
Wildnatur die Gestalt und Zahmheit des Vaters, zugleich aber die
Beherztheit und Behendigkeit des Großvaters auf. Die Abkömm-
linge eines Hengstes und einer Eselin sind, obgleich sie ihren
Namen vom Vater haben – man nennt sie *hinni* (‚Wieherer') – in
jeder Hinsicht mehr der Mutter ähnlich. So empfiehlt es sich am
meisten, einen Esel zur Erzeugung von Maultieren zu bestimmen;
denn deren Erscheinungsbild ist (dann) erfahrungsgemäß ansehn-
licher. Trotzdem soll der Esel, was sein Aussehen betrifft, nur so
gewählt werden, daß er einen stattlichen Körper, einen kräftigen
Nacken, starke, breite Rippen, eine muskulöse und breite Brust,
fleischige Schenkel, stramme Beine und eine schwarze oder schek-
kige[30] Färbung aufweist. Denn wenn auch mausgraue Farbe beim
Esel geläufig ist, so entspricht sie doch beim Maultier nicht so
recht. Überhaupt dürfte uns das ganze Geschlecht der Vierfüßler
nicht enttäuschen, wenn wir das Tier, das wir wählen, genau be-
sehen. Denn wie die Flecken, die die Widder auf Gaumen und
Zunge tragen, zumeist im Fell der Lämmer wiederkehren, so bewirkt auch der Esel, wenn er abweichend getönte Haare an den
Augenlidern und Ohren hat, oft bei seiner Nachkommenschaft
scheckige Färbung; allerdings enttäuscht sie selbst dann, wenn
der Beschäler aufs sorgfältigste daraufhin geprüft ist, oft die Er-
wartung des Besitzers. Denn zuweilen erzeugt er auch ohne die ge-

signa dissimiles sui mulas fingit, quod accidere non aliter
45 reor quam ut avitus color primordiis seminum mixtus
reddatur nepotibus.

   Igitur qualem descripsi asellum, cum est protinus [sta-   8
tim] genitus, oporteat matri statim subtrahi et ignoranti
equae subici. ea optime tenebris fallitur, nam cum obscuro
50 loco partu eius amoto pullus subiectus est, quasi ex ea
natus alitur. cui deinde cum decem diebus insuevit equa,
semper postea desideranti praebet ubera. sic nutritus admissarius equas diligere condiscit. interdum etiam, quamvis
materno lacte sit educatus, potest a tenero conversatus
55 equis familiariter earum consuetudinem adpetere. sed ei   9
non oportet minori quam trimo inire permitti, atque id
ipsum si concedatur, vere fieri conveniet, cum et desecto
viridi pabulo et largo hordeo firmandus, non numquam
etiam salivandus erit. nec tamen temere feminae committe-
60 tur, nam nisi prius ea marem concupivit, adsilientem ad-
missarium calcibus proturbat et iniuria depulsum etiam
ceteris equis reddit inimicum. id ne fiat, degener ac vulgaris asellus admovetur, qui sollicitet obsequia feminae. neque is tamen inire sinitur, sed si iam est equa veneris pa-

45 reor *om.* A[1] eorum *Mul.*
   auitus color S aut tusculor A[1] aut tuscolor A[2]R auctus color γ aut tuus
   color ψ habitus color *Mul.*
   mixtus S *Mul.* mixtu AR mixta ψ mixtim tüx[1]
47 protinus *Lundstr.* protris A protri S *varie mutil.* R
47 s. statim SAR *ex v. seq. ut vid., del. Lundstr.*   **48** s. ignorantiae quae A
49 ea γ *Mul.* ae SA[1] ac R   cum *Mul. om.* SAR
50 pullus subiectus *Mul. om.* SAR   **51** insueuit equa Sγ in sue uite qua AR
52 desideranti S destinanti AR   mutritus Sγ *Mul.* nutritur AR
54 potest a tenero S *Mul.* potestate uero SA postea uero γ
   conuersatus S *Mul.* conuersatur AR   **55** consuetudine S
56 inire permitti *Lundstr.* inare mitti S in are mitti A (*vel* mare m) R
57 concedatur γψ concidatur SAR   **58** ordeo AR *pars*   formandus γκ
59 temere g tenere SAR   **59** s. committetur S nvx committentur SAR
60 concupivit *scripsi* conciuit SAR cognovit *ed. pr.*
   assilientem γ adsilentem (*vel* ass-) SAR assidentem κ
62 degener ac (*corr. ex* ag) S ne genera AR   **64** is Sγκ his AR

nannten Anzeichen Maultiere, die ihm völlig unähnlich sind, was
ich mir nicht anders erklären kann, als daß den Samenelementen
die Farbe des Großvaters beigemengt ist und auf die Enkel vererbt
wird[31].

Das Eselchen der geschilderten Art muß unverzüglich nach seiner Geburt von der Mutter weggenommen und einer Stute unter-
gesetzt werden, ohne daß sie es weiß. Man täuscht diese am besten im Dunkeln; denn wenn man ihr an einem finsteren Ort das
eigene Fohlen wegnimmt und ein anderes unterschiebt, wird dieses
wie das eigene genährt, und wenn sich die Stute zehn Tage lang an
es gewöhnt hat, wird sie ihm von nun an stets auf Verlangen die
Zitzen geben. Ein so aufgezogener Beschälesel lernt die Stuten
lieben. Zuweilen kommt es auch vor, daß ein Esel selbst dann,
wenn er mit der Milch seiner eigenen Mutter aufgezogen worden
ist, infolge vertraulichen Umgangs mit Stuten von früher Jugend
an die Vereinigung mit ihnen sucht. Doch darf man ihm die Paarung nicht eher gestatten, als bis er drei Jahre alt ist, und wenn sie
ihm erlaubt wird, soll dies im Frühjahr geschehen; dann muß er mit
frischgemähtem Grünfutter und viel Gerste gestärkt, manchmal
sogar gemästet werden. Auch darf man ihn nicht ohne weiteres auf
eine Stute loslassen, denn wenn diese nicht schon vorher das Verlangen nach dem Partner verspürt hat, jagt sie den aufspringenden Beschäler mit den Hufen davon und macht den derart unwür-
dig Vertriebenen auch zum Feind aller übrigen Stuten. Um das
zu vermeiden, führt man zunächst einen minderwertigen und
unedlen Esel herbei, um die Willfährigkeit der Stute herauszu-
fordern; doch läßt man ihn nicht steigen, sondern wenn die Stute

65 tiens, confestim abacto viliore pretioso mari subigitur. locus 10
est ad hos usus exstructus – machinam vocant rustici duos
parietes adverso clivolo inaedificatos, qui angusto inter-
vallo sic inter se distant, ne femina conluctari aut admissario ascendenti avertere se possit. aditus est ex utraque
70 parte, sed ab inferiore clatris munitus, ad quos capistrata
in imo clivo constituitur equa, ut et prona melius ineuntis
semina recipiat et facilem sui tergoris ascensum ab editiore
parte minori quadripedi praebeat.

Quae cum ex asino conceptum edidit, partum sequenti
75 anno vacua nutrit. id enim utilius est quam quod quidam faciunt, ut effetam nihilo minus admisso equo inpleant. anni- 11
cula mula recte a matre repellitur et amota montibus aut
feris locis pascitur, ut ungulas duret sitque postmodum
longis itineribus habilis. nam clitellis aptior mulus, illa
80 quidem agilior, sed uterque sexus et viam recte graditur et
terram commode proscindit, nisi si pretium quadripedis
rationem rustici onerat aut campus gravi gleba robora bovum deposcit.

DE MEDICINA MULARUM   38

Medicinas huius pecoris plerumque iam in aliis generi- 1
bus edocui; propria tamen quaedam vitia mularum non

---

65 mari γ maris **SAR**   subigitur S iniungitur **AR**   66 hos Sγ hoc **AR**
   machinam γ macinam **SAR**   67 s. interuallo R interuallis **SA**
70 clatris zä claris **SAR**   ad quos *scripsi* ad quod **SAR** ad quae *Ald.*
71 in imo S² immo S¹A (*vel* imo *vel* uno *sim.*) **R**   prona γκ pronam **SAR**
73 quadrupedi **R**   76 effetam κ effoetam **gvx** et fetam **SAR**
78 feris γ seris **SAR**   sitque αγ sique **SAR**   80 quidem γ quod **SAR**
81 quadrupedis **R**   82 onerat γ onerant **SAR**
   gleba Sγ graebra (*corr.* cr-) **A** crebra **R**   82 s. bouum **SA** boum **R**
83 *post* deposcit *tit.* medicinas (-ae **gq** de medicina **bfz** de medicinis **ost**)
   mularum (-orum **os** *om.* **fz**) **bdfgmoqst**

bereits willig ist, führt man den gemeinen Esel rasch weg und unterwirft sie dem edlen männlichen Tier. Zu diesem Zweck gibt es eine Anlage – die Bauern nennen sie *machina* (,Apparat') –: zwei Seitenwände, auf einem abschüssigen Boden aufgebaut, in so geringem Abstand von einander, daß die Stute sich nicht wehren und dem aufsteigenden Beschäler entziehen kann; der Zutritt ist von beiden Seiten möglich, doch am unteren Ende mit Querbalken verrammelt; die Stute stellt man am unteren Ende der schiefen Ebene auf und bindet sie an die erwähnten Riegel, so daß sie, nach vorn geneigt, den Samen des männlichen Tieres leichter aufnimmt und daß ihr Rücken von oben her für den kleineren Vierfüßler leicht zu besteigen ist.

Hat sie das vom Esel gezeugte Füllen geworfen, dann läßt man sie das Junge ein Jahr lang aufziehen, ohne daß sie wieder trächtig wird. Das ist besser, als wenn man es macht wie manche Leute, die sie, obwohl sie eben erst geworfen hat, von einem Hengst decken lassen. Das einjährige Maultier trennt man von seiner Mutter und läßt es weit weg in den Bergen oder sonst auf unbebautem Gelände weiden, damit es harte Hufe bekommt und hinterher fähig ist, lange Wege zu gehen. Das männliche Maultier eignet sich mehr als Tragtier, das weibliche ist aber beweglicher; doch sind beide Geschlechter zum Gehen wie zum Pflügen brauchbar, nur mit der Einschränkung, daß der Preis des Tieres das Konto des Bauern sehr belastet und daß ein Acker mit zähem Boden doch die Kraft von Ochsen fordert.

38. KAPITEL: MAULTIERHEILKUNDE

Die Heilbehandlung dieses Tieres habe ich größtenteils schon bei den anderen Tieren dargestellt; doch will ich einige spezifische Maultierkrankheiten nicht übergehen, deren Behandlung ich im

omittam, quorum remedia subscripsi. equienti mulae cruda
brassica datur, suspiriosae sanguis detrahitur et cum sexta-
5 rio vini atque olei turis semuncia marrubii sucus instar
heminae mixtus infunditur. suffraginosae hordeacia farina   2
inponitur, mox suppuratio ferro reclusa linamentis curatur, vel gari optimi sextarius cum libra olei per narem
sinistram dimittitur admisceturque huic medicamini trium
10 vel quattuor ovorum albus liquor separatis vitellis. flemina   3
secari et interdum inuri solent. sanguis demissus in pedes
ita ut in equis emittitur, vel si est herba, quam veratrum
vocant rustici, pro pabulo cedit. est et ὑοσκύαμος cuius
semen detritum et cum vino datum praedicto vitio medetur.
15   Macies et languor submovetur saepius data potione,
quae recipit semunciam sulpuris ovumque crudum et murrae pondus denarii. haec trita vino admiscentur atque ita
faucibus infunduntur. sed et tussi dolorique ventris eadem   4
ista aeque medentur. ad maciem nulla res tantum quantum
20 Medica potest. ea herba viridis celerius nec tarde tamen

---

3 *post* subscripsi *tit.* DE MEDICINA MULARUM S (*litt. min. part. in
marg.*) AR *pauci*   *cap. 38 a verbo* equienti *exscr.* M
5 semuncia *om.* M   narruuii S marrubique M
6 ordeacia A (h)ordeacea R   **8** *verba* uel gari – uitellis *om.* M
   gari S cari AR   **10** seperatis R   flemina M femina SAR
11 demissus Sγκ dimissus ARM   **12** ueratrum/uerbas cum M
13 est et SA est RM   YOCKYAMOC SA *om. v. sp. rel.* R ihosciamos M
15 *a verbis* Macies et languor *pergunt* NP
   verba macies – medentur *exscr. Pel. 32, cf. Hipp. Ber. 68, 12*
   langor NR   summouetur mulis NP
16 sulpuris SAM sulphuris NPR *Pel.*   **16 s.** murrae mirre N   **17** intrita M
   admiscentur γ ammisentur M admiscetur SAR   atque ita/itaque N
18 infunditur Nψ infundatur M   **20** celerius SM *om.* AR
   tamen *om.* M

folgenden notiere. Einem rossenden Maultier gibt man rohen
Kohl; wenn es asthmatisch ist, läßt man ihm zur Ader und flößt
ihm eine halbe *uncia* Andornsaft, mit einem *sextarius* Wein und
einer *uncia* Weihrauchöl vermischt, ein. Leidet es am Hinterbug,
dann legt man Gerstenmehl auf; später öffnet man das Geschwür
mit einem Skalpell und verbindet es; oder man gießt einen *sextarius* bester Marinade mit einem Pfund Öl in die linke Nüster und
mengt diesem Mittel noch drei oder vier Eiweiß ohne Dotter bei.
Krampfader pflegt man auszuschneiden, manchmal auszubrennen.
Blut, das in die Füße gestiegen ist, beseitigt man wie bei den
Pferden; wenn aber das Kraut, das die Bauern *veratrum* (Nieswurz) nennen, verfügbar ist, kann man es als Futter verwenden. Es
gibt auch eine Pflanze *hyoskýamos* (,Saubohne')[32], deren Samen,
verrieben und mit Wein eingegeben, den genannten Schaden heilt.

Abmagerung und Schlaffheit beseitigt man durch mehrmaliges
Verabreichen eines Trankes, der eine halbe *uncia* Schwefel, ein
rohes Ei und Myrrhe im Gewicht eines *denarius*[33] enthält; diese
Ingredienzien mischt man mit Wein und flößt sie durch den
Schlund ein. Dieselben Mittel helfen auch gegen Husten und Leib-
schmerzen. Gegen Abmagerung ist nichts so wirksam wie Luzerne.
Dieses Kraut, anstelle von Heu gegeben, mästet die Tiere beson-

arida faeni vice saginat iumenta, verum modice danda, ne
nimio sanguine stranguletur pecus. lassae et aestuanti
mulae adeps in fauces demittitur vinumque in os suffundi-
tur. cetera exsequemur in mulis, sicut prioribus huius
25 voluminis partibus tradidimus, quae curam bovum equo-
rumque continent.

22 stranguletur/distendat **M**
23 adeps **A²tü²M** ad eos **SA¹R**   demittitur **S** dimittitur **AR**
uinumque **M** uirumque **SA¹** (*vel* merumque *vel* utrumque) **R**
in os *om.* **M** **24** proprioribus **S¹** **25** uoluminibus **A**
bouum **SAM** boum **R**

subscr. L. IUNI MODERATI COLUMELLE REI RUSTICE LIB.
(LIBER **A**) VII UETERINARIUS (UTTER- **A**) MEDICINALIS **SA**
sim. **R** *multi part. litt. mai. part. litt. min.*

ders schnell, wenn es noch frisch ist, aber auch getrocknet nicht langsam; nur muß man es in mäßigen Mengen geben, damit das Tier nicht an Blutüberschuß erstickt. Einem erschöpften oder erhitzten Maultier steckt man Fett in den Schlund und gießt Wein ins Maul nach. Im übrigen verfahre man bei den Maultieren, wie ich es in den früheren Abschnitten dieses Buches über die Behandlung der Rinder und Pferde dargestellt habe.

LIBER SEPTIMUS

haec continet

LIBER II DE MINORE PECORE LIBER OCTAUUS (VIIII **A**)
HAEC CONTINET **SA** *sim. inscr. habent* **R** *aliquot*
argum. libri om. **R** *aliquot*

3 arietis **A**   4 tetis **S**
5 medicinas *arg. post 1. XI* medicina **SA** (*vel* de m.) **R**
  ouili **S** ouillai **A**   6 officio/officina **AR**   8 medicine **R**
10 subus **SA** suibus γ subiis **R** *aliquot*
11 medicinas **SA** medicine **R** (*item infra c. 10*)   14 eorum **SA** earum₁ **R**

SIEBTES BUCH

DAS KLEINVIEH

Inhalt

DE MINORE ASELLO   1

De minore pecore dicturis, Publi Silvine, principium te-   1
nebit minor e seminio Arcadiae vilis hic volgarisque asellus, cuius plerique rusticarum rerum auctores in emendis
tuendisque iumentis praecipuam rationem volunt esse. nec
5   iniuria, nam etiam eo rure, quod pascuo caret, contineri
potest exiguo et qualicumque pabulo contentus, quippe vel
foliis spinisque vepraticis alitur vel obiecto fasce stramen-
torum; paleis vero, quae paene omnibus regionibus abundant, etiam gliscit. tum inprudentis custodis ⟨violentiam⟩   2
10   neglegentiamque fortissime sustinet plagarum et penuriae
tolerantissimus, propter quae tardius deficit quam ullum
aliud armentum. nam laboris et famis maxime patiens raro
morbis adficitur. huius animalis tam exiguae tutelae plurima et necessaria opera supra portionem respondent, cum
15   et facilem terram, qualis in Baetica totaque Libye sit, levibus aratris proscindit et non minima pondere vehicula
trahat. *saepe* enim, ut celeberrimus poeta memorat,   3

1 dicturus **R** *part.*
2 e seminio *temptavi coll. Varr. 2, 1, 14* minora **SAR** minor in ora *Lundstr.*
    om. γ uolgaris **A** uulgaris **SR**   5 eo rure t eorum re **SAR**
7 uepratici (uel pratici **A**) salitur **SA** uelpraticis alitur **R** *plerique*
9 violentiam *add. Lundstr. om.* **SAR**   10 negligentiamque **R**
11 tolerantissimus/patientissimus **p**   13 tam **Sψ** tamen **AR**
15 libyae **süvx** lybie **S** libre **AR** *plerique*   sit *Ald.* si **SAR**
16 aratis **SA**[1]   pondera **S**   17 poeta: *Verg. Ge. 1, 273 sqq.*

1. KAPITEL: DER KLEINESEL

Wer über Kleinvieh sprechen will, mein lieber Publius Silvinus,
wird mit dem kleinen, aus arkadischer Zucht stammenden, hierzu-
lande geläufigen und wohlfeilen Esel[1] beginnen; denn auf ihn fordern die meisten landwirtschaftlichen Fachschriftsteller bei Einkauf und Haltung der Haustiere besondere Sorgfalt zu verwenden. Und nicht zu Unrecht; denn er kann selbst auf einem Besitz, der keine Weide enthält, durchgebracht werden, da er mit
jeder beliebigen, noch so dürftigen Nahrung zufrieden ist; frißt er
doch stachelige Blätter und Dornenpflanzen oder auch einen Bund
Stroh, den man ihm vorsetzt; ja, von Stroh, das es fast überall in
großen Mengen gibt, wird er geradezu feist. Ferner hält er die
Grobheit und Nachlässigkeit eines dummen Hirten aufs trefflich-
ste aus, ist unempfindlich gegen Schläge und Entbehrungen und
versagt deshalb lange nicht so schnell wie irgendein anderes Ar-
beitstier. Denn weil er Arbeit und Hunger vorzüglich erträgt,
wird er auch selten von Krankheiten befallen. Der bescheidenen
Wartung dieses Tieres steht ein Übermaß an zahlreichen und un-
entbehrlichen Leistungen gegenüber: er reißt lockeren Boden, wie
er in der Baetica und in ganz Libyen vorkommt, mit einem leichten
Pflug auf und zieht nicht ganz leichte Wagen; *„oft lädt"* (um mit

> ... *tardi costas agitator aselli*
> *vilibus aut onerat pomis lapidemque revertens*
> 20   *incussum aut atrae massam picis urbe reportat.*
>
> (*Verg.. Georg. 1. 273 ss.*)

iam vero molarum et conficiendi frumenti paene sollemnis
est huius pecoris labor. quare omne rus tamquam maxime
necessarium instrumentum desiderat asellum, qui, ut dixi,
pleraque utensilia et vehere in urbem et reportare collo
25 vel dorso commode potest. qualis autem species eius vel
cura probatissima sit, superiore libro, cum de pretioso prae-
ciperetur, satis dictum est.

DE OVIBUS EMENDIS TUENDISQUE   2

Post huius quadripedis ovilli pecoris secunda ratio est,   1
quae prima fit, si ad utilitatis magnitudinem referas. nam
id praecipue nos contra violentiam frigoris protegit corpori-
busque nostris liberaliora praebet velamina, tum etiam ca-
5 sei lactisque abundantia non solum agrestis saturat, sed
etiam elegantium mensas iucundis et numerosis dapibus
exornat; quibusdam vero nationibus frumenti expertibus   2
victum commodat, ex quo Nomadum Getarumque plurimi
γαλακτοπόται dicuntur. igitur id pecus, quamvis mollissi-

---

19 reuertent S¹A¹   **21** solemnis (*vel* -nnis) **R**   **22** pecorum SA¹
23 desidat A   **24** uehere γκ e uere **SAR**
27 *post* est *tit.* DE OUIBUS EMENDIS TUENDISQUE **Sd** *sim. litt. min.*
(*partim in marg.*) **R** *pauci om.* **AR** *plerique*

1 huius S *om.* **AR**   ouilli **R** ouilli **SA**
4 uelamina tum/uelaminatur **A**
8 getarumque S cetarumque **A** ceterarumque **R**
9 ΓΑΑΚΤΟΠωΤΑΙ **S**   ΤααΚΟΠωΤαΙ **A** *om. v. sp. re.* **R** *sed partim*
postea suppl.; deinceps Galactopote (*corr. ex* Galat- **S**) **SA** (*vel sim.*) **R**
9 s. mollissimum/nobilissimum γκ

dem großen Dichter zu sprechen)

> "*der Treiber dem störrischen Esel*
> *Öl und billiges Obst auf die Rippen und bringt den beschliffnen*
> *Mahlstein nach Haus oder auch von schwarzem Pech einen Klum-*
> *pen.*"

In den Mühlen aber und beim Dreschen ist die Leistung dieses Tieres unersetzlich. Deshalb fordert jeder Landbesitz als notwendiges Inventar den Kleinesel, der, wie gesagt, die meisten Gebrauchsartikel auf dem Rücken oder Hals in die Stadt bringen oder nach Hause tragen kann. Welches Aussehen und welche Behandlung den meisten Vorzug verdienen, ist im vorigen Buch, wo über den edlen Esel[3] gehandelt worden ist, ausreichend dargestellt.

2. KAPITEL: KAUF UND WARTUNG DER SCHAFE

Nach diesem Vierfüßler gebührt der zweite Platz den Schafen, der erste allerdings, wenn man nach der Größe des Nutzens vorgeht. Denn diese Tiergattung schützt uns in erster Linie gegen die Unbilden des Frostes und verschafft unserem Leib reichlichere Hüllen; ferner sättigt sie mit ihrem Überfluß an Käse und Milch nicht nur die Bauern, sondern bereichert auch die Tafeln der anspruchsvollen Leute mit wohlschmeckenden und vielfältigen Gerichten; manchen Völkern, die das Getreide nicht kennen, ermöglicht sie sogar das Leben, weshalb man die meisten Nomaden und die Geten ‚Milchtrinker' nennt. Nun ist dieses Tier nach dem

10 mum sit, ut ait prudentissime Celsus, valetudinis tutissi-
mae est minimeque pestilentia laborat. verum tamen eli-
gendum est ad naturam loci, quod semper observari non
solum in hoc, sed etiam in tota ruris disciplina Vergilius
praecipit, cum ait:

15   *nec vero terrae ferre omnes omnia possunt.*

                                        (Verg., Georg. 2. 109)

pinguis et campestris situs proceras ovis tolerat, gracilis et   3
collinus quadratas, silvestris et montosus exiguas. pratis
planisque novalibus tectum pecus commodissime pascitur,
idque non solum generibus, sed etiam coloribus plurimum
20 refert. generis eximii Calabras Apulasque et Milesias nostri
existimabant earumque optimas Tarentinas. nunc Gallicae
pretiosiores habentur earumque praecipue Altinates, item
quae circa Parmam et Mutinam Macris stabulantur Campis.
color albus cum sit optimus, tum etiam est utilissimus,   4
25 quod ex hoc plurimi fiunt neque hic ex alio. sunt etiam
suapte natura pretio commendabiles pullus atque fuscus,
quos praebet in Italia Pollentia, in Baetica Corduba nec
minus Asia rutilos, quos vocant ἐρυθραίους. sed et alias
varietates in hoc pecudis genere docuit usus exprimere.
30 Nam cum in municipium Gaditanum ex vicino Africae miri
coloris silvestres ac feri arietes sicut aliae bestiae munera-
riis deportarentur, Marcus Columella, patruus meus, acris
vir ingenii atque inlustris agricola, quosdam mercatus in
agros transtulit et mansuefactos tectis ovibus admisit. eae   5
35 primum hirtos, sed paterni coloris agnos ediderunt, qui
deinde et ipsi Tarentinis ovibus inpositi tenuioris velleris

---

11 pestilentia Sγ pestilenti(a)e **AR**   **13** etiam *om.* γκ
Vergilius: *Ge. 2, 109*   **20** milesias γ miles **SAR**
26 commendabiles γ commendabilis **SAR**   **28** rutilos A²R lutilos SA¹
uocant **a** uocat **SAR**   ΕΡΥΘΡΑΙωϹ **SA** *om. sp. v. rel.* **R** *sed part.*
postea suppl., deinde Erythraeos (-ytr- S) **SA** *varie mut.* **R**
29 uaritates S   **33** ingenii SR ingeni A   **35** hirtos *ed. Ald.* ortos **SAR**
36 ouibus/obibis A¹ opibus S²   tenuiris S¹A¹

sachkundigen Urteil des Celsus zwar sehr zart, aber von äußerst
zuverlässiger Gesundheit und in sehr geringem Maß von Krankheiten heimgesucht. Trotzdem soll man es zur Natur der Gegend
passend aussuchen, ein Grundsatz, dessen Einhaltung Vergil nicht
nur für diesen Fall, sondern für die gesamte Landwirtschaft fordert, wenn er sagt: *„Es kann nicht jeder Boden alles tragen"*[4].
Eine fette Flachlandschaft ernährt hochgewachsene Rassen, Hü-
gelland und lockerer Boden untersetzte, Wald- und Bergland kleine Arten; auf Wiesen und neugepflügten Feldern hält man am vorteilhaftesten „bekleidete" Tiere[5], und das ist nicht nur hinsichtlich der Arten, sondern auch der Farben von großer Bedeutung.
Unsere Bauern hielten für besonders gute Rassen die kalabrische,
apulische und milesische, unter ihnen an erster Stelle die Tarentiner. Jetzt gelten die gallischen Schafe für wertvoller, vor allem
die von Altinum[6]; ebenso diejenigen, die rings um Parma und Mu-
tina auf den „Dürren Feldern"[7] stehen. Ist die weiße Farbe schon
die beste, so ist sie vor allem auch am brauchbarsten, weil sie in
die meisten anderen verwandelt werden kann, sie selbst aber aus
keiner anderen gewonnen wird. An und für sich empfehlen sich
durch ihren Wert aus Schwarzgraue und Schwarzbraune, wie sie
Pollentia in Italien, Corduba in der Baetica und Kleinasien mit
rötlicher Tönung bieten; man nennt diese Rotschafe (*erythraíoi*).
Die Erfahrung hat aber gelehrt, bei dieser Tiergattung auch andere
Farben zu erzielen. Da nämlich in die Stadt Gades aus den benachbarten Gegenden Afrikas wilde Widder von prächtiger Färbung
wie andere wilde Tiere für Gladiatorenspiele eingeführt wurden,
kaufte sich mein Onkel Marcus Columella, ein scharfsinniger
Mann und ausgezeichneter Landwirt, einige davon, brachte sie
auf die Felder und ließ sie, als sie zahm geworden waren, zu den
Stallschafen (als Besamer) zu. Diese warfen zunächst struppige
Lämmer, aber mit der Farbe der Vatertiere, und als diese mit tarentinischen Schafen gekreuzt wurden, erzeugten sie Widder mit

arietes progeneraverunt. ex his rursus quicquid conceptum
est, maternam mollitiem, paternum et avitum rettulit colorem. hoc modo Columella dicebat qualemcumque speciem,
40 quae fuerit in bestiis, per nepotum gradus mitigata feritate
reddi. set ad propositum revertar.

DE ARIETIBUS ELIGENDIS

Ergo duo genera sunt ovilli pecoris, molle et hirsutum,   6
sed in utroque vel emendo ⟨vel tuendo⟩ plura communia,
quaedam tamen sunt propria generosi, quae observari con-
45 veniat. communia in emendis gregibus fere illa: si candor
lanae maxime placet, numquam nisi candidissimos mares
legeris, quoniam ex albo saepe fuscus editur partus, ery-
thraeo vel pullo numquam generatur albus.

Itaque non solum ea ratio est probandi arietis, si vellere   3
candido vestitur, sed etiam si palatum atque lingua conco-   1
lor lanae est; nam cum eae corporis partes nigrae aut macu-
losae sunt, pulla vel etiam varia nascitur proles, idque inter
5 cetera eximie talibus numeris significavit idem qui supra:

> illum autem, quamvis aries sit candidus ipse,
> nigra subest udo tantum cui lingua palato
> reice, ne maculis infuscet vellera pullis
> nascentum.

> (Verg., Georg. 3, 387 ss.)

40 fuerit γ fuerint **SAR**
41 reddi sed **S**[2] reddis & **S**[1] reddisset **A** redisse (*vel* -iisse *vel* -isset *sim.*) **R**
tit. IIII (*om.* **A**) DE ARIETIBUS ELIGENDIS **SA** (*sic vel sim. part.*
in marg. litt. min.) **R** *aliquot*   42 ouili **SA**
43 vel tuendo *add. Lundstr. om.* **SAR**   46 nisi **S** *om.* **AR**   47 parthus **S**

2 s. concollor **SA**[1]   3 aut/atque γκ   5 numeris γ numeri **SAR**
idem : *Verg. Ge. 3, 387 sqq.*   6 ipse **S**γ ipsa **AR**
9 nascentum γ nascentium **SAR**

weicherem Fell. Deren Nachkommen wiesen die Weichheit ihrer
Mütter und die Farbe ihrer Väter und Großväter auf. Columella
behauptete, auf diese Weise könne jedes beliebige Aussehen, das
die wilden Tiere besessen haben, nach stufenweise erfolgter Mil-
derung der Wildheit über die Enkel gezüchtet werden. Doch ich
will zu meinem Vorhaben zurückkehren.

ÜBER DIE AUSWAHL DER WIDDER

Es gibt sonach zwei Schaftypen, einen weichen und einen struppigen; doch muß man beim Einkauf und der Wartung beider vie-
les beiden Gemeinsame, manches auch, was nur für die edlere
Sorte gilt, beachten. Einheitlich gilt beim Herdenkauf etwa folgendes: Wenn man vor allem weiße Schafe zu haben wünscht, so
soll man nur Widder von reinstem Weiß auswählen, weil zwar
von weißen Tieren oft dunkle abstammen, von rötlichen oder
schwarzgrauen dagegen niemals weiße.

3. KAPITEL

Nun ist es bei der Körung des Widders nicht nur entscheidend,
ob er von einem weißen Fell bekleidet ist, sondern auch, ob der
Gaumen und die Zunge die gleiche Farbe wie das Fell aufweisen;
denn wenn diese Teile am Körper schwarz oder gefleckt sind, gibt
es schwärzlichen oder scheckigen Nachwuchs, und dies hat schon
der oben zitierte Dichter in folgenden trefflichen Versen festgestellt:

Doch einen Widder, wie weiß er auch sei, dem schwärzlich die
Zunge
unter dem feuchten Gaumen sich birgt, den weise von hinnen,
daß er das Fell seiner Zucht nicht färbe mit dunklem Ge-
sprenkel[8]).

10 una eadem ratio est in erythraeis et nigris arietibus, quo-   2
    rum similiter, ut iam dixi, neutra pars esse debet discolor
    lanae multoque minus ipsa universitas tergoris maculis va-
    riet. ideo nisi lanatas oves emi non oportet, quo melius uni-
    tas coloris adpareat, quae nisi praecipua est in arietibus,
15 paternae notae plerumque natis inhaerent.

        Habitus autem maxime probatur, cum est altus atque   3
    procerus, ventre promisso atque lanato, cauda longissima
    densique velleris, fronte lata, testibus amplis, intortis cor-
    nibus, non quia magis hic sit utilis – nam est melior mutilus
20 aries – sed quia minime nocent intorta potius quam subrec-
    ta et patula cornua. quibusdam tamen regionibus, ubi caeli
    status uvidus ventosusque est, capros et arietes optaveri-
    mus vel amplissimis cornibus, quae tam ⟨quam as⟩pero
    saepto altoque maximam partem a tempestate defendant,   4
25 itaque si plerumque est atrocior hiems, hoc genus eligemus,
    si clementior, mutilum probabimus marem, quoniam est
    illud incommodum in cornuto, quod cum sentiat se velut
    quodam naturali telo capitis armatum, frequenter in pug-
    nam procurrit et fit in feminas quoque procacior, nam
30 rivalem, quamvis solus admissurae non sufficit, violen-
    tissime persequitur nec ab alio tempestive patitur iniri
    gregem, nisi cum est fatigatus libidine, mutilus autem, cum   5
    se tamquam exarmatum intellegat, nec ad rixam promptus

12 mutoque **A**
14 adpareat **S** appareat **AR**   **15** inherent γ inheret **SAR**
     §§ 3–4 usus est Pall. 8, 4, 2   **18** fronte **S**γ *Pall.* in fronte **AR**
19 quia **S**γ qui **AR**   **21** quibusdam **S** quibus **AR**
23 ⟨quam as⟩pero saepto altoque *temptavi* tam profecto altoque **SAR**
     male tam porrecta altaque **t**   **24** defendant γ defendat **SAR**
25 plerumque/plerum **SAR** *aliquot*   hiems γψ hiemis **SAR** *aliquot*
28 naturali telo **S** naturate loco **A** naturae loco **R**
29 procacior γ procatior **SAR**   **31** patitur tempestiuum γ
     patitur inire (iniri s²tü) gregem **R** patituri nigrae gem **S** patiturinigregê **A**
32 libidinem **A**   **33** intelligat **R**

Dasselbe gilt für die rötlichen und schwarzen Widder, bei denen
keine der genannten Stellen anders gefärbt sein darf als die Wolle
und noch viel weniger der ganze Rücken Flecken zeigen darf. Deshalb soll man Schafe nur in der Wolle kaufen, damit die Einheit-
lichkeit der Farbe voll in Erscheinung tritt; denn wenn sie vor
allem bei den Widdern nicht gegeben ist, haften dem Nachwuchs
meist Vatermerkmale an.

Die äußere Erscheinung befriedigt am meisten dann, wenn die
Gestalt hochgewachsen und stattlich ist, der Bauch hervortretend
und wollig, der Schwanz sehr lang und dicht behaart, die Stirn
breit, die Hoden groß, die Hörner gewunden, nicht etwa weil er
dann besser wäre – denn am besten sind die ungehörnten Widder –, sondern weil gewundene Hörner weniger Schaden anrichten als vorwärts- oder seitwärtsgerichtete. In manchen Gegenden jedoch, die ein feuchtes und stürmisches Klima haben,
schätzt man eher Böcke und Widder mit großem Gehörn, das wie
ein rauher, hochragender Zaun[9)] den größten Teil des Kopfes vor
dem Unwetter schützt. Deshalb wird man, wenn der Winter im allgemeinen recht grimmig ist, diese Art wählen, wenn er dagegen
ziemlich mild ist, einen ungehörnten Widder, weil der gehörnte
den Nachteil hat, daß er im Bewußtsein seiner naturgegebenen
Waffe auf dem Haupt häufig den Kampf sucht und auch gegen die
Weibchen allzu frech wird. Denn obgleich er allein zum Decken
(der Herde) nicht ausreicht, verfolgt er doch einen Rivalen aufs
erbittertste und läßt zunächst die Schafherde von keinem anderen
bespringen, solange er nicht vom Liebesgeschäft ermattet ist. Der
ungehörnte aber, der sich gewissermaßen entwaffnet fühlt, ist deshalb nicht zum Streit aufgelegt und auch in der Liebe sanfter. Des-

et est in venere mitior, itaque capri vel arietis petulci saevi-
35 tiam pastores hae astutia repellunt: mensurae pedalis ro-
bustam tabulam configunt aculeis et adversam fronti cornibus religant; ea res ferum prohibet a rixa, quoniam stimula-
tum suo ictu ipsum se sauciat. Epicharmus autem Syracu-   6
sanus, qui pecudum medicinas diligentissime conscripsit,
40 adfirmat pugnacem arietem mitigari terebra secundum
auriculas foratis cornibus, qua curvantur in flexum.

Eius quadripedis aetas ad progenerandum optima est
trima, nec tamen inhabilis usque in annos octo. femina
post bimatum maritari debet iuvenisque habetur quin-
45 quennis; fatiscit post annum septimum. igitur, ut dixi,   7
mercaberis ovis intonsas, variam et canam [conamque] in-
probabis, quod sit incerti coloris. maiorem trima, dente
minacem, sterilem repudiabis. eliges bimam vasti corporis,
cervice prolixi villi nec asperi, lanosi et ampli uteri; nam
50 vitandus est glaber et exiguus.

Atque haec fere communia sunt in conparandis ovibus,   8
illa etiam tuendis: humilia facere stabula, sed in longitudinem potius quam in latitudinem porrecta, ut simul et hieme
calida sint nec angustiae fetus oblidant. ea poni debent
55 contra medium diem, namque id pecus, quamvis ex omnibus animalibus sit vestitissimum, frigoris tamen inpatientis-

34 uenerem γκ *haud scio an recte*
arietis γ arietes **SAR**   37 prohibet a **R** prohibita **SA**
quoniam/cum **R**   41 cornibus a *in ras.* **S**   42 quadrupedis **R**
44 uimatum **S¹A¹**   46 mercaberis *ed. pr.* mercaueris **S** mercaris **AR**
intonsas **Sγ** intonsis **AR**   uaria et cana γ
conamque **SAR** *del. Lundstr., v. l. esse vid. pro* et canam; calvamque
olim temptavi, sed. v. Ashworth, CR 1959, 102 variam canamque *Schn.*
46 s. improbabilis ψ   47 trima aü² trime **SAR**
dente *ed. pr.* dentem **SAR**   49 ceruice tü² cerui et **SAR**
52 sed in *codd. edd. expectes* nec in
53 porrecta γ porrectā **S** profectam **AR**   54 oblidant γ obligant **SAR**
56 sit **S** *om.* **AR**   uestistissimū **A¹**

halb dämpfen die Hirten die Leidenschaft eines übermütigen Bokkes oder Widders durch folgende List: Sie schlagen Nägel in ein
etwa fußgroßes Brett und binden ihm dieses vor die Stirn; das
hindert das Tier am Streit, weil es sich durch seine eigenen Stöße
verletzt. Epicharm von Syrakus[10], der ein äußerst gründliches Veterinärbuch verfaßt hat, versichert, man sänftige einen zänkischen
Widder dadurch, daß man die Hörner mit einem Bohrer neben den
Ohren durchbohre, wo sie zur Biegung ansetzen.

Bei dieser Tiergattung ist das beste Alter für die Zeugung das
von 3 Jahren, doch ist es bis zu 8 Jahren dafür brauchbar. Das
weibliche Schaf muß mit 2 Jahren gepaart werden und gilt noch
mit 5 Jahren als zuchtfähig. Nach dem 7. Jahr wird es unfruchtbar. Man wird also, wie gesagt, ungeschorene Schafe kaufen, ein
scheckiges und graues ablehnen, weil man sich auf seine Farbe
nicht verlassen kann. Mehr als dreijährige, solche mit hervorstehendem Zahn und sterile wird man zurückweisen. Das Schaf wählt
man zweijährig, mit großem Körper, einem Nacken mit hangenden und weichen Zotten und dickwolligem und geräumigem Leib;
denn einen kahlen und schmächtigen Bauch soll man meiden.

Dies etwa sind die allgemeinen Vorschriften für den Kauf von
Schafen; folgendes gilt für ihre Wartung: Die Ställe legt man
niedrig an, dagegen mehr der Länge als der Breite nach geräumig,
damit sie im Winter warm sind und nicht so eng, daß die Lämmer
sich stoßen. Man muß sie mit Blickrichtung nach Süden anlegen,
denn obgleich diese Tiergattung unter allen das dichteste Kleid
besitzt, ist sie doch am empfindlichsten gegen Kälte und gleicher-

simum est nec minus aestivi vaporis. itaque chors clausa
sublimi macerie praeponi vestibulo debet, ut sit in eam
tutus exitus aestuanti, deturque opera, ne quis umor consi-
60 stat, ut semper quam aridissimis filicibus vel culmis stabula
constrata sint, quo purius et mollius incubent fetae, sintque
illa mundissima, neque earum valitudo, quae praecipue
custodienda est, infestetur uligine. omni autem pecudi larga   9
praebenda sunt alimenta, nam vel exiguus numerus, cum
65 pabulo satiatur, plus domino reddit quam maximus grex,
si sensit penuriam. sequeris autem novalia non solum her-
bida, sed quae plerumque vidua sunt spinis; utamur enim
saepius auctoritate divini carminis:

> *si tibi lanitium curae est, primum aspera silva*
70   *lappaeque tribolique absint.*

>   *(Verg. Georg. 3, 384 s.)*

quoniam ea res, ut ait idem, scabros ovis reddit,   10

> *. . . cum tonsis inlutus adhaesit*
> *sudor et hirsuti secuerunt corpora vepres,*

>   *(Verg. Georg. 3, 443 s.)*

tum etiam cotidie minuitur fructus lanae, quae quanto pro-
75 lixior in pecore concrescit, tanto magis abnoxia est rubis,
quibus velut hamis inuncata pascentium tergoribus avelli-
tur, molle vero pecus etiam velamen, quo protegitur, amittit, atque id non parvo sumptu reparatur.

---

58 chors **SA**[1] cohors **A**[2]**R**
59 aestuanti *scripsi* estu *in ras.* **S** aestuandi **A** (*vel* estiuandi) **R**
humor **R**   **60** filicibus **S**κ|tü felicibus **AR**   **61** purius γ plurius **SAR**
incumbent **AR** *aliquot*
61 **s.** sintque illa *Gesn.* sint quola **SAR** sint colla γψ   **63** omnia **S**
pecori γκ   **66** sentit γκ   **67** utamur **R** utam **S**[1]**A** utar **S**[2]
enim/ergo γκ   **67** carminis : *Verg. Ge. 3, 384 sq.*
69 cur(a)e **küö**[2] *Verg.* cura **SAR**   est *om.* **üä** *Verg.*   **70** tribulique **R**
apsint **S**[1]**A**   **71** scabras γ   idem *Verg. Ge. 3, 443 sqq.*
74 fructus **S** *om.* **AR**   lane **SA** lana **R**   **75** obnoxia **S**γ obnoxium **AR**
76 inuncata **S**[2]**tü**[2] inunccata **S**[1] i nunc cata **A** inuncat a **R**
77 **s.** amittit αγ admittit **SAR**

maßen gegen sommerliche Schwüle. Deshalb legt man vor den Eingang einen mit einer hohen Lehmmauer umschlossenen Vorhof, damit ein dampfendes Tier einen geschützten Ausgang in ihn findet, und damit in den Ställen keinerlei Feuchtigkeit ansteht, achte man darauf, daß sie stets mit möglichst trockenen Farnkräutern oder Strohhalmen ausgestreut sind, so daß die Lämmer rein und weich liegen; außerdem müssen die Ställe völlig sauber sein, und die Gesundheit der Lämmer, auf die man sehr genau achten muß, darf nicht durch Bodenfeuchtigkeit gefährdet werden. Allen Tieren muß man reichlich Futter geben, denn selbst eine geringe Anzahl liefert, wenn sie kräftig ernährt ist, ihrem Besitzer mehr als die größte Herde, wenn sie Hunger leidet. Man wird sich nicht nur um dicht bewachsene, sondern auch möglichst dornenfreie Weiden bemühen; ab und zu wollen wir uns ja an die Autorität des göttlichen Gedichtes halten, wo es heißt:

„Bist du auf Wolle bedacht, so meide vor allem das Dickicht, Kletten und Dornengestrüpp"[11];

denn das macht, wie derselbe Dichter sagt, die Schafe räudig,

„wenn nach der Schur unabgewaschen an ihnen Schweiß klebt und ihre Leiber von struppigen Dornen zerkratzt sind,"[12]

dann mindert sich auch von Tag zu Tag der Ertrag an Wolle; je dichter sie den Schafen wächst, um so empfindlicher ist sie gegen Dornen, durch die sie, wie mit Haken verheddert, vom Rücken der weidenden Tiere gerissen wird; ja zarte Tiere verlieren sogar die schützende Haut, und dieser Schaden läßt sich nur mit beträchtlichem Aufwand beheben.

De admissurae temporibus inter auctores fere constitit, 11
80 primum esse vernum Parilibus, si sit ovis matura, sin vero
feta, circa Iulium mensem; prius tamen haut dubie probabilius, ut messem vindemia, fructum deinde vineaticum fetura pecoris excipiat et totius autumni pabulo satiatus agnus
ante maestitiam frigorum atque hiemis ieiunium confirme-
85 tur. nam melior est autumnalis verno, sicut ait verissime
Celsus, quia magis ad rem pertinet, ut ante aestivum quam
hibernum solstitium convalescat, solusque ex omnibus animalibus bruma commode nascitur. Ac si res exigit, ut pluri- 12
mi mares progenerandi sint, Aristoteles vir callidissimus
90 rerum naturae praecipit admissurae tempore observare siccis diebus halitus septentrionales, ut contra ventum gregem
pascamus et eum spectans admittatur pecus, at si feminae
generandae erunt, austrinos flatus captare, ut eadem ratione matrices ineantur. nam illud, quod priore libro docu-
95 imus, ut admissarii dexter vel etiam sinister vinculo testicu-
lus obligetur, in magnis gregibus operosum est.

Post feturam deinde longinquae regionis upilio vilicus 13
fere omnem subolem pastioni reservat, suburbanae teneros
agnos, dum adhuc herbae sunt expertes, lanio tradit, quon-
100 iam et parvo sumptu devehuntur et his submotis fructus
lactis ex matribus non minor percipitur. submitti tamen
etiam in vicinia urbis quintum quemque oportebit, nam

79 V (om. **AR**) DE ADMISSURAE TEMPORIBUS maiusc. S min. **A** in
marg. **R** pauci om. ceteri   ad §§ 11,12 cf. Pall. 8,4,4
80 parilibus S paribus **AR**   matura **Stü** mature **AR**
sin uero ed. pr. sincera S **AR**   **81** haud **R**
81 s. probabilius t² ed. pr. probabilis S **AR**   **82** messem ckü mensem S **AR**
uindemia t² uindemiam S **AR**   **84** frigore **A¹**   **86** quia S qui **AR**
89 Aristotelis S   **90** precipit γ   **91** ut (ante contra) ntüx¹ et S **AR**
92 at S²**R** ac S¹ ad **A**   **93** erunt S **A** sunt **R**   eandem ψ
93 s. ratione γκ rationem S **AR**   **95** s. testiculis **A¹**   **97** opilio **R**
98 sobolem S²**R**   pastioni S pastione **AR**
post reservat interpunxi, post suburbanae edd.   **99** expartes **A¹**
101 minor **R** mino **A** om. S   **102** quintùquèque S quincunq: **AR**

Über die Zeiten der Begattung herrscht unter den Fachleuten
annähernde Einmütigkeit; die erste ist im Frühling an den Pali-
lien[13], wenn das Schaf begattungsfähig ist; wenn es erst geworfen
hat, dann etwa im Juli. Trotzdem ist der frühere Zeitpunkt ohne
Zweifel besser, damit das Junge im Herbst noch die Ernte, dann
auch den Ertrag der Weinlese mitbekommt und mit dem Futter des
gesamten Herbstes gemästet noch vor der traurigen Frostzeit und
dem futterarmen Winter zu Kräften kommt. Überhaupt ist ein
Herbstlamm besser als ein Frühlingslamm[14], wie Celsus ganz richtig sagt, weil es wertvoller ist, vor der Sommersonnenwende heran-
zuwachsen als vor der Wintersonnenwende; und das Schaf ist das
einzige Tier, bei dem es ohne weiteres möglich ist, daß es noch
im Winter geworfen wird. – Ist es erforderlich, daß möglichst
viele männliche Lämmer geboren werden, so schreibt der in natur-
kundlichen Fragen höchst beschlagene Aristoteles vor, zur Begattungszeit an trockenen Tagen auf nördliche Windströmungen zu
achten derart, daß man die Herde gegen den Wind über die Weide
treibt und die Widder mit Blickrichtung nach Norden zum Sprung
kommen; wenn aber Weibchen erzeugt werden sollen, solle man
Südwinde wahrnehmen, derart, daß die Mutterschafe auf entsprechende Weise besprungen werden[15]. Denn die im vorigen
Buch beschriebene Methode, den rechten, bzw. linken Hoden ab-
zubinden[16], ist bei großen Herden zu umständlich.

Nach der Geburt der Lämmer reserviert der Oberhirte in einer
stadtfernen Gegend im allgemeinen den ganzen Nachwuchs für die
Aufzucht; in Stadtnähe übergibt er die zarten Lämmer, noch ehe
sie Grünfutter gefressen haben, dem Metzger, weil sie sich einerseits ohne große Kosten wegbringen lassen und weil zum andern
nach ihrer Beseitigung von den Muttertieren eine unverringerte
Menge Milch gewonnen werden kann. Doch empfiehlt es sich auch
in der Nähe der Stadt, wenigstens jedes 5. Lamm aufwachsen zu

vernaculum pecus peregrino longe est utilius, nec commit- 14
ti debet, ut totus grex effetus senectute dominum desti-
105 tuat, cum praesertim boni pastoris vel prima cura sit annis
omnibus in demortuarum vitiosarumque ovium locum totidem vel etiam plura capita substituere, quoniam saepe
frigorum atque hiemis saevitia pastorem decipit et eas ovis
interemit, quas ille tempore autumni ratus adhuc esse tole-
110 rabiles non submoverat, quo magis etiam propter hos casus 15
nisi quae validissima non conprendatur hiemi, novaque
progenie repleatur numerus. quod qui faciet, servare debebit, ne minori quadrimae neve ei, quae excessit annos octo,
prolem submittat. neutra enim aetas ad educandum est ido-
115 nea, tum etiam quod ex vetere materia nascitur, plerumque
congeneratum parentis senium refert, nam vel sterile vel
inbecillum est. partus vero incientis pecoris non secus quam 16
obstetricum more custodiri debet, neque enim aliter hoc
animal quam muliebris sexus enititur saepiusque etiam,
120 quando est omnis rationis ignarum, laborat in partu. quare
veterinariae medicinae prudens esse debet pecoris magister, ut si res exigat vel integrum conceptum, cum trans-
versus haeret locis genitalibus, extrahat vel ferro divisum
citra matris perniciem partibus educat, quod Graeci vocant

104 ut S *om.* AR   effetus/effectus Aψ effectu S
106 in demortuarum γ inde mortuarum SAR   108 frigorē A   pastore A
decipit SAR *malim* decepit
eas ouis *Ald.* exe ouis S ex eo uis γ ex eo uix AR   109 interimit γ
esse S²αγ essem S¹AR
111 ualidissima non I ualidissimo non (anon A amo R) SAR
113 quatrimae SA¹   114 neutra Sαγ ne ultra AR
116 parentis senium S² parentis se nimium S¹A (nimium *partim om.*) R
117 incientis *Ursinus* incipientis SAR   120 quando *scripsi* quanto SAR
121 ueterinariae/uerinarie S¹   124 partibus/partum γ partes κ
educat Sψt ducat AR

lassen; denn im Haus geborene Tiere sind weit wertvoller als
fremde, und man darf es nicht dahin kommen lassen, daß der Besitzer die gesamte Herde durch Überalterung einbüßt, zumal es
die vordringlichste Sorge eines guten Hirten ist, jedes Jahr die
eingegangenen und erkrankten Tiere durch ebenso viele oder
noch mehr Stücke zu ersetzen; denn oft bringt ein strenger Frost
oder Winter dem Hirten eine unangenehme Überraschung und
rafft Schafe hinweg, die er im Herbst noch für angängig gehalten
und nicht ausgeschieden hatte. Um so mehr soll man gerade wegen
solcher Zwischenfälle nur die kräftigsten Tiere zur Überwinterung
bestimmen und die Stückzahl durch jungen Nachwuchs auffüllen.
Wer das tun will, muß darauf achten, daß er keinem weniger als
vierjährigen und keinem mehr als achtjährigen Schaf Lämmer
unter das Euter setzt; jenseits beider Altersstufen eignen sie sich
weniger zur Zucht; darüber hinaus verrät, was aus altem Stoff geschaffen ist, gewöhnlich die vom Erzeuger mitgegebene Alters-
schwäche; denn es ist entweder unfruchtbar oder ohne Lebens-
kraft. Die Niederkunft eines trächtigen Schafes muß man wie eine
Hebamme überwachen; denn dieses Tier bringt seine Jungen nicht
anders zur Welt als eine Frau, ja es leidet oft noch mehr an der
Geburt, weil es keine Vernunft besitzt. Deswegen muß sich der
Schafhirt auf die Tierheilkunde verstehen, damit er erforderlichen-
falls die Leibesfrucht bei Querlage entweder unversehrt aus dem
Mutterleib ziehen oder zerschneiden und so aus dem Uterus her-
ausholen kann, ohne das Muttertier zu opfern (die Griechen nen-

125 ἐμβρυουλκεῖν. Agnus autem, cum est editus, erigi debet 17
    atque uberibus admoveri, tum eius diductum os pressis
    umectare papillis, ut condiscat maternum trahere alimen-
    tum. sed prius quam hoc fiat, exiguum lactis emulgendum
    est, quod pastores colostram vocant; ea nisi aliquatenus
130 emittitur, nocet agno; qui primo biduo, quo natus est, cum
    matre claudatur, ut e‹a fovea›t partum suum. mox deinde, 18
    quamdiu non lascivit, obscuro et calido septo custodiatur;
    postea luxuriantem virgea cum conparibus hara claudi
    oportebit, ne velut puerili nimia exultatione macescat, ca-
135 vendumque est, ut tenerior separetur a validioribus, quia
    robustus angit inbecillium. satisque est mane, prius quam 19
    grex procedit in pascua, deinde etiam crepusculo redeunti-
    bus saturis ovibus admiscere agnos. qui cum firmi esse
    coeperunt, pascendi sunt intra stabulum cytiso vel Medica,
140 tum etiam furfuribus aut, si permittit annona, farina hordei
    vel ervi. deinde ubi convaluerint, circa meridiem pratis aut
    novalibus villae continuis matres admovendae sunt et a
    septo mittendi agni, ut condiscant foris pasci.

125 ΕμΒΡΥΟΥΑΚΕΙΝ S *om. sp. v. rel.* **AR** *postea suppl. varie mutil.* **R**
aliquot   §§ *17–25 usus est Pall. 12,13,1, sqq.*
     editus/aditus S¹A¹   **126** tum Sγ cum **AR**   diductum S deductum **AR**
127 humectare **R**   **128** lactis S *om.* **AR**
     emulgendum stü²ö emulgendus **SAR**   **129** colostram/colastram S
130 primo biduo *Heinsius, Gesn.* mobiduo S² mouiduo S¹A *varie mutil.* **R**
     (primo per biduum *Pall.*)   est btü²z *om.* **SAR**
131 ea foveat *Lundstr.* et **SAR** *fort. etiam plus excidit*
132 septo Sαγ septe **AR**   **133** hara *Lundstr.* area (ha- κ) **SAR**
135 a validioribus/abadlidioribus A   **136** rob; tus S
     satisque Sγ statimque **AR**
139 coeperunt *edd.* ceperunt **SA** ceperint **R** *plerique*
     cythiso **R** cythissom **A**   **139** s. medimedica tum S medicatum **R**
140 ordei **R**   **141** herui S   **142** naualibus **SA**   **142** s. a septo γ a se **SAR**
143 condiscat **SA**

nen das *embryoulkein*). Das neugeborene Lamm muß man auf-
richten und an das Futter der Mutter bringen, dann sein Maul
öffnen und durch Druck auf die Zitzen benetzen, damit es lernt,
die vom Muttertier gebotene Nahrung zu saugen. Zuvor aber soll
man ein wenig Milch ausmelken – die Hirten nennen es *colostra*
(etwa ,Milchpfropf`) –; wird nicht genug davon beseitigt, so scha-
det das dem Lamm. Dieses wird die ersten zwei Tage nach seiner
Geburt mit seiner Mutter zusammengesperrt, damit sie ihr Junges
warm hält. Danach hält man es, solange es noch nicht umhertollt,
in einem dunklen, warmen Stall; später, wenn es üppiger wird, soll
man es zusammen mit anderen gleichaltrigen Lämmern in ein Ru-
tengehege sperren, damit es nicht durch sein Übermaß an kindli-
cher Ausgelassenheit abmagert, und darauf achten, daß ein zarte-
res Lamm von stärkeren getrennt gehalten wird, weil das starke
Tier das schwächere ängstigt. Es genügt, morgens, ehe die Herde
auf die Weide geht, und in der Abenddämmerung, wenn die Schafe
satt zurückkehren, die Lämmer zu ihnen zu lassen. Sobald sie kräftig genug werden, füttert man sie innerhalb des Stalles mit Schnek-
kenklee oder Luzerne, dann auch mit Kleie oder, wenn es der Ge-
treidepreis erlaubt, mit Gersten- oder Ervenmehl. Wenn sie dann
die volle Stärke erreicht haben, holt man um Mittag die Mutterschafe auf die Wiesen oder Brachäcker neben dem Gehöft und entläßt die Lämmer aus der Umfriedung, damit sie sich an das Weiden im Freien gewöhnen.

De genere pabuli iam et ante diximus et nunc eorum, 20
145 quae omissa sunt, meminimus iucundissimas herbas esse,
quae aratro proscissis arvis nascantur, deinde quae pratis
uligine carentibus, palustris silvestrisque minime indoneas
haberi. nec tamen ulla sunt tam blanda pabula aut etiam
pascua, quorum gratia non exolescat usu continuo, nisi
150 pecudum fastidio pastor occurrerit praebito sale, quod velut aquae ac pabuli condimentum per aestatem canalibus
ligneis inpositum, cum e pastu redierint oves, lambunt
atque eo sapore cupidinem bibendi pascendique concipiunt. at contra penuriae hiemis succurritur obiectis intra 21
155 tectum per praesepia cibis, aluntur autem commodissime
repositis ulmeis vel ex fraxino frondibus vel autumnali faeno, quod cordum vocatur. nam id mollius et ob hoc iucun- 22
dius est quam maturum. cytiso quoque et sativa vicia
pulcherrime pascuntur, necessariae tamen, ubi cetera defe-
160 cerunt, etiam ex leguminibus paleae. nam per se hordeum
vel fresa cum faba cicercula sumptuosior est, quam ut suburbanis regionibus salubri pretio possit praeberi, sed sicubi vilitas permittit, haut dubie est optima.

De temporibus autem pascendi et ad aquam ducendi per 23
165 aestatem non aliter sentio quam ut prodidit Maro:

144 iam S² am S¹ an **AR**
et ante **ns** ut a. **SAR**   **148** aut etiam S ut e. **AR**
149 gratia **R** gratio S¹**A** ratio S²   **150** pastidio S¹**A**
151 s. uelut aqua ac *Lundstr.* uel atquae ac S uel atque ac **AR**
per/par S¹   **153** pascendique S γ pascendi **AR**
156 fraxino **rstz** fragino **SA** (*vel sim.*) **R**
158 cyt(h)iso **tü**² cytisu **Sü**¹ Crtissuû **A**¹ cyrhisum **R**   uicia **A** uitia **SR**
160 ordeum **A**γ   **162** precio *ed. pr.* potio **SAR**
162 s. sicubi uilitas **h** si cubilitas **SAR** si cupiditas γκ
163 permittit S mittit **AR**   haud **AR** aut S   dubie S dubium **AR**
164 ad aquam γ aquam **SAR**   **165** Maro: *Ge. 3. 324 sqq.*

Über die Art des Futters habe ich schon oben gesprochen;
jetzt erwähne ich noch, daß von den bisher nicht genannten Kräutern am angenehmsten diejenigen sind, die auf erstmals umge-
pflügten Äckern wachsen, nach ihnen die Kräuter von Wiesen
ohne Grundfeuchtigkeit, am wenigsten diejenigen in Sümpfen und
Wäldern als brauchbar gelten. Doch gibt es keine noch so wohlschmeckende Pflanze oder Weide, deren Beliebtheit nicht durch
ewig gleichbleibende Fütterung nachließe, wenn der Hirte nicht
der Abneigung der Tiere durch Verabreichung von Salz entgegen-
wirkt; man schüttet dieses gewissermaßen als Gewürz für das
Wasser und Futter den Sommer hindurch in hölzerne Rinnen;
wenn die Schafe von der Weide heimkehren, lecken sie daran
und gewinnen durch den Geschmack Lust am Trinken und Grasen. Umgekehrt begegnet man der Futternot des Winters dadurch, daß man Futter unter Dach in Raufen wirft, und zwar
ernährt man die Schafe am besten mit Ulmen- oder Eschenlaub,
das man gestapelt hat, oder mit Herbstheu, dem sog. Grummet;
denn das ist weicher und deshalb angenehmer als Frühjahrsheu.
Auch kann man sie sehr gut mit Schneckenklee und Saatwicken
füttern; zur Not geht aber auch das Stroh der Hülsenfrüchte,
wenn alles andere fehlt. Denn Gerste oder Bohnen- und Erbsen-
schrot für sich sind zu kostspielig, als daß man sie in stadt-
nahen Gegenden zu einem angemessenen Preis verfüttern könnte;
aber wenn sie billig genug sind, sind sie unzweifelhaft das beste
Futter.

Über die Zeiten, zu denen man die Tiere im Sommer auf die
Weide oder ans Wasser treibt, denke ich genau so, wie es
(Vergilius) Maro vorschreibt:

luciferi primo cum sidere frigida rura
carpamus, dum mane novum, dum gramina canent
et ros in tenera pecori gratissimus herba.
inde ubi quarta sitim caeli collegerit hora,
170   *ad puteos aut alta greges ad stagna*

(*Verg. Georg. 3, 324-327; 329*)

perducamus medioque sic, ut idem, ad vallem

sicubi magna Iovis antiquo robore quercus
ingentis tendit ramos aut sicubi nigrum
ilicibus crebris atra nemus accubat umbra.

(*Verg. Georg. 3, 332 ss.*)

175   rursus deinde iam mitigato vapore compellamus ad aquam 24
– etiam per aestatem id faciendum est – et iterum in
pabula producamus

solis ad occasum, cum frigidus aera vesper
temperat et saltus reficit iam roscida luna.

(*Verg. Georg. 3, 336 s.*)

180   sed observandum est sidus aestatis per emersum Caniculae,
ut ante meridiem grex in occidentem spectans agatur et in
eam partem progrediatur, post meridiem in orientem, siquidem plurimum refert, ne pascentium capita sint adversa
soli, qui plerumque nocet animalibus oriente praedicto si-
185   dere. hieme et vere matutinis temporibus intra septa conti- 25
neantur, dum dies arvis gelicidia detrahat. nam pruinosa
herba pecudi glandiginem creat ventremque proluit. quare

167 mane/mene **A**   noum S¹A
170 aut (*ante* alta) ö aut ad **S** ad **AR** atq; **γ**   **171** idem: *Verg. Ge. 3, 332 sqq.*
173 tendat *Verg.*   **174** crebri atra **AR** crebri satra S crebris sacra *Verg.*
accubat/accubet *Verg.*   **175** compellamur **R**
ad aquam **γ** aquam **SAR**   **176** s. in pabula St pabulo **AR**
178 solis *e.q.s.: Verg. Ge. 3, 336 sq.*   **179** saltus **γ** *Verg. om.* **SAR**
180 per emersum/peruersum **γ**   **183** s. sidera **A**   **184** hieme *et om.* **S¹**
185 s. contieantur S¹A¹   **186** *post* pruinosa *add.* is **A** (*vel* his) **R** his diebus **γ**
187 glandigine S glandiginem **A** glandinem *vel* grandinem *sim.* **R** granedinem
γ   uentē quae S¹A¹

„*Früh beim Aufgang der Sonne entlassen wir sie auf die kühle
Flur, solange noch jung der Tag, noch schimmernd das Gras ist
und auf dem zarten Bewuchs der Tau liegt, ein Labsal den
Tieren.
Doch wenn die vierte Stunde des Tags sie durstig gemacht hat,
führt man die Herden an Brunnen, vielleicht auch an tiefe
Gewässer,"*

und am Mittag, wie derselbe Dichter sagt, zu einer Schlucht,

„*dort, wo Jupiters Eichbaum, der alte, harte, gewaltig
reckt sein riesiges Astwerk, und dort, wo finsterer Wald von
Steineichenbäumen das Land mit schwarzen Schatten ver-
dunkelt*".[17]

Dann wieder, wenn die Schwüle schon gemildert ist, treiben wir
sie erneut ans Wasser – dies muß auch während des Sommers geschehen – und führen sie abermals ins Grünfutter hinaus,

„*wenn die Sonne sich senkt, wenn frisch der Abend die Lüfte
kühlt und der Mond mit Tau wieder kräftigt Wälder und
Auen*".[18]

Doch achte man um den Aufgang des Hundssterns[19] auf die
Sonne, derart daß die Herde am Vormittag nach Westen geführt
wird und in dieser Richtung grast, am Nachmittag jedoch nach
Osten; denn es kommt viel darauf an, daß die Köpfe der wei-
denden Tiere nicht der Sonne zugewandt sind, die zur Zeit des
Aufgangs des genannten Sternes den Tieren meistens schadet.
Im Winter und Frühjahr hält man sie in den Morgenstunden in-
nerhalb der Hürden, bis der Tag den Feldern den frostigen Nieder-
schlag genommen hat. Denn bereiftes Gras verursacht bei den
Tieren Mandelentzündung und Durchfall, weshalb man ihnen in

etiam frigidis umidisque temporibus anni semel die potestas
aquae facienda est.

190   Tum qui sequitur gregem circumspectus ac vigilans – id   26
quod omnibus et omnium quadripedum custodibus praecipitur – magna clementia moderetur idemque pronior
quam silens, et in agendis recipiendisque ovibus adclama-
tione ac baculo minetur nec umquam telum emittat in eas
195 neque ab his longius recedat nec aut recubet aut consi-
dat. nam nisi procedit, stare debet, quoniam quidem custodis officium sublimem celsissimamque oculorum veluti spe-
culam desiderat, ut neque tardiores gravidas, dum cunc-
tantur, neque agiles et fetas, dum procurrunt, separari a
200 ceteris sinat, ne fur aut bestia halucinantem pastorem decipiat. sed haec communia fere sunt in omni pecore ovillo;
nunc quae sunt generosi propria dicemus.

188 die *Ursinus* ei **SAR**
189 *post* est *tit.* VII (*om.* **AR**) DE OFFICIO PASTORIS **SA** (*litt. min. in marg.*) **R** *pauci*   **191** quadrupedem **R**   **192** idemque *ed. pr.* idem **SAR**
192 s. pronior quam silens *scripsi* propriorque silent **SAR** propior qa silent *ed. pr.* et in agendis/etiam gendis **A**[1]**R** *aliquot*   **195** longius ab his **S** recubet γ recauet **SAR**   **197** sublimen **S**[1]**A**   **199** acilles **S**[1] agilles **A** separari st separare **SA**   **200** bestias **A** bestius **S**
202 *post* dicemus *tit.* VIII (*om.* **AR**) DE OUIBUS (OB- **S**) TECTIS **SAd** (*litt. min. part. in marg.*) **R** *aliquot*

kalten und feuchten Jahreszeiten auch nur einmal Gelegenheit zum Saufen gibt.

Der Führer einer Herde soll sie umsichtig und wachsam – eine Forderung, die für alle Hirten aller Tiere gilt – und mit großer Sanftmut leiten, und zwar nicht so sehr schweigsam als vielmehr freundlich; und er soll beim Ausführen und Zurückholen der Schafe zwar mit Zuruf und Stock drohen, aber niemals nach ihnen werfen, ferner sich nie weiter von ihnen entfernen oder sich legen oder setzen. Wenn er nicht vor ihnen hergeht, soll er stehen, weil das Amt des Hüters sozusagen eine hoch erhabene Augenwarte verlangt; denn er soll weder dulden, daß die schwerfälligeren trächtigen Tiere, dadurch, daß sie zögernder gehen, noch die beweglicheren, die schon geworfen haben, durch ihr Vorauslaufen sich von den übrigen trennen; sonst könnte ein Dieb oder ein Raubtier den träumenden Hirten überlisten. Dies alles gilt ungefähr für jegliche Schafhaltung gleichermaßen; nun will ich die Besonderheiten der edlen Zucht besprechen.

DE OVIBUS TECTIS   4

Graecum pecus, quod plerumque Tarentinum vocant,   1
nisi cum domini praesentia est, vix expedit haberi, si quidem et curam et cibum maiorem desiderat. nam cum sit
universum genus lanigerum ceteris pecudibus mollius, tum
5 ex omnibus Tarentinum est mollissimum, quod nullam domini aut magistrorum ineptiam sustinet multoque minus
avaritiam. nec aestus nec frigoris patiens raro foris, ple-   2
rumque domi alitur et est avidissimum cibi, cui si quid detrahitur fraude vilici, clades sequitur gregem. singula capi-
10 ta per hiemem recte pascuntur ad praesepia tribus hordei
aut fresae cum suis valvolis fabae aut cicerculae quattuor sextariis, ut et aridam frondem praebeas aut siccam
vel viridem Medicam cytisumve, tum etiam cordi feni sep-
tena pondo aut leguminum paleas adfatim. minimus agnis   3
15 vendundis in hac pecude nec ullus lactis reditus haberi
potest, nam et qui submoveri debent, paucissimos post dies
quam editi sunt inmaturi fere mactantur, orbaeque natis
suis alienae suboli praebent ubera. quippe singuli agni
binis nutricibus submittantur nec quicquam subtrahi sub-
20 missis expedit, quo saturior lactens celeriter confirmetur
et parta nutrici consociata minus laboret in educatione
fetus sui. quam ob causam diligenti cura servandum est,

1 plerumque S   4 genus/pecus γ   8 ciui S¹A¹   si quid S *om* AR
9 uilici S uilicis AR   10 ordei AR   12 praebeas *Lundstr.* praebeat SAR
13 cythisum R cytissimum A   16 debent γ debet SAR
17 natis **ks** nates SA nate R   18 soboli R
20 lactens *Lundstr.* lactis SAR

4. KAPITEL: ÜBER DIE BEKLEIDETEN SCHAFE[20]

Die griechische Schafrasse, die man gewöhnlich Tarentiner nennt, zu halten empfiehlt sich kaum, wenn der Besitzer nicht selbst an Ort und Stelle ist, da sie ziemlich viel Wartung und Nahrung verlangt. Denn wenn schon alle Wolltiere empfindlicher sind als die übrigen Haustiere, so ist die Tarentinerrasse von allen die empfindlichste und erträgt nicht die geringste Ungeschicklichkeit des Besitzers oder der Hirten und noch viel weniger deren Geiz. Da sie weder Hitze noch Kälte erträgt, wird sie nur selten im Freien, meistens unter Dach gefüttert, und sie ist außerordentlich gefräßig; wird ihr durch betrügerisches Handeln des Gutsverwalters etwas abgezogen, so wird die Herde ruiniert. Das einzelne Stück füttert man den Winter über an der Krippe mit je 3 *sextarii* Gerste oder mit in den eigenen Schoten zerstampften Bohnen oder 4 *sextarii* Kichererbsen, wozu man dürres Laub oder trockenen oder auch grünen Schneckenklee oder Luzernen gibt, außerdem auch 7 Pfund Grummet oder eine reichliche Menge Hülsenfrüchtestroh. Von dieser Art Schafe ist sehr geringer Gewinn aus dem Verkauf von Lämmern und überhaupt keiner aus der Milcherzeugung zu erwarten; denn die Lämmer, die man beseitigen muß, werden gewöhnlich wenige Tage nach der Geburt noch ganz unreif geschlachtet, und die Mutterschafe, denen man die Jungen genommen hat, geben ihr Euter fremdem Nachwuchs. Jedes Lamm wird nämlich zwei Nährmüttern zugeteilt, und den zugeteilten Jungen darf nichts entzogen werden, damit der Säugling ordentlich gesättigt und rasch gekräftigt wird und damit das Muttertier im Verein mit einem Ammenschaf nicht so sehr unter der Aufzucht des Sprößlings zu leiden hat. Deshalb ist mit gro-

ut et suis cotidie matribus et alienis non amantibus agni
subrumentur.

25   Plures autem in eiusmodi gregibus quam in hirtis mas-   4
culos enutrire oportet. nam prius quam feminas inire possint, mares castrati, cum bimatum expleverunt, enecantur
et pelles eorum propter pulchritudinem lanae maiore pretio quam alia vellera mercantibus traduntur. liberis autem
30   campis et omni surculo ruboque vacantibus ovem Grae-
cam pascere meminerimus, ne, ut supra dixi, et lana car-
patur et tegumen. nec tamen ea minus sedulam curam foris,   5
quia non cotidie procedit in pascua, sed maiorem domesti-
cam postulat; nam saepius detegenda et refrigeranda est,
35   saepius eius lana deducenda vinoque et oleo insucanda,
non numquam etiam tota est eluenda, si diei permittit apri-
citas, idque ter anno fieri sat est. stabula vero frequenter everrenda et purganda umorque omnis urinae deverren-
dus est, qui commodissime siccatur perforatis tabulis,
40   quibus ovilia consternuntur, ut grex supercubet. nec tantum   6
caeno aut stercore, sed exitiosis quoque serpentibus tecta
liberentur, quod ut fiat,

   disce et odoratam stabulis incendere cedrum
   galbaneoque agitare graves nidore chelydros.

23 ut et S²**ks** ut est S¹**AR**
    amantibus **SAR** *inepte* alentibus *vel* lactentibus *prop. Ursinus, coniciam*
    abnuentibus   **27** bimatum/bumatum S¹A¹   expluerunt SA¹
28 polles SA¹   30 omni **R** omnis **SA**   31 memineribus S¹A
    ad §§ 5, 6 *cf. Pall. 12, 13, 5 sq.*   33 maiorem γ maioris **SAR**
36 est (*post* tota) *om.* γκ   37 sat est/satis γ   38 humorque **R**
38 **s.** deuerrendus (*om.* est) **S**   41 stercores et A¹
43 disce *e.q.s.: Verg. Ge. 3, 414 sqq.*   odoratam Sγ odoratum **AR**
44 grauis γ *Verg.*   celydros **SA** (chel- *Verg.*) *varie mutil.* **R**

ßer Sorgfalt darauf zu achten, daß die Lämmer täglich sowohl unter den eigenen Müttern als auch unter den fremden trinken, die nichts für sie empfinden.[21]

Bei Schafen solcher Rasse sind mehr männliche Tiere aufzuziehen als bei den rauhhaarigen. Die Widder werden nämlich noch vor Erlangung der Geschlechtsreife kastriert und nach Vollendung ihres zweiten Lebensjahres geschlachtet; ihre Felle werden wegen der Schönheit ihrer Wolle zu einem höheren Preis in den Handel gebracht als irgendwelche anderen. Man wird dafür Sorge tragen, daß die griechischen Schafe auf offenen Weideflächen grasen, die frei von jeglichem Gehölz und Gestrüpp sind, damit, wie gesagt, die Wolle und die Decke nicht aufgerissen wird. Trotzdem erfordert dieses Schaf nicht etwa geringere Sorgfalt im Freien, weil es nicht täglich auf die Weide getrieben wird, dafür aber um so größere, wenn es zu Hause ist; denn man muß ihm öfter die Decke abnehmen und es abkühlen, öfter seine Wolle auflockern und mit Wein und Öl tränken, manchmal sogar ganz waschen, wenn sonniges Wetter dies ermöglicht; doch genügt es, wenn dies dreimal im Jahr geschieht. Die Ställe müssen häufig ausgescheuert und gereinigt und jede Urinpfütze weggewaschen werden; am besten erhält man die Trockenheit mit Hilfe durchlöcherter Bretter, die man in die Schafställe legt, so daß die Tiere darauf liegen. Doch sind die Ställe nicht nur von Schmutz und Mist, sondern auch von verderblichen Nattern freizuhalten; zu diesem Zweck

„lerne im Stall zu verbrennen den duftenden Zederwacholder
und die gefährlichen Ottern mit Galbanqualm zu verscheuchen.

45   *saepe sub inmotis praesepibus aut mala tactu*
        vipera delituit caelumque exterrita fugit
        aut tecto adsuetus coluber.

                                                    (Verg. Georg. 3, 414 ss.)

        quare, ut idem iubet,

                        cape robora, pastor,
50   *tollentemque minas et sibila colla tumentem*
        deice,

                                                    (Verg. Georg. 3, 420 ss.)

        vel, ne istud cum periculo facere necesse sit, muliebris
        capillos aut cervina saepius ure cornua, quorum odor ma-
        xime non patitur stabulis praedictam pestem consistere.

55   Tonsurae certum tempus anni per omnes regiones ser-   7
        vari non potest, quoniam nec ubique tarde nec celeriter
        aestas ingruit, et est modus optimus considerare tempesta-
        tes, quibus ovis neque frigus, si lanam detraxeris, neque
        aestum, si nondum detonderis, sentiat. verum ea quan-
60   doque detonsa fuerit, ungui debet tali medicamine: sucus
        excocti lupini veterisque vini faex et amurca pari mensura
        miscentur eoque liquamine tonsa ovis inbuitur, atque ubi   8
        per triduum diluto tergore medicamina perbibit, quarto
        die, si est vicinia maris, ad litus deducta mersatur, si mi-
65   nus, caelestis aqua sub dio salibus in hunc usum durata

---

46 delicuit S¹A¹   **48** idem: *Verg. Ge. 3, 420 sqq.*
49 ante cape *add.* cape saxa manu (*ex Verg.*) *ed. pr. om.* **SAR**
51 deice *ex Verg. add. ed. pr. om.* **SAR**   **53** capillos Skltü² capillus **AR**
        §§ 7, 8 *usus est Pall. 6, 8*   **56** quoniam **SA** quom *vel* quomodo *vel* cum **R**
59 detoderis S detodoris A   **60** ungi **R**
61 excocti S²γ excoleti S¹(?)**AR**   ueteris (*om.* que) γκ
62 inbuitur **R** inbitur S¹ inbibitur S² imbitur A¹   ubi S ubique **AR**
63 delibuto **R**   medicamina *Ald.* media **SAR**
        perbibit S²R puiuit S¹A   **64** uicinia SAaκ uicina **R**
64 s. si minus celestis S si minusca et gustis A si minus ea et (que γ) gustis
        sim. **R**   **65** sub dio *ed. pr.* subsidio **SAR** (sub divo *Pall.*)

Oft steckt unter der Krippe, die nie von der Stelle gerückt wird,
sei's eine lichtscheue Viper, die jede Berührung verübelt,
sei's eine Natur, die gern unter Dach lebt . . . '[21a]

Deshalb – so gebietet derselbe Dichter –

„greife, Hirte, nach Stecken
und zerschmettere sie, wenn sie drohend sich bäumt und den
Hals bläht
unter Gezisch"[22];

oder, um es nicht unter eigener Gefahr tun zu müssen, verbrenne Frauenhaar oder noch besser Hirschhorn, dessen Geruch ein weiteres Verbleiben des genannten Ungeziefers in den Ställen unmöglich macht.

Für die Schafschur kann man nicht in allen Gegenden dieselbe Zeit einhalten, weil der Sommer nicht überall gleich früh oder spät eintritt. Am besten ist es, den Zeitpunkt auszuwählen, an dem das Schaf weder friert, wenn man ihm das Wollkleid nimmt, noch unter der Hitze leidet, solange es noch nicht geschoren ist. Dabei muß man es, wenn es geschoren ist, mit folgendem Mittel einsalben: Man mischt den Saft gekochter Lupinen, den Bodensatz alten Weines und Ölschaum zu gleichen Teilen und befeuchtet mit dieser Flüssigkeit das geschorene Schaf; wenn es dann nach dreitägigem Einreiben des Rückens die Wirkstoffe in sich aufgenommen hat, wird es am vierten Tag, falls das Meer in der Nähe ist, an die Küste geführt und geschwemmt; wenn nicht, wird Regenwasser unter freiem Himmel zu diesem Zweck mit Sal-

paulum decoquitur eaque grex perluitur. hoc modo cura-
tum toto anno scabrum fieri non posse Celsus adfirmat,
nec dubium est, quin etiam ob eam rem lana quoque
mollior atque prolixior renascatur.

MEDICINAE PECORIS OVILLI   5

Et quoniam censuimus cultum curamque recte valen-   1
tium, nunc quem ad modum vitiis aut morbo laborantibus
subveniundum sit, praecipiemus; quamquam pars haec
exordii paene tota iam exhausta est, cum de medicina
5 maioris pecoris priore libro disputaremus, quia cum sit
fere eadem corporis natura minorum maiorumque quadripedum, paucae parvaeque morborum et remediorum dif-
ferentiae possunt inveniri. quae tamen quantulaecumque
sunt, non omittentur a nobis.

10 Si aegrotat universum pecus, ut et ante praecepimus, et   2
nunc, quia remur esse maxime salutare, iterum adsevera-
mus ut, in hoc casu quod est remedium praesentissumum,
pabula mutemus et aquationes totiusque regionis alium
quaeramus statum caeli curemusque, si ex calore et aestu
15 concepta pestis invasit, ut opaca rura, si invasit frigore, ut

69 *post* renascatur *tit.* de medicina pecoris ouilli et officina pastorum (*vel
sim. vel brevius aliquid*) **R** *aliquot*

  1 s. ualentiaum **S**[1]   **3** subueniundum **SA** subueniendum **R**
  4 exhausta **R** *aliquot* ex hausa **S** excausa **A**[1] exausa **R** *plerique*
  5 quia **tü**[2] qua **SAR**   **6 s.** quadrupedum **R**   **9** sunt/sint γ
  10 *a verbis* si aegrotat *exscr. Pall.* (**M**) *om. verbis* ut et–praesentissimum
  11 quia remur esse **S**[2] quia remus res se **S**[1] qremus resse **A** quiremus esse **R**
  12 *verba* quod–praesentissimum *del. Gesn.*
    presentissimum **S** praesentis summum **AR**   **13** totius regionis et **M**
  14 quaeramus *om.* **M**   curemusque *om.* **M**   ex *om.* **M**
  15 *post* inuasit *add.* curemus **M**   rurasinuasit **SA**[1] curas in *nil amplius* **M**

zen gehärtet und kurz aufgekocht und damit die Herde abgewaschen. Celsus versichert, ein so behandeltes Tier könne das ganze Jahr über nicht räudig werden, und es besteht kein Zweifel,
daß dadurch auch die Wolle weicher und üppiger nachwächst.

5. KAPITEL: SCHAFHEILKUNDE

Nachdem wir die Haltung und Wartung der gesunden Schafe
dargestellt haben, wollen wir nun angeben, wie den an Gebre-
chen und Krankheiten leidenden Schafen zu helfen ist; obgleich
dieser Teil des Unternehmens schon fast ganz erschöpft wurde,
als wir im vorhergehenden Buch über die Heilverfahren bei den
größeren Haustieren sprachen; weil die Körpernatur der kleineren und der größeren Vierfüßler ungefähr dieselbe ist, finden
sich nur wenige kleine Besonderheiten an Krankheiten und Heil-
mitteln, die ungeachtet ihrer Geringfügigkeit von uns nicht übergangen werden sollen.

Wenn der gesamte Tierbestand erkrankt, so möchte ich, was ich
schon früher betont habe, auch jetzt wieder einschärfen, weil ich
es für die heilsamste Maßnahme halte: In diesem Falle müssen wir
das Futter und die Wasserstelle wechseln, ja überhaupt einen
völlig anderen Landschafts- und Klimatypus suchen und dafür
sorgen, daß, sofern die Krankheit auf Hitze und Schwüle beruht, schattige Landstriche, wenn sie durch Kälte verursacht ist,

eligantur aprica. sed modice ac sine festinatione prosequi   3
pecus oportebit, ne inbecillitas eius longis itineribus adgra-
vetur, nec tamen in totum pigre ac segniter agere. nam
quem ad modum fessas morbo pecudes vehementer agitare
20 et extendere non convenit, ita conducit mediocriter exerce-
re et quasi torpentis excitare nec pati veterno consenescere
atque extingui. cum deinde grex ad locum fuerit perductus,
in lacinias colonis distribuatur; nam particulatim facilius   4
quam universus convalescit, sive quia ipsius morbi halitus
25 minor est in exiguo numero seu quia expeditius cura maior
adhibetur paucioribus. haec ergo et reliqua, ne nunc eadem
repetamus, quae superiore exordio percensuimus, observare debemus, si universae laborabunt; illa, si singulae:

    Ovis frequentius quam ullum aliud animal infestatur   5
30 scabie, quae fere nascitur, sicut noster memorat poeta,

              cum frigidus imber
      altius ad vivom persedit et horrida cano
      bruma gelu,

                      (Verg. Georg. 3, 441 ss.)

vel post tonsuram, si remedium praedicti medicaminis non
35 adhibeas, si aestivum sudorem mari vel flumine non abluas,
si tonsum gregem patiaris silvestribus spinis ac rubis sauciari, si stabulo utaris, in quo mulae aut equi aut asini ste-

---

16 sine *om.* M   **17** longe si teneribus A   **20 s.** exerceri M   **21** torpentes M
   excitari M   consenescere/consuescere M
23 colonis γM coloniis SAR   **24** ipsius/illuuies morbi atque M
25 mor SA   expeditus γ expeditius numero suo M
26 ss. *verba* paucioribus – singulae *om.* M   **28** illa si Sü² illas in AR
  post singulae *tit.* VIIII (*om.* AR) DE SCABIE S (*litt. min.*) A (*in
marg.*) R *pauci*   **29** [ ]uis M oues SAR   ullum/nullum A¹R
  infestatur SM infestantur R infertur A   **30** Siscabie M
30 ss. *pro verbis* sicut–gelu *habet* frigido inbre et gelu M
30 poeta : *Verg. Ge. 3, 441 sqq.*   cum/ubi *codd. Verg. plerique*
35 aestivum/ea estiuum S estibus M   amari sudorem M
  frumine S¹A¹   **36** siluestribus SγM si siluestribus AR
  ac rubis *om.* M   **36 s.** sauciari si Sγ sautiari si eo M sauciaris AR

sonnige Gegenden aufgesucht werden. Doch ist es dann nötig,
die Tiere sanft und ohne Eile zu führen, damit ihre Schwäche
nicht durch ausgedehnte Marschleistungen verschlimmert wird,
und sie dennoch nicht ganz träge und langweilig zu treiben.
Denn einerseits ist es unzweckmäßig, von Krankheit angegriffene
Tiere heftig zu jagen und anzustrengen, andererseits empfiehlt
es sich doch, sie mit Maßen zu bewegen und gleichsam aus der Er-
schlaffung zu wecken und nicht zu dulden, daß sie in Apathie
dahinsiechen und eingehen. Ist dann die Herde an Ort und Stelle geführt, dann zerlegt man sie in kleine Gruppen und verteilt
sie an die Bauern; denn aufgeteilt gesundet sie leichter als im
ganzen, sei es, daß bei einer geringen Zahl die Ausdünstungen
der Krankheit selbst geringer sind, oder weil der kleineren Zahl
leichter eine erhöhte Sorgfalt gewidmet werden kann. Dies also
und das, was ich früher dazu vermerkt habe – denn ich will mich
nicht wiederholen –, müssen wir beachten, wenn ganze Herden
erkrankt sind; folgendes, wenn es einzelne Tiere betrifft:

Das Schaf wird häufiger als jedes andere Tier von der Räude
befallen, die, nach den Worten unseres großen Dichters, dann
auftritt,

> *„wenn die Kälte des Regens*
> *tiefer ins Lebende dringt und auch der schaurige Winter*
> *mit seinem weißgrauen Frost.“*[22a]

oder auch nach der Schur, wenn man das oben angegebene
Mittel nicht anwendet, wenn man den Schweiß der Sommerhitze
nicht mit Meer- oder Flußwasser abwäscht, wenn man eine frisch
geschorene Herde sich an Dornen und Gestrüpp des Waldes ver-
letzten läßt oder wenn man einen Stall benützt, in dem Maultiere

terunt; praecipue tamen exiguitas cibi maciem, macies
autem scabiem facit. haec ubi coepit inrepere, sic intellegi-   6
40 tur: vitiosum locum pecudes aut morsu scalpunt aut cornu
vel ungula tundunt aut arbori adfricant parietibusve detergent. quod ubi aliquam facientem videris, conprehendere
oportebit et lanam diducere, nam subest aspera cutis et
velut quaedam porrigo, cui primo quoque tempore occur-
45 rendum est, ne totam progeniem coinquinet, si quidem
celeriter cum et alia pecora tum praecipue oves contagione
vexentur. sunt autem conplura medicamina, quae idcirco   7
enumerabimus, non quia cunctis uti necesse sit, sed quia
non nullis regionibus quaedam reperiri nequeunt, ut ex
50 pluribus aliquod inventum remedio sit. facit autem commode primum ea conpositio, quam paulo ante demonstravi-
mus, si ad faecem et amurgam sucumque decocti lupini
misceas portione aequa detritum album helleborum. potest   8
etiam scabritiem tollere sucus viridis cicutae, quae verno
55 tempore, cum iam caulem nec adhuc semina facit, decisa
contunditur atque expressus umor eius fictili vase reconditur, duabus urnis liquoris admixto salis torridi semodio.
quod ubi factum est, oblitum vas in stercilino defoditur ac
toto anno fimi vapore concoctum mox promitur tepe-

38 ciui S[1]A[1]   **39 s.** intelligitur **R** intelligi (*corr.* -gis) **M**
40 morsu scalpunt **R** morsus calpunt **SA** morsus cauant **M**
41 parietibus vel **SAR** parietesve **M**
43 lanam diducere *Ald.* lanam deducere **M** lana rudi ducere (deuc- **S**) **SAR**
44 porrigo **SA**[1] prurigo **RM**   quoque *om.* **M**   **47** uexantur **M**
conplura/plura **M**   **48** enumerauimus **M**   uti *om.* **M**
49 repperiri S[2] reperiri **R** repperire **M** repperi S[1]A   ut **M** *om.* **SAR**
51 s. demonstrauimus **M**   **52** amurcam γ**M**   sucum quoque **M**
53 detritum album helleborum *om.* **M**   helleboros **S** helleborem **A**[1]
54 cabritiem S[1] cabricie **A** (*vel* capr-) **R**   quae/qui **M**   **55** cum/quo **M**
56 expresus **M** expressum S[1]A[1]   humor **R**   humore in fictili uaso **M**
58 factum est *om.* **M**   oblitu **AR** *aliquot*
in stercilino **A**[2] (*vel* -nio) **R** sterculinio **M** intercilino S[1]A[:] in testiculino
(*vel* -lmo) κnüx   **59** promitur/promittitur S[1]A[1] prontum **M**

oder Pferde oder Esel gestanden haben. Vor allem aber ruft Un-
terernährung Abmagerung, Abmagerung aber Räude hervor. Hat
sie einmal begonnen sich einzuschleichen, dann läßt sie sich folgendermaßen erkennen: Die Tiere nagen entweder an der wunden
Stelle oder stoßen sie mit dem Horn oder Huf oder wetzen sie
an einem Baum oder reiben sie an Mauern. Ertappt man ein Tier
dabei, dann greift man es heraus und zieht ihm die Wolle auseinander; denn darunter befindet sich eine rauhe Hautpartie und
eine Art Grind, gegen den man so schnell wie möglich einschreiten
muß, damit er nicht die ganze Herde ansteckt; denn auch andere
Tiere, aber weit mehr noch die Schafe werden rasch angesteckt.
Es gibt aber mehrere Mittel, die ich aufzählen will, nicht weil
man sie alle anwenden müßte, sondern weil in manchen Gegenden das eine oder andere nicht aufzutreiben ist, so daß aus
einer größeren Zahl möglicher Mittel dasjenige, welches jeweils
erreichbar ist, helfen mag. Heilsam ist zunächst das Rezept, das
ich eben mitgeteilt habe, wenn man zu Hefe, Ölschaum und aus-
gekochtem Lupinensaft die gleiche Menge an weißer Nieswurz,
in Wasser gerieben, beimengt. Die Räude beseitigt auch der
Saft des frischen Schierlings; er wird im Frühjahr, wenn er
schon hochgewachsen ist, aber noch keinen Samen trägt, abge-
schnitten und gestampft, der ausgepreßte Saft davon in ein irdenes
Gefäß mit einer Beigabe von einem Halbscheffel Salz auf zwei
urnae Flüssigkeit gegossen. Danach wird das Gefäß abgedichtet
und im Misthaufen vergraben, und wenn es ein ganzes Jahr lang
in der Düngerwärme eingedickt ist, herausgeholt und leicht ange-

60 factumque medicamentum inlinitur scabrae parti, quae tamen prius aspera testa defricta vel pumice redulceratur.
eidem remedio est amurga duabus partibus decocta, item 9
vetus hominis urina testis candentibus inusta. quidam tamen hanc ipsam subiectis ignibus quinta parte minuunt
65 admiscentque mensura pari sucum viridis cicutae, deinde
singulis urnis eius liquaminis singulos fricti salis sextarios
infundunt. facit etiam sulpuris triti et picis liquidae modus 10
aequalis igne lento coctus; sed Georgicum carmen adfirmat
nullam esse praestantiorem medicinam,

70   *quam si quis ferro potuit rescindere summum*
        ulceris os: alitur vitium vivitque tegendo.

                                        (Verg. Georg. 3, 453 s.)

itaque reserandum est et ut cetera vulnera medicamentis
curandum. subicit deinde aeque prudenter, febricitantibus
ovibus de talo vel inter duas ungulas sanguinem mitti
75 oportere, nam plurimum, inquit,

<hr>

60 linitur **AR**   **60 s.** tamen *om.* **AR**
61 defricta S defruicta **A** (*vel* defructa, defruta *sim.*) **R** defricatur **M**
62 amurca γM   duobus **AR** *plerique*   partibus *om.* **M**
63 candentis **M**   quidam αγM quadam **SAR**
64 hanc ipsam αγM hac ipsa **SAR**
    quinta parte minuunt/qui tam partem sinunt **M**
66 singulis urnis ei' **M** singularis (*add.* triti et picis *ex* l. **67**) eius **S** (*om.*
    eius) **AR**
    liquaminis/liquide minis **A**[1] liquide eminis **α** (*om.* eminis) γκ
    frictis aliis extarios **A**[1]   **67** sulphuris S[2]**R**   **68** lento **SM** lente **AR**
69 nulla **A**   **70** quam si *e.q.s.*: *Verg. Ge. 3, 453 sq.*
    rescindere potuit γκ   **71 s.** *verba* ulceris – reserandum *om.* **M**
71 tegendo Sαγ detegendo **AR**
72 et ut cetera uulnera S[2]**M** ut cera uulnera S[1] et ulcera uulnera **A** et ulcera **R**
74 mitti **R** mitti/// **SA** emitti γκM   **75** oportere **M** oportet **SAR**
    inquit **M** si quid **St** id quid **A**[2] id quod **A**[1]**R**

wärmt auf die räudige Stelle gestrichen, die jedoch zuvor mit
einer rauhen Tonscherbe oder einem Bimsstein wundgescheuert
wird. Außerdem hilft dagegen Ölschaum, durch Kochen um zwei
Drittel eingedickt, ferner alter menschlicher Urin, in vorerhitzten
Gefäßen heißgemacht; manche lassen auch ihn über dem Feuer
um ein Fünftel einkochen und mengen das gleiche Quantum frischen Schierlingssaftes bei; dann schütten sie zu jeder *urna* dieser Flüssigkeit einen *sextarius* verriebenes Salz. Wirksam ist auch
eine gleichteilige Mischung von geriebenem Schwefel und flüssigem Pech, auf schwachem Feuer gekocht; doch das ländliche
Gedicht versichert, es gebe kein vorzüglicheres Mittel,

> „als durch ein Messer ganz oben dem Räudegeschwür eine
> Öffnung aufzutun; denn ein Übel gedeiht nur, das man
>   verdeckt hält. "[23]

Deshalb schneidet man die Räudestellen auf und behandelt sie
wie alle anderen Geschwüre. Weiterhin gibt das Gedicht mit
gleicher Sachkenntnis an, man solle fieberkranken Schafen vom
Knöchel oder zwischen den beiden Hufen Blut ausfließen lassen;
denn am meisten, so heißt es,

profuit incensos aestus avertere et inter
ima ferire pedis salientem sanguine venam.

(*Verg. Georg. 3, 459 s.*)

nos etiam sub oculis et de auribus sanguinem detrahimus.   11

    Clodigo quoque dupliciter infestat ovem, sive cum sublu-
80 vies atque intertrigo in ipso discrimine ungulae nascitur,
seu cum idem locus tuberculum habet, cuius media fere
parte canino similis extat pilus eique subest vermiculus.
subluvies et intertrigo pice per se liquida vel alumine et   12
sulpure atque aceto mixtis litae eruentur vel tenero Punico
85 malo, prius quam grana faciat, cum alumine pinsito super-
fusoque aceto vel aeris rubigine infriata vel conbusta galla
cum austero vino levigata et inlita. tuberculum, cui sub-   13
est vermiculus, ferro quam cautissime circumsecari oportet, ne dum amputatur etiam quod infra est animal vulnere-
90 mus. id enim cum sauciatur, venenatam saniem mittit,
quae respersum vulnus ita insanabile facit, ut totus pes
amputandus sit. sed cum tuberculum diligenter circumci-
deris, candens sevum vulneri per ardentem tedam instillato.

76 profuit *e.q.s. Verg. Ge. 3, 459 sq.*   estus SγM aestui A estiui R
76 s. inter ima S$^2\gamma$κM interma S^1 interina AR
77 sanguine SγM sanguinem AR
79 clodigo *Svennung* E clodi cum M Clodi SA^2 cludi A^1 cladi R
    infestat tM infestato SAR   **80** intertrigo *om.* S (*in marg. add. m. rec.*)
82 cannino M   extat/exit M   pilus/amplius M   ei quae SA
    mermiculus S^{1}AR *part.*   **84** sulphure R sulpore M
    mixto cito sanatur uel tenero malo punico M
    tenero M tero S^{1}AR austero S^2 **86** aeris/ueris M
    infriata M infrita S^{1}AR infricata S^2 **87** austeri M   lenigata R
    inlita S illita tM muta AR   **88** mermiculus R mimerculus A^1
    ferro quam/ferroque γκ   **91** respersum M res pressū S repressum AR
    ut/quod M   pes/per R   **92** sed SM et AR
94 *post* instillato *tit.* X (*om.* R) DE PULMONARIO UITIO S de pul-
    monaria oue *in marg.* bos

„nützlich ist's, den entzündeten Brand aus dem Körper

zu leiten

und zuunterst am Fuß die pulsende Ader zu öffnen."[24]

Ich entziehe das Blut auch unter den Augen und an den Ohren.

Lahmgang befällt ein Schaf auf doppelte Weise: Entweder, wenn eine offene Entzündung[25] oder ein Wolf in der Hufspalte auftritt, oder wenn sich an derselben Stelle eine kleine Geschwulst befindet, auf deren Mitte etwa ein Haar, ähnlich einem Hundehaar wächst und darunter ein Würmchen sitzt. Entzündung und Wolf werden durch Bestreichen mit natürlichem flüssigem Pech oder einer Mischung von Alaun, Schwefel und Essig beseitigt, gegebenenfalls auch dadurch, daß man einen jungen Granatapfel noch vor der Ausbildung der Kerne mit Alaun zerstößt, Essig darübergießt oder Grünspan darüberstreut oder gebrannten Gallapfel in saurem Wein aufweicht und auf die Stelle streicht. Die Geschwulst mit dem Würmchen soll man möglichst vorsichtig ringsum ausschneiden, damit man nicht während des Schneidens das darin sitzende Tierchen verletzt. Wird es nämlich verletzt, dann scheidet es eine giftige Flüssigkeit aus, die die Wunde verunreinigt und dergestalt unheilbar macht, daß man den ganzen Fuß amputieren muß. Hat man aber die Geschwulst sorgfältig ausgeschnitten, so läßt man heißen Talg über einem brennenden Kienspan auf die Wunde tropfen.

95   Ovem pulmonariam similiter ut suem curare convenit in- 14
serta per auriculam radicula, quam veterinarii consiliginem
vocant. de ea iam diximus, cum maioris pecoris medicinam
traderemus. sed is morbus aestate plerumque concipitur, si
defuit aqua, propter quod vaporibus omni quadripedi lar-
100 gius bibendi potestas danda est. Celso placet, si est in 15
pulmonibus vitium, acris aceti tantum dare, quantum ovis
sustinere possit, vel humanae veteris urinae tepefactae
trium heminarum instar per sinistram narem corniculo infundere atque axungiae sextantem faucibus inserere.

105   Est etiam insanabilis sacer ignis, quam pusulam vocant 16
pastores. ea nisi conpescitur intra primam pecudem, quae
tali modo correpta est, universum gregem contagione
prosternit, si quidem nec medicamentorum nec ferri remedia patitur; nam paene ad omnem tactum excandescit. sola
110 tamen fomenta non aspernatur lactis caprini, quod infusum
tactu suo velut eblanditur igneam saevitiam, differens magis occidionem gregis quam prohibens. sed Aegyptiae gen- 17
tis auctor memorabilis Bolus Mendesius, cuius commenta,
quae appellantur Graece Χειρόκμητα, sub nomine De-
115 mocriti falso produntur, censet propter hanc pestem sae-

---

95 curari *om.* M   **96** radicula M *om.* SAR
98 traderemus S²M trademus S¹ tradimus AR   is R his SA
cumcipitur plerumque M   **99** quadripedi RM   **101** acris/agris A¹
tantum dare *bis scr.* A¹   **103** instar A²R star SA¹   pesinistrā SA¹
sinistrum γκ   **104** sestantem SA
105 pusulam AR punsulam S¹ pustulam S²M
106 confescitur S¹A¹ cempessitur M   **108** si SM sic AR   **109** candescit M
110 tamen ea fomenta AR
111 tactu suo uelut *Svennung* tactu suo uel M tactus uolet ut SAR
eblanditur S et blanditur AR blanditur M
113 auctor SM auctore A auctorem R
memorabilis S²M memorabis S¹AR
Bolus *Reinesius* dolus SAR ciuis M
mendesius S²α mende suis M mens desius S¹A (*vel* dosius, dosium
sim.) R
114 Χειρόκμητα *Schn.* ΧΕΙΡΟΚΙΜΗΤΑ S *om.* M (*v. sp. rel.*) AR (*postea
suppl.* ὑπομνήματα *sim. pauci*)   nimina S
115 censet SM gens et AR   pestem SM *om.* AR

Ein lungenkrankes Schaf – ähnlich wie ein Schwein dieser Art[26] – heilt man am besten, indem man eine kleine Wurzel, die die Tierärzte *consiligo* (Lungenkraut) nennen, in den Ohrlappen steckt. Darüber habe ich schon bei der Darstellung der Heilkunde für größere Tiere gesprochen[27]. Die Tiere fangen diese Krankheit am häufigsten im Sommer, wenn es ihnen an Wasser gefehlt hat, weshalb man bei schwüler Witterung jedem Vierfüßler reichlicher zu trinken geben muß. Celsus verlangt, einem lungenkranken Schaf soviel scharfen Essig zu geben, wie es ertragen kann, oder etwa 3 *heminae* lauwarmen alten Menschenurins mit einem Röhrchen in das linke Nasenloch einzuflößen und 2 *unciae* Schweinefett in den Rachen zu stecken.

Ferner gibt es das unheilbare „Wildfeuer"[28], das die Hirten *pusula* nennen. Wenn diese Krankheit nicht schon im ersten Tier erstickt wird, das davon ergriffen ist, vernichtet sie durch Ansteckung die gesamte Herde, da sie weder einer medikamentösen noch einer chirurgischen Behandlung zugänglich ist; denn sie entzündet sich nahezu bei jeder Berührung. Sie duldet lediglich Umschläge mit Ziegenmilch, die beim Aufguß durch ihre Berührung die feurige Gewalt gewissermaßen mildert, dabei allerdings den Tod der Herde eher verzögert als verhindert. Aber der bedeutende ägyptische Fachschriftsteller Bolos von Mende, dessen Aufzeichnungen mit dem griechischen Titel *Cheirókmeta* fälschlich unter dem Namen Demokrits laufen, fordert wegen die-

pius ac diligenter ovium terga perspicere, ut si forte sit in
aliqua tale vitium deprehensum, confestim scrobem defo-
diamus in limine stabuli et vivam pecudem, quae fuerit
pusulosa, resupinam obruamus patiamurque super obrutam
120 meare totum gregem, quod eo facto morbus propulsetur.

Bilis, aestivo tempore non minima pernities, potione 18
depellitur humanae veteris urinae, quae ipsa remedio est
etiam pecori arquato; at si molesta pituita est, cunelae
bubulae vel surculi nepetae silvestris lana involuti naribus
125 inseruntur versanturque, donec sternuat ovis. fracta pecudum non aliter quam hominum crura sanantur involuta
lanis oleo atque vino insucatis et mox circumdatis ferulis
conligata. est etiam gravis pernities herbae sanguinariae, 19
qua si pasta est ovis, toto ventre distenditur contrahiturque
130 et spumat et quaedam tenuia taetri odoris excernit. celeriter sanguinem mitti oportet sub cauda in ea parte, quae
proxima est clunibus, nec minus in labro superiore vena
solvenda est. suspirio laborantibus ovibus auriculae ferro
rescindendae mutandaeque regiones, quod in omnibus
135 morbis ac pestibus fieri debere censemus.

Agnis quoque succurrendum est vel febricitantibus vel 20
aegritudine alia defectis; qui ubi morbo laborant, admitti
ad matres non debent, ne in eas pernitiem transferant.

116 ac diligenter S²M adliganter S¹A (vel -leg- vel -ntur al.) R
117 scrobem/scribom S¹A
119 pusulosa ü pusillosa S¹AR pustillosa S² pustulosa M   supina M
    super SM sub AR   121 minima M nimia SAR   122 surine A
    ipsa SγM ipse AR   123 arquato SA arcuato R arguto M
    at γM ac SAR   124 pro verbis bubulae – nepetae habet rubie surculi M
124 inuolutis S²   125 sternutat S²   126 crura actM cura SAR   127 ferula M
129 qua si edd. quasi S¹ARM quã si S²   130 et (post spumat) M om. SAR
    tenuia M tenui SAR   excernit M expernit S¹AR expernit‾ S²
131 emitti M   132 vena/ueno S¹A¹
133 suspirio M cf. Veg. 1, 10; 1, 38, 4 suspiriose R suspiriore SA
    ouibus M om. SAR   135 morbis pestilentie M   debere om. γ
    post censemus tit. XI (om. AR) MEDICINE AGNORUM SA (litt. min.
    in marg.) R aliquot   136 vel febricitantibus om. M   138 perniciem ARM

ser Epidemie eine häufigere und gründlichere Untersuchung der
Schafrücken, damit man für den Fall, daß an einem Tier ein solcher Schaden angetroffen wird, unverzüglich an der Schwelle des
Stalles eine Grube aushebt, das am Wildfeuer erkrankte Schaf
bei lebendigem Leib auf dem Rücken liegend eingräbt und die gesamte Herde über die Eingrabungsstelle gehen läßt; denn dadurch werde die Krankheit abgewehrt.

Die schwarze Galle[29], zur Sommerzeit eine ernstliche Gefahr,
vertreibt man durch einen Trank aus altem Menschenurin, der
außerdem auch für gelbsüchtige Schafe als Heilmittel dient. Liegt
aber quälender Schnupfen vor, so steckt man Rindskonilen[30]
oder Triebe der wilden Katzenminze, in Wolle gewickelt, in die
Nasenlöcher und dreht sie, bis das Schaf niesen muß. Glieder-
frakturen werden bei Tieren nicht anders als beim Menschen behandelt, indem man sie in Wolltücher, die mit Öl und Wein ge-
tränkt sind, einschlägt und mit Pfriemenkraut ringsum bandagiert.
Ferner gibt es eine ernstliche Schädigung durch das Blutkraut[31];
wenn ein Schaf davon gefressen hat, bläht es sich am ganzen
Bauch und zieht sich zusammen, speichelt und scheidet dünne
Substanzen von abstoßendem Geruch aus. In diesem Falle läßt
man es rasch unter dem Schwanz nächst den Hinterbacken zur
Ader, ebenso öffnet man eine Ader an der Oberlippe. Asthma-
kranke Schafe sind am Ohr zu schneiden und in eine andere
Gegend zu verlegen, was nach meiner Meinung bei jeder Er-
krankung und Epidemie zu geschehen hat.

Auch den Lämmern muß man helfen, wenn sie Fieber haben
oder anderweitig erkrankt sind; sobald sie krank sind, dürfen
sie nicht mehr zu ihren Mutterschafen gelassen werden, um die
Krankheit nicht auf sie zu übertragen. Die Schafe müssen des-

itaque separatim mulgendae sunt oves, et caelestis aqua
140 pari mensura lacti miscenda est, atque ea potio febricitantibus danda. multi lacte caprino isdem medentur, quod per
corniculum infunditur faucibus. est etiam mentigo, quam 21
pastores ostiginem vocant, mortifera lactentibus. ea plerumque fit, si per inprudentiam pastoris emissi agni vel
145 etiam haedi roscidas herbas depaverunt, quod minime
committi oportet. sed cum id factum est, velut ignis sacer
os atque labra foedis ulceribus obsidet. remedio sunt hiso- 22
pum et sal aequis ponderibus contrita; nam ea mixtura
palatum atque lingua totumque os perfricatur. mox ulcera
150 lavantur aceto et tunc pice liquida cum adipe suilla per-
linuntur. quibusdam placet rubiginis aeneae tertiam partem
duabus veteris axungiae portionibus commiscere tepe-
factoque uti medicamine. non nulli folia cupressi trita
miscent aquae et ita perluunt ulcera atque palatum. ca-
155 strationis autem ratio iam tradita est, neque enim alia in
agnis quam in maiore quadripede servatur.

DE CAPRIS   6

Et quoniam de oviarico satis dictum est, ad caprinum 1
pecus nunc revertar. id autem genus dumeta potius quam

---

139 separatim tüM separatis S separatim si **AR**   aqua/qua S¹A¹
140 lactis tM   potius M   **141** iisdem S
141 s. per corniculum/perniculum S¹   **143** lactentibus *om.* M
144 per imprudentiam zäM prudentiam SAR   **145** depauerint S² pauerunt M
146 id factum S²tM infactum S¹AR ui factum γ   **147** obisdet M obsident SAR
147 s. hysopum AR *part.*   **148** sal aequis/sale quis A sale equis M
149 lingua S²A¹tü linguam A²R ligua M longua S¹   **150** labantur M
cum adipe suilla *om.* M   **151** tertia SA¹
153 s. *verba* non nulli – palatum *om.* M
153 cupressi trita Sα cum pressurita AR   **156** quadrupede R (*ex corr.*) M
post seruatur *tit.* XII (*om.* A) DE CAPRIS q (*post* reuertar) SA de
caprino pecore (*plerumque in marg. hic aut post* reuertar) R *aliquot*

2 *inde ab* id autem *ad cap. fin. deest* M

halb abgesondert gemolken werden; der Milch ist die gleiche
Menge Regenwasser beizugießen und diese Mischung den fieber-
erkrankten Lämmern zu geben. Viele behandeln sie auch mit
Ziegenmilch, die durch ein kleines Rohr in den Schlund gegossen wird. Auch die Kinnflechte[32], die die Hirten *ostigo* nennen,
kann den Milchlämmern den Tod bringen. Sie tritt dann gewöhnlich auf, wenn Lämmer oder auch Kitze, die von unvernünfti-
gen Hirten ins Freie gelassen sind, betautes Gras abfressen,
was man unter keinen Umständen zulassen darf. Wenn es aber
geschehen ist, bedeckt diese Krankheit wie das Wildfeuer Maul
und Lippen mit häßlichen Geschwüren. Zur Behandlung dient
Isop und Salz, zu gleichen Mengen verrieben; mit dieser Mischung
werden Gaumen und Zunge und das ganze Maul eingerieben.
Dann werden die offenen Stellen mit Essig ausgewaschen und mit
flüssigem Pech und Schweinefett bestrichen. Manche empfehlen,
ein Drittel Grünspan mit zwei Dritteln altem Schmierfett zu
mischen, leicht zu erwärmen und als Medikament zu verwenden.
Einige mischen zerstoßene Zypressenblätter mit Wasser und spülen damit Geschwürstellen und Gaumen aus. – Die Methode des
Kastrierens ist bereits mitgeteilt; sie ist bei den Lämmern die
gleiche wie bei den größeren Tieren.[33]

6. KAPITEL: DIE ZIEGEN

Nachdem über die Schafe genug mitgeteilt worden ist, will
ich jetzt auf die Ziegen zu sprechen kommen. Diese Tiergattung verlangt eher dicht bewachsenes als offenes Gelände und

campestrem situm desiderat asperisque etiam locis ac silvestribus optime pascitur; nam nec rubos aversatur nec
5 vepribus offenditur et arbusculis frutectisque maxime gaudet. ea sunt arbutus alaternus cytisusque agrestis nec minus ilignei querneique frutices, qui in altitudinem non
prosiluerunt.

Caper, cui sub maxillis binae verruculae collo dependent, 2
10 optimus habetur, amplissimi corporis, cruribus crassis, plena et brevi cervice, flaccidis et praegravantibus auribus,
exiguo capite, nigro densoque et nitido atque longissimo
pilo, nam et ipse tondetur

>   *usum in castrorum ac miseris velamina nautis.*
>
>   *(Verg. Georg. 3, 313)*

15 est autem mensum septem satis habilis ad progenerandum; 3
quoniam inmodicus libidinis, dum adhuc uberibus alitur,
matrem stupro supervenit et ideo ante sex annos celeriter
consenescit, quod inmatura veneris cupidine primis pueri-
tiae temporibus exhaustus est, itaque quinquennis parum
20 idoneus habetur feminis inplendis. capella praecipue pro- 4
batur simillima hirco, quem descripsimus, si etiam est
uberis maximi et lactis abundantissimi. hanc pecudem

---

3 campestrem γκ campestre **R** campreste **SA**
desiderat/dederat **S**[1] derat **A**   4 aduersatur **R**   5 febribus **AR** *part.*
frutectisq ; **SA** fructetisq ; **R**
6 arbutus **S** arubustus **A** (*vel* arb- *vel* -stis *al. var.*) **R**
alaternus **S** alternus **AR**   cytissusque **A** cythisusque **R**
7 ilignei **S**   frutices **SAα** fructices **R**
8 *post* prosilierunt *tit.* DE PROBANDIS HIRCIS **S** (*litt. min.*) **A** (*in
marg.*) **R** *aliquot*   9 §§ 2–4 *usus est Pall.* 12, 13, 7   10 amplissimili **S**
crassis **Sγ** *Pall.* erasis **AR**   11 flaccidis **S**[2]**R** placidis **S**[1]**A**
pregrauantibus **Sγψptö** pregrauantis **A** (*vel* -atis) **R** pregnantibus γ
14 usum *e.q.s. Verg. Ge. 3, 313*
15 mensum **S**[2] mensuum **S**[1]**Aακ** mensium **R**
progenerandum **S** procerandum **A** procreandum **R**
16 uberibus **Sγ** uberius **AR**   19 exhaustus/exaustus **S**[1]**A**[1]
22 abundantissime **S**[1]

läßt sich sogar in Gegenden mit viel Buschwerk und Wald vorzüglich weiden. Denn sie stößt sich nicht am Gesträuch noch verletzt sie sich am Dorngestrüpp, sondern freut sich an Unterholz und Büschen ganz besonders. Dazu gehört der immergrüne Wegedorn und der baumartige Schneckenklee, aber ebenso alles eichene Unterholz, das nicht in die Höhe geschossen ist.

Ein Bock, dem unter den Kinnbacken zwei Wärzchen zum Hals herabhängen, gilt als der beste: von mächtigem Körperbau, dicken Beinen, vollem und gedrungenem Nacken, schlapprigen und herabhängenden Ohren, kleinem Kopf, schwarzem, dichtem, glänzendem und sehr langem Haarkleid; denn auch er wird geschoren:

„gut zu gebrauchen im Krieg, den frierenden Schiffern
ein Schutzkleid. "[34]

Schon mit 7 Monaten ist er zur Zeugung fähig; da sein Geschlechtstrieb ohne Maß ist, bespringt er, selbst wenn er noch vom Euter trinkt, seine Mutter in unzüchtiger Weise, und aus dem gleichen Grunde altert er rasch, noch ehe er 6 Jahre erreicht, da er durch frühzeitig betätigte Liebeslust sich in der ersten Jugend erschöpft. Folglich gilt er schon im Alter von 5 Jahren als unbrauchbar zur Deckung der Ziegen. Die Ziege soll möglichst ebenso aussehen wie der beschriebene Bock, wenn sie außerdem ein großes Euter hat und sehr viel Milch gibt. Dieses

mutilam parabimus quieto caeli statu, nam procelloso
atque imbrifero cornutam. semper autem et omni regione
25 maritos gregum mutilos esse oportebit, quia cornuti fere
pernitiosi sunt propter petulantiam. sed numerum generis   5
huius maiorem quam centum capitum sub uno clauso non
expedit habere, cum lanigerae mille pariter commode
stabulentur. atque ubi caprae primum conparantur, melius
30 est unum gregem totum quam ex pluribus particulatim mercari, ut nec in pastione separatim laciniae deducantur et in
caprili maiore concordia quiete consistant. huic pecudi nocet aestus, sed magis frigus, et praecipue fetae, quia gelicidiosior hiemps conceptum vitiat. nec tamen ea sola creat
35 abortum, sed etiam glans, cum citra satietatem data est.
itaque nisi potest adfatim praeberi, non est gregi permittenda.

   Tempus admissurae per autumnum fere ante mensem   6
Decembrem praecipimus, ut iam propinquante vere gem-
40 mantibus frutectis, cum primum silvae nova germinant
fronde, partus edatur. ipsum vero caprile vel naturali saxo
vel manu constratum eligi debet, quoniam huic pecori nihil
substernitur, diligensque pastor cotidie stabulum converrit
nec patitur stercus aut umorem consistere lutumve fieri,
45 quae cuncta sunt capris inimica. parit autem, si est ge-   7
nerosa proles, frequenter duos, non numquam trigeminos;
pessima est fetura, cum matres bimae ternos haedos efficiunt. qui ubi editi sunt, eodem modo quo agni educan-

23 mutilam ktü mutila lvx² in utila g nulla κ milā S mila A (*vel sim.*) R
24 cornutam t cornuta SAR   autem *Lundstr.* nam SAR
25 quia S qui AR   26 perniciosi AR *aliquot*
29 stabuleantur S¹A¹ stabulantur S²   31 laciniae *ed. pr.* licinie SAR
33 s. gelicidiosior *Lundstr.* geliciorior S¹ geliciodior S² gelicior AR
34 hiems R   uitiat S fecit AR   tamen S tantum AR
   creat SAR creant *Ald. Lundstr.*   35 abortum tü abortu S abortat AR
39 iam S *om.* AR   40 frutectis SA fructetis R
42 constratum γ constratu SAR   43 cotidie/esti////die S estidie A¹
44 humorem R   45 ss. §§ 7, 8 partim exscr. Pall. 12, 13, 8
47 bimae *scripsi* binae AR uine S   48 quo untü qui SAR

Tier wird man in Gegenden mit sanfterem Klima ungehörnt kaufen, nur in stürmischem und regenreichem Klima mit Hörnern.
Immer und in jeder Gegend sollen die Böcke, die in Herden
gehalten werden, ohne Hörner sein, weil die gehörnten wegen
ihres Mutwillens meist viel Schaden anrichten. – Was die Zahl
angeht, so soll man von dieser Gattung nie mehr als hundert
Stück in einem Pferch haben, während man von Schafen tausend
Stück ebenso bequem zusammenpferchen kann. Und wenn man
zum erstenmal Ziegen kauft, ist es besser, gleich eine ganze
Herde zu erwerben als sie stückweise aus mehreren Herden zu-
sammenzustellen, damit sie nicht auf der Weide in Grüppchen
auseinanderlaufen und damit sie im Stall mit größerer Eintracht
in Ruhe beieinanderstehen. – Dieser Tiergattung ist Hitze schädlich, aber noch mehr der Frost, vor allem den trächtigen Ziegen, weil ein Winter mit häufigerem Frost die Leibesfrucht beschädigt. Doch verursacht nicht nur der Frost Fehlgeburten, sondern auch die Eichel, wenn sie nicht bis zur vollen Sättigung
genossen ist. Kann man also Eicheln nicht in ausreichender
Menge bieten, so soll man die Herde überhaupt nicht davon fressen lassen.

Als Begattungszeit gebe ich den ganzen Herbst vor dem Dezember an, damit die Kitze geboren werden, wenn beim nahenden
Frühling die Büsche bereits Knospen ansetzen und die Wälder
ein erstes neues Laub treiben. Als Platz für den Ziegenstall soll
entweder gewachsener Fels oder künstlich gelegtes Steinpflaster
gewählt werden; denn diesem Tier streut man nichts unter; ein
sorgsamer Hirt fegt den Stall täglich aus und läßt keinen Mist
oder Urin anstehen und keinen Morast sich bilden, da dies alles
den Ziegen schadet. Eine edle Rasse bringt häufig zwei, manchmal
auch drei Junge zur Welt; schlecht ist der Wurf, wenn zwei-
jährige Ziegen Drillinge bringen. – Nach der Geburt sind die

tur, nisi quod magis haedorum lascivia conpescenda et ar-
50 tius cohibenda est. tum super lactis abundantiam samera
vel cytisus aut hedera praebenda vel etiam cacumina lentisci aliaeque tenues frondes obiciendae sunt. sed ex ge-
minis singula capita, quae videntur esse robustiora, in
supplementum gregis reservantur, cetera mercantibus tra-
55 duntur. anniculae vel bimae capellae – nam utraque aetas   8
partum edit – submitti haedum non oportet, neque enim
educare nisi trima debet. sed anniculae confestim depellen-
da suboles, bimae tamdiu admittenda, dum possit esse
vendibilis. nec ultra octo annos matres servandae sunt,
60 quod adsiduo partu fatigatae steriles existant. magister   9
autem pecoris acer, durus, strenuus, laboris patientissimus,
alacer atque audax esse debet, ut qui per rupes, per solitudines, per vepres facile vadat et non ut alterius generis
pastores sequatur, sed plerumque et antecedat gregem. ma-
65 xime strenuum pecus, ⟨id⟩ est capitale ac praecedens,
subinde vinculis conpesci debet, ne procurrat, sed placide
ac lente pabuletur, ut et largi sit uberis et non strigosissimi
corporis.

49 edorum **SA**
51 cythisus **R** cytissus **A**   edera **R** *Pall.*
52 aliaeque **Stü** alte quae (*vel* -que) **AR**   tenues **ptü** tenue **SAR**
53 uidetur **A**   **54** suplementum **S** suplementur **A**
55 bime **Sγ** bine **AR**   **58** soboles **S²R**   **60** assiduo **R** adsidue **SA**
fatigatae steriles **tü** (ae *in ras. longiore*) **S** fatigata est exsteriles **A** fatigata
est et steriles **R** *fort. leg.* fatigatae sunt et st.   existant **SAR** *malim* existunt
62 s. solitudinis S¹A¹   **64** et antecedat *Lundstr.* ut a. **SAR**   **65** id *addidi*
capitale ac praecedens *scripsi* capelle caprae (-e **AR**) cedent **SAR**
66 vinculis *scripsi* quem cedit **SAR** quae incedit *Lundstr.* (*om.* incedit) *Schn.*
procurrat γ procurret **SAR**
68 *post* corporis *tit.* XIIII (*om.* **AR**) DE MEDICINA CAPRARUM S
(*litt. min.*) **Ah** (*in marg.*) **R** *aliquot*

Kitze ebenso aufzuziehen wie die Lämmer, doch mit dem Unterschied, daß bei Bockkitzen der Übermut strenger im Zaum zu
halten und schärfer zu beschneiden ist. Ferner gibt man ihnen
außer reichlicher Muttermilch Ulmensamen oder Schneckenklee
oder Efeu, auch Mastixtriebe und anderes junges Laub. Von den
zwei Jungen (einer Ziege) behält man eines, und zwar dasjenige, welches kräftiger zu sein scheint, zur Ergänzung der Herde;
die anderen gibt man an den Viehhändler weg. Einer einjährigen
oder zweijährigen Ziege – beide bringen nämlich schon Junge
zur Welt – soll man kein Kitz unters Euter geben; erst mit drei
Jahren soll sie selbst nähren. Und zwar soll man das Junge
einer Einjahrsziege sofort entwöhnen, das einer zweijährigen solange bei der Mutter lassen, bis es verkauft werden kann. Mehr
als acht Jahre soll man Mutterziegen nicht behalten, weil sie
durch fortwährende Geburten erschöpft und unfruchtbar werden.
– Der Ziegenhirt soll scharf, unerbittlich, tüchtig, sehr leistungs-
fähig, gewandt und mutig sein, ein Mann, der durch Schrofen,
Wüsteneien und Dorngestrüpp ohne Mühe gehen kann und nicht
wie die Hirten anderer Tiere hinter der Herde herläuft, sondern
in der Regel seinen Tieren vorausgeht. Das tüchtigste Tier, d.h.
das Leittier, das vorausgeht, muß man, zuweilen mit Stricken[35], in
seiner Freiheit beschränken; denn es soll nicht davonlaufen, sondern ruhig und langsam weiden, damit es ein volles Euter und
nicht einen recht mageren Körper hat.

MEDICINAE EARUM   7

Atque alia genera pecorum, cum pestilentia vexantur,   1
prius morbo et languoribus macescunt, solae capellae
quamvis opimae atque hilares subito concidunt et velut
aliqua ruina gregatim prosternuntur. id autem accidere
5 maxime solet ubertate pabuli; quam ob rem, dum adhuc
paucas pestis perculit, omnibus sanguis detrahendus nec
toto die pascendae, sed mediis quattuor horis intra saepta
claudendae. sin alius languor infestat, poculo medicantur   2
harundinis et albae spinae radicibus, quas cum ferreis pi-
10 lis dilgenter contudimus, admiscemus aquam pluviatilem
solamque potandam pecori praebemus. quod si ea res
aegritudinem non depellit, vendenda sunt pecora vel, si
neque id contingere potest, ferro necanda saliendaque.
mox interposito spatio conveniet olim gregem reparare, nec
15 tamen ante quam pestilens tempus anni, sive id fuit hiemis,
vertatur aestate sive autumnum vere mutetur. cum vero   3

---

cap. 7 extat in **M**   **2** langoribus **R**   maciescunt **S**[1] marcescunt **M**
3 opimae *Schn.* optimae **S**[2]**R** optima **SA**[1]   et (*ante* uelut) **M** *om.* **SAR**
4 gregatim *om.* **γ**
prosternuntur *scripsi* prosternatur **SAR** prosternantur ltü *edd.* consternuntur **M**
id autem accidere *Lundstr.* id autem cedere **t** id actim (-um **AR**) cedere
S[1]**AR** id accidere **S**[2] *ed. pr.*   **5** axime **S**[1]   dum tü[2]**M** *om.* **SAR**
6 paucas **SM** caudas **AR**   *post* pestis *add.* eiusmodi **M**   **7** medie **M**
8 langor **R**   poculi/pabulo **γ**   **9** arundinis **R** *aliquot*
10 contudimus **S** contundimus **ARM**   **12** depellit/repellit **M**
13 salliendaque **l** sallendaque **R** saliendaque **SA**[2]**M** saltenda quae **A**[1]
post -que *add.* quae **A**[2]**R** *plerique*   **14** olim/alium *ed. pr. om.* **M**
15 id/it **SA**[1]   **16** uertatur tü**M** uertantur **SAR**
autumnum **SAR** autumnus **M**   uero α**M** uerum **SAR**
mutetur **Stü**[2] utetur **AR** mutemur **M**   uero **RM** uere **SA**κψ

7. KAPITEL: HEILBEHANDLUNG
DER ZIEGEN

Wenn Tiere anderer Gattungen von einer Seuche erfaßt werden,
magern sie zunächst durch die Krankheit und durch Ermattungs-
zustände ab; nur die Ziegen, mögen sie noch so fett und strotzend
sein, brechen unvermittelt zusammen und werden wie durch eine
Katastrophe gleich herdenweise niedergeworfen. Das geschieht
aber am häufigsten bei Überfütterung; deshalb soll man, wenn
die Krankheit erst wenige Tiere befallen hat, alle zur Ader lassen und sie nicht den ganzen Tag über weiden lassen, sondern
während der vier mittleren Tagesstunden in den Pferch sperren.
Wenn sie sonst eine Mattigkeit befällt, dann behandelt man sie
mit einem Trank von Schilf- und Weißdornwurzeln; diese zerstößt man sorgsam mit eisernen Mörsern, gießt dann Regenwasser bei oder gibt nur dieses den Tieren zu saufen. Wenn dies
die Krankheit nicht behebt, dann muß man die Tiere verkaufen
oder, falls das nicht möglich ist, mit dem Messer schlachten und
einsalzen. Erst nach längerer Zeit wird es sich dann empfehlen,
die Herde wieder aufzubauen, doch nicht eher, als bis die die
Seuche verursachende Jahreszeit wechselt, also etwa der Winter
vom Sommer oder der Herbst vom Frühjahr abgelöst wird.[36]

singulae morbo laborabunt, eadem remedia, quae etiam
ovibus, adhibebimus, nam cum distendetur aqua cutis,
quod vitium Graeci vocant ὕδρωπα, sub armo pellis le-
20 viter incisa pernitiosum transmittat umorem, tum factum
vulnus pice liquida curetur. cum effetae loca genitalia 4
tumebunt aut secundae non responderint, defruti sextarius
vel, cum id defuerit, boni vini tantundem faucibus infundatur et naturalia ceroto liquido repleantur. sed ne nunc sin-
25 gula persequar, sicut in ovillo pecore praedictum est, caprinum medebimur.

DE CASEO FACIENDO   8

Casei quoque faciendi non erit omittenda cura utique 1
longinquis regionibus, ubi mulctram devehere non expedit.
is porro si tenui liquore conficitur, quam celerrime venden-
dus est, dum adhuc viridis sucum retinet, si pingui et opi-
5 mo, longiorem patitur custodiam. sed lacte fieri debet
sincero et quam recentissimo – nam requietum vel aqua

---

17 morbo **M** domo **SAR**   18 ouibus etiam γκ
adhibuimus **R** adhibemus **A**   nam *om.* **M**   aque **R**
19 ΥΔΡωΠα **SA** *om. v. sp. rel.* **R** *plerique*   19 s. leniter γκ
20 humorem **RM**   tum/cum γ**M**
21 effete t et foetae **S** et feta γκ et facte **AR** fere **M**
22 defruti (-fri- **M**) sextarius S²**M** defrutis est aurius (aunus **A**) S¹**A** defrutis
est annus (*vel sim.*) **R**   23 facibus S¹
24 ceroto **M** geratori **SA**tü² ageratori **R**
26 *a* medebimur *desinit* **M** *sequitur tit.* XV (*om.* **AR**) DE CASEO FACIEN-
DO **S** (*litt. min.*) **A**lt (*in marg.*) **R** *aliquot*

cap. 8 usus est Pall. 6, 9
2 mulctram *edd.* mulcram **S** mulcra **A** multra **R**
3 si (*ante* tenui)/sit *vel* sic **R** *multi*   5 patitur **S** patimur **AR**
6 s. aqua mixtum *Heinsius* quâ mixtum **S** maximum **AR**

Wenn aber einzelne Ziegen krank werden, wendet man dieselben
Mittel wie bei den Schafen an. Wenn etwa die Haut durch Wasser
aufgetrieben wird, eine Krankheit, die die Griechen *hýdrops* nen-
nen, lasse man die schädliche Flüssigkeit durch eine leichte Haut-
inzision an einem Vorderschenkel abfließen, bis man die offene
Wunde mit flüssigem Pech zur Heilung bringt. Wenn nach dem
Wurf eine Schwellung der Geschlechtsteile auftritt oder die
Nachgeburt nicht ausgeschieden wird, gießt man einen *sextarius*
Obstsirup, oder, wenn der nicht vorhanden ist, die gleiche Menge
guten Weins in den Schlund und füllt die Scheide mit flüssigem
Wachsbalsam. Doch um jetzt nicht auf Einzelheiten einzugehen:
man behandelt die Ziegen genau so, wie es für die Schafe ange-
geben ist.

8. KAPITEL: KÄSEBEREITUNG

Die Bemühungen um die Käseherstellung dürfen nicht aussetzen, vor allem in weit entfernten Gegenden, in denen der Ab-
transport der Milch nicht gut möglich ist. Wird der Käse aus
dünnflüssiger Masse hergestellt, so muß er so schnell wie möglich verkauft werden, solange er im frischen Zustand ist und noch
das Wasser bindet; wird er aus fetter oder steifer Masse gemacht, dann erträgt er längere Aufbewahrung. Doch ist notwendig,
daß er aus unvermischter und möglichst frischer Milch bereitet
wird – denn abgestandene oder mit Wasser vermischte Milch wird

mixtum celeriter acorem concipit – et id plerumque cogi
agni aut haedi coagulo, quamvis possit et agrestis cardui
flore conduci et seminibus gneci nec minus ficulneo lacte,
quod emittit arbor, si eius virentem saucies corticem. ve-   2
10 rum optimus caseus est, qui exiguum medicaminis habet.
minimum autem coagulum recipit sinum lactis argentei
pondus denarii, nec dubium quin fici ramulis glaciatus
caseus iucundissime sapiat. sed mulctra cum est repleta   3
15 lacte, non sine tepore aliquo debet esse, nec tamen admovenda est flammis, ut quibusdam placet, sed haut procul
igne constituenda, et confestim cum concreverit liquor, in
fiscellas aut in calathos vel formas transferendus est. nam
maxime refert primo quoque tempore serum percolari et
20 a concreta materia separari. quam ob causam rustici ne   4
patiantur quidem sua sponte pigro umore defluere, sed cum
paulo solidius caseus factus est, pondera superponant, quibus exprimatur serum; deinde ut formis aut calathis exemptus est, opaco ac frigido loco, ne possit vitiari, quamvis
25 mundissimis tabulis conponitur, aspargitur tritis salibus, ut
exsudet acidum liquorem, atque ubi duratus est, vehementius premitur, ut conspissetur, et rursus torrido sale con-
tingitur rursusque ponderibus condensatur. hoc cum per   5
dies novem factum est, aqua dulci abluitur et sub umbra

7 aquorem S concipit et *Lundstr.* concipiat **SAR** concipit †
8 agrestis b²p²tü² *Pall.* agrestius **SAR** agrestibus γ
cardui tü² *Pall.* cardiu S cardius **AR** carduis αγ   11 ceseus S¹A
medicaminis A²**R** medicā is S medicamis A¹
12 coagulum γκ coagulo (-cu- A) **SAR**
argentei ... denarii *ed. pr.* argenteis ... denariis **SAR**   14 mulctrat SA
15 tempore S¹A¹   16 haut S²A¹ aut S¹ψ haud **R**   18 calatos SAγ
21 humore **R**   22 superponant † superponunt **SAR**   23 chalatis SA
23 s. exemptus **R** exemtus S² exemtis S¹A   25 aspargitur **R** aspergiturq; †
26 autque S   27 ut Sstü¹ *om.* **AR**
29 dulci abluitur S dulcia bibitur A dulci ebibitur **R**

leicht sauer –, am besten wird die Milch mit Lamm- oder
Kitzlab zum Gerinnen gebracht, obschon sie auch mit Karden-
distelblüten und Saflorsamen[37)] eingedickt werden kann, ferner
mit der Milch des Feigenbaums, die ausfließt, wenn man die noch
grüne Rinde des Baumes anschneidet. Der beste Käse ist aber derjenige, der nur wenig Fermentzusatz enthält. Ein Asch[38)] Milch
benötigt zur Gerinnung mindestens eine Labmenge vom Gewicht
eines Silberdenars[39)], und ohne Zweifel schmeckt ein Käse, der
mit Feigenreisig zum Gerinnen gebracht ist, am angenehmsten.
Wenn die Milch im Kessel ist, darf sie nicht ganz ohne Wärme
sein, aber auch nicht aufs Feuer gesetzt werden, wie manche meinen; sondern sie ist in der Nähe des Feuers aufzustellen, und sobald die Flüssigkeit zusammengegangen ist, muß sie in die Preß-
körbe oder Formnäpfe umgegossen werden. Denn es ist wesentlich, daß das Wasser möglichst sofort abgeseiht und von der festen Substanz getrennt wird. Deshalb soll der Bauer es auch nicht
von selbst in langsamem Abfluß weggehen lassen, sondern den Käse gleich, wenn er etwas fester geworden ist, mit Gewichten be-
schweren, die das Milchwasser auspressen; wenn er dann aus den
Formen oder Körben herausgenommen ist, lagert man ihn an
dunklem und kühlem Ort auf möglichst sauberen Brettern ab, um
jede Schädigung zu vermeiden, bestreut ihn mit feingeriebenem
Salz, damit er die scharfe Flüssigkeit ausschwitzt, und preßt
ihn, wenn er hart geworden ist, noch stärker, damit er kompakt
wird, überzieht ihn noch einmal mit trockenem Salz und preßt
ihn abermals mit Gewichten zusammen. Ist dies fünf Tage lang
geschehen, dann wird er mit Süßwasser abgewaschen und an schat-

30 cratibus in hoc factis ita ordinatur, ne alter alterum caseus
contingat et ut modice siccetur, deinde quo tenerior per-
maneat, clauso neque ventis obnoxio loco stipatur per
conplura tabulata. sic neque fistulosus neque salsus neque
aridus provenit, quorum vitiorum primum solet accidere si
35 parum pressus, secundum si nimio sale inbutus, tertium si
sole exustus est. hoc genus casei potest etiam trans maria 6
permitti; nam is qui recens intra paucos dies absumi debet, leviore cura conficitur, quippe fiscellis exemptus in
salem muriamque demittitur et mox in sole paulum sicca-
40 tur. non nulli ante quam pecus numellis induant, virides
pineas nuces in mulctram demittunt et mox super eas emul-
gent nec separant, nisi cum transiecerunt in formas coactam
materiam. ipsos quidam virides conterunt nucleos et lacti
permiscent atque ita congelant. sunt qui thymum contri- 7
45 tum cribroque colatum cum lacte cogant. similiter qualis-
cumque velis saporis efficere possis, adiecto quod elegeris
condimento. illa vero notissima est ratio faciundi casei,
quem dicimus manu pressum, namque is paulum gelatus in
mulctra, dum est tepefacta, rescinditur et fervente aqua
50 perfusus vel manu figuratur vel buxeis formis exprimitur.

---

30 factis **R** fatis **SA** alter **Sαγ** altera **AR**   ceseus **S**¹**A**
33 tabulata sic aeque **Sp**² tabulatas igneas **A** tabulata signeas **R**
35 tertium **S** tertio **AR**   **37** permittitur **A**   is/his **AR** *aliquot*
39 muriamque **S** murtamque **A** (*vel* murc-) **R**
demittitur **S** dimittitur **AR**   **40** induant *Broukhuis* indurat **SAR**
41 in (*post* nuces) **p**² *om.* **SAR**
mulctram *edd.* mulctra **S**²**γ** multra **AR** multa **S**¹
demittunt **S** dimittunt **AR**
42 transiecerunt *scripsi coll. Varr. 1, 64, 1* transierunt **SAR** transmiserunt
Lundstr. praeeunte ed. pr. (-erint)   **43** materiem **S**
44 congelant **α** concelant **SAR**   **45** cribroque/frequenter *Pall.*
48 manu **R** uanu **SA**   pressum **R** pressu **SA**
namque is **S** nam quis **AR**   gelatus **α** c(a)elatus **SAR**
49 mulctra dum **S** mulctrandum **A** (*vel* multr-) **R**
tepefacta *ed. pr.* neres phata (fata **A**) **SA** ne res (*vel* pes) fata (*vel* facta,
factus *al.*) **R**   **50** figuratur *Ald.* figuratus **SAR**

tigem Ort auf eigens dafür hergestellten Reisigmatten derart gestapelt, daß kein Käse den anderen berührt, um nach und nach
zu trocknen; endlich wird er, um sich zarter zu halten, in einem
geschlossenen und vor Luftzug geschützten Raum durch mehrere
Bretterlagen zusammengedrückt. Auf diese Weise wird er weder
löchrig noch salzig noch trocken, drei Nachteile, von denen der
erste auftritt, wenn der Käse zu wenig gepreßt, der zweite, wenn
er zu stark gesalzen, der dritte, wenn er von der Sonne ausge-
trocknet wird. Diese Art Käse kann man sogar über See ver-
senden; dagegen wird der für raschen Gebrauch bestimmte Käse
mit weniger Umständlichkeit hergestellt. Ist er nämlich aus den
Körben herausgenommen, dann taucht man ihn in Salz und Pökelbrühe und läßt ihn danach ein wenig an der Sonne trocken werden.
Manche werfen, ehe sie die Tiere in die Melkfessel sperren[40], frische Pinienkerne[41] in den Melkkübel, melken dann darauf und
nehmen sie erst wieder heraus, wenn sie die geronnene Masse in
die Formen gegeben haben. Manche zerreiben auch die frischen
Kerne und geben sie so der Milch bei, um sie gerinnen zu lassen. Andere zerreiben zu diesem Zweck Thymian und passieren
ihn mit der Milch durch das Sieb. Auf ähnliche Weise kann man
dem Käse jeden beliebigen Geschmack mitteilen, indem man das
gewünschte Gewürz beigibt. Am bekanntesten ist die Herstel-
lungsweise des sog. Handkäses; dieser wird, sobald die Milch im
Eimer etwas zusammengegangen ist, noch im lauwarmen Zustand
wieder aufgelockert, mit kochendem Wasser übergossen und mit
der Hand herausgeformt oder in Buchsbaummodeln gepreßt. Nicht

est etiam non ingrati saporis muria praeduratus atque ita
malini ligni vel culmi fumo coloratus. sed iam redeamus ad
originem.

DE SUBUS 9

In omni genere quadripedum species maris diligenter 1
eligitur, quoniam frequentius patri similior est progenies
quam matri. quare etiam in suillo pecore probandi sunt
totius quidem corporis amplitudine eximii, sed qui quadra-
5 ti potius quam longi aut rotundi sint, ventre promisso,
clunibus vastis nec proinde cruribus aut ungulis proceris,
amplae et glandulosae cervicis, rostri brevis et resupini,
maximeque ad rem pertinet quam salacissimos esse ineuntes. ab annicula aetate commode progenerant, dum quadri-   2
10 matum agant, possunt tamen etiam semestres inplere feminam. scrofae probantur longissimi status, set ut sint re-
liquis membris similes descriptis verribus. si regio frigida
et pruinosa est, quam durissimae densaeque et nigrae
setae grex eligendus est, si temperata atque aprica, gla-

---

52 malini ligni *edd. vett.* mallinis (mali- **cdü**[2]) lignis **SAR**
53 *post* originem *tit.* XVI (*om.* **AR**) DE SUBUS **Sd** (*litt. min.*) **A** (*plerumque in marg.*) **R** *aliquot*

cap. 9 usus est Pall. 3, 26 1 quadrupedum **R**
2 frequentius **S** frequenter **AR**
3 probandi **S** reprobandi **R** respbandi **A**
4 amplitudine **S** amplitudinem **AR**   eximii **St** eximit **AR**
5 potius **S**[2]**γκ** positius **S**[1]**AR**   quam *Ald. om.* **SAR** 6 curibus **S**[1]**A**[1]
7 rostri **S** rostribus **AR**   breuis **SA** breuibus **R**
resupini *Lundstr.* resupina **SAR**
8 **s.** esse ineuntes *Lundstr.* esse minant et **SAR**
11 longissimi **bktü**[2] longissimis **SAR**
set ut *Lundstr.* est ut **S**[1]**AR** et ut αψ ut **S**[2]
13 *post* pruinosa est *verba* ut sint – pruinosa *repet.* **S**
denseque α densaque **tü**[2] adensaque **SAR**
13 **s.** nigrae sete **S**[1] nigrae sedet **S**[2] nigras ete **A** nigra es (*uel* aes) et **R**

unangenehm schmeckt er auch, wenn er in Salzbrühe festgewor-
den und dann mit Apfelholz- oder Strohrauch gefärbt ist.[42].
Doch kehren wir zum Ausgangspunkt zurück!

9. KAPITEL: DIE SCHWEINE

Bei jeder Art Vierfüßler ist man wählerisch in der körperli-
chen Erscheinung des männlichen Tieres, da der Nachwuchs
häufiger dem Vatertier ähnelt als dem Muttertier. Deshalb kört
man auch in der Schweinezucht Eber von großer Mächtigkeit
des Gesamtkörpers, doch mehr von vierkantiger als langgestreck-
ter oder rundlicher Gestalt, mit hervortretendem Bauch, großen
Hinterbacken und folglich nicht sehr hohen Beinen und Zehen, mit
kräftigem und muskulösem[43] Nacken und kurzem, zurückgestülp-
tem Rüssel; besonders wichtig ist es, daß sie beim Sprung möglichst geil sind. Im Alter von ein bis vier Jahren zeugen sie am
besten, doch können sie schon mit sechs Monaten eine Sau
schwängern. Die Säue wählt man mit möglichst langgestrecktem
Körperbau, doch im übrigen ähnlich den geschilderten Ebern.
Ist die Gegend kalt und regnerisch, dann wählt man eine Herde mit
möglichst hartem, dichtem und dunklem Borstenwuchs; ist sie

15 brum pecus vel etiam pistrinale album potest pasci. femina   3
   sus habetur ad partus edendos idonea fere usque in annos
   septem, quae quanto fecundior est celerius senescit. annicula non inprobe concipit, sed iniri debet mense Februario,
   quattuor quoque mensibus feta quinto parere, cum iam
20 herbae solidiores sunt, ut et firma lactis maturitas porcis
   contingat et, cum desierint uberibus ali, stipula pascantur
   ceterisque leguminum caducis frugibus. hoc autem fit lon-   4
   ginquis regionibus, ubi nihil nisi submittere expedit; nam
   suburbanis lactens porcus aere mutandus est; sic enim ma-
25 ter non educando labori subtrahitur celeriusque iterum
   conceptum partum edet, idque bis anno faciet. mares vel
   cum primum ineunt semenstres aut cum saepius progeneraverunt trimi aut quadrimi castrantur, ut possint pinguesce-
   re. feminis quoque vulvae ferro exulcerantur et cicatricibus   5
30 clauduntur, ne sint genitales, quod facere non intellego
   quae ratio conpellat nisi penuria cibi. nam ubi est ubertas
   pabuli, submittere prolem semper expedit.

   Omnem porro situm ruris pecus hoc usurpat, nam et   6
   montibus et campis commode pascitur, melius tamen pa-
35 lustribus agris quam sitientibus. nemora sunt convenientis-
   sima, quae vestiuntur quercu, subere, fago, cerris, ilicibus,
   oleastris, tamaricibus, corulis pomiferisque silvestribus, ut
   sunt † abae † albae spinae, Graecae siliquae, iuniperus,
   lotus, pampinus, cornus, arbutus, prunus et paliurus atque

15 pistrinale S pistinale **AR**   **16** sus αγψ suus **SAR** *multi*
edendos idonea **A²R** edendo nea **SA¹**   **18** iniri *Ald.* inire **SAR**
21 ali S²cltü alti S¹**AR**   **24** lactens **R** lactes **SA**
(a)ere **R** ae ru **S** eru **A** hara † *Lundstr.*   **26** bis **R** uis **A** quis **S**
28 trimi **R** primi **SA**   **30** intellego **A** intelligo **SR**   **31** cibi cubi S¹**A**
36 subere **R** suberi **SA**
37 tamaricibus *coni. Bruno, Less. agricolo p. 69 (cf. 8, 15, 4)* termitibus **SAR**
38 albae/abae **S** abe **A**   iunipirus **S**
39 paliurus *vel* paliurus **R** paliuris **SA**

mild und sonnig, kann man auch borstenlose und schneeweiße Mühlenschweine[44] weiden lassen. Die Muttersau gilt bis ins Alter von etwa 7 Jahren als zuchtfähig, doch altert sie um so eher, je fruchtbarer sie ist. Eine Jährige empfängt schon ganz gut, doch muß sie im Februar gedeckt werden und nach viermonatiger Trächtigkeit im fünften Monat werfen, wenn der Pflanzenwuchs schon ziemlich stark ist, damit die Ferkel kräftige Milch bekommen und nach dem Ende der Säugezeit Stoppeln und ausgefallene Hülsenfrüchte zu fressen haben. So macht man es wenigstens in stadtfernen Gegenden, wo nur die Aufzucht der Ferkel in Frage kommt; in Stadtnähe dagegen ist das Spanferkel zu verkaufen; so wird die Muttersau nicht durch das Säugen ihrer Aufgabe entzogen und kann rascher wieder empfangen und werfen; und zwar tut sie dies zweimal im Jahr. Die Eber werden entweder halbjährig mit dem Eintritt der Geschlechtsreife oder nach mehrmaliger Fortpflanzung drei- oder vierjährig kastriert, damit sie Fett ansetzen können. Auch den Säuen schabt man die Gebärmutter aus und verschließt sie durch eine Naht[45], damit sie nicht geschlechtsfähig sind; doch kann ich mir dies nicht anders als aus Futtermangel erklären; denn wo es reichlich Futter gibt, ist es immer vorteilhaft, Nachwuchs aufzuziehen.

Dieses Tier gedeiht in jeglicher örtlichen Lage; es weidet ebenso gut auf Bergen wie in der Ebene, doch besser auf feuchten als auf trockenen Böden. Am geeignetsten sind Wälder mit Beständen von Eichen, Korkeichen, Buchen, Zirneichen, Steineichen, Oleasterbäumen, Tamarisken, wilden Haselnußstauden und wilden Obstbäumen, wie Weißdorn, Johannisbrot, Wacholder, Judendorn, wilder Wein, Kornelkirschbäume, Erdbeerbäume, Pflau-

40 achrades piri. haec enim diversis temporibus mitescunt ac
   pene toto anno gregem saturant. at ubi penuria est arbo-   7
   rum, terrenum pabulum consectabimur et sicco limosum
   praeferemus, ut paludem rimentur effodiantque lumbricos
   atque in luto volutentur, quod est huic pecudi gratissimum;
45 quin et aquis abuti possint. namque id fecisse maxime
   aestate ⟨expedit.⟩ profuit et dulcis eruisse radiculas aquatilis silvae, tamquam scirpi iuncique et degeneris harundinis, quam vulgus cannam vocant. nam quidem cultus ager   8
   opimas reddit sues, cum est graminosus et pluribus generi-
50 bus pomorum consitus, ut per anni diversa tempora mala,
   pruna, pirum, multiformes nuces ac ficum praebeat. nec
   tamen propter haec parcetur horreis. nam saepe de manu
   dandum est, cum foris deficit pabulum, propter quod plurima glans vel cisternis in aquam vel fumo tabulatis recon-
55 denda est. fabae quoque et similium leguminum, cum vilitas 9
   permittit, facienda est potestas et utique vere, dum adhuc
   blandiunt⟨ur⟩ viridia pabula, quae subus plerumque nocent. itaque mane, prius quam procedant in pascua, conditi-
   vis cibis sustinendae sunt, ne inmaturis herbis citetur alvus
60 eoque vitio pecus emacietur. nec ut ceteri greges universi
   claudi debent, sed per porticus harae faciendae sunt, quibus
   aut a partu aut etiam praegnates includantur. nam praecipue sues catervatim atque inconditae, cum sint pariter

40 achrades **flt** archades *vel* ac(h)adres *vel* achades **R** acades **SA**
41 at/ad S¹A¹ **43** effodiantque **R** et fodiantque **SA**
44 pecudi/pecori γκz **46** estatem **SA**
   expedit *addidi* (*Hermes* 80, 219) *om.* **SAR**
47 scirpi h⁻jkpuü stirpi **SAR** sirpi s **46** s. arundinis γκ
49 s. generibus **R** *om.* **SA** **51** pyrum S pyrrum **A** **53** est cum **R** cum **SA**
54 s. recondenda S²p reconda S¹A recondita **R**
56 potestas Sγs potestatis **AR**
57 blandiuntur *scripsi coll. Plin. nat.* 13, 60 lanciunt **R** lantiunt **SA** lactent
   Gesn. ex Pall. 3, 26 3 **57** s. nocet **SA**
59 sustinendae *ed. pr.* sustinenda **SAR**   herbis uerbis **SA¹**
   albus **SA¹** **60** nec ut Sγκρ ne ut **AR** **61** per *om.* **SAαψ**
   hare *vel* (h)aree **R** *om.* **SA** **62** a partu zä a parte **SA** aperte *vel* apenre **R**
63 catur uatim **SA**   atque **R** ad S ut ad A¹   sint/sunt S

menbäume, Judendornbäume und Wildbirnbäume. Deren Früchte reifen nämlich zu unterschiedlichen Zeiten und ernähren die Herde fast das ganze Jahr hindurch. Wo jedoch Bäume mangeln, wird man das Futter von der Erde nehmen und dabei einen feuchten Boden dem trockenen vorziehen, damit die Schweine im Morast wühlen, Regenwürmer ausgraben und im Schlamm suhlen können, was diese Tiere ungemein lieben. Ja sie sollen sogar uneingeschränkt Wasser zur Verfügung haben; das ist vor allem im Sommer vorteilhaft. Außerdem empfiehlt es sich, süße Binsenwürzelchen auszugraben und zwar von *scirpi, iunci*[46] und gewöhnlichem Schilf, das im Volksmund Röhricht heißt. Auf bearbeitetem Land werden die Schweine fett, wenn es mit Gras bedeckt und mit mehrerlei Arten von Obst bepflanzt ist, so daß es in den verschiedenen Jahreszeiten Äpfel, Pflaumen, Birnen allerlei Nüsse und Feigen bietet. Trotzdem wird man darum nicht an dem sparen, was die Scheune zu bieten hat; denn oft ist Handfütterung nötig, wenn es im Freien an Futter fehlt, weshalb man reichlich Eicheln entweder in den Trögen ins Wasser wirft oder auf dem Boden im Rauch einlagern muß. Auch Bohnen und ähnliches Gemüse soll man sie, wenn es ein niedriger Preis ermöglicht, reichlich fressen lassen, vor allem im Frühjahr, wenn die jungen Gräser locken, die den Schweinen in der Regel schaden. Deshalb soll man sie morgens, ehe sie auf die Weiden gehen, mit eingelagertem Futter sättigen, damit sie nicht von unreifen Kräutern Durchfall bekommen und durch diese Störung abmagern. Auch dürfen nicht wie bei anderen Tieren ganze Herden zusammen eingesperrt werden; vielmehr sind durch Zwischenwände Einzelkoben zu bilden, in welche die Schweine, die eben geferkelt haben, oder die trächtigen eingeschlossen werden. Denn gerade die Schweine legen sich, wenn sie gemeinsam eingeschlossen sind, in Haufen und ohne jede Ordnung quer übereinander

inclusae, super alias aliae cubant et fetus elidunt. quare, ut 10
65 dixi, iunctae parietibus harae construendae sunt in altitudinem pedum quattuor, ne sus transilire septa queat; nam
contegi non debet, ut a superiore parte custos numerum
porcorum recenseat et, si quem decumbens mater oppres-
serit, cubanti subtrahat. sit autem vigilax, inpiger, indus-
70 trius, navus; omnium quas pascit et matricum et minorum
meminisse debet, ut uniuscuiusque partum consideret. semper observet enitentem claudatque, ut in hara fetum edat.
tum denotet protinus, quot et quales sunt nati, et curet, ne 11
quis sub nutrice aliena educetur, nam facillime porci, si
75 evaserint haram, miscent se, et scrofa cum decubuit aeque
alieno et suo praebet ubera. itaque porculatoris maximum 12
officium est, ut unamquamque cum sua prole claudat. qui
si memoria deficitur, quo minus agnoscat cuiusque progeniem, pice liquida eandem notam scrofae et porcis in-
80 ponat, sive per litteras sive per alias formas unumquemque
fetum cum matre distinguat. nam in maiore numero diversis notis opus est, ne confundatur memoria custodis.
at tamen quia id facere gregibus amplis videtur operosum, 13
commodissimum est haras ita fabricare, ut limen earum in
85 tantam altitudinem consurgat, quantam possit nutrix eva-
dere, lactens supergredi non possit. sic nec alienus inrepit et in cubili suam quisque matrem nidus exspectat; qui

---

65 hare Sγ (h)aree **AR**   66 sus/suus **SA**[1]   67 numerum **SA**p numeros **R**
69 sit/sic s si γκ   uigilax **SA** uigilans **R**
72 -que ut (*post* claudat) *om.* **SA**   hara/aera *vel* (h)area **R** *plerique*
73 denotet **R** dinotet **SA**   quot/quod **S**[1]**A**[1]   sunt/sint **R** *plerique*
post curet *add.* nutrix **S**[1]**AR** *del.* **S**[2]   73 s. ne quis/equis **S**[1]**A**
74 aliena educetur p̈ aliene ducetur **SA** aliena educatur **R**   porcis γκ
75 aram **SA**[1]   76 praebet/prendet **Aα**   77 unamque **SA**
79 eandem **R** eadem **A** (*bis*) **S**   79 s. inponat/inrotat **A**   83 at **R** ac **SA**
id **SA** ita **R**   84 limen earum **R** minearum **SA**
85 quantâ **S** quantum **AR**   86 supergredi **R** ut pergredi **SA**
86 s. inrepit **SA** irrepat **R**   87 quisquâ **A**   nidus **S**κp nidos **AR**

und beschädigen ihre Leibesfrucht. Es sind also, wie gesagt, Wand an Wand Koben anzulegen, 4 Fuß hoch, damit das Schwein die Begrenzungswände nicht überspringen kann; denn die Koben dürfen nicht abgedeckt werden, damit der Wärter die Zahl der Ferkel prüfen und, falls die Muttersau beim Niederlegen eines erdrückt hat, es unter ihr hervorziehen kann. Der muß wachsam, unermüdlich, eifrig und geschickt sein; alle Muttertiere und Ferkel, die er versorgt, muß er kennen und die Wurfzeit jeder Sau im Kopf haben. Wenn eine ferkelt, muß er sie ständig beobachten und eingesperrt halten, damit sie im Koben wirft. Danach muß er unverzüglich die Zahl und Beschaffenheit der Ferkel feststellen und dafür sorgen, daß keines an der falschen Mutter saugt; denn wenn die Ferkelchen aus dem Koben laufen, geraten sie sehr leicht durcheinander, und wenn sich die Alte niedergetan hat, gibt sie die Zitzen fremden und eigenen Jungen ohne Unterschied. Deswegen ist die wichtigste Aufgabe des Schweineknechts, jedes Mutterschwein für sich mit seinen Ferkeln eingeschlossen zu halten. Wenn sein Gedächtnis nicht ausreicht, um sich den Wurf jeder einzelnen zu merken, soll er mit flüssigem Pech der Alten und den Jungen dasselbe Zeichen aufmalen, und entweder durch Buchstaben oder andere Kennzeichen jeden Wurf samt dem Muttertier markieren. Denn bei einer größeren Zahl braucht er verschiedenartige Zeichen, damit sie in seiner Erinnerung nicht durcheinandergeraten. Doch weil dies bei großen Schweineherden wohl zu mühsam ist, ist es am bequemsten, die Koben so anzulegen, daß ihre Schwelle so hoch ragt, daß das Mutterschwein heraussteigen, die Spanferkel sie aber nicht übersteigen können. So dringt kein Fremdling ein, und jede Brut erwartet im Nest die

tamen non debet octo capitum numerum excedere, non
quia ignorem fecunditatem scrofarum maioris esse numeri,
90 sed quia celerrime fatiscit, quae pluris educat. atque eae,
quibus partus submittitur, cocto sunt hordeo sustinendae,
ne ad maciem summam perducantur et ex ea ad aliquam
perniciem. diligens autem porculator frequenter suile con-   14
verrit et saepius haras; nam quamvis praedictum animal in
95 pabulationem spurce versetur, mundissimum tamen cubile
desiderat. hic fere cultus est suilli pecoris recte valentis;
sequitur, ut dicamus, quae sit cura vitiosi.

MEDICINAE EARUM   10

Febricitantium signa sunt, cum obstipae sues transversa   1
capita ferunt ac per pascua subito, cum paululum procurre-
runt, consistunt et vertigine correptae concidunt. earum   2
notanda sunt capita, quam in partem proclinent, ut ex di-
5 versa parte de auricula sanguinem mittamus, item sub cauda duobus digitis a clunibus intermissis venam feriamus,
quae est in eo loco satis ampla, eamque sarmento prius
oportet verberari, deinde ab ictu virgae tumentem ferro
rescindi detractoque sanguine conligari saligneo libro vel
10 etiam ulmeo. quod cum fecerimus, uno aut altero die sub   3
tecto pecudem continebimus et aquam modice calidam

---

88 tamen SA tantum R   90 eae Stü² e AR   91 submittitur sumitur S
cocto/octo R plerique   92 macem S¹A¹   perducatur SA
93 s. conuertit R part.
97 post uitiosi tit. XVII (om. AR) DE MORBO SUUM S (litt. min.) A (in
marg.) R aliquot medicine earum (vel sim.) R pauci

1 obstipae sues/obstipa sues et M fort. sincera nostri verba reddit
1 s. transuersa pa capita S¹A   2 s. procucurrerunt A
4 proclinent SM proclinentur AR   6 digitis/dignis A
8 ab ictu/auictu S ad ictus M   tumescente M   9 colligaris aligneo A

eigene Mutter. Der Wurf soll aber nicht mehr als 8 Stück betragen, nicht als ob mir unbekannt wäre, daß die Muttersau
mehr Junge ernähren kann, sondern weil sie, wenn sie mehr säugt,
zu rasch verbraucht wird. Die Säue, die ihre Jungen nähren sollen, sind mit gekochter Gerste zu füttern, wenn sie nicht äußerste
Abmagerung und infolgedessen manchen Schaden erleiden sollen.
Ein sorgsamer Schweineknecht fegt außerdem den Schweinestall
häufig aus, noch öfter die einzelnen Koben; denn so unsauber
sich dieses Tier auch auf sein Futter stürzt, so verlangt es dennoch ein äußerst reinliches Lager. So ungefähr ist die Pflege ge-
sunder Schweine; es bleibt noch die Behandlung der kranken dar-
zustellen.

10. KAPITEL: IHRE HEILBEHANDLUNG

Fieber zeigt sich dadurch an, daß die Schweine in schiefer Haltung den Kopf nach der Seite neigen und auf der Weide nach kurzem Lauf plötzlich stehen bleiben und vom Schwindel ergriffen zu-
sammenbrechen. Man muß feststellen, nach welcher Seite sie den
Kopf neigen, um ihnen an der entgegengesetzten Seite aus dem
Ohr Blut abfließen zu lassen, ferner unter dem Schwanz zwei
Finger breit von den Hinterbacken entfernt die Ader zu öffnen,
die an dieser Stelle ziemlich stark ist; und zwar schlägt man sie
zunächst mit einem Reis und öffnet sie dann, wenn sie vom
Schlagen angeschwollen ist, mit dem Messer; nach (entsprechen-
dem) Blutverlust verbindet man sie mit Weiden- oder Ulmenbast.
Hinterher hält man das Tier den einen oder anderen Tag im ge-
schlossenen Raum und gibt ihm mäßig warmes Wasser, soviel es

quantum volent farinaeque hordeaceae singulos sextarios
praebebimus. strumosis sub lingua sanguis mittendus est;
qui cum profluxerit, sale trito cum farina triticea confrica-
15 ri totum os conveniet. quidam praesentius putant esse remedium, cum per cornum singulis ternos cyathos gari demittunt. deinde fissas taleas ferularum lineo funiculo religant et ita collo suspendunt, ut strumae ferulis contingan-
tur. nauseantibus quoque salutaris habetur eburnea scobis   4
20 sale fricto et fabae minute fressae conmixta ieiunisque
prius quam in pascua prodeant obiecta. solet etiam universum pecus aegrotare, ita ut emacietur nec cibos capiat
productumque in pascua medio campo procumbat et quodam veterno pressum somnos aestivo sub sole captet.
25 quod cum facit, totus grex tecto clauditur stabulo atque uno   5
die abstinetur potione et pabulo. postridie radix anguinei
cucumeris trita et conmixta cum aqua datur sitientibus;
quam cum pecudes biberunt, nausea correptae vomitant
atque expurgantur, omnique bile depulsa cicercula vel faba
30 dura muria consparsa, deinde sicut hominibus aqua calida
potanda permittitur.

Sed cum omni quadripedi per aestatem sitis est infesta,   6
tum suillo maxime est inimica. quare non ut capellam vel
ovem sic et hoc animal bis ad aquam duci praecipimus, sed
35 si fieri potest, iuxta flumen aut stagnum per ortum Cani-

12 hordeacie SA   14 proluxerit SA   15 conuenit γκM
praesentius om. S[1]   16 cum per RM cum pea A compea S
gari/cari S[1]A   16 s. demittunt S dimittunt ARM
19 quoque RM quodque SA   20 sali p sale SARM
21 in (post quam) om. SA   obiecta ψpM abiecta SAR
21 s. uniuersam SA[1]   22 emacietur/acietur A   23 productusque SA
24 somnos SAM somno R   25 tecto om. A   claudatur γκ
26 pabulo R paulo SA   anguinei R sanguinei SA   27 cicumeris SA[1]
29 bile/uile SA[1]   30 calda S   32 aestatem/ęstē S   33 tuillo S[1]
34 bis S[2]α uis S[1]A om. R   ad aquam/adam S[1]A
precipimus R precepimus SA   35 ortum SR totum A

haben will, sowie jeweils einen *sextarius* Gerstenmehl. Bei Drü-
senschwellung läßt man unter der Zunge zur Ader; ist das Blut
ausgeflossen, so empfiehlt es sich, das ganze Maul mit Weizenmehl, das mit Salz verrieben ist, einzureiben. Andere halten es
für ein wirksameres Verfahren, jedem Tier durch ein Rohr drei
Becher Fischmarinade einzuflößen. Danach binden sie gespaltene
Pfriemenkrautreiser mit einem Leinenbändchen zusammen und
hängen sie derart an den Hals des Tieres, daß die Drüsen von
den Reisern berührt werden. Bei Schwindelanfällen gelten auch als
heilsam Elfenbeinspäne, mit geriebenem Salz und feinzerstampf-
ten Bohnen vermischt und auf nüchternen Magen vor dem Aus-
trieb zur Weide verfüttert. Zuweilen ist auch das Befinden der
gesamten Herde so schlecht, daß die Tiere abmagern, das Fressen
verschmähen, auf die Weide geführt mitten im Feld plötzlich zu-
sammenbrechen und in einer Art Schwächezustand in der sommerlichen Sonnenhitze einschlafen. In diesem Fall sperrt man die
ganze Herde im geschlossenen Stall ein und gibt ihr einen Tag
lang weder Trank noch Futter. Am folgenden Tag gibt man die
Wurzel der Schlangengurke, verrieben und mit Wasser vermischt,
gegen den Durst; haben die Tiere dies gesoffen, dann werden sie
vom Schwindel befallen, erbrechen und entleeren sich, und wenn
die ganze Galle ausgeworfen ist, läßt man sie Kleinkichern oder
harte Bohnen, mit Salzwasser besprengt, fressen und dann warmes Wasser trinken, wie man es bei Menschen tut.

Der Durst ist im Sommer jedem Vierfüßler gefährlich, in besonderem Maß aber dem Schwein. Deshalb lasse ich das Schwein
nicht wie die Ziege und das Schaf zweimal zum Wasser führen,
sondern während der Hundstage nach Möglichkeit in der Nähe

culae detineri, quia cum sit aestuosissimum, non est con-
tentum potione aquae, nisi obesam inluviem atque dis-
tentam pabulis alvum demerserit ac refrigeraverit, nec ulla
re magis gaudet quam rivis atque caenoso lacu volutari.

40 quod si locorum situs repugnat, ut ita fieri possit, puteis   7
extracta et large canalibus inmissa praebenda sunt pocula,
quibus nisi adfatim satiantur, pulmonariae fiunt; isque morbus optime sanatur auriculis inserta consiligine, de qua
radicula diligenter ac saepius iam locuti sumus. solet etiam   8
45 vitiosi splenis dolor eas infestare, quod accidit, cum sicci-
tas magna provenit et, ut Bucolicum loquitur poema,

>   *strata iacent passim sua quaeque sub arbore poma.*
>
>   *(Verg. Buc. 7, 54)*

nam pecus inexsatiabile suis dulcedinem pabuli consectan-
tur et supra modum aestate splenis incremento laborant.
50 cui succurritur, si fabricentur canales tamaricis et rusco
repleanturque aqua et sitientibus admoveantur, quippe
ligni sucus medicabilis epotus intestinum tumorem compes-
cit.

37 inluiem S¹ ingluuiem γκ   37 s. distentam/distem S¹A   38 papulis S
ac S et AR   39 megis S¹A¹   41 extracta et/extractet S¹A
42 isque **jpu** quiq ; **R** quisq ; **SA**   43 inserta **R** exarta **SA**
44 diligent S¹A¹   etiam **R** iam **SA**   45 s. ficitas S¹A   46 bocolicŭ S¹
poema : *Verg. buc. 7, 54*
48 inex(s)atiabile sui (suis h¹) α inexitiabiles (-uil- **A**) bis **SA** inexitiabile
(*vel* -les) suis **R**   49 supra/sepra S
estate splenis **R** *plerique* es bata es plenis **SA** esbate splenis **R** *aliquot*
50 tamaricis **apv²** tramaricis **R** tramaricus **SA**
52 medicabilis epotus *om.* γ
53 *post* conpescit *tit.* DE CASTRATIONE **Sd** (*litt. min.*) **Agq** (*in marg.*)
R *aliquot* de c. suum *alii pauci*

eines Flusses oder Weihers halten; denn wenn es sehr heiß ist,
ist es nicht mit dem bloßen Trinken von Wasser zufrieden, wenn
es nicht den vollgefressenen Wanst und den von Futter ausein-
andergetriebenen Leib eingetaucht und abgekühlt hat, und es mag
nichts lieber, als sich in Bächen und in einem schlammigen Tüm-
pel wälzen. Wenn die örtlichen Verhältnisse nicht ermöglichen,
daß dies geschieht, soll man ihnen Trinkwasser aus Brunnen
ziehen und in breite Wannen gießen; denn wenn sie sich daran
nicht bis zur vollen Befriedigung gütlich tun können, werden sie
lungenkrank. Diese Krankheit wird behandelt, indem man Lungenkraut in die Ohrmuschel steckt[47], ein Würzelchen, von dem
ich schon mehrfach ausführlich gesprochen habe. Zuweilen pei-
nigt die Schweine auch eine Milzerkrankung, die dann auftritt,
wenn große Dürre einfällt und, wie es im Hirtenlied heißt,

> „dichtgesät unter jeglichem Baum die Früchte verstreut
>   sind."[47a]

Denn die unersättlichen Schweine sind hinter dem wohlschmek-
kenden Futter her und leiden dann besonders im Sommer stark
an einem Anschwellen der Milz. Man bekämpft diese Krankheit,
indem man Tröge aus Tamarisken- und Mäusedornholz herstellt,
mit Wasser füllt und den dürstenden Tieren vorsetzt; wenn der
heilkräftige Saft des Holzes in die Eingeweide gelangt, dämmt
er die Schwellung des Organs ein.

DE CASTRATIONE   11

Castrationis autem in hoc pecore duo tempora servan-   1
tur, veris et autumni, et eius administrandae duplex ratio: prima illa, quam iam tradidimus, cum duobus vulneribus inpressis per unamquamque plagam singuli exprimun-
5   tur testiculi; altera est speciosior, sed magis periculosa,
quam tamen non omittam. cum virilem partem utram-   2
⟨cum⟩que ferro reseratam detraxeris, per inpressum vulnus scalpellum inserito et mediam quasi cutem, quae intervenit duobus membris genitalibus, rescindito atque uncis
10   digitis alterum quoque testiculum educito; sic una fiet cicatrix adhibitis ceteris remediis, quae prius docuimus. illud autem, quod pertinet ad religionem patris familiae, non re-
ticendum putavi: sunt quaedam scrofae, quae mandunt   3
fetus suos; quod cum fit, non habetur prodigium, nam sues
15   ex omnibus pecudibus inpatientissimae famis aliquando sic
indigent pabuli, ut non tantum alienam, si liceat, subolem,
sed etiam suam consumant.

---

1 in (ante hoc) pt om. SAR   4 ante inpressis add. iam γκz
6 s. utramcumque scripsi utramque SA unam κnüx[1] una p unam utranq:
ωbfghlmv   7 reseratam S resecatam AR   impressionem γκ
12 pertinet/pertinax A[1]   religionem R regionem SA
15 pecudibus R om. SAψ   16 sobolem R   17 consumant R consumat SA
post consuma(n)t tit. DE CANIBUS S (litt. min.) A (in marg.) R aliquot,
alii infra post disserui

11. KAPITEL: DIE KASTRATION

Bei der Kastration der Schweine hält man sich an zwei Zeiten,
den Frühling und den Herbst, und für ihre Ausführung gibt es
zweierlei Methoden: die eine, bereits mitgeteilte[48], besteht darin,
daß man zwei Wunden öffnet und durch jede einen Hoden heraus-
drückt; die andere ist eleganter, aber auch gefährlicher; gleichwohl will ich sie nicht übergehen. Hat man einen der beiden Hoden
mit dem Messer bloßgelegt und herausgenommen, dann führt man
das Skalpell durch die schon offene Wunde ein, schneidet die
zwischen beiden Testikeln liegende Haut auf und holt mit gekrümmten Fingern auch den zweiten Hoden heraus. Auf diese
Weise entsteht, nach Anwendung der oben angeführten[49] sonstigen Mittel, nur eine Narbe. Ferner will ich folgendes nicht ver-
schweigen, was zu den religiösen Obliegenheiten des Hausherrn
gehört: Es gibt manche Mutterschweine, die ihre eigenen Jungen
fressen. Wenn dies geschieht, gilt es nicht als Unheilszeichen;
denn die Schweine, die von allen Tieren am empfindlichsten gegen Hunger sind, haben zuweilen ein so starkes Verlangen nach
Nahrung, daß sie nicht nur fremde Ferkel, wenn sie können, sondern auch den eigenen Nachwuchs auffressen.

DE CANIBUS   12

De armentis ceterisque pecudibus et magistris, per quos   1
quadripedum greges humana sollertia domi forisque curantur atque observantur, nisi fallor, satis accurate disserui.
nunc, ut exordio priore sum pollicitus, de mutis custodi-
5 bus loquar, quamquam falso canis dicitur mutus custos.
nam quis hominum clarius aut tanta vociferatione bestiam
vel furem praedicat quam iste latratu, quis famulus amanti-
or domini, quis fidelior comes, quis custos incorruptior,
quis excubitor inveniri potest vigilantior, quis denique ul-
10 tor aut vindex constantior? quare vel in primis hoc animal mercari tuerique debet agricola, quod et villam et
fructus familiamque et pecora custodit. eius autem parandi tuendique triplex ratio est. namque unum genus adversus   2
hominum insidias eligitur et id villam quaeque iuncta sunt
15 villae custodit, at alterum propellendis iniuriis hominum ac
ferarum, et id observat domi stabulum, foris pecora pas-
centia; tertium venandi gratia conparatur idque non solum
nihil agricolam iuvat, sed et avocat desidemque ab opere
suo reddit. de villatico igitur et pastorali dicendum est,   3
20 nam venaticus nihil pertinet ad nostram professionem.

Villae custos eligendus est amplissimi corporis, vasti
latratus canorique, prius ut auditu maleficum, deinde etiam

---

2 quadrupedum **R**   sollerti **SA**[1]   fortisque **S**   5 custus **S**[1]**A**
9 inveniri/inuenire non **S**[1]**A**[1]   11 mercari/melcari **S**[1]**A**[1]   12 fluctus **S**[1]**A**[1]
14 *post* hominum *add.* et ferarum **R**   15 at/ad **S**[1]**A**[1]
    alterum/laterum **S**[1]**A**   iniuris **S**[1]**A**[1]
19 uillatico **R** uillatigo **S** uit latico **A**[1] uenatico **A**[2]   pastolali **S**[2]
22 auditui **A**

12. KAPITEL: DIE HUNDE

Über Zugvieh und sonstige Haustiere sowie über ihre Wärter, mit deren Hilfe die Vierfüßlerherden durch menschliche Geschicklichkeit im Gehöft und auf freier Weide versorgt und überwacht werden, habe ich, wenn ich nicht irre, ausführlich genug gehandelt. Nun will ich, wie ich es eingangs versprochen habe, über die „stummen Wächter" sprechen, obgleich der Hund sehr zu Unrecht als „stummer Wächter" bezeichnet wird[50]. Denn welcher Mensch meldet ein wildes Tier deutlicher oder mit gleicher Lautstärke wie der Hund durch sein Gebell? Welcher Knecht liebt seinen Herrn inniger? Wer erweist sich als treuerer Gefährte, wer als unbestechlicherer Hüter, wer als wachsamerer Beobachter, wer schließlich als hartnäckigerer Rächer und Sühner? Deshalb muß der Bauer vor allen anderen dieses Tier erwerben und pflegen, das sein Haus und seinen Ertrag, sein Gesinde und sein Vieh bewacht. Für seine Erwerbung und Wartung gibt es dreierlei Gesichtspunkte. Eine Art wählt man (nur) gegen die bösen Absichten der Menschen; sie behütet also den Hof und was mit ihm zusammenhängt. Die zweite Art wählt man zur Abwendung der Angriffe von Menschen und Tieren; sie bewacht zuhause den Stall und draußen die Tiere auf der Weide. Die dritte erwirbt man für die Jagd; sie geht also den Bauern nicht nur nichts an, sondern lenkt ihn auch ab und macht ihn seiner Aufgabe untreu. Es ist also nur vom Hofhund und vom Schäferhund zu sprechen. Der Jagdhund gehört nicht in unser Metier.

Als Wachhund für das Anwesen wählt man ein Tier von möglichst stattlichem Körperbau, kräftiger und klangvoller Stimme, damit es einen Strolch zunächst durch sein Gebell, sodann durch

conspectu terreat et tamen non numquam nec visus quidem
horribili fremitu suo fuget insidiantem. sit autem coloris
25 unius, isque magis eligitur albus in pastorali, niger in
villatico, nam varius in neutro est laudabilis. pastor album
probat, quoniam est ferae dissimilis, magnoque opus interdum discrimine est in propulsandis lupis sub obscuro
mane vel etiam crepusculo, ne pro bestia canem feriat. vil-   4
30 laticus, qui hominum maleficiis opponitur, sive luce clara
fur adveniet, terribilior niger conspicitur, sive noctu, ne
conspiciatur quidem propter umbrae similitudinem, quam
ob rem tectus tenebris canis tutiorem adcessum habet ad
insidiantem. probatur quadratus potius quam longus aut
35 brevis, capite tam magno, ut corporis videatur pars maxima, deiectis et propendentibus auribus, nigris vel glaucis
oculis acri lumine radiantibus, amplo villosoque pectore,
latis armis, cruribus crassis et hirtis, cauda brevi, ves-
tigiorum articulis et unguibus amplissimis, qui Graece
40 δράκες appellantur. hic erit villatici status praecipue lau-
dandus, mores autem neque mitissimi nec rursus truces   5
atque crudeles, quod illi furem quoque adulantur, hi etiam
domesticos invadunt. satis est severos esse nec blandos, ut
non numquam etiam conservos iratius intueantur, semper
45 excandescant in exteros. maxime autem debent in custodia
vigilantes conspici nec erronei, sed adsidui et circumspec-
ti magis quam temerarii. nam illi, nisi quod certum con-

seinem Anblick erschreckt, aber gelegentlich den Menschen mit
bösen Absichten bereits durch sein abschreckendes Knurren verjagt, ohne von ihm gesehen zu werden. Er soll von einheitli-
cher Farbe sein, im Dienst der Herde lieber weiß, im Dienst
des Hauses schwarz; denn ein mehrfarbiger Hund taugt weder
hier noch dort. Der Hirt bevorzugt den weißen Hund, weil er
sich vom Raubwild unterscheidet; denn zuweilen ist ein auffallen-
der Unterschied nötig, wenn es etwa gilt, in der Morgen- oder
Abenddämmerung Wölfe abzuwehren, damit man nicht den Hund
anstatt des Wolfes trifft. Der Hofhund dagegen, der gegen die
Heimtücke der Menschen eingesetzt wird, erscheint dem Dieb,
der bei hellichtem Tag kommt, mit seiner Schwärze furchterre-
gender; in der Nacht aber soll man ihn wegen seiner Anpassung
an die Finsternis überhaupt nicht sehen, weshalb er unter dem
Schutz der Dunkelheit mit größerer Sicherheit an den Bösewicht
herankommt. Man bevorzugt einen Hund von vierschrötigem Körperbau vor einem langen oder kurzen, mit so großem Kopf, daß
dieser als der größte Teil des Körpers erscheint, und hangenden
und schlackernden Ohren, schwarzen oder dunklen Augen von ste-
chendem Glanz, mit breiter, zottiger Brust, breiten Schulterblät-
tern, starken, behaarten Beinen, kurzem Schwanz, möglichst langen Zehen und Krallen, die man auf griechisch *drákes* nennt[51].
So etwa soll der richtige Hofhund aussehen. Sein Charakter soll
nicht übermäßig sanft, aber auch nicht wild und blutrünstig
sein, da er im ersteren Falle auch dem Dieb schöntut, im letzteren sogar die Angehörigen des Hauses anfällt. Es genügt, wenn
die Hunde streng und nicht schmeichlerisch veranlagt sind, so daß
sie gelegentlich ihre Mitsklaven[52] etwas grimmig anblicken und
stets gegen Fremde auffahren. Vor allem müssen sie auf Wache
durch Aufmerksamkeit auffallen und dürfen keine Streuner sein,
sondern müssen an Ort und Stelle bleiben und eher umsichtig als
ängstlich sein. Denn die ersten schlagen nur an, wenn sie etwas

pererunt, non indicant, hi vano strepitu et falsa suspicio-
ne concitantur. haec idcirco memoranda credidi, quia non   6
50 natura tantum, sed etiam disciplina mores facit, ut et, cum
emendi potestas fuerit, eiusmodi probemus et, cum edu-
cabimus domi natos, talibus institutis formemus. nec mul-   7
tum refert, an villatici corporibus graves et parum veloces
sint; plus enim comminus et in gradu quam eminus et in
55 spatioso cursu facere debent. nam semper circa septa et
intra aedificium consistunt, immo ne longius quidem re-
cedere debent satisque pulcre funguntur officio, si et ad-
venientem sagaciter odorantur et latratu conterrent nec
patiuntur propius accedere vel constantius adpropinquan-
60 tem violenter invadunt. primum est enim non adtemp-
tari, secundum est lacessitum fortiter et perseveranter vin-
dicari. atque haec de domesticis custodibus, illa de pastoralibus.

Pecuarius canis neque tam strigosus aut pernix debet   8
65 esse, quam qui dammas cervosque et velocissima sectantur
animalia, nec tam obesus aut gravis quam villae horreique
custos, sed et robustus nihilo minus et aliquatenus promp-
tus ac strenuus, quoniam et ad rixam pugnamque nec minus   9
ad cursum conparatur, cum et lupi repellere insidias et
70 raptorem ferum consequi fugientem praedamque excutere
atque auferre debeat. quare status eius longior pro-
ductiorque ad hos casus magis habilis est quam brevis aut
etiam quadratus, quoniam, ut dixi, non numquam necessi-

48 indicant SAα indigant R indagant γ   falso A¹   48 s. suspitione SR
50 disciplinā SA   52 dominatos AR *plerique*   instituti AR *part.*
53 refert an A²R refertā SA¹   pares A   54 gradu *om.* SA
55 spartioso SA   debent R debet SA   58 oderantur SA¹
59 propius R proprius SA   accedere A²R accidere SA¹
62 de (*post* haec) dpt *om.* SAR
62 s. pastoralibus R pastoribus SAα pastoralibus pastoribus os
64 pecuaris SA   tam̄ A
65 qui dammas R quidam mas A quidem mas Sα
66 uillae/uile S¹ ille A¹   67 minus R tamen SA   69 lupi R rupi SA
71 debeat quare status R *om.* SA

Sicheres festgestellt haben, die anderen lassen sich durch bloßes
Geräusch und falschen Argwohn hochtreiben. Diese Dinge hielt
ich deshalb für erwähnenswert, weil der Charakter nicht bloß
von der Natur, sondern auch durch Schulung ausgebildet wird,
derart, daß wir, falls wir Hunde kaufen können, sie in diesem
Sinne auswählen, wenn wir sie aber aus eigener Zucht aufziehen,
mit entsprechenden Maßnahmen heranbilden. Es spielt keine große Rolle, wenn Hofhunde etwas plump und langsam sind, denn
sie müssen mehr im Nahkampf und im Schritt leisten als auf
große Entfernung und in weiträumigem Lauf. Sie bleiben ja stets
um die Einfriedung und innerhalb des Gebäudes; ja sie dürfen
sich überhaupt nicht sehr weit entfernen und erfüllen ihre
Pflicht durchaus, wenn sie einen Ankömmling scharf wittern,
durch Bellen schrecken und nicht weiter herankommen lassen
oder, falls er sich unentwegt nähert, energisch angreifen. Denn
das erste ist: sich nicht antasten lassen, das zweite: auf eine
Herausforderung sich tapfer und hartnäckig zur Wehr setzen. Soweit über die Wachhunde für den Hof; folgendes über die Schä-
ferhunde.

Der Herdenhund soll weder so schlank noch so flink sein wie
der Jagdhund, der Damwild, Hirsche und sonstiges schnelles
Wild verfolgen muß, noch auch so feist und gewaltig wie der
Wachhund für Haus und Scheuer, jedoch ebenso stark und in hohem Maß entschlossen und energisch. Denn man braucht ihn zu
Kampf und Streit und nicht weniger zum Lauf, da er die bösen
Absichten des Wolfes vereiteln, das fliehende Raubwild verfolgen
und ihm die Beute abjagen und davontragen muß. Deshalb ist ein
gestreckter und höherer Körperbau zu diesem Zweck vorteilhafter als ein kurzer oder auch vierschrötiger, weil, wie gesagt,

tas exigit celeritate bestiam consectandi. ceteri artus simi-
75 les membris villatici canis aeque probantur.

Cibaria fere eadem sunt utrique generi praebenda, nam 10
si tam laxa rura sunt, ut sustineant pecorum greges, omnis
sine discrimine hordeacea farina cum sero commode pascit. sin autem surculo consitus ager sine pascuo est, farreo
80 vel triticeo pane satiandi sunt, admixto tamen liquore
coctae fabae, sed tepido, nam fervens rabiem creat.

Huic quadripedi neque feminae neque mari nisi post 11
annum permittenda venus est, quae si teneris conceditur,
carpit et corpus et vires animosque degenerat. primus
85 effetae partus amovendus est, quoniam tiruncula nec recte
nutrit et educatio totius habitus aufert incrementum. mares iuveniliter usque in annos decem progenerant, post id
tempus ineundis feminis non videntur habiles, quoniam
seniorum pigra suboles existit. feminae concipiunt usque
90 in annos novem nec sunt utiles post decimum. catulos sex 12
mensibus primis, dum corroborentur, emitti non oportet
nisi ad matrem lusus ac lasciviae causa. postea catenis per
diem continendi et noctibus solvendi. nec umquam eos,
quorum generosam volumus indolem conservare, patiemur
95 alienae nutricis uberibus educari, quoniam semper et lac et

74 celeritate bestiam **R** eleriter atem bestii **A** celeriter autĕ bestii **S**
consectandi ceteri **R** consectam dicere **SA**   **77** sustineant **R** sustineat **SA**
omnis **R** hominis **SA**   **78** discrimines **A**   hordeacea **S**
cum/nam **S**[1]   **79** est **R** et **SAψ**   **80** saciandi **S**   **81** nam/non a **A**
feruens **R** feruenti **SA**   *post* creat *add.* membris (-as **A**) **SA**
82 quadrupedi **SR** *part.*   nisi **S**[2]**γkz** ni **S**[1]**AR**
83 si teneris/sit generis **A**   **84** uires **R** ueteres **SA**
animos (*om.* que) **A**   **85** partus/parius **A**   recte/tecte **A**
86 educatio **κψ** education **SA** educati (*vel* -to) **R**   **89** soboles **R**
90 nec (*post* novem) *om.* **SA**   **91** corroborentur **R** corroboretur **SA**
92 cathenis **R**
92 s. *inter* postea *et* nec umquam *verborum ordinem varie perturb* **R**
93 et noctibus soluendi *om.* **A**
nec umquam eos/necumque os **A** numquam eos **γk**   **94** generosa **SA**

die Lage manchmal zu raschester Verfolgung eines Tieres zwingt.
An den übrigen Gliedern wünscht man den Hirtenhund ähnlich gebaut wie den Hofhund.

Die Ernährung soll für beide Arten ungefähr dieselbe sein.
Wenn das Gelände soweit offen ist, daß es Schafherden ernährt,
bietet Gerstenmehl mit Molke für alle ein ausreichendes Futter;
ist es aber mit Unterholz bewachsen und ohne Weideland, dann
füttert man sie mit Emmer- oder Weizenbrot, mischt jedoch Boh-
nenkochbrühe bei, freilich nur lauwarme, weil heiße die Tollwut
verursacht.

Von diesem Haustier darf weder das Weibchen noch das Männchen vor Vollendung eines Jahres zum Geschlechtsverkehr zugelassen werden; erlaubt man ihn zu früh, so zehrt er die kör-
perlichen Kräfte auf und läßt den Charakter entarten. Den ersten
Wurf soll man beseitigen, weil die junge Mutter erstens nicht
richtig nährt und zweitens die Aufzucht das Wachstum ihres ganzen Körpers unterbindet. Die Rüden zeugen bis zum zehnten Jahr
mit voller Kraft; danach hält man sie für zuchtuntauglich, weil
von älteren Tieren ein schwächlicher Nachwuchs kommt. Die Hün-
dinnen empfangen bis zu neun Jahren und sind nach dem zehnten
Jahr ungeeignet. Die Welpen soll man in den ersten sechs Monaten, bis sie kräftig geworden sind, nur zu ihren Müttern zum
Spielen und Tollen laufen lassen; danach legt man sie tagsüber
an die Kette und läßt sie während der Nacht frei laufen. Und
nie soll man diejenigen, deren Rasse man rein erhalten will, an
den Zitzen einer fremden Nährmutter trinken lassen, weil Milch

spiritus maternus longe magis ingenia atque incrementa
corporis auget. quod si effeta lacte deficitur, caprinum ma- 13
xime conveniet praeberi catulis, dum fiant mensum quattuor.

100   Nominibus autem non longissimis appellandi sunt, quo
celerius quisque vocatus exaudiat, nec tamen brevioribus
quam quae duabus syllabis enuntiantur, sicuti Graecum est
Σκύλαξ, Latinum Ferox, Graecum Λάκων Latinum Celer,
vel femina, ut sunt Graeca Σπουδή, 'Αλκή, 'Ρώμη, Latina
105 Lupa, Cerva, Tigris. catulorum caudas post diem quadra- 14
gensimum, quam sint editi, sic castrare conveniet: nervus
est, qui per articulos spinae prorepit usque ad ultimam partem caudae; is mordicus conprehensus et aliquatenus educ-
tus abrumpitur, quo facto neque in longitudinem cauda
110 foedum capit incrementum, et, ut plurimi pastores adfir-
mant, rabies arcetur, letifer morbus huic generi.

Medicinae eorum

13

Fere autem per aestatem sic muscis aures canum exulcerantur, saepe ut totas amittant; quod ne fiat, amaris   1
nucibus contritis linendae sunt. quod si ulceribus iam
praeoccupatae fuerint, coctam picem liquidam suellae adipi
5   mixtam vulneribus stillari conveniet. hoc eodem medicami-

---

96 ingeni SA¹   **97** auget/aget SA¹
     si et feta R si effeta γκ si effata SA   **98** catulis R catulus SA
     fiant s fiat SAR   mensium R
102 duobus S
103 CKYΛAΞ   SA om. v. sp. rel. R postea suppl. aliquot, item deinde
     ΛΛΚωΝ, CΠΟΥΔΗ, ΑΑΚΗ, PωΜΗ   **105 s.** quadragesimum R
106 siccatrare S¹A¹   **108** mordicus γκ modice SAR
     comprehensus R conpressus SA   **111** letifer S²
     post generi tit. MEDICINAE EARUM d (litt. min.) m de curis earum
     in marg. s remedia morbo laborantium canum t om. SAR plerique

---

1 muscis/minuscis S   **3** linende S liniende AR
5 mixtam add. Ald. om. SAR   eodem γκbhkp edem S eaderi AR

und Anlage der echten Mutter stets weit mehr den Charakter und das körperliche Wachstum fördert. Wenn jedoch der Hündin nach dem Wurf die Milch wegbleibt, ist es am besten, den Welpen Ziegenmilch zu geben, bis sie vier Monate alt sind.

Man soll sie nicht mit sehr langen Namen rufen, damit sie rascher auf den Anruf hören, aber auch nicht mit kürzeren als zweisilbigen Namen, wie dem griechischen Skylax, dem lateinischen Ferox, dem griechischen Lakon, dem lateinischen Celer, oder ein Weibchen etwa griechisch Spoudé, Alké, Rhome, lateinisch Lupa, Cerva, Tigris. Die Schwänze der Welpen kupiert man 40 Tage nach der Geburt auf folgende Weise: Es gibt einen Nerv, der durch das Rückgrat bis zum äußersten Ende des Schwanzes zieht; ihn faßt man mit aller Kraft, zieht ihn etwas heraus und reißt ihn ab; dadurch wächst der Schwanz nicht häßlich in die Länge, und außerdem wird, wie die meisten Hirten versichern, dadurch die Tollwut verhindert, die bei diesen Tieren eine gefährliche Krankheit ist.

13. KAPITEL: HUNDEKRANKHEITEN

Gelegentlich vereitern durch Fliegen die Ohren der Hunde im Sommer derart, daß sie sie ganz verlieren. Um dies zu verhindern, reibt man sie mit gestoßenen bitteren Mandeln ein. Sind sie schon von Geschwüren bedeckt, dann empfiehlt es sich, flüssiges Pech, mit Schweinefett vermischt, auf die offenen Schwären zu träufeln. Bei Berührung mit dem nämlichen Mittel fallen

ne contacti ricini decidunt; nam manu non sunt vellendi,
ne, ut et ante praedixeram, faciant ulcera. pulicosae cani 2
remedia sunt sive cyminum tritum pari pondere cum vera-
tro aquaque mixtum et inlitum seu cucumeris anguinei
10 sucus vel, si haec non sunt, vetus amurga per totum corpus
infusa. si scabies infestavit, gypsi et sesami tantundem
conterito et cum pice liquida permisceto vitiosamque partem linito, quod medicamentum putatur etiam hominibus
esse conveniens. eadem pestis si fuerit vehementior, cedri-
15 no liquore aboletur; reliqua vitia, sicut in ceteris animalibus praecepimus, curanda erunt.

Hactenus de minore pecore. mox de villaticis pastioni- 3
bus, quae continent volucrum pisciumque et silvestrium
quadripedum curam, sequenti volumine praecipiemus.

6 contacti ricini/coctâ tiricini S   7 et (*ante* ante) *om.* **AR**
  faciant **R** faciunt **SA**   ulcera **S** ultra **A** uulnera **R**
8 ciminum (*vel* cum-) **R**   9 anguinei **R** sanguinei **SA**
10 amurga **S** amurca **AR**
11 *post* infusa *tit.* AD SCABIEM REMEDIUM S (*litt. min.*) **A** *sim.* **R** *pauci*
  infestabit **bkp** infestauerit ψ   gypsi **SA**[2] gipsi **A**[1] cythisi **R**
12 conterito/interito **S**[1]
14 **s.** uehementior cedrino **R** cedrino uehementer **SA**   16 erunt **SA** sunt **R**
18 uolucrum **S** uolucrumque **AR**   19 quadrupedem **R**

subscr. IUNI MODERATI COLUMELLE REI RUSTICE LIBER
(*om.* **A**) VIII UETERINARIUS (-RIIS **A**) MEDICINALIS DE MI-
NORE PECORE LIBER II **SA** *sim. et plerumque brevius* **R** *magna
pars*

die Läuse ab; mit der Hand soll man sie nicht ablesen, damit
sie nicht Geschwüre der oben genannten Art verursachen. Gegen
Flöhe hilft verriebener Kümmel, zu gleichen Teilen mit Nieswurz
und Wasser vermischt und eingerieben, oder der Saft der Schlangengurke, oder, falls dieser nicht verfügbar ist, abgestandener Ölschaum, den man über den ganzen Körper gießt. Sind die Hunde
von Räude befallen, dann verreibt man Gips mit Sesam zu gleichen Teilen, mischt es mit flüssigem Pech und bestreicht damit
die erkrankte Partie, ein Mittel, das auch bei Menschen als an-
wendbar gilt. Tritt diese Krankheit heftiger auf, dann wird sie mit
Zedernsaft bekämpft. Alle übrigen Krankheiten sind zu behandeln, wie ich es für die anderen Tiere angegeben habe.

Soweit über die kleineren Haustiere. Nunmehr will ich im folgenden Buch über denjenigen Teil der Tierzucht schreiben, der
Geflügel, Fische und Hegewild umfaßt.

LIBER OCTAVUS

haec continet

L. (*om.* **SA**) IUNI MODERATI COLUMELL(A)E REI RUSTIC(A)E
LIBER NONUS INCIPIT (*om.* **SA**) FELICITER (*om.* **SA**) DE (*om.* **A**)
VILLATICIS PASTIONIBUS AVIARIUS ET PISCATOR **SAR**
aliquot, variant **R** *alii, om. alii*
liber nonus (*vel.* VIIII) haec continet **SAR** *aliquot, variant alii*
1 cohortalibus A^2R gallinaris A   3 farciendis/faciendis A^1p
8 pauonis SA^1 11 anetibus SA^1
12 alendis/includendis (concl- **p**) H^1r^2p (*ut. v. l. not.* **uy**) includendis et alendis
   h^2 incl. alendisque **f**
argumema pleraque aux. **vt** *om.* **aciklqzä**
titule marginales huius libri (exc. cap. 4) extant in **SAR** *aliquot*

ACHTES BUCH

Inhalt

Quae fere consummabant, Publi Silvine, ruris expedien-   1
di scientiam, quaeque pecuariae negotiationis exigebat ra-   1
tio, septem memoravimus libris. hic nunc sequentis numeri
titulum possidebit, nec quia proximam propriamque rustici
5 curam desiderent ea, quae dicturi sumus, sed quia non
alio loco quam in agris aut villis debeant administrari. et   2
tamen agrestibus magis quam urbanis prosint, quippe villaticae pastiones sicut pecuariae non minimam colono sti-
pem conferunt, cum et avium stercore macerrimis vineis et
10 omni surculo atque arvo medeantur, et eisdem familiarem
focum mensamque pretiosis dapibus opulentent, postremo
venditorum animalium pretio villae reditum augeant. quare
de hoc quoque genere pastionis dicendum censui.

Est autem id fere vel in villa vel circa villam. in villa est   3
15 quod appellant Graeci ὀρνειθῶνες καὶ περιστερεῶνες atque
etiam, cum datur liquoris facultas, ἰχθυοτροφεῖα sedula
cura exercentur. ea sunt omnia, ut Latine potius loquamur,
sicut avium cohortalium stabula nec minus earum, quae

1 consumabant R
1 s. expediendi *Jos.* experiendi SA exercendi ü exercendi(s) experiendique
R *plerique*   2 pecuniariae S pecuniarte A (r *exp.*)
exibat S[1]A   4 nec *om.* SA   propriamque *om.* p
5 s. non in alio R *part.*   7 profuit ünx[1]   8 pecuniariae SA   10 arbo S[1]A
11 focum A[2]R locum SA[1]   opulentet S opulentant R
12 reditum cd redditum SAR   augeantque SA augent quare R
14 est *om.* SA   ferre A   uel in uillam R
uel circa uillam in uilla *om.* A[1]
15 s. *Graeca om. sp. v. rel.* R *plerique hic et infra*
16 liquoris/litoris SR *aliquot*
17 *post* omnia *excidisse videtur appellatio quaedam generalis, quae inde a*
sicut *per partes illustratur, velut nutricia, cohortium nomina sim.*

1. KAPITEL

In sieben Büchern, Publius Silvinus, habe ich dargestellt, was ungefähr die Lehre von der Landbestellung ausmacht und was die Haustierhaltung erfordert. Dieses Buch nun wird den nächsten Platz einnehmen, und zwar nicht deshalb, weil die Dinge, die ich zu sagen beabsichtige, den nächsten oder überhaupt einen besonderen Platz in der Arbeit des Landwirtes beanspruchen können, sondern nur weil sie an keinem anderen Ort als auf Äckern und in Bauernhöfen betrieben werden dürfen. Dennoch dürfte auch der Bauer mehr Nutzen davon haben als städtische Unternehmer, weil die Geflügelzucht ebenso wie die Viehzucht dem Bauern keinen geringen Ertrag abwirft; denn einmal hilft man mit dem Mist der Vögel den magersten Weinbergen, jeder Baumplanzung und jedem Acker auf[1], zum andern bereichert das Geflügel den häuslichen Herd und Tisch mit köstlichen Speisen, endlich mehrt es durch den Preis der verkauften Tiere das Einkommen des Hofes. Deshalb hielt ich es für angebracht, auch über diese Art von Tierzucht zu sprechen.

Sie vollzieht sich entweder im Gehöft oder in der Umgebung des Gehöfts. Innerhalb des Hofes befindet sich das, was die Griechen *orneithónes* (Geflügelställe) und *peristereónes* (Taubenhäuser) nennen, und wenn man über Wasser verfügt, werden auch die *ichthyotropheía* (Fischzuchtstationen) mit Eifer betrieben. Dies alles sind, um lieber lateinisch zu sprechen, gewissermaßen die Ställe der auf dem Hof lebenden Vögel und derer, die in Ver-

conclavibus saeptae saginantur, vel aquatilium animalium
20 receptacula, rursus circa villam ponuntur μελισσῶνες καὶ   4
χηνοβόσκια quin etiam λαγωτροφεῖα studiose adminis-
trantur; quae nos nimiliter appellamus apum cubilia,
apiaria, vel nantium volucrum, quae stagnis piscinisque laetantur, aviaria, vel etiam pecudum silvestrium, quae ne-
25 moribus clausis custodiuntur, vivaria.

Prius igitur de his praecipiam, quae intra saepta villae   2
pascuntur. ac de aliis quidem forsitan ambigatur, an sint   1
agrestibus possidenda, gallinarum vero plerumque agricolae cura sollemnis est. earum genera sunt vel chorta-
5 lium vel rusticarum vel Africanarum.

DE CHORTALIBUS GALLINIS

Chortalis est avis, quae vulgo per omnes fere villas   2
conspicitur, rustica, quae non dissimilis villaticae per aucu-
pem decipitur, eaque plurima est in insula, quam navitae
Ligustico mari sitam producto nomine alitis Gallinariam
10 vocitaverunt. Africana est, quam plerique Numidicam di-
cunt, μελεαγρίδι similis, nisi quod rutilam galeam et cristam

19 sagittantur SA[1]   20 uilla SA   21 quintiam SA   22 apium R aliquot
24 peducum S

1 septe S
2 post pascuntur add. quod (vel quot) sint genera gallinarum R plerique
  ambigantur SAR aliquot   sit SAR part.
4 s. cohortalium A[2]R (etiam infra plerumque)
5 post Africanarum in contextum inser. DE CHORTALIBUS (kor- S cohor-
  A[2]R) GALLINIS SAR aliquot   6 omne S[1]A[1]   9 e ligustico AR aliquot
  sitam R sit SA   produlcio A   gallinarium A   11 rustilam S[1]
  galeam et om. R plerique

schlägen gemästet werden, oder die Anlagen für die im Wasser
lebenden Tiere. Außerhalb des Gehöftes dagegen legt man die
melissónes (Bienenhäuser) und *chenobóskia* (Gänseställe) an, und
auch *lagotropheía* (Hasengehege) werden eifrig gepflegt; wir bezeichnen sie auf ähnliche Weise als „Bienenkammern" *(apum
cubilia)* oder „Bienenstände" *(apiaria)*, oder als „Vogelplätze"
(aviaria) der Schwimmvögel, die auf Teichen und in Bassins gedeihen, oder als „Tiergehege" *(vivaria)* von Tieren des Waldes, die
in eingezäunten Waldparzellen gehütet werden.

2. KAPITEL

Zunächst will ich also über die Tiere sprechen, die innerhalb des
abgeschlossenen Anwesens gehalten werden. Bei den andern mag
man schwanken, ob ein Landwirt sie überhaupt haben soll; aber
die Hühnerhaltung ist im allgemeinen eine ureigene Angelegen-
heit der Bauern. An Hühnerarten gibt es die Haushühner, die
Wildhühner[2] und die afrikanischen Hühner.

ÜBER DIE HAUSHÜHNER

Das Haushuhn ist dasjenige, das man überall in fast allen Hö-
fen zu sehen bekommt, das Wildhuhn das, welches dem Haushuhn
nicht unähnlich ist und vom Vogelsteller gefangen wird; es kommt
in größten Mengen auf einer Insel im ligurischen Meer vor, der
die Seeleute durch Weiterbildung der Bezeichnung für den Vogel
den Namen *Gallinaria* gegeben haben. Das afrikanische Huhn ist
dasjenige, welches man gewöhnlich das numidische nennt[3]; es ist
der griechischen Meleagris nicht unähnlich, außer daß es einen

capite gerit, quae utraque sunt in meleagride caerulae.

Sed ex his tribus generibus chortales feminae proprie   3
appellantur gallinae, mares autem galli, semimares capi, qui
15 hoc nomine vocantur, cum sint castrati libidinis abolendae
causa. nec tamen id patiuntur amissis genitalibus, sed ferro
candente calcaribus inustis, quae cum ignea vi consumpta
sunt, facta ulcera dum consanescant, figulari creta linuntur.

huius igitur villatici generis non spernendus est reditus, si   4
20 adhibeatur educandi scientia, quam plerique Graecorum et
praecipue celebravere Deliaci; sed et hi, quoniam procera
corpora et animos ad proelia pertinacis requirebant, praecipue Tanagricum genus et Rhodium probabant, nec minus
Calcidicum et Medicum, quod ab inperito vulgo littera
25 mutata Melicum appellatur. nobis nostrum vernaculum   5
maxime placet, omisso tamen illo studio Graecorum, qui
ferocissimum quemque alitem certaminibus et pugnae
praeparabant. nos enim censemus instituere vectigal in-
dustrii patris familiae, non rixiosarum avium lanistae, cuius
30 plerumque totum patrimonium, pignus aleae, victor gal-
linaceus pyctes abstulit.

Igitur cui placebit sequi nostra praecepta, consideret   6
oportet primum quam multas et cuiusmodi parare debeat matrices, deinde qualiter eas tutari et pascere, mox qui-
35 bus anni temporibus earum partus excipere, tum demum
ut incubent et excludant efficere, postremo ut commode

12 capite gerit/agerit S acerit A   quae in utraque R   15 uocatur S
16 nec tamen/nec tantum *Ursinus Gesn. sed cf. Varro 3, 9, 3*
18 ulcera/uicera S   19 redditus R *aliquot*
21 Deliaci sed/delsaci sed **ahk** delsacis et SA[1]
22 animosa proelio S animosa ad proelia A[1]R *nonnulli*   requiebant SA[1]
24 Medicum quod ab/medii cum quodam A   25 appellantur A
nouis SA
29 rixiosarum SAR *part. prob. Jos.* rissiosarum κ rixosarum R *plerique*
31 pictes R *plerique*   33 multa sed AR
34 tutari SAR *part.* tueri R *nonnulli* tractari γ   36 incumbent R *aliquot*
et *om.* SA   excudant R *aliquot*

rötlichen Helm und Kamm auf dem Kopf trägt, während beides bei der Meleagris bläulich ist.

Von diesen drei Arten heißen nur die weiblichen Haushühner im engeren Sinne „Hühner", die männlichen Tiere „Hähne", die halbmännlichen „Kapaune"; sie heißen deshalb so, weil sie zur Ausschaltung des Geschlechtstriebes kastriert sind. Doch geschieht dies bei ihnen nicht durch Beseitigung der Geschlechtsorgane, sondern durch Ausbrennen der Sporen mit einem glühenden Eisen; wenn diese durch die Einwirkung der Hitze zerstört sind, werden die dabei entstandenen offenen Wunden mit Töpferkreide verschmiert, bis sie geheilt sind. Dieses Haushuhn also wirft dem Hof eine nicht unbeträchtliche Rendite ab, wenn man sich an die Zuchtregeln hält, die die meisten Griechen, besonders die von Delos, hoch entwickelt haben; doch haben auch sie, da sie eine stattliche äußere Erscheinung und einen streitbaren Charakter anstrebten, meist nur die tanagrische und rhodische Rasse geschätzt, ebenso auch die chalkidische und medische, die von den Laien mit einer Buchstabenvertauschung die melische genannt wird[4]. Wir dagegen schätzen am meisten unsere einheimische Rasse, doch ohne den Ehrgeiz der Griechen, die die jeweils schärfsten Heißsporne für Konkurrenzen im Hahnenkampf ausbildeten. Denn uns kommt es auf den Ertrag des fleißigen Gutsbesitzers an, nicht auf den des Abrichters von Streitvögeln, dessen ganzes Vermögen, leichtfertig aufs Spiel gesetzt, oft ein einziger siegreicher Kampfhahn zerrinnen läßt.

Wer also sich dazu entschließt, meinen Anleitungen zu folgen, muß sich zunächst überlegen, welche Zahl und Art von Legehennen er anschaffen muß, dann, wie sie verwahren und füttern soll, ferner, in welchen Jahreszeiten er die Eier ausnehmen soll; weiterhin muß er dafür sorgen, daß sich die Hühner zur Brut setzen und ausbrüten, endlich sich darum bekümmern, wie die

pulli educentur operam dare. his enim curis et ministeriis
exercetur ratio chortalis, quam Graeci vocant ὀρνιθοτρο-
φίαν. parandi autem modus est ducentorum capitum, quae   7
40 pastoris unius curam distendant, dum tamen anus sedula
vel puer adhibeatur custos vagantium, ne obsidiis hominum
aut insidiatorum animalium diripiantur. mercari porro nisi
fecundissimas aves non expedit. eae sint rubicundae vel
infuscae plumae nigrisque pinnis, ac si fieri poterit, omnes
45 huius et ab hoc proximi coloris eligantur; sin aliter, viten-
tur albae, quae fere cum sint molles ac minus vivaces, tum
ne fecundae quidem facile reperiantur, atque etiam con-
spicuae propter insigne candoris ab accipitribus et aquilis
saepius abripiuntur. sint ergo matrices robii coloris, qua-   8
50 dratae, pectorosae, magnis capitibus, rectis rutulisque cris-
tulis, albis auribus, et sub hac specie quam amplissimae,
nec paribus unguibus; generosissimaeque creduntur, quae
quinos habent digitos, sed ita ne cruribus emineant transversa calcaria. nam quae hoc virile gerit insigne, contumax
55 ad concubitum dedignatur admittere marem, raroque fecunda etiam cum incubat, calcis aculeis ova perfringit.

Gallinaceos mares nisi salacissimos habere non expedit.   9
atque in his quoque sicut in feminis idem color, idem numerus unguium, status altior quaeritur; sublimes sanguine-
60 aeque nec obliquae cristae, ravidi vel nigrantes oculi, bre-

40 distendant·SA *agn. Jos.* dispendat R dispendant *F.-H.*
42 insidiatorum (-diot- S[1]) SA *prob. F.-H. Jos.* insidiosorum R
43 s. uel infuscae κγρ uelimfuscae SA uel fuscae R   44 pennis R *aliquot*
45 colores R *plerique*   45 s. uitentur/uiterbitentur SA
47 reperiantur R referiantur S reriantur A reperiuntur ςρ *edd. vett. agn.*
   F.-H. Jos.   48 propterque R   insigne SR inspicue A
   aqualis S[1]A   49 robii S probi R robusti A   50 rectis/cristis S[2]
50 s. -que cirstulis *om.* SA   52 partibus A   ungulis R
   generosis///aeque S generosis seque A   53 s. transuelsa SA
54 gerit *om.* SA   56 incumbat R *aliquot*
   perfringit R ferfringit A ferfrincit (*corr. in.* perf-) S
58 in feminis R in *om.* SA   60 nec SA vel R
   rauidi ewjuçρ *cf. Varro 3, 9, 5* rabidi R *plerique* rubidi SA

Kücken richtig aufgezogen werden. Auf diesen Überlegungen und
Geschäften beruht nämlich die Hühnerhaltung, die die Griechen
ornithotrophia nennen. Das rechte Maß der Anschaffung liegt bei
200 Stück, die die Aufmerksamkeit nur eines Wärters in Anspruch
nehmen, vorausgesetzt, man nimmt noch eine fleißige alte Frau
oder einen Knaben zur Bewachung der abseits streunenden Hühner hinzu, damit sie nicht der Heimtücke von Menschen oder
Raubtieren zum Opfer fallen. Erwerben soll man außerdem nur
die legefreudigsten Tiere. Diese haben rötliches oder dunkles
Gefieder und schwarze Schwungfedern; und sofern das möglich
ist, sollte man nur Hühner dieser oder einer möglichst naheste-
henden Färbung wählen; andernfalls soll man wenigstens die weißen Hühner meiden; denn einerseits sind sie empfindlich und weniger lebenskräftig, andererseits wird man davon wohl schwerlich
sehr fruchtbare finden; darüber hinaus sind sie weithin sichtbar
und werden wegen ihrer leuchtenden Weiße ziemlich oft von Ha-
bichten und Adlern geraubt. Es sollen also rötliche Legehennen
von blöckiger Form und kräftiger Brust sein, mit großen Köpfen,
aufrecht stehenden rötlichen Kämmchen, weißen Ohrbüscheln, in
dieser Art möglichst große Tiere mit ungleichen Zehen; als die
wertvollsten Hühnern gelten die mit fünf Zehen, doch ohne daß an
den Beinen querstehende Sporen herausragen; denn ein Huhn,
das dieses männliche Merkmal trägt, ist bei der Begattung widerspenstig und weigert sich, das männliche Tier springen zu lassen;
und während es ohnehin selten fruchtbar ist, zerbricht es, wenn es
einmal brütet, die Eier mit den Sporenspitzen.

Hähne zu halten, die nicht sehr sprungfreudig sind, lohnt sich
nicht. Auch bei ihnen fordert man dieselbe Farbe und dieselbe
Zehenzahl wie bei den Hennen, nur eine höhere Statur, hohe, stark
durchblutete und nicht schrägstehende Kämme, graue oder

via et adunca rostra, maximae candidissimaeque aures,
paleae ex rutilo albicantes, quae velut incanae barbae dependent; iubae deinde variae vel ex auro flavae, per colla
cervicesque in umeros diffusae; tum lata et musculosa 10
65 pectora, lacertosaeque similes bracchiis alae; tum pro-
cerissimae caudae duplici ordine singulis utrimque promi-
nentibus pinnis inflexae; quin etiam vasta femina et frequenter horrentibus plumis hirta, robusta crura nec longa
sed infestis velut sudibus nocenter armata. mores autem, 11
70 quamvis non ad pugnam neque ad victoriae laudem prae-
parantur, maxime tamen generosi probantur, ut sint elati,
alacres, vigilaces et ad saepius canendum prompti, nec qui
facile terreantur. nam interdum resistere debent et prote-
gere coniugalem gregem, quin et attollentem minas serpen-
75 tem vel aliud noxium animal interficere.

Talibus autem maribus quinae singulis feminae conpa- 12
rantur. nam Rhodii generis aut Medici propter gravitatem
neque patres nimis salaces nec fecundae matres, quae tamen ternae singulis maritantur. et cum pauca ova posue-
80 runt, inertes ad incubandum multoque magis ad excluden-
dum, raro fetus suos educant. itaque quibus cordi est ea
genera propter corporum speciem possidere, cum excepe-
runt ova generosarum, vulgaribus gallinis subiciunt, ut ab
his excusi pulli nutriantur. Tanagrici plerumque Rhodiis et 13
85 Medicis amplitudine pares non multum moribus a verna-
culis distant, sicut et Calcidici.

Omnium tamen horum generum nothi sunt optimi pulli,
quos conceptos ex peregrinis maribus nostrates ediderunt;

61 candissimaeque SA   62 galeae SA[1]   63 iubae R be S vel A
67 pennis S[2]R aliquot   femini S   69 mores/mares R aliquot
71 elati AR telati S   74 quin et S et om. AR
75 post serpentem add. uel alium serpentem S   alium SA
76 manibus S[1]A   76 s. cōparā S   77 hrodi S herodi A
78 salaces/satages A   80 inhertes S[1]A   80 s. excudendum R aliquot
81 educanti S   83 generosarum/gene SA   84 excusi A excussi S exclusi R
hrodiis S hordiis A   85 mendicis S[1]   87 nothi SA noti R

schwarze Augen, kurze, krumme Schnäbel, sehr große und helle Ohrbüschel, rötlich-weiße Kinnlappen, die wie graue Bärte herabhängen; ferner bunte oder goldgelbe Halsfedern, die über Hals und Nacken auf die Schenkelansätze niederfallen; eine breite und muskulöse Brust, gut gepolsterte Flügel in der Form von Armen und einen sehr hoch aufragenden Schwanz, an dem in doppelter Reihe die beiderseits emporstehenden Schwanzfedern einen Bogen bilden; endlich breite Oberschenkel, die durch die sich häufig spreizenden Federn struppig wirken, und kräftige Unterbeine, die nicht lang, aber sozusagen mit wehrhaften Sparren gefährlich bewaffnet sind. Was ihren Charakter betrifft, so werden sie zwar nicht zu Kampf und Siegesehrgeiz aberichtet, aber man schätzt doch am meisten die stolzen Hähne, die aufrecht, munter, wachsam und zu fleißigem Krähen bereit sind und sich nicht leicht einschüchtern lassen. Denn manchmal müssen sie Widerstand leisten und ihre Frauenschar beschützen, ja sogar eine drohende Schlange oder sonst ein schädliches Tier töten.

Hähne dieser Qualität gesellt man je fünf Hennen. Die rhodischen oder medischen Tiere sind wegen ihres großen Gewichts weder allzu zeugungsfreudige Väter noch sehr fruchtbare Mütter, doch kann man hier jeweils einem Hahn drei Hühner zuteilen. Wenn diese ein paar Eier gelegt haben, sind sie meistens zu bequem zum Brüten und noch viel mehr dazu, bis zum Ausschlüpfen zu sitzen, und so ziehen sie nur selten Kücken auf. Wer also Wert darauf legt, solche Hühner um ihrer ansehnlichen Erscheinung willen zu besitzen, nimmt die Eier dieser edleren Tiere aus dem Nest und legt sie gewöhnlichen Hühnern unter, damit diese die Kücken ausbrüten und aufziehen. Die tanagrischen Hühner, die den rhodischen und medischen an Größe meist ähnlich sind, unterscheiden sich in ihrem Charakter nicht wesentlich von unseren heimischen; ebenso die chalkidischen.

Die besten Kücken aus allen diesen Rassen sind die Kreuzungen, die unsere Hennen aus dem Samen fremder Rassen hervorge-

nam et paternam speciem gerunt et salacitatem fecundita-
90   temque vernaculam retinent. pumileas aves, nisi quem   14
humilitas earum delectat, nec propter fecunditatem nec
propter alium reditum nimium probo, tam hercule quam
nec pugnacem nec rixosae libidinis marem. nam plerumque ceteros infestat et non patitur inire feminas, cum
95   ipse pluribus sufficere non queat. inpedienda est itaque
procacitas eius ampullaceo corio, quod cum in orbiculum   15
formatum est, media pars eius rescinditur, et per excisam
partem galli pes inseritur, eaque quasi conpede cohiben-
tur feri mores.
100   Sed ut proposui, iam de tutela generis universi praecipiam.

DE GALLINARIIS

3

Gallinaria constitui debent parte villae, quae hibernum
spectat orientem. iuncta sint ea furno vel culinae, ut ad   1
avem perveniat fumus, qui est huic generi praecipue salutaris. totius autem officinae, id est ornithonis, tres conti-
5   nuae extruuntur cellae, quarum, sicuti dixi, perpetua frons
orientem sit obversa. in ea deinde fronte exiguus detur
unus omnino aditus mediae cellae, quae ipsa, e tribus   2
minima, esse debet in altitudinem et quoqueversus pedes
septem. in ea singuli dextro laevoque pariete aditus ad
10   utramque cellam faciundi sunt iuncti parieti, qui est in-

---

89 s. nam et paternam speciem gerunt p *om.* SAR *cf. Gnomon 29.354*
90 uernaculum A   pumileas S pumiles AR pulias p
92 probo tam R probatam S probatum A
93 nec *alterum codd. Jos.* ac F.-H.   rixosae R rixo SA   **94** iniri R
96 anpullaceo SA *agn. Jos.*   **97** s. *verba* et per ... inseritur *om.* SA
98 quiasi SA   comniede SA   **100** uniuersi generis R

4 ornitonis SA *agn. Jos.*   **5** extrahuntur AR *aliquot* constituuntur p
sicut R   **6** orienti t *agn.* F.-H.   deinde AR inde S[1] in S[2]
7 ipsa e *Schn.* ipse SAR   **8** quoquouersus R   **9** singula A
10 rutamque SA   faciendi R *plerique*

bracht haben; denn einerseits weisen sie die Statur der Vatertiere auf, andererseits bewahren sie die Zeugungskraft und Legefähigkeit der einheimischen Rasse. – Zu den Zwerghühnern ist zu sagen: Wenn nicht jemand an ihrer Niedlichkeit besonderen Gefallen findet, möchte ich sie weder wegen ihrer Fruchtbarkeit noch wegen irgendeines anderen Gewinnes allzusehr rühmen, so wenig wie ich einen kämpferischen oder mit streitbarem Lusttrieb begabten Hahn schätze. Denn dieser belästigt meistens die anderen und läßt sie nicht an die Hennen herankommen, während er doch selbst auch nicht eine größere Zahl von ihnen befriedigen kann. Deshalb bändigt man seine Frechheit mit einem Stück Sackleder; man schneidet es kreisförmig zu, schlitzt es in der Mitte auf und steckt einen Fuß des Hahns durch den Ausschnitt; durch diese Fußfessel, sozusagen, werden seine rauhen Sitten gezähmt.

Doch will ich nun, wie versprochen, über die Wartung der Hühner im ganzen sprechen.

3. KAPITEL: ÜBER DIE HÜHNERSTÄLLE

Die Hühnerställe muß man an derjenigen Seite des Anwesens einrichten, die gegen die aufgehende Wintersonne[5)] blickt. Sie sollen sich an den Backofen oder die Küche anschließen, damit der Rauch zu den Hühnern gelangt, der ihrer Gesundheit besonders förderlich ist. Das Gebäude im ganzen, d. h. das Hühnerhaus, soll mit drei zusammenhängenden Räumen errichtet werden, deren fortlaufende Front, wie gesagt, nach (Süd)osten blickt. An dieser Front soll nur ein einziger kleiner Eingang zur mittleren Kammer gelassen werden; diese selbst, die kleinste von den dreien, soll in der Höhe und in jeder Ausdehnung der Grundfläche sieben Fuß messen. In ihrer rechten und linken Seitenwand soll je ein Zugang zu den beiden Nebenkammern geschaffen werden,

trantibus adversus. huic autem focus adplicetur tam longus,
ut ne inpediat praedictos aditus et ab eo fumus perveniat
in utramque cellam; eaeque longitudinis et altitudinis
duodenos pedes habeant, nec plus latitudinis quam media.

15   Sublimitas dividatur tabulatis, quae super se quaternos   3
et infra septenos liberos pedes habeant, quoniam ipsa singulos occupant. utraque tabulata gallinis servire debent et
ea parvis ab oriente singulis inluminari fenestellis, quae et
ipsae matutinum exitum praebeant avibus ad cohortem nec
20 minus vespertinum introitum. sed curandum erit, ut semper
noctibus claudantur, quo tutius aves maneant. infra tabula-   4
ta maiores fenestellae aperiantur, et eae clatris muniantur,
ne possint noxia inrepere animalia, sic tamen ut inlustria
sint loca, quo commodius habitet aviarius, qui subinde de-
25 bet speculari aut incubantis aut parturientis fetas. nam
etiam in his ipsis locis ita crassos parietes aedificare convenit, ut excisa per ordinem gallinarum cubilia recipiant,
in quibus aut ova edantur aut excludantur pulli. hoc enim
et salubrius et elegantius est quam illud, quod quidam
30 faciunt, ut palis in parietis vehementer actis vimineos qualos superponant. sive autem parietibus ita ut diximus cava-   5
tis sive qualis vimineis praeponenda erunt vestibula, per
quae matrices ad cubilia vel pariendi vel incubandi causa

11 longus *codd. Jos.* longe *Ursin. F.-H.*   13 eaeque S (a)eque AR
et ad altitudinis A   17 occupat SA   18 parui A   19 exitum *om.* SA
auibus R animus S animos A   21 quo tutius R quotius SA[1] quoties A[1]
intra AR   22 fenestrae R   eae/e SA   24 habitent γ
auiarius qui R a. quia S a. qua A a. que onx[1] *Schn. sed v. Jos. Hss. 171*
26 his ipsis R his *om.* SA   27 excisa R exercisa SA   29 quot A
30 parietes R   30 s. uehementer ... parietibus *om.* A[1]
uimineos R ui minimo SA[2]   31 superponent SA[2] superimponant γ
31 s. cauatis siue SA c. aut R
32 qualis uimineis R qualem uimineos (*corr. ex* uineos S uinin- A) SA

und zwar nahe der dem Eingang gegenüberliegenden Wand. An dieser Wand ist eine Feuerstätte von solcher Länge anzulehnen, daß sie die beiden erwähnten (Seiten-)zugänge nicht blockiert und daß dennoch der Rauch von ihr in die beiden Seitenkammern gelangen kann; diese letzteren sollen in der Länge und Höhe zwölf Fuß messen, in der Breite aber nicht mehr als die mittlere.

Ihre Höhenausdehnung wird durch eine Bretterbühne zweigeteilt, die über sich vier, unter sich sieben Fuß freien Raum läßt, während sie selbst einen Fuß beansprucht. Beide Oberbühnen sollen den Hühnern dienen, und sie sollen durch je ein kleines Fenster auf der Ostseite belichtet werden, das zugleich den Tieren morgens den Austritt in den Hof und abends den Rückweg gewährt; doch ist dafür zu sorgen, daß es bei Nacht verschlossen ist, damit die Vögel in Sicherheit bleiben. Unterhalb der Bühne sollen sich größere Fenster öffnen und mit Riegeln gesichert sein, damit keine Schädlinge eindringen können, aber auch so angelegt, daß der Raum ordentlich belichtet ist, um dem Geflügelpfleger, der immer wieder nach den brütenden oder legenden Hennen sehen muß, ein annehmbares Wohnen zu ermöglichen. Bei denselben Räumen empfiehlt es sich ferner, die Mauern so dick zu bauen, daß man aus ihnen der Reihe nach Nester für die Hühner aushauen kann, in denen entweder die Eier gelegt oder die Kücken ausgebrütet werden. Denn dies ist gesünder und eleganter als das, was andere tun, die auf Träger, welche sie kräftig in die Wand eingerammt haben, Weidenkörbe setzen.[6] Seien es nun Nester in der Mauer, seien es Körbe: vor beiden muß man Balkone anbringen, über die die Mutterhennen zum Legen oder Brüten in die Ne-

perveniant; neque enim debent ipsis nidis involare, ne dum
35 adsiliunt pedibus ova confringant.

Ascensus deinde avibus ad tabulata per utramque cellam   6
datur, iunctis parieti modicis asserulis, qui paulum forma-
tis gradibus asperantur, ne sint advolantibus lubrici. sed
ab chorte forinsecus praedictis fenestellis scandulae simi-
40 liter iniungantur, quibus inrepant aves ad requiem nocturnam. maxime autem curabimus, ut et haec aviaria et cetera,
de quibus mox dicturi sumus, intrinsecus et extrinsecus
poliantur opere tectorio, ne quae ad aves feles habeant aut
coluber adcessum, tum et aeque noxiae prohibeantur pes-
45 tes.

Tabulatis insistere dormientem avem non expedit, ne suo   7
laedatur stercore, quod cum pedibus uncis adhaesit, poda-
gram creat. ea pernicies ut evitetur, perticae dolantur in
quadrum, ne teres levitas earum supersilientem volucrem
50 non recipiat. conquadratae deinde foratis duobus adversis
parietibus induuntur, ita ut a tabulato pedalis altitudinis et
inter se bipedalis latitudinis spatio distent.

Haec erit cohortalis officinae dispositio. ceterum cohors   8
ipsa, per quam vagantur, non tam stercore quam uligine
55 careat. nam plurimum refert aquam non esse in ea nisi in
uno loco quam bibant, eamque mundissimam; nam ster-
corosa pituitam concitat. puram tamen servare non possis
nisi clausam vasis in hunc usum fabricatis. sunt autem, qui

34 nidis/dis SA[1]   41 maxime/maxima S maxum A
   curauimus S[1]AR *plerique*   42 dixturi S
   et extrinsecus *om.* SAγ   43 ne quae SAR *plerique*   ad *om.* S[1]A
44 tum *om.* R   47 ungis A   48 ut uitetur R *plerique*
51 induunt SAR *aliquot*   52 bipedalis R bipedali SA *agn. Jos.*
   distenit S   54 tam/tamen SA
56 eamque mundissimam nam R eaque mundissima SA *agn. Jos. sed v.*
   Gnomon 29, 354   56 s. stercoraosa S   58 basis SA   fabricati SA

ster gelangen; denn sie dürfen nicht unmittelbar in diese selbst
fliegen, damit sie nicht beim Aufsetzen mit den Füßen die Eier
zerbrechen.

Außerdem ist den Hühnern in beiden Kammern ein Aufstieg zur
Bretterbühne zu schaffen, indem man mäßig starke Bohlen an der
Wand entlang emporsteigen läßt; sie werden in Stufenart etwas
aufgerauht, damit sie für die Hühner beim Anflug nicht zu schlüpf-
rig sind. Aber auch vom Hof aus werden an die erwähnten kleinen
Fenster in ähnlicher Weise Stiegen angelegt, auf denen die Tiere
zur Nachtruhe emporsteigen können. Besonders wird man es sich
angelegen sein lassen, daß sowohl diese Hühnerhäuser wie auch
die, von denen weiter unten noch zu reden sein wird, innen und
außen mit Verputz geglättet werden, damit nicht die Katzen oder
Schlangen zu den Vögeln Zugang erhalten, aber auch andere gefährliche Schädlinge ferngehalten werden.

Im Schlaf darf das Huhn nicht auf der Bretterbühne sitzen, um
nicht von seinem eigenen Mist geschädigt zu werden, da er Podagra
erzeugt, wenn er sich an den Krallen festgesetzt hat. Um solchen
Schaden zu vermeiden, zimmert man vierkantige Sprossen, da ein
rundes, glattes Holz dem aufspringenden Tier keinen Halt gewähren würde; so kantig zubehauen, werden sie dann in zwei gegenüberliegenden Wänden in Löcher eingelassen, wobei sie vom Gerüst einen Fuß nach oben, untereinander zwei Fuß seitlichen Abstand haben sollen.

Dies ist die Anordnung des Geflügelhauses. Der Hof selbst, auf
dem die Hühner Auslauf haben, soll zwar nicht von Dung, wohl
aber von Schlamm frei sein. Denn es ist sehr wichtig, daß es auf
ihm kein Wasser gibt außer an einer einzigen Stelle, nämlich das
Trinkwasser, und dieses so sauber wie möglich; denn mit Kot ver-
schmutztes Wasser ruft Katarrh hervor. Man kann es aber nur
dann sauber halten, wenn es in eigens dafür hergestellten Gefäßen
verwahrt wird. Es gibt zum Einfüllen von Wasser oder Futter

aut aqua replentur aut cibo plumbei canales, quos magis
60 utiles esse ligneis aut fictilibus conpertum est. hi superposi-   9
tis operculis clauduntur et a lateribus super mediam partem
altitudinis per spatia palmaria modicis forantur cavis, ita
ut avium capita possint admittere. nam nisi operculis muniantur, quantulumcumque aquae vel ciborum inest, pedi-
65 bus everritur. sunt qui a superiore parte foramina ipsis
operculis inponant; quod fieri non oportet, nam supersi-
liens avis proluvie ventris cibos et aquam conspurcat.

DE CIBARIIS GALLINARUM   4

Cibaria gallinis praebentur optima pinsitum hordeum et   1
vicia, nec minus cicercula, tum etiam milium et panicum,
sed haec ubi vilitas annonae permittit. ubi vero ea est
carior, excreta tritici minuta commode dantur; nam per
5 se id frumentum, etiam quibus locis vilissimum est, non
utiliter praebetur, quia obest avibus. potest etiam lolium
decoctum obici, nec minus furfures modice a farina excreti;
qui si nihil habent farris, non sunt idonei; nec tamen
⟨non⟩ adpetuntur ieiunis. cytisi folia seminaque maxime   2
10 probantur et sunt huic generi gratissima, neque est ulla
regio, in qua non possit huius arbusculae copia esse vel
maxima. vinacea quamvis tolerabiliter pascant, dari non

---

60 ligneos aut fictiles **R**   64 aquae **R** atque **S** *om.* **A**   ines **SA**
67 conspurgat **SA**

2 uicia **R** *agn. Lundstr.* uinacia **SA** *agn. F.-H.*   panicium **SA**
3 annonae/ann(a)e **S**[1]**A**[1]   6 praebentur **SA**[1]
9 non adpetuntur (*de fig. quae app. litotes v. Kottmann p. 64*) *scripsi*
nappeturtur **A** appetuntur **SR**
ieiunis t *edd., cf. Jos. Hss. p. 136 sq.* ieiuni **SAR**
11 possit **A**[2]**R** possint **SA**[1]   12 pascat **SA**   diari **SA**

Bleitröge, die erfahrungsgemäß besser sind als Holz- oder Tongefäße. Man schließt sie mit Deckeln zu und öffnet seitlich über der Mittelhöhe der Tröge in handbreitem Abstand mäßig große Löcher, die einen Hühnerkopf aufnehmen können. Werden die Gefäße nicht abgedeckt, dann scharren die Hühner alles, was sich an Wasser oder Futter in ihnen befindet, mit den Füßen heraus. Manche Leute bringen die Löcher von oben her in den Deckeln selbst an; das empfiehlt sich jedoch nicht, denn wenn ein Huhn obenaufspringt, verunreinigt es das Futter oder Wasser mit seinem Kot.

4. KAPITEL: ÜBER DAS HÜHNERFUTTER

Als Futter gibt man den Hühnern am besten geschrotene Gerste und Wicken, ebenso Kleinkichern, ferner Kolben- und Rispenhirse, dies alles jedoch nur dann, wenn niedrige Getreidepreise es erlauben; ist Getreide zu teuer, dann verfüttert man zweckmäßig zerkleinerte Weizenrückstände; den Weizen selbst zu verfüttern ist nicht vorteilhaft, selbst in Gegenden, wo er sehr billig ist; denn er schadet den Hühnern. Man kann ihnen auch abgekochten Lolch vorsetzen, ebenso Kleiearten, die nicht völlig ausgemahlen sind; wenn sie gar kein Mehl mehr enthalten, sind sie ungeeignet, werden aber trotzdem von den Hühnern nicht ungern gefressen, wenn sie hungrig sind. Schneckenkleeblätter und Schneckenkleesamen werden sehr hoch geschätzt und sind bei dieser Tiergattung besonders beliebt, und es gibt keine Gegend, in der man nicht von diesen Sträuchern eine beliebig große Menge haben könnte. Traubentrester nähren zwar leidlich; doch soll man sie nicht geben

debent, nisi quibus anni temporibus avis fetum non edit;
nam et partus raros et ova faciunt exigua. sed cum plane   3
15 post autumnum cessat a fetu, potest hoc cibo sustineri.

Ac tamen quaecumque dabitur esca per chortem vagan-
tibus die incipiente et iam in vesperum declinato, bis divi-
denda est, ut et mane non protinus a cubili latius evagen-
tur, et ante crepusculum propter cibi spem temperius ad
20 officinam redeant possitque numerus capitum saepius recognosci. nam volatile pecus facile custodiam pastoris
decipit.

Siccus etiam pulvis et cinis, ubicumque cohortem por-   4
ticus vel tectum protegit, iuxta parietem reponendus est, ut
25 sit quo aves se perfundant. nam his rebus plumam pinnas-
que emundant, si modo credimus Ephesio Heraclito, qui ait
sues caeno, chortales aves pulvere lavari.

Gallina post primam emitti et ante horam diei unde-   5
cimam claudi debet; cuius vagae cultus hic quem diximus
30 erit. nec tamen alius clausae, nisi quod ea non emittetur,
sed intra ornithonem ter die pascitur maiore mensura. nam
singulis capitibus quaterni cyathi diurna cibaria sunt, cum
vagis bini praebeantur. habeat tamen etiam clausa oportet   6
amplum vestibulum, quo prodeat et ubi apricetur, idque sit
35 retibus munitum, ne aquila vel accipiter involet.

Quas inpensas et curas, nisi ⟨suburbanis⟩ locis et quibus
harum rerum vigent pretia, non expedit adhiberi. anti-

14 raros **SAd** raro **R**   exiguas et **S¹A**
15 cessat *Ios.* (*v. Hss. p. 84*) cessant *codd.*
     potest **SAR** possunt *edd. ante Ios.*   **16** attamen **R** *plerique*
17 declinato bis **SR** declinat ovis **A** declinante bis γ   **18** latius tatius **SA**
20 possitque **A²R** possintque **SA¹**   **21** pastoris custodiam **AR**
23 cinis **S²R** inis **S¹** nix **A**   **24** tectus **SA**   parietes **R** *plerique*
25 s. pennasque **S²R** *aliquot*   **26** Heraclito *fr. B 37 D.-Kr.ʰ*
27 *post* puluere *add.* vel cinere **R** *agn. F.-H.*   **28** gallinam **AR** *aliquot*
31 maiorem **S**   **33** *post* uagis *add.* terni uel **R** *plerique, sed v. cap. 5, 2*
     pr(a)ebeatur **SA**   **35** ne **R** non **S** *om.* **A**   **36** et curas **SR** et *om.* **A**
     suburbanis *addidi* (*cf. cap. 5, 9*) *om.* **SAR**   locis et **SAa** et *om.* **R**

außer zu denjenigen Zeiten des Jahres, in denen das Huhn nicht
legt; denn sie bewirken, daß es seltener und kleinere Eier legt.
Wenn es dagegen nach der Herbstzeit völlig aufhört zu legen, kann
es auch damit gefüttert werden.

Doch soll man alles Futter, das den Hühnern, die sich frei im
Hühnerhof bewegen dürfen, geboten wird, sowohl am Tagesbeginn
wie am einbrechenden Abend in zwei Portionen aufteilen, damit
sie sich morgens nicht sofort allzuweit vom Hühnerhof entfernen
und vor der Dämmerung in der Hoffnung auf Futter frühzeitiger
zu ihrem Hof zurückkehren und man so ihre Stückzahl öfter kon-
trollieren kann; denn geflügelte Haustiere täuschen leicht die Aufmerksamkeit ihrer Wächter.

Wo den Hühnerhof eine Vorhalle oder ein Dach schützt, soll
man an der Gebäudemauer trockenen Staub oder Asche deponie-
ren, damit die Hühner sich damit bestreuen können. Denn damit
reinigen sie ihr Federkleid, wenn man dem Wort des Heraklit von
Ephesos glauben darf, daß die Schweine sich im Schlamm, die
Hühner im Staub baden[7].

Das Huhn soll erst nach der ersten Tagesstunde ins Freie gelassen und noch vor der elften Stunde eingesperrt werden. Die Ver-
sorgung dieses freilaufenden Tieres ist die oben bezeichnete; diejenige der ständig eingeschlossenen Hühner unterscheidet sich
nicht von ihr, abgesehen davon, daß ihnen kein freier Auslauf gewährt wird, sondern Futter in reichlicherer Menge innerhalb der
geschlossenen Anlage geboten wird. Sie erhalten je Kopf vier Becher Futter am Tag, während die freilaufenden nur zwei bekommen. Doch soll auch das eingeschlossene Huhn einen geräumigen
Vorhof haben, in dem es sich ergehen und sonnen kann, und dieser soll mit Netzen gesichert sein, damit kein Adler oder Habicht
einfliegt.

Alle die dafür nötigen Kosten und Mühen auf sich zu nehmen
lohnt sich nur an Orten im Umkreis der Stadt, oder wo sonst der-

quissima est autem cum in omnibus pecoribus tum in hoc
fides pastoris, qui nisi eam domino servat, nullius ornitho-
40 nis quaestus vincit inpensas.

   De tutela satis dictum est; nunc reliquum ordinem per-
sequemur.

   Confecta bruma parere fere id genus avium consuevit. 5
 5 atque earum quae sunt fecundissimae, locis calidioribus 1
circa Kalendas Ianuarias ova edere incipiunt, frigidis autem
regionibus eodem mense post Idus. sed cibis idoneis fecunditas earum elicienda est, quo maturius partum edant.
optime praebetur ad satietatem hordeum semicoctum, nam 2
10 et maius facit ovorum incrementum et frequentiores partus, et is cibus quasi condiendus est interiectis cytisi
foliis ac semine eiusdem, quae utraque maxime putantur
augere fecunditatem avium. modus cibariorum sit, ut dixi,
vagis binorum cyathorum hordei. aliquid tamen admiscen-
15 dum erit cytisi, vel si id non fuerit, viciae aut milii.

   Curae autem debebit esse custodi, cum parturient aves, 3
ut habeant quam mundissimis paleis constrata cubilia,
eaque subinde converrat et alia stramenta quam recentissima reponat. nam pulicibus atque aliis similibus replentur,

---

38 in omnibus **R** in *om.* **SA**   **39** qui nisi **AR** quin si **S**
nullius **S** nullis **A** nullus **R** *plerique*   **40** uincet **R** iungit **A**
41 s. prosequemur **R** *aliquot*

1 parere fere ⲕⲅⲡ parere **h**¹ⲱσ *Politianus* fere **SAR** *aliquot*
5 elicienda **S** eligenda **AR**
7 ouorum (*corr. ex* ob-) **S** obhorum Aⳑ horum **R**   **8** et **SA** sed **R**
is **R** *part.* his **SAR** *part.*   **9** utraque **R** *om.* **SA**
10 *post* modus *add.* autem **R**   **13** parturiens **S**
14 constrata **R** constra **S** con/tra **S**
15 eaque **R** que **S** (*testibus F.-H.*) quae **A**   **16** reponant **SA**
atque aliis **SA** aliisque **R**   *post* similibus *inculc.* animalibus **R**

artige Erzeugnisse einen guten Preis erzielen. Das wichtigste aber
ist, wie bei aller Tierzucht, so auch bei dieser die Verläßlichkeit des
Wärters; wenn der seinem Herrn nicht die Treue hält, übersteigt
der Ertrag bei keiner Hühnerhaltung die Unkosten.
Über die Wartung ist genug gesagt; jetzt will ich alles übrige besprechen.

5. KAPITEL

Nach der Wintersonnenwende pflegen die Hühner in der Regel
zu legen; und zwar fangen die fruchtbarsten unter ihnen an milden
Orten um den 1. Januar an, Eier zu legen, in kalten Gegenden nach
dem 13. Januar. Ihre Fruchtbarkeit ist durch geeignete Ernährung
anzuregen, damit sie früher legen. Am besten läßt man sie sich an
halbgekochter Gerste sattfressen, denn sie steigert das Wachstum
der Eier und die Häufigkeit des Legens; und dieses Futter soll
man sozusagen würzen durch Beigabe von Schneckenkleeblättern
und Schneckenkleesamen, welches beides, wie man annimmt, die
Fruchtbarkeit der Hühner noch erhöht. Die Futtermenge soll bei
freilaufenden Hühnern, wie gesagt, zwei Becher Gerste betragen,
wozu noch etwas Schneckenklee oder, wo er nicht vorhanden ist,
Wicken oder Hirse beizugeben ist.
Wenn die Hühner legen wollen, muß sich der Wärter darum
kümmern, daß die Nester mit möglichst sauberem Stroh ausgelegt
sind, und er muß dieses von Zeit zu Zeit wieder auskehren und
durch möglichst frische andere Streu ersetzen. Denn die Streu
füllt sich mit Flöhen und anderem Ungeziefer dieser Art, das das

quae secum adfert avis, cum ad idem cubile revertitur.
adsiduus autem debet esse custos et speculari parientes,
quod se facere gallinae testantur crebris singultibus inter-
20   iecta voce acuta. observare itaque, dum edant ova, et con-   4
festim circumire oportet cubilia, ut quae nata sunt re-
colligantur notenturque, quae quoque die sunt edita, et
quam recentissima subponantur gluttientibus (sic enim rustici appellant avis eas, quae volunt incubare), cetera vel
25   reponantur vel aere mutentur. aptissima porro sunt ad ex-
cludendum recentissima quaeque; possunt tamen etiam re-
quieta subponi, dum ne vetustiora sint quam dierum decem. fere autem cum primum partum consummaverunt   5
gallinae, incubare cupiunt ab Idibus Ianuariis. quod facere
30   non omnibus permittendum est, quoniam quidem novellae
magis edendis quam excudendis ovis utiliores sunt, in-
hibeturque cupiditas incubandi pinnula per nares traiecta.
veteranas igitur avis ad hanc rem eligi oportebit, quae iam   6
saepius id fecerint, moresque earum maxime pernosci,
35   quoniam aliae melius excudant, aliae editos pullos commodius educent. at e contrario quaedam et sua et aliena ova

17 quae *om.* SA   18 custos R cum SA
    speculari parie(n)tes R (*cf. cap. 2, 4*) specularientis (-tes S¹) SA
19 crebis SA
20 obseruare itaque dum edant oua R obseruare dum (idum A) edant oua
    itaque dum SA   21 quae SR qui A   nata R nati SA
22 nontentur quaequ(a)e SA² n. aquae A¹ notenturqu(a)e R
    sunt SA sint R   23 recentissimas SA
    gluttientibus SA *cf. Paul. Fest. p. 99 M.* gloc(c)ientibus *multifariam var.* R
25 eremutentur SA¹ rem utentur A²R *plerique* remittentur R *aliquot*
25 s. excudendum AR   26 recitissima A   27 sunt SAR *aliquot*
28 ferre S   29 cupiunt/incipiunt R *plerique*   Idus SA
31 eadendis S¹A²   excudendis/excubandis R
32 incubando SA   piu nulla SA   nares traiecta R nasieta SA
33 iam/etiam R   35 excubant R   36 et sua S²R et sue S¹ est ut A

Huhn einschleppt, wenn es in sein Nest zurückkehrt. Der Pfleger
muß ständig auf dem Posten sein und die Hühner, die legen wollen,
im Auge behalten; daß sie dies tun, bekunden sie durch häufiges
Gackern und einen eingeschobenen schrillen Laut. Man muß sie
also beobachten, bis sie die Eier legen, und unverzüglich von
Nest zu Nest gehen, um die gelegten Eier einzusammeln und die
Produktion jedes Tages zu notieren; die frischesten Eier soll man
den Glucksern (so nennen die Bauern diejenigen Hühner, die sich
zur Brut setzen wollen) unterlegen, die andern entweder einlegen
oder verkaufen. Am geeignetsten zum Ausbrüten sind die jeweils
frischesten Eier; doch kann man auch noch abgelagerte unterlegen,
wenn ihr Alter nicht mehr als zehn Tage beträgt. Meist wollen die
Hühner gleich, wenn sie zum erstenmal gelegt haben, also von Mitte Januar an, brüten. Dies soll man aber nicht allen erlauben,
weil sich die Junghennen mehr zum Legen als zum Brüten eignen;
der Bruttrieb wird gehemmt, wenn man ihnen ein Federchen durch
die Nasenlöcher steckt. Von den älteren Hühnern soll man diejenigen zu diesem Geschäft auswählen, die es schon öfter getan haben, und man soll vor allem ihren Charakter prüfen, weil manche
sich besser im Brüten, andere mehr in der Aufzucht der ausgebrüteten Kücken bewähren. Andererseits gibt es auch solche, die

conminuunt atque consumunt, quod facientem protinus
submovere conveniet.

Pulli autem duarum aut trium avium excusi, dum adhuc   7
40 teneri sunt, ad unam quae est melior nutrix transferri
debent, sed primo quoque die, dum mater suos et alienos
propter similitudinem dinoscere non potest. verumtamen
servari oportet modum, neque enim debet maior esse quam
triginta capitum. negant enim hoc ampliorem gregem posse
45 ab una nutriri.

Numerus ovorum, quae subiciuntur, inpar observatur,   8
nec semper idem. nam primo tempore, id est mense Ianuario, quindecim nec umquam plura subici debent, Martio
undeviginti nec his pauciora, unum et viginti Aprili, tota
50 deinde aestate usque in Kalendas Octobris tria et viginti.
postea supervacua est huius rei cura, quod frigoribus
exclusi pulli plerumque intereant. multi tamen etiam ab   9
aestivo solstitio non putant bonam pullationem, quod ab
eo tempore, etiam si facilem educationem habent, iustum
55 tamen non capiunt incrementum. verum suburbanis locis,
ubi a matre pulli non exiguis pretiis veneunt, probanda est
aestiva educatio; semper autem, cum subponuntur ova,
considerari debebit, ut luna crescente ab decima usque ad

37 conuenient S conueniunt A   **39** excussi R   **40** quae sit R
41 s. suos et alienos propter *om.* SAq   **43** seruare R   **44** quatriginta SA
     necant SA[1]   **46** inpar obseruatur *om.* SA
48 quindecim R quiadecem S quadecem A   Martio *Ald.* Maio *codd.*
49 undeuiginti (XIX) *edd. praeter Jos.* novem (IX) *codd.*
50 tria et uiginti *scripsi coll. Geop.* 14, 7, 12, *cf. Varro* 3, 9, 8 tredecim
     (XIII) *codd. Jos.* totidem *edd. praeter Jos. de numeris v. etiam quae*
     adnot. F.-H. vol. II p. 345
52 plerumque SA plerique *edd. ante Jos.*
     multi R *agn. Jos.* (*cf. Hss. p. 101*)   etiam AR iam S
54 facilem R facile SA *agn. Jos.*   **56** *post* matre *add.* familias t
     non exiguis pretiis veneunt SR plerumque intereant (*ex superioribus*)
     A *utraque conflant* γψ   **58** considerare A
     a(b) decima (*vel* -cum-, -cimo) usque R ab ducumu usque S abduca-
     musque A

ihre eigenen und die fremden Eier zerhacken und fressen; wenn
ein Huhn dies tut, soll man es sofort beseitigen.

Die von zwei oder drei Hühnern ausgebrüteten Kücken übergibt man, solange sie noch klein sind, einer Henne, die eine bessere Kückenamme ist, und zwar möglichst bald, solange die Mutterhenne die eigenen und die fremden Kücken wegen der Ähnlichkeit noch nicht unterscheiden kann. Doch muß man die Zahl be-
grenzen, denn sie soll 30 Stück nicht überschreiten; man sagt,
eine größere Gruppe könne von einer einzigen Henne nicht be-
treut werden.

Die Zahl der Eier, die man zum Ausbrüten unterlegt, soll unge-
rade gehalten werden, und es darf nicht immer dieselbe Zahl
sein. In der ersten Zeit, also im Januar, legt man einem Huhn
höchstens 15 Bruteier unter, im März mindestens 19. im April 21,
während des gesamten folgenden Sommers bis zum 1. Oktober 23
Eier[8]. Später ist es sinnlos, sich damit zu befassen, weil die in
der kalten Zeit ausgebrüteten Kücken in der Regel eingehen. Viele
sind jedoch der Meinung, schon von der Sommersonnenwende an
habe die Kückenzucht wenig Wert, weil von da an die Kücken,
selbst wenn sie noch leicht aufgezogen werden können, doch nicht
mehr ein angemessenes Wachstum erreichen. Jedoch im Umkreis
Roms, wo man die Kücken von der Henne weg zu nicht unerhebli-
chen Preisen verkaufen kann, muß man die Aufzucht von Kücken
im Sommer billigen; immer aber, wenn man Bruteier unterlegt,
muß man darauf achten, daß es bei zunehmendem Mond zwischen

quintam decimam id fiat. nam et ipsa subpositio per hos
60 fere dies est commodissima, et sic administrandum est, ut
rursus, cum excludantur pulli, luna crescat.

Diebus, quibus animantur ova et in speciem volucrum 10
conformantur, ter septenis opus est gallinaceo generi, at
pavonino et anserino paulo amplius ter novenis. quae si
65 quando fuerint subponenda gallinis, prius eas incubare decem diebus fetibus alienigenis patiemur; tum demum sui
generis quattuor ova nec plura quam quinque fovenda recipient, sed et haec quam maxima, nam ex pusillis aves minutae nascentur. cum deinde quis volet quam plurimos ma- 11
70 res excudi, longissima quaeque et acutissima ova subiciet,
et rursus cum feminas, quam rutundissima.

DE SUPPOSITIONE OVORUM

Subponendi autem consuetudo tradita est ab his, qui
religiosius haec administrant, eiusmodi: primum quam
secretissima cubilia legunt, ne incubantes matrices ab aliis
75 avibus inquietentur; deinde antequam consternant ea, diligenter emundant paleasque, quas substraturi sunt, sulpure
et bitumine atque ardente teda perlustrant et expiatas
cubilibus iniciunt, ita factis concavatis nidis, ne advolantibus aut etiam desilientibus decidant ova. plurimi autem 12
80 infra cubilium stramenta graminis aliquid et ramulos lauri
nec minus alii capita cum clavis ferreis subiciunt. quae

---

62 in speciem **R** *edd.* specie **SA**   **63** formantur **R**
genere **A |**   ad S¹A¹   **64** pauone **SA¹**
66 alienigenis A²**R** genis **SA¹**   **68** pusillis **R** pulsisillis **SA²** pulsillis **A¹**
68 s. minutae **R** minima **SA** minimae *F.-H.*
69 nascentur **SA** nascuntur **R** *edd.*   **70** quaeque et **R** et *om.* **SA**
71 rotundissimae S²**R**   **73** regiosius **SA¹**   administrat **SA**
74 legunt **SA** eligunt **R**   **78** concauatis **R** concubantis **SA**
79 desilentibus **SA**   *post* desilientibus *add.* euoluta *vel* obsoluta **R** *aliquot*
80 i(n)stramenta **SA**

dem zehnten und fünfzehnten Tag geschieht; denn erstens ist das
Unterlegen selbst in diesen Tagen am vorteilhaftesten, zweitens ist
auf diese Weise zu erreichen, daß der Mond auch beim Ausschlüpfen der Kücken zunimmt.

Zur Belebung der Eier und Ausformung in die Gestalt eines Vogels sind bei den Hühnern dreimal sieben Tage erforderlich, bei
den Pfauen und Gänsen aber etwas mehr als dreimal neun. Wenn
man also gelegentlich deren Eier Hühnern unterlegen muß, dann
läßt man diese zunächst einmal zehn Tage auf den fremdstämmi-
gen Eiern brüten; dann erst bekommen sie vier, höchstens fünf
Eier der eigenen Art zum Wärmen hinzu, und zwar möglichst
große, weil aus kleinen Eiern auch kleine Vögel entstehen[9]. Wenn
ferner jemand möglichst viele männliche Kücken erzielen will,
muß er möglichst lange und spitze Eier unterlegen; will er weibliche Kücken haben, dann möglichst runde[10].

ÜBER DEN BRUTANSATZ

Für das Unterlegen der Bruteier ist von denjenigen Autoren,
die genauer darauf eingehen, folgende Regel überliefert worden:
Zunächst wählt man möglichst abgelegene Nester, damit die brütenden Hennen nicht von anderen Vögeln gestört werden; dann
reinigt man diese vor dem Einstreuen gründlich, präpariert das
Stroh, das man einstreuen will, mit Schwefel, Pech und einem
brennenden Kienholz und wirft es nach solcher Entwesung in die
Nisthöhlen, wobei diese in der Weise vertieft sind, daß die Eier
nicht herausfallen, wenn die Hennen einfliegen oder herabsprin-
gen. Die meisten legen sogar unter das Neststroh noch etwas Gras
und kleine Lorberzweige, ferner Knoblauchzehen mit eisernen

cuncta remedio creduntur esse adversus tonitrua, quibus
vitiantur ova pullique semiformes interemuntur, antequam
toti partibus suis consummentur. servat autem qui subicit,   13
85   ne singula in cubili manu conponat, sed totum ovorum numerum in alveolum ligneum conferat, deinde universum leniter in praeparatum nidum transfundat.

Incubantibus autem gallinis iuxta ponendus est cibus, ut   14
saturae studiosius nidis inmorentur neve longius evagatae
90   refrigerent ova. quae quamvis pedibus ipsae convertant,
aviarius tamen, cum desilierint matres, circumire debet ac
manu versare, ut aequaliter calore concepto facile animentur, quin etiam, si qua unguibus laesa vel fracta sunt, ut
removeat; idque cum fecerit duodeviginti diebus, undevice-
95   simo animadvertat, an pulli rostellis ova pertuderint, et
auscultetur, si pipiant. nam saepe propter crassitudinem
putamina [rum] rumpere non queunt. itaque haerentis pul-   15
los manu eximere oportebit et matri fovendos subicere,
idque non amplius triduo facere. nam post unum et vicesi-
100   mum diem silentia ova carent animalibus, eaque removen-
da sunt, ne incubans inani spe diutius retineatur effeta.

Pullos autem non oportet singulos, ut quisque natus sit,
tollere, sed uno die in cubili sinere cum matre et aqua
ciboque abstinere, dum omnes excudantur. postero die,
105   cum grex fuerit effectus, hoc modo deponatur; cribro vi-   16

82   remedio SA[1] remedia A[2]R
83   interimuntur S[2]A[2]R   84 consumentur R   seruat SAR *malim* seruet
qui subicit A[2]R quisubi SA[1]   85 cubilia R   conponant SA
86   s. leniter R *part.* leuiter SAR *rell.*
88   iuxta ponendus/subponendus Aç
90   -uis pedibus *om.* SA   ipsa A   convertant R convert S confere A
91   debet ψ debent SAR   94 duodeviginti diebus SA die R
95   pertunderint R *plerique*   96 pipiant R pipant SA
97   putamina *Schn.* putaminarum SA putaminum R
inrumpere (*vel* irr-) R   104 excludantur A
105   effectus/effetus SR *pauci*
105   s. uitiario SR *aliquot*

Nägeln ein. Dies alles gilt als Schutzmittel gegen Blitze, die die
Eier beschädigen und die halbausgeformten Kücken töten, solange
sie noch nicht mit ihren Gliedern ganz ausgebildet sind. Derjenige,
der die Eier einlegt, achtet auch darauf, daß er nicht jedes Ei für
sich mit der Hand hineinlegt, sondern die Gesamtzahl in einer
Holzschale sammelt und aus ihr alle zusammen vorsichtig ins vor-
bereitete Nest schüttet.

Neben die brütenden Hühner stellt man das Futter, damit sie
wohlgesättigt mit größerem Eifer im Nest aushalten und nicht
durch längeres Weggehen die Eier abkühlen lassen. Die Hühner
drehen diese zwar selbst mit ihren Füßen um; trotzdem soll der
Wärter, wenn die Hühner das Nest verlassen, umhergehen und die
Eier mit der Hand wenden, damit sie durch gleichmäßige Erwär-
mung leichter zum Leben erweckt werden; außerdem muß er diejenigen, die etwa durch die Krallen beschädigt oder zerbrochen
sind, entfernen; und wenn er dies 18 Tage lang getan hat, muß er
am 19. Tage zusehen, ob Kücken mit ihren Schnäbelchen die Eier
aufgestoßen haben, und horchen, ob welche piepsen; denn oft
können sie die Schalen wegen ihrer Dicke nicht aufstoßen. Deshalb
muß er Kücken, die sich nicht befreien können, mit der Hand herausnehmen und der Mutterhenne zum Warmhalten unterschieben;
und zwar soll man dies nicht länger als drei Tage tun. Denn Eier,
in denen sich nach dem 21. Tag noch nichts rührt, enthalten kein
Leben und sind herauszunehmen, damit das brütende Mutterhuhn
nicht durch vergebliche Hoffnung hingehalten wird.

Die Kücken soll man nicht einzeln, so wie sie ausgeschlüpft
sind, herausnehmen, sondern einen Tag bei ihrer Mutter im Nest
lassen und ihnen Wasser und Futter vorenthalten, bis alle ausgebrütet sind. Am folgenden Tage, wenn die Brut vollständig ist,
wird sie auf folgende Weise aus dem Nest genommen: Man setzt

ciario vel etiam loliario, qui iam fuerit in usu, pulli superponantur, deinde pulei surculis fumigentur; ea res
iudicatur prohibere pituitam, quae celerrime teneros inter-
ficit.

110　　Post hoc cavea cum matre cludendi sunt et farre hor-　17
daceo cum aqua incocto et adoreo farre vino resperso modice alendi; nam maxime cruditas vitanda est. et ob hoc
<ad hor>am tertiam diei cavea cum matre continendi sunt
priusque quam emittantur ad recentem cibum, singu..
115　temptandi, ne quid hesterni habeant in gutture. nam nisi
vacua est ingluvies, cruditatem significat, abstinerique debent, dum concoquant.

　　Longius autem non est permittendum teneris evagari,　18
sed circa caveam continendi sunt et farina hordeacea pa-
120　scendi, dum corroborentur; cavendum, ne a serpentibus ad-
flentur, quarum odor tam pestilens est, ut interemat uni-
versos. is vitatur saepius incenso cornu cervino vel galbano vel muliebri capillo. quorum omnium fere nidoribus
praedicta pestis submovetur. sed et curandum erit, ut　19
125　tepide habeantur, nam nec calorem nec frigus sustinent.
optimum est intra officinam clausos haberi cum matre et
post quadragesimum diem potestatem vagandi fieri. sed
primis quasi infantiae diebus pertractandi sunt plumulae-
que sub cauda clunibus detrahendae, ne stercore conquina-
130　tae durescant et naturalia praecludant. quod quamvis ca-　20

---

108 iudicatur *scripsi* uideatur **SA** videtur **R**
113 ad horam tertiam diei *scripsi* iam (*om.* **AR**) tertia die **SAR** in tertiam
　　　horam **p**　　　cum Sγ *om.* **AR**　**114** priusque quam **SA** priusquam **R**
115 ne quid **R** ne *om.* **SA**　　　nisi S *om.* **AR** cum ψ
117 concoquant/coquant **A**　**120** corroboretur **A**　**121** quorum γ
　　　est *om.* **SAR** *plerique*　　interimat S^2**R**　**122** incensu **SA**
125 habeatur **A**　　calore **A**
126 intra **R** *pauci* infra **SAR** *plerique* inter **R** *aliquot*
128 infantiae **R** infantib ; S infartis **A**　**129** clauda **A**　　crunibus **SA**
129 s. conquinat(a)e **SAR** *aliquot vocem varie mutil.* **R** *plerique*

die Kücken auf ein Wicken- oder Lolchsieb, das bereits im Gebrauch gewesen ist, und räuchert sie mit Flöhkrautreisig; dies
gilt als Vorbeugung gegen den Schnupfen, der die kleinen Tiere
in kürzester Zeit dahinrafft.

Danach schließt man sie mit ihrer Mutter in einen Käfig und
füttert sie mit in Wasser eingekochtem Gerstenmehl oder mit
weinbesprengtem Speltmehl in mäßigen Mengen; denn vor allem
sind Verdauungsstörungen zu verhüten. Deshalb hält man die
Kücken auch mit ihrer Mutter ⟨bis zur dritten Tagesstunde⟩[11]
im Käfig und untersucht jedes einzelne, ehe man es zur nächsten
Fütterung herausläßt, ob es nicht noch einen Rest des Futters
vom Vortage im Kropf hat. Wenn nämlich der Kropf nicht leer
ist, zeigt das eine Verdauungsstörung an, und man muß sie fasten
lassen, bis sie wieder verdauen.

Solange sie noch zart sind, soll man sie nicht weiter aus-
schwärmen lassen, sondern im Umkreis des Stalles zusammenhal-
ten und mit Gerstenmehl füttern, bis sie kräftiger werden; auch
muß man sie vor dem Anhauch der Schlangen schützen, deren
Geruch so verderblich ist, daß er sie sämtlich umbringt. Man verhütet dies dadurch, daß man öfters Hirschhorn, Galban oder
Frauenhaar verbrennt; denn der Qualm aller dieser Dinge vertreibt das erwähnte Ungeziefer. Aber man muß auch dafür sorgen,
daß sie in milder Temperatur gehalten werden, denn sie ertragen
weder Hitze noch Kälte. Am besten ist es, sie innerhalb des Hüh-
nerhofs mit ihrer Mutter eingeschlossen zu halten und erst nach
40 Tagen freien Auslauf zu gewähren. In den ersten Tagen ihrer
Kindheit, sozusagen, muß man sie ständig befühlen und ihnen unter dem Schwanz die Flaumfederchen aus den Hinterbacken ziehen, damit sie nicht durch die Beschmutzung mit Kot hart werden
und die Abführwege verschließen. Selbst wenn man dies beachtet,

veatur, saepe tamen evenit, ut alvus exitum non habeat.
itaque pinna pertunditur et iter digestis cibis praebetur.

    Saepe etiam validioribus factis atque ipsis matribus etiam
vitanda pituitae pernicies erit. quae ne fiat, mundissimis
135 vasis et quam purissimam praebebimus aquam. nec minus
gallinaria semper fumigabimus et emundata stercore libera-
bimus. quod si tamen pestis permanserit, sunt qui micas 21
alii tepido madefaciant oleo et faucibus inferant. quidam
hominis urina tepida rigant ora et tamdiu conprimunt. dum
140 eas amaritudo cogat per nares emoliri pituitae nauseam.
uva quoque, quam Graeci ἀγρίαν σταφυλήν vocant, cum
cibo mixta prodest, vel eadem pertrita et cum aqua potui
data.

    Atque haec remedia mediocriter laborantibus adhiben- 22
145 tur. nam si pituita circumvenit oculos et iam cibos avis
respuit, ferro rescindentur genae et coacta sub oculis sani-
es omnis exprimitur, atque ita paulum triti salis vulneribus infriatur. id porro vitium maxime nascitur, cum frigore 23
et penuria cibi laborant aves, item cum per aestatem consis-
150 tens in cohortibus fuit aqua, item cum ficus et uva inmatura nec . . . ad satietatem permissa est. quibus scilicet cibis
abstinendae sunt aves, eosque ut fastidiant efficit una la-
brusca de vepribus inmatura lecta, quae cum hordeo triti-

131 saepe/sed **R** *part.*   134 pituitae *om.* **SAp**   136 gallinariam **SA**
    semper *codd. edd. malim* saepe   emendata **SA**
137 micas **SAR** *pauci, cf. Pallad. 1, 27, 2* spicas **R** *plerique*
138 madefactas oleo inferant **R**
140 nauseam t² naseam t¹ nausea **R** nausa **SA**
141 uva/una **R** *aliquot* aqua **SA**   142 prodent **SA**   pertritam **S**
143 datam **SA**   146 resciduntur **S** rescinditur **A**   147 triti **SR** attriti **A**
148 infriatur *ed. pr., cf. Würzb. Jahrb. 1949/50 p. 75* infriantur **S** infricantur
    A (*vel* -catur) **R**   150 fuit aqua **SA** aqua potatur **R** *agn. F.-H.*
151 nec ad satietatem *codd. edd. perperam; post* nec *aliquid excidisse vid.
    velut* decocta, siccata *sim., coniciam* (con)tusa, *cf. cap. 10, 3; Plin. nat.
    21, 82 et 11, 69*   152 *post* fastidiant *add.* te **S¹A**
153 lecta qu(a)e **SR** -lectaque **A**   153 s. triticeo **R** tritico **SA**

kommt es immer wieder vor, daß der Stuhl keinen Ausgang findet;
in diesem Fall wird der After mit einer Feder aufgestochen und
den Exkrementen ein Ausgang geschaffen.

Oft wird man die Kücken auch dann noch, wenn sie schon kräftiger geworden sind, und selbst die Muttertiere vor dem Schnupfen-
tod bewahren müssen. Um ihn zu verhindern, gibt man ihnen möglichst reines Wasser in völlig sauberen Behältern. Ferner wird
man immer wieder die Hühnerställe ausräuchern und von Kot reinigen. Wenn trotzdem die Krankheit nicht nachläßt, weichen manche Züchter Knoblauchzehen in lauwarmem Öl auf und stecken sie
den Tieren in den Schlund. Andere befeuchten den Schnabel mit
lauwarmem menschlichem Urin und halten ihn solange fest zu, bis
seine Bitternis das Tier zwingt, den Niesreiz des Schnupfens
durch die Nase auszustoßen. Auch eine Traubenart, die die Griechen *agría staphylé* („Wildrebe") nennen, kann helfen, wenn sie
dem Futter beigemengt oder verrieben und mit Wasser als Trank
gegeben wird.

Diese Mittel wendet man an, wenn die Tiere nicht schwer erkrankt sind. Hat der Schnupfen aber bereits die Augen mit einbe-
zogen und verweigert das Tier die Nahrung, dann sind die Wangen
mit einem Messer zu öffnen und aller unter den Augen angesam-
melte Eiter auszupressen; danach legt man etwas verriebenes Salz
auf die Wunden auf. Diese Krankheit tritt besonders dann auf,
wenn die Tiere an Kälte oder Futtermangel leiden, ferner wenn im
Sommer stehendes Wasser im Hühnerhof geblieben ist, endlich
wenn die Tiere sich mit unreifen und nicht...[12)] Feigen oder Trauben vollgefressen haben. Von solchem Futter muß man die Hühner
natürlich fernhalten, und daß sie es ablehnen, bewirkt eine einzige
Beere, die unreif von den Dornbüschen gelesen ist; wird sie, mit

ceo minuto cocta obicitur esurientibus, eiusque sapore of-
155 fensae aves omnem spernantur uvam. similis ratio est etiam
caprifici, quae decocta cum cibo praebetur avibus et ita
fici fastidium creat.

Mos quoque. sicut in ceteris pecudibus, eligendi quam- 24
que optimam et deteriorem vendendi servetur etiam in hoc
160 genere, ut per autumni tempus omnibus annis, cum fructus
earum cessat, numerus quoque minuatur. submovebimus
autem veteres, id est quae trimatum excesserunt, item quae
aut parum fecundae aut parum bonae nutrices sunt, praecipue quae ova vel sua vel aliena consumunt, nec minus
165 quae velut mares cantare coeperunt, item serotini pulli,
qui a solstitio nati capere iustum incrementum non po-
tuerunt. in masculis non eadem ratio servabitur, sed tamdiu
custodiemus generosos, quamdiu feminas inplere poterunt.
nam rarior est in his avibus mariti bonitas.

170   Eodem quoque tempore cum parere desinent aves, id est 25
ab Idibus Novembribus, pretiosiores cibi substrahendi
sunt et vinacea praebenda, quae satis commode pascunt.
adiectis interdum tritici excre[men]tis.

---

154 minuta cocto A   155 omnem/fame(m) R   aspernantur R
157 *ante* fici *add.* verae R   158 mos/mox R   159 seruetur ne etiam SA
160 ut per R ut *om.* SA   161 summouimus A
162 s. quae aut/quae aui A quae γ   163 parum bonae *om.* SA
163 s. praecipue quae R quae *om.* SA   164 minus *om.* S[1]
165 uelut mares R vel mane SA   *post* cantare *add.* atque etiam calcare R
166 *post* incrementum *inculc.* autem R   168 feminam AR
     poterunt *scripsi* potuerunt *ut in sent. priore* SAR *agn.* Jos. potuerint
     pt[2] *agn.* F.-H.   173 excretis *Bayer* excrementis (incr. κγ *exc.* t) SAR

geschrotener Gerste verkocht, den Hühnern geboten, wenn sie
hungrig sind, dann lehnen sie, da ihr Geschmack ihnen widerlich
ist, jede Traube ab. Dasselbe gilt auch für die Wildfeige, die eine
Abneigung gegen Feigen erzeugt, wenn man sie den Hühnern ins
Futter verkocht zu fressen gibt.

Die bei den übrigen Tieren geltende Regel, daß man nur die
besten für sich auswählt und die schlechteren verkauft, gilt auch
bei dieser Tiergattung, so daß alljährlich im Herbst, wenn ihr
Ertrag nachläßt, auch ihre Zahl verringert wird. Ausscheiden wird
man die alten Tiere, d. h. diejenigen, die das dritte Jahr über-
schritten haben, ferner solche, die keine besonders guten Leghen-
nen oder Leithennen sind, vor allem aber die, welche die eigenen
und die fremden Eier fressen, aber auch Hühner, die wie Hähne zu
krähen anfangen; ferner die Spätgebrüteten, die erst nach der Sonnenwende zur Welt gekommen sind und nicht mehr voll auswach-
sen konnten. Bei den Hähnen gilt diese Regel nicht in gleicher
Weise; vielmehr wird man edle Hähne solange halten, als sie noch
Hühner befruchten können; denn bei diesen Vögeln ist gute Be-
gattungsleistung ziemlich selten.

Zu dem Zeitpunkt, in dem die Hühner zu legen aufhören, d. h.
vom 13. November an, ist ihnen das kostbarere Futter zu entziehen und Weintrester zu geben, womit sie hinlänglich gut ernährt
werden, wenn man ab und zu etwas Weizenkleie hinzufügt.

DE SERVANDIS OVIS   6

Ovorum quoque longioris temporis custodia non aliena 1
est huic curae; quae commode servantur per hiemem, si
paleis obruas, aestate, si furfuribus. nam prius trito sale
sex horis adoperiunt, deinde eluunt atque ita paleis ac
5 furfuribus obruunt. nonnulli solida, multi etiam fresa faba
coaggerant, alii salibus integris adoperiunt, alii muria tepefacta durant. sed omnis sal, quemadmodum non patitur 2
putrescere, ita minuit ova nec sinit plena permanere, quae
res ementem deterret. itaque ne in muriam quidem qui
10 demittunt, integritatem ovorum conservant.

DE FARTURIS   7

Pinguem quoque facere gallinam, quamvis fartoris, non 1
rustici sit officium, tamen quia non aegre contingit, prae-
cipiendum putavi. locus ad hanc rem desideratur maxime
calidus et minimi luminis, in quo singulae caveis angustiori-
5 bus vel sportis inclusae pendeant aves, sed ita coartatae,
ne versari possint. verum habeant ex utraque parte forami- 2
nà, unum quo caput exeratur, alterum quo cauda clunes-
que, ut et cibos capere possint et eos digestos sic edere, ne
stercore coinquinentur. substernantur autem mundissimae

---

3 palea is **A**   tristo **SA**   **4** oris **S**   **7** durant **R** adudant **S** aducant **A**
omnes **S** omnes es **A**[1]   salis **SA**[1]
9 ementem/mentem **Sp** *om.* **R** *pauci*   ne **R** *om.* **SA**   muria **SA**

1 farturis **SA**   **2** quia *om.* **A**   **9** su(b)sternatur **R**
9 s. mundissima palea **AR**

6. KAPITEL: KONSERVIERUNG DER EIER

Zu diesem Zweig der Landwirtschaft gehört auch die Aufbewahrung der Eier für längere Zeit. Man konserviert sie für den
Winter zweckmäßig durch Einbetten in Stroh, für den Sommer
durch Einlegen in Kleie. Manche bedecken die Eier zunächst für
sechs Stunden mit gestoßenem Salz, waschen sie ab und betten sie
dann erst in Stroh oder Kleie. Einige überdecken sie mit ganzen
Bohnen, viele mit geschroteten Bohnen, andere mit unzerstoße-
nem Salz; wieder andere konservieren sie in lauwarmer Salzlake.
Aber jedes Salz verhindert zwar das Verfaulen, bewirkt jedoch
eine Schrumpfung der Eier und ihres Inhalts; beides schreckt die
Käufer ab. So bewahren also auch diejenigen, die die Eier in Salzlake einlegen, nicht deren ursprünglichen Bestand.

7. KAPITEL: ÜBER DAS MÄSTEN

Das Mästen eines Huhnes ist zwar nicht Sache eines Bauern,
sondern eines Mästers; weil es aber ohne Schwierigkeiten geschehen kann, glaube ich, Anleitungen auch dafür geben zu sollen.
Man benötigt dafür einen besonders warmen und wenig belichte-
ten Platz, an dem jedes Huhn für sich in einen ganz engen Kasten
oder Flechtkorb derart eingezwängt wird, daß es sich in ihm nicht
umdrehen kann. Jedoch soll der Behälter an zwei Seiten eine Öffnung haben, die eine, damit das Huhn den Kopf herausstrecken
kann, die andere für Schwanz und Bürzel, auf der einen Seite, um
Futter zu sich nehmen zu können, auf der andern, um es nach dem
Verdauen von sich zu geben, ohne sich mit Kot zu beschmutzen.
Einstreuen soll man nur ganz sauberes Stroh oder weiches Heu, al-

10 paleae vel molle foenum, id est cordum. nam si dure cubant, non facile pinguescunt. pluma omnis e capite et sub
alis atque clunibus detergetur, illic ne peduculum creet, hic
ne stercore loca naturalia exulceret.

    Cibus autem praebetur hordeacea farina; quae cum est   3
15 aqua consparsa et subacta, formantur offae, quibus avis
salivatur. hae tamen primis diebus dari parcius debent, dum
plus concoquere consuescant. nam cruditas maxime vitanda
est, tantumque praebendum, quantum digerere possint. neque ante recens admovenda est quam temptato gutture
20 apparuerit nihil veteris escae remansisse. cum deinde sa-   4
tiata est avis, paululum deposita cavea dimittitur, et ita
ne evagetur, sed potius, si quid est quod eam stimulet
aut mordeat, rostro persequatur.

    Haec fere communis est cura farcientium. nam illi, qui
25 volunt non solum opimas sed etiam teneras avis efficere,
mulsea recenti aqua praedicti generis farinam conspargunt
et ita farciunt. nonnulli tribus aquae partibus unam boni
vini miscent madefactoque triticeo pane obesant avem,
quae prima luna (quoniam id quoque custodiendum est)
30 saginari coepta vicensima pergliscit. sed si fastidiet ci-   5
bum, totidem diebus minuere oportebit, quot iam farturae
processerint, ita tamen ne tempus omne opimandi quintam
et vicesimam lunam superveniat. antiquissimum est autem
maximam quamque avem lautioribus epulis destinare; sic
35 enim digna merces sequitur operam et inpensam.

10 cordium **R** cordicum **A**[1]   **12** pediculum **R**
14 quae cum quaecumque **AR** *aliquot*   est *om.* **Aα q**
16 salibatur **Aq** *varie mutilant* **R** *multi*   hae γ e(a)e **R** ita **SA**
    partius **SAR** *aliquot* **21** cauea **R** caueae **SA**   demittitur **S**
    et ita **SAq** sed ita **R** **22** uagetur **AR**   istimulet **S**[1]**A**[1]
24 facentium **SA**[2] **25** colunt **SAq** **26** mulsea **R** multa **SA**
    recenti **h**[2] regenti **S** recentia **A** recente **R**   aqua **R** aque **S** qui **A**
29 primo **A**   luna/tuna **A**   uiuoniam **SA** **30** uigesima **R**
31 quot/quod **SA**[1] **33** superueniunt **SAq**

so Grummet; wenn sie nämlich hart liegen, werden sie nicht leicht fett. Alles Gefieder am Kopf, unter den Flügeln und am Bürzel beseitigt man, vorne, damit es nicht Läuse wachsen läßt, hinten, damit eine Entzündung der Leibesöffnungen durch Verkoten vermieden wird.

Als Futter gibt man Gerstenmehl; es wird mit Wasser eingefeuchtet und geknetet, dann zu Klößchen geformt, mit denen das Tier genudelt wird. Diese Klößchen gibt man in den ersten Tagen nur sparsam, bis das Huhn gelernt hat, größere Mengen zu verdauen. Denn Verdauungsstörungen muß man besonders sorgfältig vermeiden und darf nur so viel zu fressen geben, wie die Hühner verarbeiten können. Auch darf man ihnen kein neues Futter bringen, ehe man sich durch Betasten versichert hat, daß im Kropf kein Rest des alten Futters verblieben ist. Ist das Tier so gesättigt, dann nimmt man den Kasten für kurze Zeit herunter und läßt es heraustreten, jedoch nicht, um es frei umherlaufen zu lassen, sondern nur damit es, falls etwas es juckt oder beißt, sich mit dem Schnabel Erleichterung schaffen kann.

Dies sind die üblichen Aufgaben der Mäster. Wer die Hühner nicht nur fett, sondern auch zart machen will, feuchtet das oben bezeichnete Mehl mit frischem Honigmet ein und stopft sie damit. Manche mischen drei Teile Wasser mit einem Teil guten Weines, weichen damit Weizenbrot auf und mästen das Huhn damit. Hat man am ersten Tage der Mondperiode (denn auch darauf soll man achten) begonnen, ein Huhn zu mästen, dann erreicht es das volle Mastgewicht am zwanzigsten Tage. Verweigert es aber die Nahrungsaufnahme, dann soll man ebenso viele Tage lang das Futtermaß reduzieren, als die Mästung bereits gedauert hat, jedoch höchstens solange, daß die gesamte Mastzeit nicht über den 25. Tag der Mondperiode hinausgeht. Am wichtigsten aber ist es, nur die größten Tiere für den anspruchsvolleren Tafelbedarf auszuwählen; denn nur dann werden die aufgewendeten Mühen und Kosten durch einen angemessenen Verkaufspreis belohnt.

DE PALUMBIS ET COLUMBIS   8
FARCIENDIS

Hac eadem ratione palumbos columbosque cellares pin-   1
guissimos facere contingit. neque est tamen in columbis
farciendis tantus reditus quantus in educandis. nam etiam
horum possessio non abhorret a cura boni rustici. sed id
5 genus minore tutela pascitur longinquis regionibus, ubi liber egressus avibus permittitur, quoniam vel summis turri-
bus vel editissimis aedificiis adsignatas sedes frequentant
patentibus fenestris, per quas ad requirendos cibos evoli-
tant. duobus tamen aut tribus mensibus adceptant con-   2
10 ditiva cibaria, ceteris se ipsas pascunt seminibus agrestibus.
sed hoc suburbanis locis facere non possunt, quoniam intercipiuntur variis aucupum insidiis. itaque clausae intra
tectum pasci debent, nec in plano villae loco nec in
frigido, sed in edito fieri tabulatum oportet, quod aspi-
15 ciat hibernum meridiem. eiusque parietes, ne iam dicta   3
iteremus, ut in ornithone praecepimus, continuis cubilibus
excaventur, vel si ita non conpetit, paxillis adactis tabu-
lae superponantur, quae vel loculamenta, quibus nidificent
aves, vel fictilia columbaria recipient, praepositis vestibu-
20 lis, per quae ad cubilia perveniant.

1 h(a)ec S¹AR *aliquot*   2 tamen/tam SA   3 faciendis SA
   tantis A   etiam *om.* Aɋ   4 horum γɋ harum SAR
7 titissimis SA   frequentent AR   8 s. euolant S
9 s. conditicia (*vel* -tia) R *plerique*   13 plane A
17 paxillis ψl taxillis S²AR axillis S¹   18 locǔlamͅta S -lo cum lamenta A
19 recipient SA recipiant R *fort. recte*

8. KAPITEL: ÜBER MÄSTUNG
VON HOLZTAUBEN UND HAUSTAUBEN

Auf dieselbe Weise kann man auch Holz- und Haustauben vorzüglich mästen. Trotzdem ist der Ertrag bei der Taubenmast nicht
so groß wie bei der Taubenzucht. Auch die Haltung von Tauben
verträgt sich durchaus mit den Aufgaben eines guten Landwirtes;
doch ist ihre Wartung mit geringerer Mühe verbunden in abgelegenen Gegenden, wo man den Vögeln volle Bewegungsfreiheit geben kann, da sie ihre auf den höchsten Türmen und ragendsten
Gebäuden zugewiesenen Wohnplätze immer wieder durch die offene Türe aufsuchen, durch die sie zur Futtersuche ins Freie
fliegen. Allerdings erhalten sie zunächst zwei bis drei Monate
lang zubereitete Nahrung; in den übrigen ernähren sie sich selbst
von den Samenkörnern auf den Feldern. Das ist aber in Gegenden nahe der Stadt (Rom) nicht möglich, weil sie dort den mannig-
faltigen Tücken der Vogelfänger zum Opfer fallen. So müssen sie
hier hinter Schloß und Riegel gehegt werden, und zwar nicht auf
einem ebenen oder kühlen Platz des Anwesens, sondern an erha-
bener Stelle: dort errichtet man einen Aufbau mit Blickrichtung nach der Wintermittagssonne. Aus seinen Mauern sollen, um
nicht schon Gesagtes zu wiederholen, nach der beim Hühnerhaus
gegebenen Vorschrift[12a] aneinandergereihte Nisthöhlen ausge-
hauen werden; wenn dies nicht möglich ist, sollen Pflöcke in sie
hineingetrieben und auf ihnen Bretter befestigt werden, die entweder Niststellen oder tönerne Taubenbehälter tragen sollen; davor werden Anflugplätze angebracht, über die sie zu den Nist-
plätzen gelangen.

Totus autem locus et ipsae columbarum cellae poliri
debent albo tectorio, quoniam eo colore praecipue delectantur hoc genus avium, nec minus extrinsecus levigari   4
parietes, maxime circa fenestram. ea sit ita posita, ut
25 maiorem partem hiberni diei solem admittat, habeatque
adpositam satis amplam caveam retibus emunitam, quae
excludat accipitres et recipiat egredientis ad apricationem
columbas, nec minus in agros emittat matrices, quae ovis
vel pullis incubant, ne quasi gravi perpetuae custodiae
30 servitio contristatae senescant. nam cum paulum circa   5
aedificia volitaverunt, exhilaratae recreantur et ad foe-
tus suos vegetiores redeunt, propter quos ne longius quidem evagari aut fugere conantur.

Vasa, quibus aqua praebetur, similia esse debent galli-
35 nariis, quae colla bibentium admittant et cupientis lavari propter angustias non recipiant. nam id facere eas
nec ovis nec pullis, quibus plerumque incubant, expedit.

Ceterum cibos iuxta parietem conveniet spargi, quoniam   6
fere partes eae columbarii carent stercore. commodissima
40 cibaria putantur vicia vel ervum, tum etiam lenticula,
milium, lolium nec minus excreta tritici, et si qua sunt
alia legumina, quibus etiam gallinae aluntur. locus autem
subinde converri et emundari debet. nam quanto est cul-
tior, tanto laetior avis conspicitur, eaque tam fastidiosa est,
45 ut saepe sedes suas perosa, si detur avolandi potestas,
relinquat, quod frequenter in iis regionibus, ubi liberos

22 s. delectantur SA (cf. 9, 15, 7) delectatur R   24 paties S partes A¹
ita/ea SR   25 diei/dei S   solem R solis SA agn. Jos.
admittant SA   26 ampla S   ei munitam A
27 exludant AR aliquot   28 emittat azä emittant SAR   33 conatur SA
34 pr(a)ebeatur R   38 ispargi A   quoniam R qui SA
39 fere om. SA   partes R artes SA   e(a)e R ae ae SA h(a)e ψ
columbari R   41 miliumque et lolium R   46 relinquant SA
quod/idquod AR aliquot

Die ganze Anlage und die Nisthöhlen der Tauben selbst müssen mit weißem Putz versehen werden, weil diese Vogelart diese Farbe besonders liebt; aber auch außen sind die Wände zu verputzen, besonders um das Ausflugloch herum. Dieses soll so liegen, daß es während des größten Teiles des Wintertages die Sonne einläßt, und vor sich einen hinreichend großen Verschlag haben, der mit Netzen gesichert ist, um keine Habichte einzulassen, aber den Tauben eine Möglichkeit zum Austritt an die Sonne gibt, auch den Muttertauben, die über Eiern oder Jungen sitzen, einen Ausflug ins Freie gestattet, damit sie nicht, wenn man so sagen darf, durch den strengen Dienst andauernden Hütens lustlos werden und altern. Denn wenn sie eine Weile um die Gebäude geflogen sind, werden sie munter, erholen sich und kehren erfrischt zu ihrer Brut zurück, um derentwillen sie auch nicht weiter auszustreunen oder zu entfliehen versuchen.

Die Näpfe, in denen man ihnen Wasser gibt, sollen ähnlich denen für die Hühner sein; sie sollen nur die Köpfe einlassen, aber infolge ihrer Enge nicht die ganzen Tiere, wenn diese Lust zum Baden haben. Denn wenn sie baden, bekommt dies weder den Eiern noch den Jungen, auf denen sie gewöhnlich sitzen.

Das Futter soll man längs der Wand ausstreuen, weil im allgemeinen dieser Teil des Taubenhauses nicht mit Kot beschmutzt ist. Als geeignetstes Futter gelten die Wicke oder die Erve, dann die Linse, die Kolbenhirse, der Lolch, ferner Weizenkleie sowie gegebenenfalls weitere Hülsenfrüchte, mit denen man auch Hühner füttern kann. Der Stall muß von Zeit zu Zeit ausgekehrt und gereinigt werden; denn je gepflegter der Stall ist, desto gesünder sehen die Tauben aus; und sie sind darin so empfindlich, daß sie oft aus Ekel ihren Stall verlassen, wenn sich eine Möglichkeit dazu anbietet; dies geschieht besonders oft in denjenigen Gegenden,

habent egressus, accidere solet. id ne fiat, vetus est De-   7
mocriti praeceptum. genus accipitris (titiunculum vocant
rustici) fere in aedificiis nidum facit. eius pulli singuli
50 fictilibus ollis conduntur, spirantibusque opercula superponuntur et gypso lita vasa in angulis columbarii supponuntur. quae res avibus amorem loci sic conciliat, ne
umquam deserant.

Eligendae vero sunt ad educationem neque vetulae nec
55 nimium novellae, sed corporis maximi, curandumque, si
fieri possit, ut pulli, quemadmodum exclusi sunt, numquam
separentur. nam fere si sic maritatae sunt, plures educant   8
fetus. sin aliter, certe ne alieni generis coniungantur, ut
Alexandrina Campanae; minus enim impares sui diligunt,
60 et ideo nec multum ineunt nec saepius fetant.

Plumae color non semper nec omnibus idem probatus
est. atque ideo qui sit optimus non facile dictu est. albus,   9
qui ubique vulgo conspicitur, a quibusdam non nimium lau-
datus est, nec tamen vitari debet in his, quae cluso con-
65 tinentur. nam in vagis maxime est inprobandus, quod eum
facillime speculatur accipiter.

Fecunditas autem, quamvis longe minor sit quam est
gallinarum, maiorem tamen refert quaestum. nam et octies
anno pullos educat, si est bona matrix, et pretiis eorum
70 dominicam conplet arcam, sicut eximius auctor M. Varro

48 titiunculum **Sab** tri(s)t(i)ungulum *vel. sim.* **R**   **50** fictilibus/fictibus **SA**
ollis **SR** solis **A**   **51** columbariis **SAR** *aliquot*

51 s. supponuntur *Jos. coll. Plin. 10, 109* superponuntur **SAR** *aliquot* suspen-
duntur **R** *plerique*   **54** eligendae **S** eligendo **A** seligendae **R**

54 s. nec nimium nouellae *om.* **SA**   **56** excussi **R**   **57** separantur **R**
si sic *ed. pr.* si **SAφ** sic **R**   maritae **SAφ**

58 alieni generis/alienigene **R** *plerique*
ante coniungantur *add.* inter se **R** *aliquot*

59 alexandrina campanae (conpane **A**) **SA** alexandrin(a)e nec campan(a)e **R**
impares sui *scripsi* (*cf. e.g. Plaut. Rud. 49 Cic. senect. 78*) pares suos
codd. impares suas *Ald. edd. ante Jos.* compares suos *Urs.* (*Jos. Hss.
p. 101*[73]*)   diligent **S**   **62** dictu/dictus **SA**   **63** qui/quā **S**

64 cluso/clauso **A**[1]**R** cluse t   **64** s. continetur **S**   **65** maxime est **AR** est *om.* **S**
sit **R** *om.* **SA**   **70** complent **R** *aliquot*   Varro *rust. 3, 7, 10*

wo sie freien Ausflug haben. Um dies zu verhindern, gibt es ein
altes Rezept des Demokritos: Oft nistet in Gebäuden eine Art Habicht – die Bauern nennen ihn *titiunculus*[13] –; von den Jungen
dieses Vogels stecken die Bauern je eines in einen Tontopf, verschließen ihn mit einem Deckel, solange der Vogel noch atmet,
verkitten ihn mit Gips und setzen die Töpfe dann unter die Ecken
des Taubenhauses. Dies weckt in den Tauben eine solche Anhäng-
lichkeit an ihren Wohnort, daß sie ihn niemals verlassen.

Für die Aufzucht der Jungen wählt man weder alte noch ganz
junge Tauben, doch solche, die möglichst groß gewachsen sind,
und soweit es möglich ist, sorgt man dafür, daß die Jungen so, wie
sie ausgebrütet worden sind, beisammenbleiben. Wenn sie sich
nämlich so wieder paaren, bringen sie mehr Nachwuchs hervor. Ist
das nicht möglich, dann soll man sie wenigstens nicht mit fremd-
rassigen Partnern paaren, etwa eine alexandrinische Taube mit
einer campanischen. Denn Artfremde lieben sie weniger, weshalb
sie sich weniger oft begatten und öfters auch nicht brüten.

Über die Farbe des Gefieders ist nicht immer ein Urteil abgege-
ben worden, und nicht von allen dasselbe. So ist es schwer zu sagen, welche die beste sei. Die weiße, die man allenthalben sehen
kann, wird von manchen gar nicht sehr hoch geschätzt; doch wird
man sie bei Tauben, die man eingeschlossen hält, nicht ausschlie-
ßen; dagegen muß man sie bei freifliegenden Tauben sehr mißbil-
ligen, weil der Habicht sie besonders leicht erblickt.

Obschon die Fruchtbarkeit der Tauben weit geringer ist als die
der Hühner, so bringt sie doch besonders hohe Einnahmen. Wenn
eine Taube ein gutes Muttertier ist, zieht sie achtmal im Jahr Junge
auf und füllt mit dem Wert dieser Jungen die Kasse ihres Besitzers,
wie M. Varro[14] als namhafter Gewährsmann versichert; er teilt

nobis adfirmat, qui prodidit etiam illis severioribus temporibus paria singula milibus singulis sestertiorum solita
venire. nam nostri pudet saeculi, si credere volumus inve- 10
niri qui quaternis milibus nummorum binas aves mercentur.

75 quamquam vel hos magis tolerabiles putem, qui oblecta-
menta deliciarum possidendi habendique causa gravi aere
et argento pensent, quam illos, qui Ponticum Phasim et
Scythiae stagna Maeotis helluati iam nunc Gangeticas et
Aegyptias avis temulenter eructant.

80   Potest tamen etiam in hoc aviario, sicuti dictum est, 11
sagina exerceri. nam si quae steriles aut sordidi coloris
interveniunt, similiter ut gallinae farciuntur. pulli vero
facilius sub matribus pinguescunt, si iam firmis, priusquam
subvolent, paucas detrahas pinnas et obteras crura, ut uno

85 loco quiescant, praebeasque copiosius cibum parentibus,
quo et se et eos abundantius alant. quidam leviter obli- 12
gant crura, quoniam si frangantur, dolorem et ex eo
maciem fieri putent. sed nihil ista res pinguitudinis efficit.
nam dum vincula exuere conantur, non quiescunt, et hac

90 quasi exercitatione corpori nihil adiciunt. fracta crura non
plus quam bidui aut summum tridui dolorem adferunt et
spem tollunt evagandi.

71 *post* seuerioribus *add.* suis R   73 uenire **lp** ueniri SAR
74 nummum R   75 putem *Ald.* putent *codd.*   77 penset R *aliquot*
Ponticum/cum ponti A   phasim R phasint S phascint A
78 Scythicae *Jos.* scythica R scatiae SA
helluati p² (*cf. Ursin. p. 175*) hel(l)uat SAR   79 aues R
80 potest R pontes SA   etiam *om.* SA   81 sagina/agrina A
82 fartiunt Aφ faciunt S   84 detrahas Sp subtrahas AR
85 copiosius *scripsi* copiosus SAφ copiosios ψ copiosum R
parentibus A (*cf.* matribus *Varro l.l.*) parientibus R (S; v. F.-H.)
87 frangatur A   88 putent S puta ent A putant R
89 exuere *scripsi* ex(s)erere SAR exedere γ *agn. Jos.* (v. Hss. p. 128)
quiescunt/conquiescunt R

nämlich mit, daß selbst in seinen noch ziemlich sittenstrengen Zeiten ein Paar Tauben für 1 000 Sesterzen gehandelt wurde. Mit Abscheu blicken wir auf unser Zeitalter, wenn wir es für glaubhaft halten, daß es Leute gibt, die zwei Tauben für 4 000 Sesterzen kaufen[15]. Freilich scheint mir ein Mensch immer noch erträglicher zu sein, der die Befriedigung einer Liebhaberei aus Lust am Besitz mit schwerem Geld bezahlt, als Leute, sie erst ihre Schlemmermägen (mit Fischen) aus dem pontischen Phasis und den Gewässern des skythischen Mäotissees angefüllt haben und nun bereits Geflügel vom Ganges und aus Ägypten im Weinrausch auskotzen[16].

Doch kann man, wie gesagt, auch bei diesem Geflügel die Mast praktizieren. Wenn z. B. unfruchtbare Tauben oder solche mit ungünstiger Farbe vorkommen, mästet man sie ähnlich wie die Hühner. Die Jungtauben werden aber unter den Muttertieren leichter fett, wenn man ihnen, sobald sie schon kräftiger geworden sind, aber noch vor dem Flüggewerden einige Schwungfedern ausreißt und die Beine bricht, damit sie ruhig an einer Stelle bleiben, und den Müttern reichlicher Nahrung vorsetzt, damit sie sich und die Jungen üppiger füttern. Manche Züchter binden die Beine nur leicht an, weil nach ihrer Meinung das Brechen der Beine Schmerz und infolgedessen Abmagerung bewirkt. Doch läßt eine solche Maßnahme die Tiere auch nicht fetter werden; denn während sie versuchen, die Fesseln abzustreifen, kommen sie nicht zur Ruhe und setzen durch diese Anstrengung, wenn ich es so nennen darf, nichts an ihrem Körper an. Gebrochene Beine schmerzen nicht länger als zwei oder höchstens drei Tage und nehmen den Vögeln die Hoffnung auf Flucht.

DE TURTURIBUS   9

Turturum educatio supervacua est, quoniam id genus in   1
ornithone nec parit nec excudit. volatura ita ut capitur
farturae destinatur, eaque leviore cura quam ceterae aves
saginatur, verum non omnibus temporibus. nam per hie-
5 mem, quamvis adhibeatur opera, difficulter gliscit, et tamen, quia maior est turdi copia, pretium turturis minuitur.
rursus aestate vel sua sponte, dummodo sit facultas cibi,   2
pinguescit; nihil enim aliud quam obicitur esca, sed praecipue milium, nec quia tritico vel aliis frumentis minus
10 crassescat, verum quod semine huius maxime delectatur.
hieme tamen offae panis vino madefactae, sicuti etiam palumbos, celerius opimant quam ceteri cibi. receptacula non   3
tamquam columbis loculamenta vel cellulae cavatae fiunt,
sed ad lineam mutuli per parietem fixi tegeticulas canna-
15 binas adcipiunt, praetentis retibus, quibus prohibeantur vo-
lare, quoniam si id faciant, corpori detrahunt. in his adsidue pascuntur milio aut tritico, sed ea semina dari nisi
sicca non oportet, satiatque semodius cibi in diebus singulis vicenos et centenos turtures. aqua semper recens et   4
20 quam mundissima vasculis, qualibus columbis atque gallinis

1 id genus **R** ingenuus **SA**   2 hornithone **SAR** *aliquot*
3 leuiores **SA**   4 saginatur ψ saginantur **SAR**   temporibus *om.* **SA**
nam *om.* **R**   5 adhibeantur **SA**   gliscit **R** crescit **SA** *agn. F.-H., Jos.*
10 crassescant **R** *plerique*   huius/cuius **SA** eius ψκγ   delectantur **R**
13 loculumenta **AR** *aliquot*   fiunt **S** efficiunt **AR** efficiuntur **t**
14 mutuli αgx²vlr mutili **SAR** *plerique*   16 si id/si ad **A**
17 pascuntur **R** pascantur **SA** *agn. Jos.*   nisi/ni **SA**
19 turtures **R** tur **S¹** datur **S²** *om.* **A**   20 qualibus/qualibet **R** *aliquot*

9. KAPITEL: TURTELTAUBEN

Die Aufzucht von Turteltauben ist überflüssig, weil diese Art
Geflügel im Geflügelhaus weder Eier legt noch brütet. Ein Strich
wird so, wie er eingefangen ist, zur Mast bestimmt, und zwar lassen
sich diese Vögel mit geringerer Mühe mästen als alle anderen, jedoch nicht zu allen Zeiten. Im Winter nämlich werden sie selbst
bei sorgfältigster Wartung nur mühsam fett, und gleichzeitig fällt
der Turteltaubenpreis, weil es mehr Grammetsvögel gibt. Im Sommer dagegen werden sie auch ohne Pflege fett, wenn sie überhaupt Futter bekommen; denn das Futter muß ihnen lediglich vorgeworfen werden, Hirse vor allem, und zwar nicht deshalb, weil sie
von Weizen und anderen Getreidearten weniger fett würden, sondern weil sie diese Kornfrucht besonders gern fressen. Im Winter
dagegen mästet man sie mit Klößchen aus in Wein eingeweichtem
Brot, wie auch die Tauben, schneller als mit allen anderen Futtermitteln. Als Aufenthaltsstätte werden für sie nicht wie für die
Tauben Brutnester oder ausgehöhlte Kammern geschaffen; vielmehr bringt man an der Mauer in durchgehender Linie Gesimsstei-
ne an, legt auf diese kleine Hanfmatten und spannt Netze davor,
die die Vögel am Fliegen hindern; denn wenn sie dies tun, nehmen
sie an Gewicht ab. Auf diesen Simsen werden sie ständig mit Hirse
und Weizen gefüttert; doch darf man ihnen diese Körner nur trok-
ken verabreichen; ein Halbscheffel davon pro Tag genügt für die
Sättigung von 120 Stück. Stets frisches und möglichst sauberes
Wasser gibt man ihnen in ähnlichen kleinen Gefäßen wie den Tau-

praebetur, tegeticulaeque emundantur, ne stercus urat pedes; quod tamen et ipsum diligenter reponi debet ad cultus agrorum arborumque, sicut et omnium avium praeterquam nantium. huius avis aetas ad saginam non tam ve-
25 tus est idonea quam novella. itaque circa messem cum iam
confirmata est pullities, eligitur.

DE TURDIS   10

Turdis maior opera et inpensa praebetur; qui omni qui- 1
dem rure, sed salubrius in eo pascuntur, in quo capti sunt.
nam difficulter in aliam regionem transferuntur, quia caveis clausi plurimi despondent, quod faciunt etiam cum
5 eodem momento temporis a rete in aviaria coniecti sunt.
itaque ne id accidat, veterani debent intermisceri, qui ab
aucupibus in hunc usum nutriti quasi allectatores sint
captivorum maestitiamque eorum mitigent intervolando.
sic enim consuescent et aquam et cibos adpetere feri, si
10 mansuetos id facere viderint.
Locum aeque munitum et apricum quam columbae de- 2
siderant, sed in eo transversae perticae perforatis parietibus adversis aptantur, quibus insidant, cum satiati cibo
requiescere volunt. hae perticae non altius a terra debent
15 sublevari quam hominis statura patitur, ut a stante contingi possint. cibi ponuntur fere partibus his ornithonis, 3
quae super se perticas non habent, quo mundiores per-

---

21 emendantur A mundentur R   22 quod/quo SA
ipsum cünx¹tl id ipsum SAR
24 ad saginam/adsigna' (corr. in -gina') A   25 messem R mͥṣe S mensem A

2 rure sed/rures et S¹A¹ rure et S²   5 rete R rite I rei S¹A¹ re S²A²
in auiaria/nauiaria S¹A¹   7 aucipibus SA   8 mitigant AR
9 et cibos SR ad cibos A   11 quam SA quem R   columbi R
13 insidant Saκy insidiant A¹R aliquot insideant A²R pauci
cum R eum SA   satiati/sanati A¹   14 requiesce S
15 s. contigi SA¹   17 super se R super SA   quo R qu(a)e SA

ben und Hühnern; die Matten hält man sauber, damit der Kot nicht
die Füße der Tiere entzündet; doch ist der Kot selbst sorgfältig
aufzubewahren für die Pflege von Feldern und Bäumen, wie eben
jeder Vogelmist außer dem der Wasservögel. Für die Mästung
geeignet sind bei diesen Vögeln nicht so sehr die älteren wie die
ganz jungen; daher wählt man für diesen Zweck die Erntezeit
aus, wenn bereits die junge Brut herangewachsen ist.

10. KAPITEL: KRAMMETSVÖGEL

Den Krammetsvögeln widmet man mehr Mühe und Unkosten;
sie können zwar an jedem Ort gefüttert werden, aber mit besserem Erfolg dort, wo man sie eingefangen hat. Denn es ist schwie-
rig, sie an einen andern Ort zu befördern, weil die meisten von
ihnen in Panik geraten, wenn man sie in einen Kasten sperrt; das
tun sie übrigens auch in dem Augenblick, in dem sie aus dem Netz
ins Vogelhaus gebracht werden. Um dies zu verhüten, muß man
daher alteingesessene Vögel unter sie mischen; von den Vogelfän-
gern eigens zu diesem Zweck gehalten, sollen sie sozusagen als
Lockvögel für die Gefangenen dienen und deren Niedergeschla-
genheit dadurch lindern, daß sie zwischen ihnen umherflattern.
So gewöhnen sich die Wildlinge daran, Wasser und Futter anzunehmen, wenn sie gesehen haben, daß die zahmen Vögel dies tun.
Sie verlangen einen ähnlich geschützten und sonnigen Wohnsitz wie die Tauben; doch werden in ihrem Bau in die Löcher
einander gegenüberliegender Wände waagerechte Balken eingelassen, auf die die Vögel sich setzen können, wenn sie, satt von
der Fütterung, ausruhen wollen. Diese Leisten dürfen nicht höher
über dem Fußboden angebracht sein, als die Größe eines Menschen erlaubt, die Vögel im Stehen zu greifen. Das Futter wird
an solchen Stellen des Vogelhauses ausgeworfen, über denen
sich keine Sitzbalken befinden, damit es sauberer bleibt. Immer

maneant. semper autem arida ficus diligenter pinsita et
permixta polline praeberi debet, tam large quidem, ut su-
20 persit. hanc quidam mandunt et ita obiciunt. sed istud in   4
maiore numero facere vix expedit, quia nec parvo condu-
cuntur qui mandant et ab his ipsis aliquantum propter
iucunditatem consumitur. multi varietatem ciborum, ne
unum fastidiant, praebendam putant. ea est cum obiciuntur
25 myrti et lentisci semina, item oleastri et hederaceae baccae
nec minus arbuti; fere enim etiam in agris ab eiusmodi   5
volucribus adpetuntur. quae in aviariis quoque desidentium
detergent fastidia faciuntque avidiorem volaturam, quod
maxime expedit; nam largiore cibo celerius pinguescit.
30 semper tamen etiam canaliculi milio repleti adponuntur,
quae est firmissima esca; nam illa, quae supra diximus,
pulmentariorum vice dantur. vasa, quibus recens et munda   6
praebetur aqua, non dissimilia sint gallinariis. hac inpensa
curaque M. Terentius ternis saepe denariis singulos empti-
35 tatos esse significat avorum temporibus, quibus qui
triumphabant populo dabant epulum. at nunc aetatis nos-
trae luxuria cottidiana fecit haec pretia, propter quae ne
rusticis quidem contemnendus sit hic reditus.

   Atque ea genera, quae intra septa villae cibantur, fere
40 persecuti sumus. nunc de his dicendum est, quibus etiam
exitus ad agrestia pabula dantur.

18 ficus/fictis A   pinsia SA   19 polline R pobline S publine A
   debent SA   21 quia quiꝗ   23 multu S^{1}A   uarietate SA
25 (h)ederace(a)e R herecee S(A)   26 arbuti kyp arbusti SAR
27 desident(i)um R sidentur S sidenter A   28 faciuntaque SA
30 repletia SA^1 33 hac/hanc SA   34 Terentius *Varro 3, 2, 15 sq.*
36 populor S   37 luxuria SR *part.* luxuri(a)e (-xor- A) AR *part.*
38 sit/est A^1 41 grestia SA

soll man ihnen getrocknete Feigen, die sorgfältig zerstoßen und mit Feinmehl vermengt sind, als Futter bieten, und zwar so viel, daß noch etwas übrigbleibt. Manche lassen dieses Futter vorkauen und erst danach vorschütten; aber bei einer größeren Zahl von Vögeln ist das nicht lohnend, denn erstens ist der Arbeitslohn der Vorkäuer nicht gering, und zweitens essen diese selbst einen guten Teil des Futters wegen seines angenehmen Geschmacks weg. Manche glauben, man solle das Futter abwechslungsreicher gestalten, damit die Vögel nicht am Einerlei den Appetit verlieren. Solche Abwechslung ist gegeben, wenn man Myrtensamen oder Pistazienkerne, ferner Früchte vom wilden Ölbaum und vom Efeu, aber auch vom Erdbeerbaum vorsetzt. Solche Früchte werden gewöhnlich auch auf freiem Feld von diesen Vögeln aufgesucht. Sie überwinden also auch die Appetitlosigkeit derer, die in den Vogelhäusern stillsitzen müssen, und bewirken, daß der ganze Strich freßlustiger wird, was sich sehr lohnt. Denn je mehr sie fressen, desto schneller werden sie fett. Immer aber setzt man ihnen auch kleine Tröge voll Hirse vor, die das kräftigste Futter darstellt; denn was ich bisher genannt habe, wird nur als Zukost gegeben. Die Gefäße, in denen man ihnen frisches und sauberes Wasser reicht, sollen ganz ähnlich wie die für die Hühner sein. Bei solcher Investition und Pflege sollen nach der Angabe des M. Terentius (Varro)[17)] diese Vögel oft um 3 Denare pro Stück gekauft worden sein, zur Zeit unserer Großväter, als die triumphierenden Feldherrn noch dem Volk eine Speisung zu stiften pflegten. Jetzt aber hat der Luxus unserer Generation solche Preise zur Alltäglichkeit gemacht; deshalb sollten auch die Bauern eine solche Verdienstmöglichkeit nicht gering achten.

Damit habe ich diejenigen Vögel behandelt, die im geschlossenen Raum auf dem Bauernhof gefüttert werden. Nunmehr ist von denen zu sprechen, denen man auch Ausflüge zur Futtersuche auf freiem Feld gestattet.

DE PAVONIBUS   11

Pavonum educatio magis urbani patrisfamiliae quam te-   1
trici rustici curam poscit. sed nec haec tamen aliena est
agricolae captantis undique voluptates adquirere, quibus
solitudinem ruris eblandiatur. harum autem decor avium
5 etiam exteros, nedum dominos oblectat. idque genus alitum
nemorosis et parvis insulis, quales obiacent Italiae, facillime continetur. nam quoniam nec sublimiter potest nec
per longa spatia volitare, tum etiam quia furis et noxio-
rum animalium rapinae metus non est, sine custode tuto
10 vagatur maioremque pabuli partem sibi adquirit. feminae   2
quidem sua sponte tamquam servitio liberatae studiosius
pullos enutriunt. nec curator aliud facere debet quam ut
diei certo tempore signo dato iuxta villam gregem convocet
et exiguum hordei concurrentibus obiciat, ut nec avis esu-
15 riat et numerus advenientium recognoscatur.

Sed huius possessionis rara condicio est. quare medi-   3
terraneis maior adhibenda cura est, eaque sic administre-
tur: herbidus silvestrisque ager planus sublimi cluditur maceria, cuius tribus lateribus porticus adplicantur et in quar-
20 to duae cellae, ut sit altera custodis habitatio atque altera

1 urbanis **SAR** *aliquot*   2 sed *om.* **A**   3 atquire **SA**
4 solitudines **R**
   ruris eblandiatur **iäb** ruris eblandiantur **R** ruri seu blandiatur (blind- **A**)
   SA   5 oblectant **R** *aliquot*   idque *Ios.* itaque *codd.*
6 paruulis **AR**   obicient **A**   7 continentur **R**
   sublimiter **R** supliter **S** stilit **A**   8 longa/loca **S**   11 quamquam **A**
12 quam ut **SR** *plerique* ut *om.* **AR** *aliquot*   14 ordei **R** *plerique*
14 s. exuriat **R** *plerique*   16 s. *post* mediterraneis *add.* locis **R**
17 adbibenda **S** adiuuenda **A**

11. KAPITEL: DIE PFAUEN

Die Pfauenzucht zieht mehr das Interesse eines städtischen Familienoberhauptes als eines ernsthaften Bauern auf sich; trotzdem ist auch sie für einen Landwirt, der sich bemüht, alle Freuden zu gewinnen, die die Einsamkeit des Landlebens erträglich machen, nicht so abwegig. Die Schönheit dieser Vögel begeistert sogar Außenstehende; wieviel mehr also ihre Besitzer! Diese Geflügelart läßt sich am leichtesten auf baumbewachsenen kleinen Inseln halten, wie sie Italien vorgelagert sind. Denn da diese Vögel weder hoch noch weit zu fliegen vermögen, da außerdem hier die Furcht vor dem Raub durch Diebe oder schädliche Tiere entfällt, schweifen sie ohne Wächter ungefährdet umher und suchen sich den größten Teil ihres Futters selbst. Ja die Weibchen ziehen von sich aus, gewissermaßen von der Knechtschaft befreit, ihre Jungen mit noch größerem Eifer auf. Der Wärter braucht nicht mehr zu tun als täglich zu einer bestimmten Zeit durch ein Zeichen die Herde beim Gutshaus zusammenzurufen und ihr, wenn sie zusammenläuft, ein bißchen Gerste vorzuwerfen, damit sie nicht hungern muß und damit man ihre Anzahl überprüfen kann.

Aber diese günstigen Bedingungen für den Besitz der Pfauen gibt es nur selten. Auf dem Festland muß man daher viel mehr Mühe aufwenden, und zwar nach folgendem Plan: Ein von Gras und Bäumen bewachsenes ebenes Grundstück wird mit einer hohen Einfriedungsmauer umgeben; an drei Seiten der Umfriedung legt man eine Loggia an, an der vierten zwei Kammern, von denen die eine als Wohnraum des Pflegers, die andere als Pfauen-

stabulum pavonum. sub porticibus deinde per ordinem
fiunt harundinea septa in modum cavearum, quales columbariae tectis superponuntur. ea septa distinguuntur velut clatris intercurrentibus calamis, ita ut ab utroque la-
25 tere singulos aditus habeant. stabulum autem carere debet   4
uligine; cuius in solo per ordinem figuntur breves paxilli
eorumque partes summae lingolas dolatas habent, quae
transversis foratis perticis induantur. hae porro quadratae
perticae paxillis superponuntur, ut avem recipiant adsilien-
30 tem. sed idcirco sunt exemptiles, ut, cum res exigit, de-
ductae liberum aditum converrentibus stabulum praebeant.

Hoc genus avium cum trimatum explevit, optime proge-   5
nerat, siquidem tenerior aetas aut sterilis aut parum fecunda est. masculus pavo gallinaceam salacitatem habet at-
35 que ideo quinque feminas desiderat. nam si unam vel alteram fetam saepius conpressit, vixdum concepta in alvo
vitiat ova nec ad partum sinit perduci, quoniam inmatura
genitalibus locis excidunt.

Ultima parte hiemis concitantibus libidinem cibis utrius-   6
40 que sexus accendenda venus est. maxime facit ad hanc rem,
si favilla levi torreas fabam tepidamque des ieiunis quinto quoque die. nec tamen excedas modum sex cyathorum
in singulas avis. haec cibaria non omnibus promiscue
spargenda sunt; sed in singulis septis, quae harundinibus
45 intexi oportere proposueram, portione servata quinque

22 quales **SAp** qualis **R**
22 **s.** columbariae *codd.* columbaria *Jos. coll. Varrone 3, 7, 11. sed vox hic
adiectivi vice posita vid., cf. gallinarius cap. 8, 5; 10, 6; anatarius Plin.
10, 17*   23 tectis **SA** tectus **R**   26 finguntur **SA**
paxilli **R** taxilli **SA** (*cf. cap. 2, 3*)   27 edolatas **R**   28 transuersi **A**
inducantur **R**   29 taxillis *bis* **SA**   recipiat **SA**
30 **s.** deduct(a)e **AR** eductae **S**   34 habent **SA**[1]
37 ad partum **R** partu **S²A** parte **S**[1]   sinit **R** siñ **S** sin **A**
42 cyathorum/quiathorum **SA**
43 promisce **SAR** *aliquot* promiscue *vel* promixte *vel* permixte **R** *plerique*
45 intexi **R** contexi **SA**   proposueram portione *om.* **SA**

stall dient. Unter den Loggien stellt man der Reihe nach Rohrbe-
hälter in der Art von Käfigen auf, wie sie auf den Dächern für die
Tauben aufgebaut werden. Diese Käfige werden unter sich durch
Rohre als trennende Gitterstäbe geschieden, und zwar so, daß
beiderseits ein Eingang offenbleibt. Der Pfauenstall muß frei
von Feuchtigkeit sein; auf seinem Boden werden in Reihe niedrige
Pfosten angebracht, deren obere Enden zugehauene Zapfen tragen, die in die Löcher querlaufender Balken eingeführt werden.
Diese vierkantig behauenen Querbalken werden auf die Pfosten
aufgesetzt, um die auffliegenden Pfauen aufzunehmen. Abnehm-
bar sind sie nur deshalb, um bei Bedarf durch das Abnehmen den
Männern, die den Stall ausfegen, freien Zutritt zu gewähren.

Wenn Vögel dieser Art drei Jahre alt sind, eignen sie sich am
besten zur Fortpflanzung; denn in jüngerem Alter sind sie entweder überhaupt unfruchtbar oder unzulänglich fruchtbar. Das
Männchen hat den Zeugungstrieb eines Hahnes und verlangt deshalb fünf Weibchen. Wenn es nämlich das eine oder andere schon
gedeckte Weibchen öfter duckt, beschädigt es die eben erst be-
fruchteten Eier im Mutterleib und läßt sie nicht bis zur Geburt
austragen, weil sie dann unausgereift aus der Gebärmutter fallen.

Gegen Ende des Winters soll man den Gattungstrieb beider Geschlechter durch triebsteigerndes Futter anregen. Am wirksamsten
in diesem Sinne ist es, wenn man Bohnen in mäßig heißer Asche
röstet und an die Tiere, wenn sie nüchtern sind, alle vier Tage
leicht erwärmt verfüttert; doch soll man nicht mehr als sechs
cyathi je Tier geben. Dieses Futter darf man nicht allen gemeinsam
vorwerfen; vielmehr soll man es in den Käfigen, von denen ich
oben gesagt habe, daß man Rohr in sie einflechten soll, in entspre-

feminarum et unius maris, ponenda sunt cibaria, nec minus aqua, quae sit idonea potui. quod ubi factum est, ma-   7
res diducuntur in sua quisque septa cum feminis, et
aequaliter universus grex pascitur. nam etiam in hoc ge-
50 nere pugnaces inveniuntur masculi, qui et a cibo et a
coitu prohibent minus validos, nisi sint hac ratione se-
parati. fere autem locis apricis ineundi cupiditas exercet
marem, cum Favonii spirare coeperunt, id est tempus ab
Idibus Februariis ante Martium mensem. signa sunt exti-   8
55 mulatae cupidinis, cum semet ipsum velut emirantem caudae gemmantibus pinnis protegit, idque cum facit, rotari
dicitur.

Post admissurae tempus matrices custodiendae sunt, ne
alibi quam in stabulo fetus edant, saepiusque digitis loca
60 feminarum temptanda sunt, nam in promptu gerunt ova,
quibus iam partus adpropinquat. itaque includendae sunt
incientes, ne extra clausum fetum edant.

Maximeque temporibus his, quibus parturiunt, pluribus   9
stramentis exaggerandum est aviarium, quo tutius integri
65 fetus excipiantur. nam fere pavones cum ad nocturnam
requiem venerunt, praedictis perticis insistentes enituntur
ova, quae quo propius ac mollius deciderunt, inlibatam
servant integritatem. cottidie ergo diligenter mane temporibus feturae stabula circumeunda erunt et iacentia ova colli-
70 genda. quae quanto recentiora gallinis subiecta sunt, tanto commodius excuduntur, idque fieri maxime patrisfami-

46 s. *post* mares *add.* sine rixa **R**
52 apricis **A²R** af)f)ricis **SA¹**   **53** marem **SA** mares **R**   **54** mense **SA**
55 cupidinis/libidinis **R** *plerique*
    uelut (*om.* **A**) emirantem **SA** ueluti mirantem **R**   **56** rotare **R**
58 *post* tempus *add.* confestim **R**   **59** alibi quam/aliquam **SA**
61 incudendae **SA**
62 incientes *Urs.* (*v. Gnomon 28, 49 et Jos. Hss. p. 132*) incipientes **SAR**
    plerique implentes **R** *aliquot*   **64** integri **R** integrae **SAq**
67 propius *Ald.* proprius **S** prius **AR**   **69** feturae/futurae **SA**

chender Zumessung für je fünf Weibchen und ein Männchen bereitstellen, und ebenso Wasser, das sich zur Tränke eignet. Danach werden die Männchen mit ihren Weibchen in die für sie bestimmten Käfige verteilt und so die ganze Herde gleichmäßig gefüttert. Denn auch hier gibt es streitbare Hähne, die die schwächeren vom Futter und von der Begattung verdrängen, wenn man
sie nicht auf diese Weise trennt. In sonnigen Gegenden befällt
der Geschlechtstrieb die Männchen dann, wenn die Frühlings-
winde zu wehen beginnen, d. h. zwischen Mitte Februar und Anfang März. Ein Zeichen des geweckten Triebes ist es, wenn das
Tier sich wie in stolzer Selbstbewunderung mit den augenge-
schmückten Schwanzfedern bedeckt; man nennt dies „ein Rad
schlagen".

Nach der Zeit der Begattung muß man die trächtigen Weibchen
überwachen, damit sie nirgends anders als im Stall ihre Leibesfrucht ablegen, und man muß ihre Geschlechtsteile öfters mit den
Fingern befühlen; denn die Eier, die kurz vor der Ausscheidung
stehen, tragen sie nahe am Gebärmutterausgang. Dann muß man
die trächtigen Tiere einsperren, damit sie nicht außerhalb der
geschlossenen Kammer legen.

Vor allem muß man in der Zeit, in der sie legen, das Vogelhaus
mit reichlicherem Stroh auslegen, um sicher unbeschädigte Eier
entnehmen zu können. Denn wenn die Tiere sich zur nächtlichen
Ruhe begeben haben, setzen sie sich gewöhnlich auf die genannten Balken und drücken die Eier heraus; je weniger tief und je
weicher diese fallen, um so eher bewahren sie ihre Unversehrt-
heit. Deshalb muß man zur Zeit des Legens täglich am Morgen sorgfältig durch die Ställe gehen und die vorliegenden Eier
einsammeln. Je frischer sie den Bruthennen untergelegt werden,
desto besser lassen sie sich ausbrüten, und das liegt ganz be-

liae rationi conducit. nam feminae pavones, quae non in- 10
cubant, ter anno fere partus edunt, at quae fovent ova, totum tempus fecunditatis aut excudendis aut etiam educan-
75 dis pullis consumunt. primus est partus quinque fere ovorum, secundus quattuor, tertius aut trium aut duorum. ne- 11
que est quod conmittatur, ut Rhodiacae aves pavoninis incubent, quae ne suos quidem fetus commode nutriunt. sed
veteres maximae quaeque gallinae vernaculi generis eli-
80 gantur, eaeque novem diebus a primo lunae incremento
novenis ovis incubent, sintque ex his quinque pavonina et
cetera gallinacei generis. decimo deinceps die omnia gal- 12
linacea subtrahantur et totidem recentia eiusdem generis
supponantur, ut tricensima luna, quae est fere nova, cum
85 pavoninis excudantur. sed custodis curam non effugiat
observare desilientem matricem saepiusque ad cubile per-
venire et pavonina ova, quae propter magnitudinem diffi-
cilius a gallina moventur, versare manu; idque quo diligentius faciat, una pars ovorum notanda est atramento,
90 quod signum habebit aviarius, an a gallina conversa sint.

Sed ut dixi, meminerimus cohortales quam maximas ad 13
hanc rem praeparari. quae si mediocris habitus sint, non
debent amplius quam terna pavonini et sena generis sui
fovere. cum deinde fecerint pullos, ad aliam nutricem
95 gallinacei debebunt transferri, et subinde qui nati fuerint
pavonini, ad unam congregari, donec quinque et viginti
capitum grex efficiatur.

---

72 rationi *Urs.* ratione *codd.*
73 ter anno/terramno (*alt.* r *del.*) A terrā non S
74 excudendis aut *om.* SAφψ
77 Rhodiacae *Schn. in comm.* (*cf. Vitr. 6, 10, 3 ; Plin. 28, 236 al.*) odiace
SA r(h)odi(a)e R   **77 s.** incumbent R *aliquot*   **79 s.** religantur SAφψlr
80 eaeque R aeque S eque A   **81** incumbent AR *aliquot*
83 subtrahuntur AR *nonnulli*   **84** supponatur SA
85 cura AR *plerique*   **86** saepiusque R saepius SA
89 facias SAR *aliquot*   est/es SA[1]   **90** sint R sit SA
92 pr(a)eparari R praeparave S praeparaveris A   quae *om.* A
93 pauonomina S[1]A   **94** cum *om.* SA   fecerit R feceris SA

sonders im Interesse des Besitzers. Denn Pfauenweibchen, die
nicht selbst brüten, legen dreimal im Jahr; diejenigen aber, die
auf Eiern sitzen, verbrauchen die ganze Zeit der Fruchtbarkeit
für das Ausbrüten oder Aufziehen der Jungen. Beim erstenmal
legen sie im allgemeinen fünf Eier, beim zweitenmal vier, beim
drittenmal drei oder zwei. Man sollte auch nicht zulassen, daß
rhodische Hühner Pfaueneier ausbrüten, da sie nicht einmal ihre
eigenen Kücken richtig großziehen. Dafür sollte man vielmehr
ältere, möglichst große Hennen der einheimischen Rasse wählen,
und diese sollen neun Tage lang vom Beginn einer Mondperiode
an neun Eier bebrüten, von denen fünf Pfaueneier, die übrigen
Hühnereier sind. Am zehnten Tag nimmt man nunmehr alle Hühnereier weg und ersetzt sie durch frische gleicher Art, so daß
diese am dreißigsten Mondtag, also ungefähr zum Neumond, gemeinsam mit den Pfaueneiern ausschlüpfen. Der Wärter darf
auch nicht versäumen, die vom Nest sich entfernenden Bruttiere
zu beobachten und öfters ans Nest zu gehen, um die Pfaueneier, die vom Huhn wegen ihrer Größe nicht so leicht bewegt
werden können, mit der Hand zu drehen; um dies genauer tun
zu können, muß man die eine Seite der Eier mit Tinte kenn-
zeichnen, woran der Wärter erkennen kann, ob sie bereits vom
Huhn umgewendet worden sind.

Wie gesagt, sollten wir darauf bedacht sein, Haushühner von
möglichst großem Körperbau für dieses Geschäft bereitzustellen.
Wenn sie aber nur mittlere Größe haben, dürfen sie nicht mehr
als drei Pfaueneier und sechs der eigenen Art bebrüten. Haben
sie dann die Jungen zur Welt gebracht, dann müssen die Hühner-
kücken einer anderen Ziehhenne übergeben werden; die ausge-
schlüpften Pfauenkücken dagegen sind nach und nach unter einer Henne zu vereinigen, bis eine Gruppe von 25 Stück gebildet ist.

Sed cum erunt editi pulli, similiter ut gallinacei primo 14
die non moveantur, postero deinde cum educatrice trans-
100 ferantur in caveam. primisque diebus alantur hordeaceo
farre vino resperso, nec minus ex quolibet frumento cocta
pulticula et refrigerata. post paucos deinde dies huic cibo
adiciendum erit concisum porrum Tarentinum et caseus
mollis vehementer expressus; nam serum nocere pullis ma-
105 nifestum est. lucustae quoque pedibus ademptis utiles 15
cibandis pullis habentur. atque his pasci debent usque ad
sextum mensem; postmodum satis est hordeum de manu
praebere. possunt autem post quintum et tricensimum
diem, quam nati sunt, etiam in agrum satis tuto educi,
110 sequiturque grex velut matrem gallinam singultientem. ea
cavea clausa fertur in agrum a pastore et missa ligato pede
longa linea custoditur; ad quam circumvolant pulli; qui cum
ad satietatem pasti sunt, reducuntur in villam persequen-
tes, ut dixi, nutricis singultus.

115 Satis autem convenit inter auctores non debere alias 16
gallinas, quae pullos sui generis educant, in eodem loco
pasci. nam cum conspexerunt pavoninam prolem, suos pullos diligere desinunt et inmaturos relinquunt, perosae
videlicet, quod nec magnitudine nec specie pavoninis pa-
120 res sint.

99 deinde **SAR** *pauci* die **R** *plerique* (*cf. Jos. Hss. p. 98*)
    educatrices **SA**   **99** s. transferentur **S** transferuntur **A**   **100** cauea **A**
101 respero **S**   cotta **S**   **102** deinde dies **R** dies deinde **SA**
    huic **R** hic **S** hoc **A**   **104** hementer **S**[1]   **105** locustae **R** *aliquot*
109 agrū **S** agris **A** agro **R**   satis *om.* **A**
111 cauea clausa **R** causam causaque **SA**
112 *post* linea *add.* gallina **R**   ad quam/aquam **SA**
114 singultus: singuli **SA**   **115** aliis **SA**   **117** fasci **SA**   proles **SA**
118 perosi **R**   **119** magnitudinē ne specie **SA**   pauoni **R**

Nach dem Ausschlüpfen dürfen diese Kücken ebenso wie die der Hühner nicht sofort am ersten Tage weggenommen werden[18]; erst am folgenden Tag verlegt man sie samt ihrer Ziehhenne in den Käfig. In den ersten Tagen füttert man sie mit Gerstenmehl, das mit Wein angefechtet ist, ferner mit einem Brei, der aus beliebigem Getreide gekocht und wieder abgekühlt ist. Einige Tage danach setzt man diesem Futter kleingeschnittenen tarentinischen Lauch[19] und kräftig ausgepreßten Topfen zu; denn das Milchserum schadet bekanntlich den Kücken. Auch Heuschrecken gelten nach Beseitigung der Beine als brauchbar für die Fütterung von Jungpfauen. Mit diesen Futtermitteln sind sie bis zum sechsten Monat aufzuziehen; danach genügt es, Gerste von der Hand zu streuen. Man kann sie aber schon 35 Tage nach ihrer Geburt ganz unbedenklich auf freies Feld führen, wobei die Kükenherde der gluckenden Henne wie einer Mutter folgt. Diese wird vom Wärter im geschlossenen Käfig auf das Feld gebracht, dort herausgesetzt und mit den Füßen an eine lange Leine angebunden, während die Kücken um sie her flattern. Haben diese bis zur Sättigung Futter aufgenommen, dann werden sie in das Anwesen zurückgebracht, wobei sie, wie gesagt, der gluckenden Henne folgen.

Unter den Fachschriftstellern herrscht Einmütigkeit darüber, daß man nicht andere Hühner, die eigene Kücken betreuen, an derselben Stelle weiden lassen darf. Denn wenn sie die Pfauenkücken gesehen haben, hört ihre Liebe zu den eigenen auf, und sie lassen sie im Stich, ehe sie großgezogen sind, offensichtlich aus Enttäuschung darüber, daß diese den Pfauenkücken weder an Größe noch an Schönheit gleichkommen.

Vitia, quae gallinaceo generi nocere solent, eadem has
aves infestant; sed nec remedia traduntur alia, quam quae
gallinaceis adhibentur. nam et pituita et cruditas et si quae
aliae sunt pestes, isdem remediis quae proposuimus prohi-
125 bentur. septimum deinde mensem cum excesserunt, in sta- 17
bulo cum ceteris ad nocturnam requiem debent includi; sed
erit curandum, ne humi maneant; nam qui sic cubitant.
tollendi sunt et supra perticas inponendi, ne frigore laborent.

DE NUMIDICIS ET RUSTICIS GALLINIS 12

Numidicarum eadem est fere quae pavonum educatio.
ceterum silvestres gallinae, quae rusticae appellantur, in
servitute non fetant, et ideo nihil de his praecipimus, nisi
ut cibus ad satietatem praebeatur, quo sint conviviorum
5 epulis aptiores.

DE ANSERIBUS ⟨ET ANATIBUS⟩ 13

Venio nunc ad eas aves, quas Graeci vocant ἀμφιβίους 1
quia non tantum terrestria sed aquatilia quoque desiderant pabula nec magis humo quam stagno consuerunt.
eiusque generis anser praecipue rusticis gratus est, quod
5 nec maximum curam poscit et sollertiorem custodiam quam

---

121 gallinacei generis SA   124 pestes/gestes A
      iisdem *vel* hisdem R *plerique*   126 debet SA sed R et SA   127 ne/nec S

   1 est R et SA
   3 praecipimus R *plerique* praecepimus SAR *pauci agn. Jos.*

   titulum DE ANSERIBUS ET ANATIBUS *habent* SAR *plerique et*
   anatibus *om.* dqmø   1 ἀμφιβίους *v. sp. rel. om.* R *plerique*
   3 consueuerunt R *plerique*   5 s. praebet quam canis R

Die Krankheiten, die die Hühner gewöhnlich befallen, setzen auch diesen Vögeln zu; aber auch die Heilmittel, von denen berichtet wird, sind dieselben wie für die Hühner. Schnupfen, Durchfall, und was es sonst an Krankheiten gibt, werden durch die nämlichen Mittel verhütet, die ich auch oben genannt habe. Sind die Tiere älter als sieben Monate, dann werden sie mit den übrigen zur Nachtruhe im Stall eingeschlossen; doch muß man sich darum kümmern, daß sie nicht auf dem Fußboden bleiben; wenn sie dort schlafen wollen, muß man sie aufheben und auf die Stangen setzen, damit sie sich nicht erkälten.

12. KAPITEL: NUMIDISCHE HÜHNER UND FELDHÜHNER

Die Aufzucht der numidischen Hühner (Perlhühner) ist etwa dieselbe wie die der Pfauen. Die Wildhühner, die man auch Feldhühner nennt, pflanzen sich in Gefangenschaft nicht fort; deshalb gebe ich für sie keine Anleitungen, außer daß man ihnen Futter bis zur völligen Sättigung bieten soll, damit sie sich für den Tafelgebrauch besser eignen.

13. KAPITEL: DIE GÄNSE ⟨UND ENTEN⟩

Ich komme nun zu denjenigen Vögeln, die die Griechen amphibisch nennen, weil sie nicht nur Futter vom Land, sondern auch aus dem Wasser suchen und sich ebenso im Wasser wie auf dem Festland zuhause fühlen. Von dieser Gruppe ist vor allem die Gans bei den Landwirten beliebt, weil sie einerseits wenig Pflege fordert, andererseits aufmerksamere Wache leistet als ein

canis praebet; nam clangore prodit insidiantem, sicut etiam   2
memoria tradidit in obsidione Capitoli, cum adventum Gal-
lorum vociferatus est canibus silentibus.

Is autem non ubique haberi potest, ut existimat veris-
10 sime Celsus, qui sic ait: „*anser neque sine aqua nec sine
multa herba facile sustinetur, neque utilis est locis con-
sitis, quia quicquid tenerum contingere potest, carpit.
sicubi vero flumen aut lacus est herbaeque copia neque nimis iuxta satae fruges, id quoque genus nutrien-*   3
15 *dum est.*"

Quod etiam nos facere censemus, non quia magni sit
fructus, sed quia minimi oneris. at tamen praestat ex se
pullos atque plumam, quam non, ut in ovibus lanam, semel demetere, sed bis anno, vere et autumno, vellere li-
20 cet. atque ob has quidem causas, si permittit locorum
condicio, vel paucos utique oportet educare singulisque
maribus ternas feminas destinare – nam propter gravitatem
pluris inire non possunt –, quin etiam in frutectis circa
chortem secretis angulis haras facere, in quibus cubitent et
25 fetus ubi edant.

Qui vero greges nantium possidere student, χηνοβόσκια   **14**
constituunt, quae tum demum vigebunt, si fuerint ordina-   1

6 etiam **SAaec** et **R**   7 memoriā **SA**   adventu *edd. ante* F.-H. *Jos.*
8 silentibus *om.* **SA**   **10** Celsus *fr. 27 p. 12 Marx*
12 tenerum **R** rerum **SA** *agn.* F.-H.   contigere **S**   **14** nimix **S**[1]
id quoque genus *om.* **SA**   **17** minimi/nimi **SA**[1]   at tamen **R** ac t. **8A**
18 ut in **SR** in A uti ψ   **21** conditio **SR** *aliquot*   **23** quin et etiam **SA**
frutectis *Schn. cf* Önnerfors, *Eranos 1954, 217* rutectis **SA** *vocem*
multifariam corr. **R** *om.*   circa **SAh**[2] intra **R**
24 aras **AR** *plerique*   **25** ubi *om.* **AR**

1 nantium **SAR** *pauci* anatum **R** *plerique*
chenoboscia A[2] XHNOBOC' nan **S** *om.* **R** *plerique, post sp. vac.* nam
A[1] χηνοβοσκίαν **R** *pauci*   **2** constituant t

Hund; denn durch ihr Geschrei verrät sie Eindringlinge, wie ja auch die geschichtliche Überlieferung weiß, daß bei der Belagerung des Capitols eine Gans die Ankunft der Gallier meldete, während die Hunde schwiegen.

Man kann die Gans aber nicht überall halten, wie Celsus ganz zutreffend urteilt; er sagt nämlich: „*Die Gans läßt sich weder ohne Wasser noch ohne sehr viele Kräuter leicht halten, und sie ist nicht vorteilhaft in Gegenden mit Saatfeldern, weil sie jede zarte Pflanze abrupt, deren sie habhaft werden kann. Wo jedoch ein Fluß oder See vorhanden ist und ein ausreichender Bestand an Kräutern, und wo Saatfelder nicht allzu nahe sind, da soll man auch diese Art ziehen.*"

Dieser Meinung bin auch ich, nicht weil ihr Ertrag besonders groß wäre, sondern weil sie sehr wenig Mühe macht. Immerhin bietet sie einerseits Junggänse, andererseits Flaumfedern, die man nicht, wie die Wolle beim Schaf, nur einmal gewinnen, sondern zweimal jährlich, nämlich im Frühjahr und im Herbst, rupfen kann. Aus diesen Gründen sollte man da, wo es die örtlichen Voraussetzungen erlauben, wenigstens ein paar Gänse aufziehen und dabei je einem Männchen drei Weibchen zugesellen; denn wegen des großen Körpergewichts können sie mehr Weibchen nicht decken. Ferner soll man ihnen im Gebüsch rings um den Hof in abgelegenen Ecken Koben bauen, in denen sie schlafen und ihre Eier legen können.

14. KAPITEL:

Wer aber ganze Herden von Wasservögeln besitzen will, richtet Gänsestationen *(chenobóskia)* ein, die jedoch nur dann Wert ha-

ta ratione tali: cohors ab omni cetero pecore secreta clauditur, alta novem pedum maceria porticibusque circum-
data, ita ut in aliqua parte sit cella custodis. sub porticibus
deinde quadratae harae caementis vel etiam laterculis
exstruuntur, quas singulas satis est habere quoquoversus
5 pedes ternos et aditus singulos firmis ostiolis munitos, quia
per feturam diligenter claudi debent. extra villam deinde   2
non longe ab aedificio si est stagnum vel flumen, alia non
quaeritur aqua, sin aliter, lacus piscinaque manu fiunt, ut
sint, quibus inurinari possint aves. nam sine isto primordio
10 non magis quam sine terreno recte vivere nequeunt. palustris quoque sed herbidus ager destinetur, atque alia pabula conserantur, ut vicia, trifolium, faenum Graecum, sed
praecipue genus intibi, quod σέριν Graeci appellant. lactucae quoque in hunc usum semina vel maxime serenda
15 sunt, quoniam et mollissimum est olus et libentissime ab
his avibus adpetitur, tum etiam pullis utilissima est esca.

Haec cum praeparata sunt, curandum est, ut mares fe-   3
minaeque quam amplissimi corporis et albi coloris eligantur. nam est aliud genus varium, quod a fero mitigatum
20 domesticum factum est. id neque aeque fecundum est nec
tam pretiosum, propter quod minime nutriendum est. anse-   4

6 (h)ar(a)e A²R habere SA¹   8 hortiolis R *aliquot*
9 f(o)eturam R futuram SA
   extra SA et extra R (*sed* et *v.l. verbi* debent *signif. vid.*)   illa A
10 alia *Ald.* alta *codd.*   11 alter S
12 inurinari SAR *part.* (*cf. Varro l.L. 5, 126; Önnerfors l.l. 218. Josephson
   Hss. 169*) innare R *part.*
13 nequeunt SAφψ (*Önnerfors l.l., Jos. Hss. 103*) queunt R
14 destinatur R   15 uicia A uitia (*corr. ex* uitria S) SR
16 intibi SA intubi R
   σέριν R *aliquot* caepi S cepi A *om. v. sp. rel.* R *plerique*
23 aeque/que Ad² *om.* eiä

ben, wenn sie folgendermaßen angeordnet sind: Ein Hof wird abseits von allen anderen Haustieren eingefriedet, mit einer neun Fuß hohen Mauer und offenen Hallen umgeben, wobei an irgendeiner Stelle der Mauer eine Stube für den Wärter angebracht wird. Unter den Vorhallen werden quadratische Koben aus Bruchsteinen oder auch Ziegeln errichtet, für die eine Ausdehnung von drei Fuß in jeder Richtung ausreicht und die je einen Zugang mit festgefügten Türen haben sollen, weil sie während der Legezeit sorgsam verschlossen gehalten werden müssen. Wenn außerhalb des Gehöfts, nicht weit vom Wirtschaftsgebäude entfernt, ein Teich oder Fluß vorhanden ist, braucht man sich um kein anderes Wasser zu bemühen; andernfalls stellt man einen Weiher und ein Schwimmbecken künstlich her, damit sie die Möglichkeit haben, darin zu tauchen. Denn ohne diese Voraussetzung können sie ebensowenig leben wie ohne festes Land. Ferner weist man ihnen ein feuchtes, aber mit Gräsern stark bewachsenes Grundstück an, baut aber auch andere Futterpflanzen für sie an, wie Wicken, Dreiblattklee, Hornklee, vor allem eine Endivienart, die die Griechen *séris* nennen. Insbesondere ist auch Salatsamen für diesen Zweck zu säen, weil er besonders zartes Gemüse abgibt, das diese Vögel sehr gern fressen, das aber auch für ihre Jungen ein hervorragendes Futter bietet.

Ist für dies alles gesorgt, dann muß man sich darum bemühen, Männchen und Weibchen von besonders großem Körperbau und weißer Farbe auszusuchen. Es gibt auch eine mehrfarbige Art, die aus der Wildgans gezähmt und zum Haustier gemacht worden ist. Diese ist aber weder gleich fruchtbar noch von demselben Wert, daher auf keinen Fall zu züchten. Für die Gänse ist die

25 ribus ad admittendum tempus aptissimum est a bruma, mox
ad pariendum et ad incubandum a Kalendis Februariis vel
Martiis usque ad solstitium, quod fit ultima parte mensis
Iunii. ineunt autem non, ut priores aves, de quibus diximus, insistentes humi, nam fere in flumine aut in piscinis
30 id faciunt; singulaeque ter anno pariunt, si prohibeantur
fetus suos excudere, quod magis expedit quam cum ipsae
suos fovent. nam et a gallinis melius enutriuntur et longe   5
maior grex efficitur. pariunt autem singulis fetibus ova
primo quina, sequenti quaterna, novissimo terna. quem
35 partum nonnulli permittunt ipsis matribus educare, quia
reliquo tempore anni vacaturae sunt a fetu. minime autem
concedendum est feminis extra septum parere, sed cum
videbuntur sedem quaerere, conprimendae sunt atque
temptandae; nam si adpropinquat partus, digitis tangun-
40 tur ova, quae sunt in prima parte locorum genitalium.
quamobrem perduci ad haram debent includique, ut fetum
edant; idque singulis semel fecisse satis est, quoniam   6
unaquaeque recurrit eodem ubi primo peperit. sed novissimo fetu cum volumus ipsas incubare, notandi erunt unius-
45 cuiusque partus, ut suis matribus subiciantur, quoniam ne-
gatur anser aliena excudere ova, nisi subiecta sua quoque
habuerit. supponuntur autem gallinis huius generis sicut
pavonina plurima quinque, paucissima tria, ipsis deinde
anseribus paucissima septem, plurima quindecim.
50   Sed custodiri debet, ubi ovis subiciantur herbae urtica-   7
rum – quo quasi remedio medicantur –, ne nocere possint

25 ad admittendum A admittendis R *agn. Kottmann p. 31, sed v. Goetz,
Festschr. Judeich 52*
est a bruma *edd.* est et a br. S est br. AR et a br. γ   **29** fere/se S
31 ipsae *edd.* ipse SA ipsi R   **32** a gallinis R a *om.* SA
enutritur S nutritur A   **39** adpropinquant R *aliquot*
digitis **p** digitus S digitu A¹ digito A²R   **41** aram SAcp
debet SAφ
42 *ante* idque *add.* plerisque R *pauci* (*glossema ad* singulis *pert., ut vid.*)
47 *post* generis *add.* oua R   **49** septem/semper Aφ   **50** custodire SAφ
debent R   ubi ouis *scripsi* ut ouis SA ubi R *plerique* ut **t**
subiantur S¹   **51** nocere SAR noceri **p** *edd.*   possint *scripsi* possit SAR
51 nocere SAR noceri **p** *edd.*   possint *scripsi* possit SAR

beste Begattungszeit die von der Wintersonnenwende an, die beste
Lege- und Brutzeit von Anfang Februar oder März an bis zur
Sommersonnenwende, die Ende Juni eintritt. Sie begatten sich
aber nicht wie die andern Vögel, von denen ich gesprochen habe, auf dem festen Land stehend, sondern tun dies gewöhnlich
im Fluß oder in den Wasserbecken. Jede Gans legt dreimal im
Jahr, wenn man sie hindert, ihre Eier auszubrüten, was nützlicher ist, als wenn sie es tut. Denn von Hühnern werden die
Eier besser ausgebrütet, und die Herde wird auf diese Weise
viel größer. Die Gänse legen in der ersten Legeperiode fünf
Eier, in der zweiten vier, in der dritten drei. Dieses letzte Ge-
lege lassen manche durch die Muttertiere selbst aufziehen, weil
sie in der restlichen Zeit des Jahres nicht mehr legen werden.
Keinesfalls aber darf man den Weibchen gestatten, die Eier außerhalb der geschlossenen Anlage zu legen; vielmehr muß man
sie, sobald sie den Anschein erwecken, als suchten sie einen Le-
geplatz, einfangen und befühlen. Denn wenn die Legezeit naht,
kann man mit den Fingern die Eier spüren, weil sie am Ausgang der Gebärmutter sitzen. In diesem Fall muß man die Gänse
zum Koben bringen und einsperren, damit sie ihre Leibesfrucht
ablegen; und es genügt, dies bei jeder Gans ein einzigesmal zu
tun, da sie immer wieder dorthin zurückkehrt, wo sie das erste-
mal gelegt hat. Wenn wir sie nach der letzten Legeperiode selbst
brüten lassen wollen, müssen die Eier jeder Gans gekennzeichnet
werden, damit sie den eigenen Muttertieren untergelegt werden;
denn man sagt, die Gans brüte keine fremden Eier aus, wenn
sie nicht auch eigene unter sich hat. Untergelegt werden den
Hühnern an Gänseeiern wie auch an Pfaueneiern höchstens fünf,
mindestens drei Stück, den Gänsen selbst mindestens sieben, höchstens fünfzehn Stück.

Man muß auch darauf achten, daß, wenn unter die Eier Brennes-
selblätter eingelegt werden – dies dient als eine Art Schutzmit-

excusis anserulis, quos enecant urticae, si teneros pupuge-
runt. pullis autem formandis excludendisque triginta diebus
opus est, cum sunt frigora, nam tepidis quinque et viginti
55 satis est. saepius tamen anser tricensimo die nascitur.

Atque is dum exiguus est, decem primis diebus pasci-   8
tur in hara clausus cum matre. postea cum serenitas permittit, producitur in prata et ad piscinas. cavendum est,
ne aut aculeis urticae conpungatur aut esuriens mittatur
60 in pascuum, sed ante concisis intubis vel lactucae foliis
saturetur. nam si adhuc parum firmus indigens ciborum
pervenit in pascuum, fruticibus aut solidioribus herbis
obluctatur ita pertinaciter, ut collum abrumpat. milium
quoque aut etiam triticum mixtum cum aqua recte praebe-
65 tur. atque ubi paulum se confirmavit, in gregem coaequali-
um conpellitur et hordeo alitur. quod et in matricibus
praebere non inutile est.

Pullos autem non expedit plures in singulas haras quam   9
vicenos adici, nec rursus omnino cum maioribus includi,
70 quoniam validior enecat infirmum. cellas, in quibus in-
cubitant, siccissimas esse oportet substratuique habere paleas vel, si eae non sunt, crassissimum quodque foenum.
cetera eadem quae in aliis generibus pullorum servanda
sunt, ne coluber, ne viverra faelesue aut etiam mustela

52 excusis *Gesn.* excussis *codd.*   53 excudendisque **R**   55 trigesimo **R**
57 clausum **SAϙ** 59 conpungatur *Ald.* conpungantur *codd.*
esuriens **AR** *part.* esuries **SR** *part.*   61 si adhuc **SAϙ** si est/adhuc **R**
62 fruticibus **oc** fructicibus **SAR** *plerique*
65 paulum se **Sp** laulû se **A** se paulum **R**
66 in matricibus **AR** (cf. 6, 4, 2) immatricibus **S** matricibus *edd. ante Jos.*
69 maioribus **cp** maribus **SAR** *agn. Jos.*   70 infimum **SA**
71 substra(c)tuque **R** *aliquot*   71 s. paleas **A**²**R** pales **S** eas **A**
72 crassissimum *Schn.* crassimum **SA**² crassinû **A**¹ gratisimum **R**
quodque *scripsi* quoque *codd.*
74 uiuerra *scripsi, cf. 15, 2; Plin. 30, 90)* uiperra *codd. edd.*
faelesue *scripsi* faelesque **SAR** ne feles *post* coluber **p**

tel[19a] —, den ausgebrüteten Gänschen kein Schaden widerfährt;
denn Brennesseln töten die jungen Tiere, wenn sie sie berühren.
Für die Ausformung und das Schlüpfen der Junggänse sind dreißig Tage nötig, wenn es kühle Tage sind; an warmen Tagen genügen auch fünfundzwanzig, doch kommt die Gans häufiger erst
nach neunundzwanzig Tagen zur Welt.

Solange sie noch klein ist, wird sie in den ersten zehn Tagen
im Koben mit der Mutter eingeschlossen gefüttert. Dann führt
man sie, wenn es ein heiteres Wetter erlaubt, auf die Wiesen
und zu den Wasserbecken. Man muß darauf sehen, daß sie nicht
von den Haaren der Brennesseln gestochen wird oder hungrig
auf die Weide gelassen wird, sondern sich vorher mit kleingeschnittenen Cichorien-[20] oder Salatblättern sättigt. Denn wenn
ein noch ungekräftigtes Tier hungrig auf die Weide kommt, zerrt
es an Stauden und zäheren Kräutern so hartnäckig, daß es sich
den Hals bricht. Auch Hirse oder Weizen, mit Wasser vermischt,
läßt sich gut verfüttern. Ist die Gans danach etwas kräftiger geworden, dann wird sie in die Herde der Gleichalterigen einge-
gliedert und mit Gerste ernährt. Es ist auch nicht unzweckmäßig,
diese den Muttertieren zu geben.

Es empfiehlt sich nicht, mehr Jungtiere in einen Koben zu sperren als zwanzig; vor allem darf man sie nicht mit größeren ver-
einen, weil Stärkere die Schwächeren umbringen. Die Räume,
in denen sie brüten, müssen völlig trocken sein und als Unterlage
Stroh oder, falls nicht vorhanden, möglichst dickes Heu haben.
Alles übrige muß man so vorsehen wie bei den anderen Kücken-
arten; es darf nicht vorkommen, daß eine Schlange, ein Frett-

75 possit aspirare, quae fere pernicies ad internecionem pro-
sternunt teneros.

Sunt qui hordeum maceratum incubantibus adponant, 10
nec patiantur matrices saepius nidum relinquere. deinde
pullis exclusis primis quinque diebus polentam vel macera-
80 tum far sicut pavoninis obiciunt. nonnulli etiam viride
nasturcium consectum minutatim cum aqua praebent,
eaque eis est esca iucundissima. mox ubi quattuor mensum facti sunt, farturae maximus quisque destinatur, quoniam tenera aetas praecipue habetur ad hanc rem aptissi-
85 ma. et est facilis harum avium sagina, nam polentam et 11
pollinem ter die, nihil sane aliud dari necesse est, dummodo
large bibendi potestas fiat nec vagandi facultas detur; sintque calido et tenebricoso loco. quae res ad creandas adipes
multum conferunt. hoc modo duobus mensibus pingues-
90 cunt etiam † patrimi †; nam pullities saepe quadraginta
diebus opima redditur.

75 internitionem **AR**   **79** excus(s)is **R** *aliquot*
79 s. maceratum far **R** carata fari (*corr. in* farri) **S** caratam faris (*corr. in*
farris) **A**
80 pauoninis **S** pouononis **A**[1] pauonis **A**[2] pauonibus **R** *agn. Jos.*
obiunt **S**[1]   **81** confectum **SAR** *plerique*   **82** incundissimam **SA**
82 s. mensium **A**[2]**R**   **85** saginam **SA**   nam praeter polentam **R**
86 sane/sani **A**
88 tenebricoso loco quae **AR** *plerique* tenebricosolo quoque **S**
90 patriminam **SAp** *corr. ut vid.* (*sed fort. hic* patrimus *pro eo, qui patris
munere fungi potest, usurpatur*) propter nimiam **R** maximi nam *Onner-
fors Eranos 1954, 218* (*cf. Varro 3, 10, 7* maiores) *agn. Jos.; an legendum
est* quadrimi, nam?   **91** opima *ed. Beroaldi 1494* optimi *codd.*

chen oder eine Katze oder auch ein Wiesel sich an sie heranmacht;
denn diese Schädlinge reißen sie zu Tode, wenn sie noch im zarten
Alter sind.

Manche setzen den brütenden Gänsen aufgeweichte Gerste vor
und lassen die Muttertiere nicht immer wieder das Nest verlassen. Danach werfen sie den ausgebrüteten Gänschen in den ersten
fünf Tagen Polenta oder eingeweichtes Mehl vor wie den Pfauenkücken. Einige geben auch kleingeschnittene Kresse mit Wasser,
und diese fressen sie mit besonderer Vorliebe. Wenn sie dann
vier Monate alt sind, wählt man die größten zur Mast aus, weil
dieses junge Alter für diesen Zweck als das geeignetste gilt. Die
Mast dieser Vögel ist sehr einfach; man muß nur dreimal am Tag
Polenta und Feinmehl und sonst nichts geben, sofern sie nur
reichlich Möglichkeit zum Saufen und keine Gelegenheit zum
Umherlaufen bekommen; dabei sollen sie in einem warmen und
dunklen Raum sein. Dies alles fördert die Bildung von Fett sehr.
Auf solche Weise werden in zwei Monaten selbst alte Tiere[21]
gemästet; Jungtiere werden oft schon in 40 Tagen fett.

DE ANATIBUS 15

Nessotrophii cura similis, sed maior inpensa est. nam 1
clausae pascuntur anates, quercedulae, boscades, phalarides similesque volucres, quae stagna et paludes rimantur.
locus planus eligitur, isque munitur sublimiter pedum quin-
5 decim maceria, deinde clatris superpositis grandi macula
retibus contegitur, ne aut evolandi sit potestas domesticis
avibus aut aquilis et accipitribus involandi. sed ea tota 2
maceries opere tectorio levigatur extra intraque, ne feles
aut viverra perrepat. media deinde parte nessotrophii lacus
10 defoditur in duos pedes altitudinis, spatiumque longitudinis
datur et latitudinis quantum loci condicio permittit.

Orae lacus ne corrumpantur violentia restagnantis 3
undae, quae semper influere debet, opere signino consternuntur, easque non in gradus oportet erigi, sed paula-
15 tim clivo subsidere, ut tamquam e litore descendatur in
aquam. solum autem stagni per circuitum, quod sit instar
modi totius duarum partium, lapidibus inculcatis ac tectorio

1 nessotrophii *Gesner* (cf. § 2; 9; *Varro 3, 15, 1*) nes(s)otrophi zκγp
νησσοτροφι(α) h²kosoe nossotrophi **SAR** *aliquot*
cura **SR** tura **AaHγ**   sed **R** est **SA** est sed γ
2 boscades *scripsi coll. Aristot. h.a. 593 a 17* boschides **SAR** bos *cum lac.* zä
2 s. phalarides *Jos.* (cf. *Varro 3, 11, 4*) plargides **SA** philagrides **R**
3 similesque uolucres *ante et post* phalarides **A**   7 ea tota **AR** eat opta S
8 opere **R** oportet **SA**   ectorio S   pheles **R** fles A¹
9 uiuerre *Victorius* uierra **SA** uipera **R** cf. *cap. 14, 9*   repat **SA**
medio **SA**   nossotrophii **SAR** *pauci* 11 latitudini **R**
permittit ora **R** permittore **SA** 12 uolentia S
restagnantis *Ald.* restagnatis S restagnatis sunt **AR**
13 undae quae S undaeque **R** deq ; A   debent **R** 14 eaque **SA**
15 descendantur **SA** 17 ac tectorio **R** ac t. **SA¹** at t. A²

15. KAPITEL: DIE ENTEN

Bei der Entenzucht sind die Aufgaben ähnlich, aber die Kosten höher. Denn Enten, Knäckenten, Boskaden[22], Wasserhühner und ähnliche Vögel, die in Teichen und Sümpfen grundeln, müssen in abgeschlossenen Anlagen gezogen werden; man wählt ein ebenes Grundstück und umgibt es mit einer fünfzehn Fuß hohen Mauer; dann legt man Stangen darüber und deckt es mit einem weitmaschigen Netz ab, damit die Hausvögel keine Möglichkeit zum Ausfliegen, die Adler und Habichte keine Gelegenheit zum Einfliegen haben. Die ganze Einfassungsmauer wird innen und außen mit Verputz geglättet, damit nicht eine Katze oder ein Frettchen sich einschleichen kann. In der Mitte des Entenhofes gräbt man einen Weiher von zwei Fuß Tiefe aus; an Länge und Breite gibt man ihm so viel, wie es die Ausdehnung der Anlage zuläßt.

Damit die Ränder des Teiches nicht vom Anprall des zufließenden Wassers, das ständig nachlaufen soll, beschädigt werden, legt man sie mit einem Scherbenzementpflaster aus; auch sollen sie nicht stufenförmig angelegt sein, sondern in flacher Böschung abfallen, so daß man wie von einer Küste aus ins Wasser steigt. Der Grund des Teiches wird ringsum so weit mit eingestampften Steinen und Putzmörtel befestigt, daß davon zwei Drittel be-

muniendum est, ne possit herbas evomere praebeatque
nantibus aquae puram superficiem. media rursus terrena 4
20 pars esse debet, ut colocasiis conseratur aliisque familiari-
bus aquae viridibus, quae inopacant avium receptacula.
sunt enim, quibus cordi est vel insulis tamaricum aut scirpo-
rum frutectis immorari, nec ob hanc tamen causam totus
lacus silvulis occupetur, sed, ut dixi, per circuitum vacet,
25 ut sine inpedimento, cum apricitate diei gestiunt aves, nan-
di velocitate concertent. nam quemadmodum desiderant 5
esse, quo inrepant et ubi delitiscentibus fluvialibus animalibus insidientur, ita offenduntur, si non sint libera spatia,
quae permeent. extra lacum deinde per vigenos undique
30 pedes gramine ripae vestiantur; sintque post hunc agri modum circa maceriam lapide fabricata et expolita tectoriis
pedalia in quadratum cubilia, quibus innidificent aves,
eaeque contegantur intersitis buxeis vel myrteis fruticibus,
qui non excedant altitudinem parietum.
35 Statim deinde perpetuus canaliculus humi depressus 6
construatur, per quem cottidie mixti cum aqua cibi de-
currant. sic enim pabulatur id genus avium. gratissima est
esca terrestris leguminis panicum et milium, nec non et
hordeum. sed ubi copia est, etiam glans ac vinacea praeben-

19 aquae **R** adaque ψ ad quam (*corr. in* aquam) S ad aquam Aϙ
21 aquae *Ald.* atque *codd.*   uiridis **A**
23 frutectis S (*corr. ex-*ctibus) **A** fructetis *varie mutilatum* **R**
24 lacus/locus **R**   **25** apricitatem SA
diei gestiunt **R** die g. S digestiunt **A**   **27** quo l *edd.* qui SAR
delitescentibus **R**   fluuiaticis **R**   **28** ita/ut **A**
offodiuntur SAR *aliquot*   sint SAR *aliquot* sunt **R** *plerique*
29 quae S qua **R** *om.* **A**   uicenos AR   undequi SA
30 suntque Ab   **31** fabricatam **R**   expoliata S   **32** nidificent **R**
33 contegatur SAϙ   fructicibus **R**
37 pabulatur **R** rabulatur **A** ambulatur S   **39 s.** praebea(n)tur **R**

deckt sind, so daß daraus keine Pflanzen sprießen können und die Wasserfläche für die schwimmenden Vögel frei bleibt. In der Mitte dagegen muß der Boden erdig bleiben, damit man Wasserrosen und andere grüne Wasserpflanzen anbauen kann, die den Vögeln schattige Schlupfwinkel bieten. Es gibt nämlich solche, die es lieben, sich im Binsen- und Tamariskengebüsch wie auf Inseln aufzuhalten; dennoch darf zu diesem Zweck nicht das ganze Wasser von Buschwerk besetzt sein, sondern muß, wie gesagt, ringsum offen sein, damit die Enten, wenn sie ein sonniges Wetter munter macht, ohne Behinderung um die Wette schwimmen können. Denn ebenso, wie sie es lieben, sich irgendwo verkriechen und auf versteckte Wassertiere Jagd machen zu können, leiden sie darunter, wenn sie keine offenen Flächen haben, auf denen sie sich frei bewegen können. Außerhalb des Teiches werden die Ufer auf zwanzig Fuß Breite im Umkreis mit Gras eingesät; anschließend an dieses Gelände sollen sich längs der Umfassungsmauer aus Stein errichtete, mit Verputz geglättete quadratische Liegekammern von einem Quadratfuß Abmessung befinden, in denen die Vögel nisten können, und sie sollen von dazwischengepflanzten Buchs- und Myrtenbüschen, die nicht über die Höhe der Mauer hinausragen, überschattet werden.

Unmittelbar daran anschließend legt man eine durchlaufende Rinne in den Boden, durch die täglich das mit Wasser vermischte Futter fließt; denn so füttert man diese Art Vögel. Das beliebteste Futter aus landgewonnenen Futterpflanzen ist Rispenhirse und Kolbenhirse, aber auch Gerste. Wo sich die Möglichkeit dazu bietet, füttert man auch Eicheln und Weintrester. Wo die Gele-

40 tur. aquatilis autem cibi si sit facultas, dantur cammurus
    et rivalis hallecula vel si qua sunt incrementi parvi flu-
    viorum animalia.
       Tempora concubitus eadem quae ceteri silvestres alites   7
    observant Martii sequentisque mensis, per quos festucae
45 surculique in vivariis passim spargendi sunt, ut colligere
    possint aves quibus nidos construant. sed antiquissimum
    est, cum quis nessotrophium constituere volet, ut praedic-
    tarum avium circa paludes, in quibus plerumque fetant, ova
    colligat et cohortalibus gallinis subiciat. sic enim excusi
50 educatique pulli deponunt ingenia silvestria clausique vi-
    variis haut dubitanter progenerant. nam si modo captas
    avis, quae consuevere libero victu, custodiae tradere velis,
    parere cunctantur in servitute.
       Sed de tutela nantium volucrum satis dictum est.

                DE PISCIUM CURA   16

       Verum opportune, dum meminimus aquatilium anima-   1
    lium, ad curam pervenimus piscium, quorum reditum
    quamvis alienissimum agricultoribus putem – quid enim tam
    contrarium excogitare queam quam terrenum fluvido? – ta-
5   men non omittam. nam et harum studia rerum maiores nos-
    tri celebraverunt, adeo quidem ut etiam dulcibus aquis

---

40 aquatili S aquatilibus **R**   cibis **A R**   **43** quae *om.* **S**[1]
44 festucae **R** fetu **SA**   **45** uiuariis **Sx**[1]**p** uiariis **A**[1]**t** auiariis **A**[2]**R**
46 construunt **AR**   **47** nossotrophium **SA**φ   **49** colligant **R** *aliquot*
     excussi **A**[2]**R**   **51** haud **A**[2]**R** aut **A**[1]   **52** consueuere libero *om.* **SA**
54 tutela nantium/tulantium **S**[1]**A**

1 meminimimus **S**   **2** cura **A**
4 excogitare queam (*vel* quen- *vel* q̊) quam (*vel* q̊) **R** est **SA** *agn. F.-H. Jos.,*
     sed v. Jos. Hss. p. 31   **6** aquis/aquibus **SA**

genheit vorhanden ist, Nahrung aus dem Wasser zu bieten, gibt
man ihnen Hummer und Fischragout, und was es sonst an Fluß-
tieren geringer Größe gibt.

Ihre Begattungszeiten sind dieselben wie die der übrigen Wild-
vögel, nämlich der März und der folgende Monat; in dieser Zeit
muß man Grashalme und kleine Zweige über den ganzen Entenhof
verstreuen, damit sie Material zum Nestbau sammeln können. Am
wichtigsten ist es aber, wenn jemand eine Entenzuchtanlage
schaffen will, daß er die Eier der genannten Vögel ringsum in
den Sümpfen, wo sie gewöhnlich legen, aufliest und Haushühnern
unterlegt. Die so ausgebrüteten und aufgezogenen Enten legen
die Wildnatur ab und vermehren sich unbedenklich im geschlossenen Zuchthof. Denn wenn man frisch eingefangene Vögel, die
sich bereits an das Leben in Freiheit gewöhnt haben, einschließen will, haben sie wenig Lust, sich in Gefangenschaft fortzu-
pflanzen.

Damit ist genug über die Zucht von Schwimmvögeln gesagt.

16. KAPITEL: ÜBER FISCHZUCHT

Doch wenn wir von den Wassertieren sprechen, fügt es sich vortrefflich, zur Fischzucht überzugehen, deren Ertrag ich zwar für
ein dem Landwirt völlig fremdes Erwerbsgebiet halte – denn
welche größeren Gegensätze könnte man sich ausdenken als das,
was zur Erde, und das, was zum Wasser gehört –, die ich aber
doch nicht übergehen möchte. Denn auch unsere Vorfahren haben
diese Beschäftigung hoch geschätzt, und zwar so sehr, daß sie

fluviatilis cluderent pisces, atque eadem cura mugilem
squalumque nutrirent, qua nunc muraena et lupus educatur. Magni enim aestimabat vetus illa Romuli et Numae   2
10 rustica progenies, si urbanae vitae conparetur villatica, nulla parte copiarum defici. quamobrem non solum piscinas,
quas ipsi construxerant, frequentabant, sed etiam quos rerum natura lacus fecerat, convectis marinis seminibus re-
plebant. Inde Velinus, inde etiam Sabatinus, item Volsi-
15 niensis et Ciminius lupos auratasque procreaverunt, ac si
qua sunt alia piscium genera dulcis undae tolerantia. mox   3
istam curam sequens aetas abolevit, et lautitiae locupletium
maria ipsa Neptunumque clauserunt iam tum avorum memoria, cum circumferretur Marcii Philippi velut urbanissi-
20 mum, quod erat luxuriose factum atque dictum. nam is forte Casini cum apud hospitem cenaret adpositumque e
vicino flumine lupum degustasset atque exspuisset, inpro-
bum factum dicto persecutus, „*peream*" inquit, „*nisi pis-*
cem putavi". hoc igitur periurium multorum subtiliorem fe-   4
25 cit gulam doctaque et erudita palata fastidire docuit fluvia-
lem lupum, nisi quem Tiberis adverso torrente defetigasset.
itaque Terentius Varro „*nullus est*" inquit „*hoc saeculo*
nebulo ac mintho, qui non iam dicat nihil sua interesse,
utrum eiusmodi piscibus an ranis frequens habeat vivarium. "

---

7 fluuiatilis *Jos.* afluuiatilis **SA** fluuiales **R** marinos *edd. vett. F.-H. sed v.*
  Varro 3, 3, 5 e flumine captos
  cluderent *Jos.* clauderent **R** cludent **SA**
8 squarumque (*vel* scar-) **R** *aliquot*
9 (a)estimabat *vel* existimaba(n)t *sim.* **R** *multi*   **13** confectis **A**
13 s. replebat **SA**   **15** ciminius **SAe** *varie mutil.* **R**   **17** locupletum **R** *aliquot*
18 iam **SAe** etiam **R**   auorum **R** quorum **SA**
20 luxuriosissime (*vel* -mum) **R** *plerique*   **22** degut(t)asset **SA**[1]
27 Varro *rust. 3, 3, 9*
28 nebulo zä (*cf. Goetz, Festschr. Judeich 1929, 51*) nebul(l)us **SAR**
   ac/aut **R** *pauci*   minthon **R**   dicit **R**   **29** frequens flere quis **A**

sogar in Süßwasser(becken) Flußfische einschlossen und die Meer-
äsche und den *squalus*[23] mit der gleichen Sorgfalt zogen, wie man
jetzt die Muräne und den Seebarsch zieht. Denn jene altehrwürdi-
gen bäuerlichen Nachfahren des Romulus und Remus legten großen Wert darauf, daß sie bei einem Vergleich zwischen städti-
schem und ländlichem Leben in keinem Bereich der Lebensgüter
zurückstanden. Deshalb bevölkerten sie nicht nur die Wasserbecken, die sie selbst angelegt hatten, sondern füllten auch die
Seen, die die Natur hat entstehen lassen, mit herangeschaffter
Seefischbrut an. So kam es, daß der Velinersee, der Sabatiner-
se, ebenso der Volsiner- und Ciminersee[24] Barsche und Gold-
brassen hervorbrachte, und was es sonst an Seefischen gibt, die
das Süßwasser ertragen können. In der folgenden Zeit ist die
Zuchtsparte abgekommen, und die hohen Ansprüche reicher Leute nahmen das Meer selbst und Neptun unter Verschluß, und
zwar schon zur Zeit unserer Großväter, als man sich den Witz
des Marcius Philippus erzählte, der in der Tat wie im Wort gleichermaßen seine Verschwendungssucht verriet. Als dieser nämlich
einmal in Casinum bei einem Gastfreund speiste und einen aus
dem benachbarten Fluß geholten Seebarsch versucht und wieder
ausgespuckt hatte, begleitete er seine ungezogene Handlungs-
weise mit dem Satz: „*Der Teufel soll mich holen, wenn ich das
nicht für einen Fisch gehalten habe!*"[24a] Diese „Verfluchung" hat
den Gaumen vieler Leute noch empfindlicher gemacht und den
verwöhnten und ausgepichten Kehlen beigebracht, den Seebarsch
aus den Flüssen zu verschmähen, wenn ihn nicht gerade die Ge-
genströmung des Tibers vor sich hergetrieben hat.[25] Daher sagt
Terentius Varro:[26] „*In unserer Zeit gibt es keinen Hansdampf
und Scheißkerl, der nicht behauptete, es sei ihm völlig gleichgültig, ob er eine Fischzucht voll Barsche oder voll Frösche ha-*

30 ac tamen isdem temporibus quibus hanc memorabat Varro 5
luxuriam, maxime laudabatur severitas Catonis; qui nihilominus et ipse tutor Luculli grandi aere sestertium milium
quadringentorum piscinas pupilli sui venditabat. iam enim
celebres erant deliciae popinales, cum ad mare deferrentur
35 vivaria, quorum studiosissimi, velut ante devictarum gen-
tium Numantinus et Isauricus, ita Sergius Orata et Licinius Muraena captorum piscium laetabantur vocabulis. sed 6
quoniam sic mores obcalluere, non ut haec usitata, verum
ut maxime laudabilia et honesta iudicarentur, nos quoque
40 ne videamur tot saeculorum seri castigatores, hunc etiam
quaestum villaticum patri familiae demonstremus.

Qui sive insulas sive maritimos agros mercatus propter
exilitatem soli, quae plerumque litori vicina est, fructus
terrae percipere non potuerit, ut<ique> ex mari reditum
45 constituat. huius autem rei quasi primordium est naturam 7
loci contemplari, quo piscinas facere constituerit. non enim
omnibus litoribus omne genus haberi potest. limosa regio
planum educat piscem, velut soleam, rhombum, passerem;
eadem quoque maxime idonea est conchyliis, muricibus et
50 ostreis purpurarumque tunc concharum pectunculis, balanis vel sphondilis. at harenosi gurgites planos quidem non 8

---

30 ac **SA** at **R**   hanc **R** h(a)ec **SAφ**   **31** luxuriem *vel* luxoriem **R**
laudatur **SA**   **32** lucilli **SA**[1]   sestertiis **S**   **33** pupilli sui/ui **A**
34 deferrentur *Ald.* deferantur **R** defertur **SA**   **36** Orata/aurata **R**
38 obcalluere **ah**[2]**l** occalluere **k** obcaluere **SAR**   **40** tot/tot iam **R**
41 demonstremus **p** demonstraremus **SAR** demonstramus *Jos.* demonstra-
bimus *edd. ante Jos.*
42 mercatus *scripsi* mercatur **SAφ** mercaretus **R** *aliquot*
44 terrae **SR** ferre **A**   percipere non potuerit **R** percipuerit **SA**
utique *scripsi* (*cf. cap. 13, 3*) ut **SAR** et **cdqqnxl**
46 quo **R** quod **SA**[1] qui **A**[2]**ah**[2]**k**   constitueris **R**   **49** eadem/edem **S**[1]**A**
muricibus *Ald.* muricis *codd.*   **50** ostrei **SA**
tunc **SA** tum *vel* cum **R**   concarum **R** *aliquot* harum **A**
pectunculis *Ald.* pectunculi **R** pectiunculi **S** (*ex* -cula *corr.*) **A**
50 s. balanis *ed. pr.* balani **SR** blani **Aφju**
51 sphondilis *ed. pr.* sp(h)ondili **SAR**

be." Immerhin, in derselben Zeit, in der Varro von diesen anspruchsvollen Auswüchsen berichtet, wurde der sittengestrenge
Cato gerühmt; aber gleichwohl versuchte sogar Cato als Vormund
des Lucullus die Fischteiche seines Mündels für den hohen Preis
von 400 000 Sesterzen zu verkaufen. Denn damals schon erfreuten sich die Kostbarkeiten der Küche großer Beliebtheit, als man
die Fischteiche ans Meer verlegte, und ihre größten Liebhaber,
wie Sergius Orata und Licinius Muraena, waren ebenso stolz auf
ihre Namen von eingefangenen Fischen, wie einst ein Numantinus
und Isauricus[27)] auf die Namen der von ihnen besiegten Völker.
Doch da das sittliche Bewußtsein derart verhärtet war, daß man
solche Dinge nicht nur als üblich, sondern bereits als höchst rühmenswert und ehrenvoll betrachtete, will auch ich nicht als später
Kritiker so vieler Generationen dastehen und daher lieber auch
diesen Erwerbszweig eines Gutshofes seinen Besitzern vorführen.

Wer entweder Inseln oder Küstengrundstücke erworben und
wegen der bei küstennahen Gebieten üblichen Dürftigkeit des
Bodens keine Feldfrüchte zu ernten vermochte, sollte sich auf
jeden Fall für den Gewinn aus dem Meer entscheiden. Sozusagen
der erste Schritt dazu ist es, die natürliche Beschaffenheit der
Stelle zu ermitteln, an der er Fischbecken anlegen will. Denn
man kann nicht an allen Küsten jede Fischgattung haben. Ein
schlammiges Gebiet läßt Plattfische gedeihen, wie etwa die Seezunge, den Steinbutt, die Stachelflunder; ebenso ist es besonders
geeignet für Schalentiere, z.B. Stachelschnecken und Austern, ferner unter den Purpurmuscheln für Kammuscheln, Meereicheln
oder Klappmuscheln. Sandige Seeküsten ernähren dagegen zwar

pessime, sed pelagios melius pascunt, ut auratas et denti-
ces, Punicasque et indigenas umbras, verum conchyliis minus apti. rursus optime saxosum mare nominis sui pisces
55 nutrit, qui scilicet, quod in petris stabulentur, saxatiles
dicti sunt, ut merulae turdique nec minus melanuri.

Atque ut litorum, sic et fretorum differentias nosse   9
oportet, ne nos alieni cenae pisces decipiant. non enim
omni mari potest omnis esse, ut helops, qui Pamphylio pro-
60 fundo nec alio pascitur, ut Atlantico faber, qui generosissi-
mis piscibus adnumeratur in nostro Gadium municipio –
eumque prisca consuetudine zaeum appellamus –, ut scarus, qui totius Asiae Graeciaeque litore Sicilia tenus fre-
quentissimus exit, numquam in Ligusticum nec per Gallias
65 enavit ad Hibericum mare. itaque ne si capti quidem per-   10
ferantur in nostra vivaria, diuturni queant possideri. sola
ex pretiosis piscibus muraena, quamvis Tartesii pelagi,
quod est ultimum, vernacula, quovis hospes freto peregri-
num mare sustinet.

70   Sed iam de situ piscinarum dicendum est.

52 pessime/spessime S spississime A spississime ωψ proxime κγ
53 indigenos AR pauci   umbrasve R
56 melanuri Ald. melanuria SAR   57 post ut add. hic SAah`k
58 alieni cenae scripsi (v. etiam Kottmann p. 15 sq) alienigenae codd. edd.
59 pamphilio SR aliquot   60 Atlantico/aticantico SA
60 s. generosissimus S   61 pisces A   Gadium/gaudium A¹R
62 eum quem Sα   consuetudinem S   z(a)eum SAR plerique varie
corrupt. in R aliquot   62 s. scharus SAR plerique scaurus prt
63 Sicili(a)e AR aliquot   66 queant/quo eant A
67 Tartesii Schn. coll. Varr. apud Gell. 6, 16, 5 t(h)arse(n)si R partesit SA
post Tartesii inser. Carpat(h)i(i)que R
68 uernacula κγp uernaculo SAR

Plattfische nicht gerade schlecht, besser aber Hochseefische, wie
Doraden und Zahnbrassen, karthagische oder einheimische
Äschen, wogegen sie für Schalentiere weniger geeignet sind. Ein
felsiger Strand wiederum läßt am besten die nach ihm benann-
ten´ Fische gedeihen, solche nämlich, die man deshalb, weil sie in
Klippen hausen, Klippfische nennt, wie die Meeramseln, die
Meerdrosseln und auch die Schwarzschwänze.

Ebenso wie die Unterschiede der Küstenbeschaffenheit muß
man auch die der Meere selbst kennen, damit man nicht durch
tafelungeeignete Fische enttäuscht wird. Denn nicht in jedem
Meer kann jeder Fisch leben; so gedeiht der Sterlett nur im
pamphylischen Tiefmeer, sonst nirgends; nur im Atlantik der
Sonnenfisch, der in unserer Provinzstadt Gades zu den edelsten
Fischen gerechnet wird (nach altem Brauch nennen wir ihn noch
„Zaeus“); so kommt auch der Papageifisch an der Küste Kleinasiens und Griechenlands bis nach Sizilien in Massen vor, ist
aber niemals an die ligurische Küste oder über Gallien hinaus
in das iberische Meer vorgedrungen[28]. So werden diese Fische,
selbst wenn sie eingefangen und in unsere Fischgehege verpflanzt
werden, nie lange Zeit in unserem Besitz sein können. Von den
wertvollen Fischen kann allein die Muräne, obgleich sie im tartessischen Meer[29], das am Ende der Welt liegt, beheimatet ist, als
Gast in jedem beliebigen Meere das fremde Gewässer ertragen.

Doch nun ist über die Anlage der Fischgehege zu sprechen.

DE POSITIONE PISCINAE 17

Stagnum censemus eximie optimum, quod sic positum 1
est, ut insequens maris unda priorem submoveat nec intra
conseptum sinat remanere veterem. namque id simillimum
est pelago, quod agitatum ventis adsidue renovatur nec
5 concalescere potest, quoniam gelidum ab imo fluctum re-
volvit in partem superiorem. id autem stagnum vel exciditur in petra, cuius rarissima est occasio, vel in litore con-
struitur opere signino. sed utcumque fabricatum est, si sem- 2
per influente gurgite rigetur, habere debet specus iuxta
10 solum, eorumque alios simplices et rectos, quo secedant
squamosi greges, alios in cocleam retortos nec nimis spa-
tiosos, quibus murenae delitiscant; quamquam nonnullis
conmisceri eas cum alterius notae piscibus non placet,
quia si rabie vexantur, quod huic generi velut canino solet
15 accidere, saepissime persequuntur squamosos plurimosque
mandendo consumunt. Itineraque, si loci natura permittit, 3
omni lateri piscinae dari convenit. facilius enim vetus
submovetur unda, cum, quacumque parte fluctus urget, per
adversa patet exitus. hos autem meatus fieri censemus per
20 imam consepti partem, si loci situs ita conpetit, ut in solo

---

1 quod/quotque **A** 3 uetere **SA** 6 s. excitur **SA**
9 influentem gurgitem **S** rigetur *scripsi* riget **SR** rigit **A**
habere **R** *plerique* haberi **SAR** *nonnulli* 10 secadant **SA**
11 cocliam **S** coclia (*corr. ex* -ios) **A** 11 s. spatiosus **A** 12 delitescant **R**
15 sepissime **SAal** s(a)euissime **R** *fort. recte*
16 itineraque si **SR** itinera (*corr. ex* -ere) quasi **A** 17 latere **R** *pauci*
19 adversa **SAφζä** adversam **R** 20 imam/unam **R** *aliquot*
loci situs **R** locus **SA**

17. KAPITEL: ÜBER DIE ANLAGE
EINES FISCHTEICHES

Für den weitaus besten Fischteich halten wir den, der so liegt, daß das eindringende Meerwasser das vorher eingedrungene wieder hinaustreibt und kein Altwasser innerhalb der Einfriedung zurückbleiben läßt. Denn dann gleicht der Teich am meisten dem Meer, das sich, von den Winden getrieben, stets erneuert und sich nie erwärmen kann, weil es die kalte Flut von unten an die Oberfläche umwälzt. Ein solches Becken wird entweder aus den Felsen ausgeschnitten, was nur sehr selten möglich ist, oder an der Küste mit Scherbenzement gemauert. Doch einerlei, wie es hergestellt ist, sofern es nur durch ständig zufließende Strömung bewässert wird: in jedem Fall muß es nahe am Grund Höhlungen haben, darunter einige einfache und gerade, in denen sich die Schuppenfischschwärme verkriechen können, andere wiederum schneckenartig gewunden und nicht allzu groß, so daß sich in sie die Muränen zurückziehen. Manche freilich halten es nicht für gut, wenn diese in Gemeinschaft mit Fischen anderer Art leben; denn wenn sie die Tollwut packt, die diese Tiere wie die Hunde befallen kann, verfolgen sie sehr oft die Schuppenfische und beißen die meisten tot. Wenn es die örtlichen Umstände erlauben, soll man jeder Seite des Beckens eine Zuflußöffnung geben; denn das Altwasser wird leichter herausgetrieben, wenn immer, gleichgültig, von welcher Seite die Flut herandrängt, auf der Gegenseite ein Abfluß offen ist. Diese Öffnungen sollen nach meiner Meinung ganz unten am Fuß der Ummauerung angebracht sein, wenn die Anlage so gebaut ist, daß eine auf

piscinae posita libella septem pedibus sublimius esse maris
aequor ostendat. nam piscibus stagni haec in altitudinem
gurgitis mensura abunde est; nec dubium, quin quanto magis imo mari veniat unda, tanto sit frigidior, quod est ap-
25 tissimum nantibus. sin autem locus, ubi vivarium constitue- 4
re censemus, pari libra cum aequore maris est, in pedes novem defodiatur piscina et infra duos a summa parte cuni-
culis rivi perducantur; curandumque est, ut largissime veniant, quoniam modus ille aquae iacentis infra libram ma-
30 ris non aliter exprimitur, quam si maior recentis freti vis
incesserit.

Multi putant in eiusmodi stagnis longos piscibus recessus 5
et fluxuosos in lateribus specus esse fabricandos, quo sint
opaciores aestuantibus latebrae. sed si recens mare non
35 semper stagnum permeat, id facere contrarium est; nam
eiusmodi receptacula nec facile novas admittunt aquas et
difficiliter veteres emittunt, plusque nocet putris unda
quam prodest opacitas. debent tamen similes velut cellae 6
parietibus excavari, ut sint quae protegant refugientis ar-
40 dorem solis, et nihilominus facile quam conceperint aquam
remittant. verum meminisse oportebit, ut rivis, per quos
exundat piscina, praefigantur aenei foraminibus exiguis
cancelli, quibus impediatur fuga piscium. si vero laxitas permittit, e litore scopulos, qui praecipue verbenis algae ves-
45 tiuntur, non erit alienum per stagni spatia disponere et,

24 ueniat SA²tp venit A¹R   27 intra R
a summa/ad s. SA   27 s. cuniculos R   28 ut quam largissime R
29 quoiam SA   30 maiore S¹A¹   32 longis SA   33 et/est et SA
fluxuosos A¹R pauci   36 s. et difficiliter SAah²k nec d. R
38 tamen om. A   40 facile om. R pauci   41 ut riuis ed. pr. utrius codd.
42 praefigantur t praeficantur S praeficentur A pr(a)efigentur R
44 uerbenis R ueluenis SA
44 s. algae uestiuntur SR acleue sciuntur A   45 stagini SA

den Boden des Beckens gestellte Meßlatte aufzeigt, daß die
Wasseroberfläche sieben Fuß über dem Boden steht. Für die
Fische im Becken genügt eine solche Wassertiefe vollauf, und es
ist unbezweifelbar, daß das Wasser um so kälter ist, je tiefer unten es einfließt; und dies ist für die darin schwimmenden Tiere
sehr günstig. Wenn aber der Platz, an dem wir das Fischbecken
einzurichten beabsichtigen, auf gleicher Höhe mit dem Meeres-
spiegel liegt, muß dieses neun Fuß tiefer in die Erde eingegra-
ben werden, und zwei Fuß unterhalb des oberen Randes müssen
durch Rohre Zuflüsse herangeleitet werden; es ist dafür zu sorgen, daß diese sehr kräftig einströmen, denn die große Menge
stehenden Wassers kann nur dann herausgepreßt werden, wenn
der Druck des frischen Zulaufs aus dem Meer ziemlich stark ist.

Viele sind der Meinung, man müsse in derartigen Bassins für
die Fische tiefe Verstecke und gewundene Höhlen in die Seitenwände einlassen, damit sie recht dunkle Schlupfwinkel finden,
wenn es ihnen zu warm ist. Jedoch wenn das frische Meerwasser nicht ständig durch das Becken fließt, wäre dies ganz ver-
kehrt; denn solche Verstecke nehmen nicht leicht frisches Wasser
auf und geben das alte noch weniger leicht heraus; und fauliges
Wasser schadet mehr, als die Dunkelheit (der Höhlen) nützt.
Trotzdem muß man in den Seitenwänden eine Art Zellen aus-
höhlen, die den Fischen Zuflucht bieten, wenn sie der Sonne-
hitze ausweichen wollen, und die dennoch das Wasser, das sie
aufgenommen haben, leicht wieder hergeben. Man darf ferner
nicht vergessen, den Zuflüssen, durch die das Becken beflutet
wird, broncene Sperren mit kleinen Löchern vorzusetzen, die das
Entweichen der Fische verhindern. Wenn es die Geräumigkeit der
Anlage erlaubt, empfiehlt es sich, vom Strand Felsen, die möglichst mit Algenbewuchs bekleidet sind, im Becken zu verteilen
und so weit, wie es die Phantasie des Menschen vermag, den

quantum comminisci valet hominis ingenium, repraesenta-
re faciem maris, ut clausi quam minime custodiam sentiant.

    Hac ratione stabulis ordinatis aquatile pecus inducemus.   7
sitque nobis antiquissimum meminisse etiam in fluviatili
50 negotio, quod in terreno praecipitur:

> „*et quid quaeque ferat regio*".

(Verg. Georg. 1. 53)

neque enim si velimus, ut in mari nonnumquam conspexi-
mus, in vivario multitudinem mullorum pascere, queamus,
cum sit mollissimum genus et servitutis indignantissimum.
55 raro itaque unus aut alter de multis milibus claustra patitur.   8
at contra frequenter animadvertimus intra septa pelagios
greges inertis mugilis et rapacis lupi. quare, ut proposueram, qualitatem litoris nostri contemplemur, et si videmus
scopulosam, probemus turdi conplura genera merulasque
60 et avidas mustelas; tum etiam sine macula – nam sunt et
varii – lupos includamus, item flutas, quae maxime probantur, muraenas, et si quae sunt alia saxatilis notae, quorum
pretia vigent; nam vile ne captare quidem, nedum alere   9
conducit. possunt ista eadem genera etiam litoris harenosi
65 stagnis contineri. nam quae limo caenoque lita sunt, ut
ante iam dixi, conchyliis magis et iacentibus apta sunt animalibus.

---

47 *ante* maris *inculc.* veri **R**   **48** ordinata **S**   **49** nobis x² novis **SAR**
51 et quid *sqq. Verg. Ge. 1, 53*   *post* regio *add.* oportet si quis in eo **S \φψ**
53 mulorum **SR** *aliquot* multorum **A**
54 indignantissimum **γbct** *Pol.* indignissimum **SAR** *plerique*
55 unus/uenies **A**¹ uenus **A**²   milibus **R** mulibus **SA**
57 gregis **R** *aliquot*   **58** et si **SAφψl** si **AR**
59 scopulosam **S** scopulos an **AR**
   post probemus *interpunx. edd.*   **60** auidas **R** auidos **SA**
61 flutas **A**²**R** plautas **SA**¹   **62** alia *Schn.* aliae *codd.*
   saxatilis *ed. pr.* saxatiles **SAR** *plerique* sexatiles **R** *pauci*
   quorum *Ursinus* quarum *codd.*   **63** quidam **SA**¹
65 lita sunt **R** *nonnulli* litascunt **S** litescunt **R** (*corr. ex* -esunt) **A**
66 et iacentibus **SR** etiam ceptibus **A**

Eindruck des Meeres zu erwecken, damit die eingeschlossenen Tiere die Gefangenschaft möglichst wenig spüren.

In „Ställe", die auf diese Weise angeordnet sind, verbringt man dann das „Wasservieh"[30]. Dabei soll der oberste Grundsatz auch in der Fischzucht der sein, der für die entsprechende Arbeit auf dem Festland gilt:

> *..... und was jedes Gebiet erzeugt . . .*"[31]

Wenn wir nämlich so, wie wir es zuweilen im Meer gesehen haben, auch im Fischteich eine Menge Meerbarben haben wollen, dann dürften wir damit keinen Erfolg haben, weil dies eine ungemein empfindliche und die Gefangenschaft sehr übelnehmende Gattung ist. Nur selten erträgt daher der eine oder andere unter vielen Tausenden die Einsperrung. Dagegen finden wir oft innerhalb eines Geheges ganze Schwärme von trägen Meeräschen und gefräßigen Barschen. Deshalb sollen wir, wie gesagt, die Beschaffenheit unserer Küste kennenlernen, und wenn wir sie klippenreich finden, wollen wir mehrere Arten von Meerdrosseln, Meeramseln und die gierigen Aalraupen wählen, auch ungefleckte Barsche – es gibt nämlich auch gefleckte – einsetzen; außerdem schwimmende Muränen, die besonders geschätzt werden, und was es sonst etwa an Klippfischen gibt, deren Preise günstig stehen; denn billige Fische lohnen nicht einmal den Fang, geschweige denn die Zucht. Die nämlichen Arten kann man auch in Becken auf sandigem Strand halten; die aber, die mit Schlamm und Schlick bedeckt sind, eignen sich, wie oben schon gesagt wurde, mehr für Muscheln und liegende Tiere.

Neque est eadem lacus positio, quae recipit cubantis atque ⟨nantis neque⟩ eadem praebentur cibaria prostratis
70 piscibus et rectis. namque soleis ac rhombis et similibus animalibus humilis in duos pedes piscina deprimitur ea parte
litoris, quae profundi recessu numquam destituitur. spissi 10
deinde clatri marginibus infiguntur, qui super aquam semper emineant, etiam cum maris aestus intumuerit. mox
75 praeiaciuntur in gyrum moles, ita ut conplectantur sinu suo
et tamen excedant stagni modum. sic enim et maris atroci-
tas obiectu crepidinis frangitur et in tranquillo consistens
piscis sedibus suis non exturbatur, neque ipsum vivarium
repletur congerie, quam tempestatibus eructat pelagi vio-
80 lentia. oportebit autem nonnullis locis moles intercidi more 11
Maeandri parvis sed angustis itineribus, quae quantalibet
hiemis saevitia mare sine fluctu transmittant.

Esca iacentium mollior esse debet quam saxatilium. nam
quia dentibus carent, aut lambunt cibos aut integros hau-
85 riunt, mandere quidem non possunt. itaque praeberi conve- 12
nit tabentis halleculas et salibus exesam chalcidem putrem-
ue sardinam nec minus saurorum branchiam vel quidquid
intestini pelamys aut lacertus gerit, tum scombri carchari-
que et elacatae venterculos et ⟨ne per singula enumerem⟩
90 salsamentorum omnium purgamenta, quae cetariorum offi-

69 nantis neque *addidi* neque *pro* atque *edd. post Gesn.*
  prostratis SA²ah²k prostratas A¹ a prostratis R   **70** erectis R
72 profundi p profundo R frundi S¹ frondi S²Aah²k   recensu A
73 infinguntur R   aqua A
80 s. more maeandri R more maeneandri S morem ac neandri A
81 quantalibet R quantalibus et SA   **82** hiemi SA   transmittat R
83 *ante* esca *add.* hi(n)c R   **84** qua (quae S²) dentibus S quadantibus A
85 mandare SA   **86** halleculam SA   **87** sardiniam R *aliquot*
  saurorum *Jos.* (*v. Hss. p. 29*) aurorum SA scaurorum R
88 pelamys *scripsi* pelamis (*vel* -mus *vel* -nus) R palemis SA
  gerit tum eo geritum SA gerit cum R
89 elacate os elecate R *aliquot* lapt(a)e SAR *plerique*
  singule numerem (-re A) SA   **90** cetariorum R ceterarum SA

Weder ist die Anlage der Becken, in die man liegende und
schwimmende Tiere aufnimmt, dieselbe, noch ist das Futter, das
man hingestreckten und aufrechten Fischen gibt, das gleiche. Für
Zungenfische, Schollen und dergleichen Tiere gräbt man ein fla-
ches Becken von zwei Fuß Tiefe an einer Stelle der Küste, die
auch bei Ebbe nie ohne Wasser bleibt. An seinen Rändern werden dann dicht beieinanderstehende Bohlen eingerammt, die immer über den Wasserspiegel des Meeres ragen müssen, auch wenn
die Flut den Höchststand erreicht hat. Danach werden im Halb-
kreis Steinblöcke vorgeschichtet, derart, daß sie die Ausdehnung
des Beckens im Bogen umgreifen und gleichzeitig darüber hinausragen. So wird die Brandung des Meeres durch den Widerstand
des Schutzwalles gebrochen, und der im stillen Wasser ruhende
Fisch wird nicht von seinem Platz gewirbelt; auch das Becken
selbst füllt sich nicht mit dem Schwemmgut, das die Brandung
bei Stürmen anzuspülen pflegt. Es ist jedoch erforderlich, den
Schutzdamm an manchen Stellen durch enge Gassen in Mäander-
form zu unterbrechen, die das Meerwasser bei noch so heftigem
Seegang ohne Wellenschlag durchströmen lassen[32].

Das Futter für die liegenden Tiere muß weicher sein als das
für Klippentiere. Denn da sie keine Zähne haben, lecken sie nur
an der Nahrung oder verschlucken sie unzerkleinert; jedenfalls
können sie sie nicht kauen. Deshalb gibt man ihnen gemeinhin
fauliges Fischragout, mit Salz ausgelaugte Heringe[33] und verfaulte
Sardinen, ebenso Rauhschwanzkiemen und alle Innereien, die der
Thunfisch und der Stöcker enthält, ferner das Gekröse der Ma-
kreelen, Haifische und Elacaten[34], um nicht alles im einzelnen
aufzuzählen, die Abfälle aller Salzfische, die aus den Buden der

cinis everruntur. nos autem plura nominavimus genera, non
quia cuncta cunctis litoribus exeunt, sed ut ex his aliqua,
quorum erit facultas, praebeamus. facit etiam ex pomis viri- 13
dis adaperta ficus et mitis digitis infractus unedo, nec
95 minus elisum molle sorbum quique sunt cibi sorbilibus proximi, aut e mulctra recens caseus, si loci condicio vel
lactis annona permittit. nulla tamen aeque quam praedictae
salsurae pabula commode dantur, quoniam odorata sunt.
omnis enim iacens piscis magis naribus escam quam oculis 14
100 vestigat; nam dum supinus semper cubat, sublimiora spectat et ea, quae in plano sunt dextra laevaque, non facile
pervidet. itaque cum salsamenta obiecta sunt, eorum sequens odorem pervenit ad cibos. Ceteri autem saxatiles aut
pelagii satis et his, sed et recentibus melius pascuntur. nam
105 et hallecula modo capta et cammarus exiguusque gobio,
quisquis denique est incrementi minuti piscis, maiorem
alit. si quando tamen hiemis saevitia non patitur eius gene- 15
ris escam dari, vel sordidi panis offae vel si qua sunt temporis poma concisa praebentur. ficus quidem arida semper
110 obicitur eximie, si sit, ut Baeticae Numidiaeque regionibus, larga. ceterum illud committi non debet, quod multi
faciunt, ut nihil praebeant, quia semetipsos etiam clausi
diu tolerare possint. Nam nisi piscis domini cibariis sagina-

---

93 s. uiridibus **A**²**R**   **94** digitus **A**
   infractus unedo nec **SAh**² infracti sunt (de)donec **R**
96 aut *scripsi* ut **SAR**   mulctra ψp multra **R** multis **SA**
97 aeque **R** quae **S** que **A**   **98** odorata **S** moderata **AR**
100 dum *om.* **SAt**   **100** s. sublimiora spectat **SA** sublim(i)us aspectat **R**
103 sexatiles **R** *aliquot*
104 pelagii *Schn.* (*cf. cap. 16, 8; 17, 8*) pelagici **R** pelasci **S** (*corr. in* -sgi) **A**
   et his **SA** ex his **R**   **105** gobio **Sψ** cobio **Aαϙ** gubio **R** *plerique*
110 *post* eximie *interpunxi. ante* ex. *edd.* (eximia *Jos. per errorem, ut vid.*)
112 quia **SR** qui **A**   **113** dominici **A**

Fischhändler gefegt werden. Ich habe mehrerlei Arten genannt, nicht weil alle an allen Küsten vorkommen, sondern damit man davon das eine und andere verfüttere, was sich eben bietet. Brauchbar sind auch von den Baumfrüchten aufgebrochene grüne Feigen und weiche, mit den Fingern zerdrückte Meerkirschen, ebenso zerstoßene weiche Arlesbeeren, kurz Früchte, die einem schlürfbaren Futter am nächsten kommen, oder frischer Quark aus der Molke, wenn es die örtlichen Umstände und der Milchpreis erlauben. Kein Futter aber eignet sich so sehr wie die oben genannten Salzmarinaden, weil sie stark riechen. Jeder liegende Fisch sucht nämlich seine Nahrung mehr mit dem Geruchsorgan als mit den Augen; denn da er stets mit dem Blick nach oben liegt, sieht er nur das, was über ihm ist, und erkennt nur schwer, was auf gleicher Ebene sich rechts und links von ihm befindet. Wenn man ihm also Marinaden vorwirft, folgt er ihrem Geruch und gelangt dadurch an das Futter. Auch die übrigen Fische aus den Klippen und von der Hochsee lassen sich leidlich mit solchem Futter ernähren, noch besser aber mit Frischfutter. Ein Ragout frisch gefangener Kleinfische, Hummer und kleine Gründlinge, kurzum jeder kleinere Fisch ernährt den größeren. Wenn es aber wegen stürmischen Wetters nicht möglich ist, solches Futter zu bieten, kann man auch Klößchen aus Brotabfällen oder kleingeschnittenes Obst, das die Jahreszeit etwa anbietet, verfüttern. Trockenfeigen sind jedenfalls stets eine hervorragende Nahrung, sofern sie, wie in Gegenden der Baetica oder Numidiens, reichlich vorhanden sind. Dagegen darf auf keinen Fall geschehen, was viele Fischzüchter tun: sie geben den Fischen überhaupt nichts, weil diese sich auch ohnedies lange Zeit in ihrem Gehege erhalten können. Wenn ein Fisch, der nicht von seinem Be-

tur, cum ad piscatoris forum perlatus est, macies indicat
115 eum non esse libero mari captum, sed de custodia elatum,
propter quod plurimum pretio detrahitur.

Atque haec [villatica] pastio finem praesenti disputationi 16
faciat, ne inmodico volumine lector fatigetur. redeamus
autem sequenti exordio ad curam silvestrium pecorum cul-
120 tumque apium.

---

115 custodia elatum **R** custodielatum **SAah**[2]
117 villatica *delevi, ex. subscript. interpol. ut suspicor*   disputationis **SA**[1]
118 lector S[2]**R** delector S[1]**A**   redeamus γ rediemus **SAR**   **120** apum **S**

JUNI MODERATI COLUMELLE REI RUSTICAE LIBER NONUS
DE UILLATICIS PASTIONIBUS (RUSTICIS **A**) AUIARIUS ET
PISCATOR **SA** *sim. plerumque brevius* **R** *part.*

sitzer gefüttert worden ist, auf den Fischmarkt kommt, dann
sieht man ihm an seiner Magerkeit an, daß er nicht im offenen
Meer gefangen, sondern aus dem Zuchtbecken genommen ist, und
das drückt den Preis ungemein.

Diese Sparte der Tierhaltung mag das Ende der vorliegenden
Darstellung bilden, damit der Leser nicht durch eine unmäßige
Länge des Buches erschöpft wird. Mit dem Beginn des folgenden
Buches will ich auf die Pflege der Waldtiere und der Bienen zu
sprechen kommen.

LIBER NONUS

Haec continet

1. De vivariis faciundis et includendis pecudibus feris
2. De apibus
3. Quot genera sint apium, et quod ex his optimum genus
4. Quales pabulationes et qui situs pastionum aptus esse debeat
5. De sedibus apium eligendis
6. De vasis alveorum probandis
7. Quemadmodum alvei collocandi sint
8. De conparandis apibus
9. Quemadmodum silvestria examina capiantur
10. Quemadmodum vernacula examina prodeuntia observentur et in alveos condantur
11. Quemadmodum frequentandi sint alvei, qui exigua habent examina
12. Remedia morbo laborantium apium
13. Quid quoque tempore faciant apes, et per anni tempora quid earum curator facere debeat
14. De melle conficiendo, et quemadmodum aut quando castrari debeant alvei
15. De cera faciunda

L. (om. **A**) IUNI MODERATI COLUMELLE REI RUSTICE LIBER DECIMUS DE UILLATICIS PASTIONIBUS MACELLARIUS ET APIARIUS **SA** *rubr. vario modo commutatam vel ante vel post argum. pos.* **R** *plerique*
  Liber decimus h(a)ec continet **SAR** *pars* 1 faciendis **AR** *plerique*
2 de apibus ... genus *om.* ϙ   3 quot/quod **S**   6 alueorum **R**
10 albos **SA** alueos **R**   11 sunt **S**   14 albei **A**[1]   15 facienda **R** *aliquot*

NEUNTES BUCH

Inhalt

PRAEFATIO

Venio nunc ad tutelam pecudum silvestrium et apium
educationem, quas et ipsas, Publi Silvine, villaticas pastiones iure dixerim, siquidem mos antiquus lepusculis ca-
preisque ac subus feris iuxta villam plerumque subiecta do-
5 minicis habitationibus ponebat vivaria. ut et conspectu sui
clausa venatio possidentis oblectaret oculos et, cum exe-
gisset usus epularum, velut e cella promeretur. apibus quoque dabantur sedes adhuc nostra memoria vel in ipsis
villae parietibus excisis vel in protectis porticibus ac
10 pomariis. quare quoniam tituli, quem praescripsimus huic
disputationi, ratio reddita est, ea nunc quae proposuimus
singula persequamur.

DE VIVARIIS FACIUNDIS ET
INCLUDENDIS PECUDIBUS FERIS

Ferae pecudes, ut capreoli dammaeque nec minus ory-
gum cervorumque genera et aprorum, modo lautitiis ac
voluptatibus dominorum serviunt, modo quaestui ac rediti-
bus. sed qui venationem voluptati suae claudunt, conten-
5 ti sunt, utcumque conpetit proximus aedificio loci situs.
munire vivarium semperque de manu cibos et aquam prae-

---

1 et *post* silvestrium *om.* **SA** 2 educationem **A**
4 subus/subiis *vel* sub iis **R** 5 sui/suo **R** *agn. F.-H.*
8 dabatur *edd. praeter Ios.* in ipsis/inpis **S**
10 praescripsimus *Schn.* perscripsimus **S** scripsimus **AR**

1 ut/et **R** *aliquot* 1 s. origum **AR** 2 ceruorum quo S¹A¹
modula uitiis **A** 4 uenatione **S** 6 semperque perqu(a)e **SA**

VORWORT

Ich komme nun zu der Haltung von Nicht-Haustieren und zur
Zucht der Bienen, mein Publius Silvinus, zwei Gebieten also, die
man ebenfalls mit Recht zur Kleintierhaltung rechnen kann, da
ja alter Brauch neben das Anwesen, und zwar zumeist im Anschluß an das Wohnhaus des Besitzers, ein Gehege für Hasen,
Rehe und Wildschweine anzuschließen pflegte, damit das eingezäunte Revier das Auge des Herrn durch seinen Anblick erfreut und damit man sich wie aus einer Vorratskammer bedie-
nen kann, wenn es der Bedarf der Tafel fordert[1]. Auch den
Bienen gab man noch in unserer Jugend ihren Platz entweder in
Mauernischen des Anwesens oder in den überdachten Vorhallen
und in den Obstgärten. Nachdem also die Überschrift, die ich
diesem Abschnitt gegeben habe[1a], begründet ist, will ich nun zur
Darstellung des einzelnen schreiten.

1. KAPITEL: ÜBER DIE ANLAGEN VON TIERGÄRTEN UND EINSETZUNG VON WILD

Wildlebende Tiere, wie Rehe, Gazellen und Antilopen, nicht
minder die Gattungen der Hirsche und Wildschweine, dienen
teils dem Komfort und Vergnügen des Besitzers, teils dem wirtschaftlichen Gewinn. Wer ein Wildgehege nur zum Vergnügen
anlegt, begnügt sich damit, dort, wo sich in nächster Nähe der
Gebäude ein Platz anbietet, eine eingezäunte Fläche zu schaffen
und stets von Hand Futter und Wasser hineinzubringen. Wer aber

bere. qui vero quaestum reditumque desiderant, cum est
vicinum villae nemus (id enim refert non procul esse ab
oculis domini), sine cunctatione praedictis animalibus desti-
10 natur. et si naturalis deficit aqua, vel inducitur fluens vel   2
infossi lacus signino consternuntur, qui receptam pluviatilem contineant.

   Modus silvae pro cuiusque facultatibus occupatur, ac si
lapidis et operae vilitas suadet, haut dubie caementis et
15 calce formatus circumdatur murus, sin aliter, crudo latere
ac luto constructus. ubi vero neutrum patri familiae con-   3
ducit, ratio postulat vacerris includi – sic enim appellatur
genus clatrorum, idque fabricatur ex robore querceo vel
subereo, nam oleare rara est occasio. quidquid denique sub
20 iniuria pluviarum magis diuturnum est, pro conditione regionis ad hunc usum eligitur. et sive teres arboris truncus,
sive, ut crassitudo postulavit, fissilis stipes conpluribus locis
per latus efforatur, et in circuitu vivarii certis intervenien-
tibus spatiis defixus erigitur, deinde per transversa laterum
25 cava transmittuntur amites, qui exitus ferarum obserent.
satis est autem vacerras inter pedes octonos figere serisque   4
transversis ita clatrare, ne spatiorum laxitas, quae foraminibus intervenit, pecudi praebeat fugam. hoc autem modo
licet etiam latissimas regiones tractusque montium claude-
30 re, sicut Galliarum nec non et in aliis quibusdam provinciis

 7 redditumque **R** *plerique*   **9** s. destinatur *codd. cf. Jos. Hss. p. 23*
destinant *vulgo*   **10** et si ... inducitur *om.* **S**
deficit *scripsi* defuit *codd.*   **12** contineat **SAR** *pauci*
13 cuiusque/cuius **S**   **14** lapidis/lateris **p**
haut *Kleberg* ita ut **SA** haut **R**   dubie **R** dubiis **SA**   **15** lateri **SA**
17 uacceris **S**   **18** clatorum **AR** *multi*
21 sive teres *Ursinus* siueteris *vel* si ueteris **SAR**   **23** certis **R** tertiis **SA**
24 ispatiis **A**¹   transuersa/uersa **A**¹
25 caua *Beroaldus 1494* cauea **R** cuca **SA** tuta **t** *in ras.*   transmittitur **A**
amites **SA** ramites **p** ramices **R**   **26** uacceras **SA**¹   defigere **R**
30 Gallicarum **A**²**R** *aliquot*

wirtschaftlichen Gewinn anstrebt, der wird, falls es ein Waldstück
nahe beim Anwesen gibt – denn es ist wesentlich, daß es nicht
dem Blick des Besitzers entzogen ist –, ohne Bedenken dieses
für die genannten Tiere bestimmen. Wenn dort von Natur kein
Wasser vorhanden ist, leitet man entweder fließendes Wasser hinein oder hebt Becken aus und legt sie mit Scherbenpflaster aus,
damit sie das Regenwasser auffangen und festhalten.

Den Umfang der Waldparzelle wählt man je nach den persön-
lichen Möglichkeiten, und wenn es ein billiger Preis für Steine
und Arbeitskräfte nahelegt, zieht man auf jeden Fall eine feste
Mauer aus Bruchsteinen und Kalk herum, andernfalls eine solche
aus Rohziegeln und Lehm. Ist dem Besitzer weder das eine noch
das andere leicht möglich, dann ist es erforderlich, die Einfriedung aus sog. *vacerrae* zu erstellen; so nennt man nämlich eine Art von Pflöcken, die man aus Eichen- oder Korkeichenholz
herstellt; denn Ölbaumholz ist nur selten verfügbar[2]; jedenfalls
wählt man jedes Holz, das der Einwirkung des Regens längere
Zeit widersteht, je nach den örtlichen Möglichkeiten dafür aus.
Und ob man nun einen Stamm rund oder entsprechend seiner
Dicke gespalten verwendet, in jedem Falle werden sie mehrfach
in der Quere durchbohrt und dann in regelmäßigen Abständen
rings um das Gehege eingerammt; danach steckt man durch die
seitlichen Bohrlöcher Querstangen, die den Austritt der Tiere
(aus dem Gehege) verhindern. Es ist genug, alle acht Fuß einen
Pfosten aufzustellen und die Pfosten mit Querhölzern so zu verbinden, daß der Abstand von Loch zu Loch den Tieren kein
Entkommen ermöglicht. Auf diese Weise kann man sogar sehr
umfangreiche Gebiete und bergiges Gelände einzäunen, wie es
die weiten Flächen der gallischen Provinzen und auch einiger an-

locorum vastitas patitur. nam et fabricandis vacerris ingens
est materiae copia, et cetera in hanc rem feliciter suppe-
tunt; quippe crebris fontibus abundat solum, quod est maxime praedictis generibus salutare; tum etiam sua sponte   5
35 pabula feris benignissime subministrat. praecipueque saltus eliguntur, qui et terrenis fetibus et arboreis abundant.
nam ut graminibus, ita frugibus roburneis opus est. maximeque laudantur qui sunt feracissimi querneae glandis et
iligneae nec minus cerreae, tum et arbuti ceterorumque
40 pomorum silvestrium; quae diligentius persecuti sumus,
cum de chortalibus subus disputaremus; nam eadem fere
sunt pecudum silvestrium pabula quae domesticarum.

Contentus tamen non debet esse diligens pater familiae   6
cibis, quos suapte natura terra gignit, sed temporibus anni,
45 quibus silvae pabulis carent, condita messe clausis succur-
rere hordeoque alere vel adoreo farre aut faba, plurimumque etiam vinaceis, quidquid denique vilissime constiterit,
dare. idque ut intellegant ferae praeberi, unam vel alteram
domi mansuefactam conveniet inmittere, quae pervagata
50 totum vivarium cunctantis ad obiecta cibaria pecudes per-
ducat. nec solum istud per hiemis penuriam fieri expedit,   7
sed cum etiam fetae partus ediderint, quo melius educent
natos. itaque custos vivarii frequenter speculari debebit, si
iam effetae sunt, ut manu datis sustineantur frumentis.

31 uacerris (-riis **SA**) *ante* ingens *transposui, ante* copia *pos.* **SA**, *ante* materiae **R**   **33** solum *om.* **S**   **35** subministrat **R** *pauci* -trant **SAR** *plerique*
36 terrenis/ternis S[1]A   arboreis/arboribus **R** *aliquot*   **37** fructibus **A**
robur ne (i)is **R** *plerique*   opus est/o. habet **R**
38 querneae/neae **A**   **39** cerreae **R** *plerique* acerreae **SA**
tum γl tunc **p** cum **SAR**   arbuti h[2]k arbusti **SAR**
40 silvestrium *om.* S[1]   **41** subus S[2] sub S[1] super **p** *om.* **AR**
44 ciuis S[1]A   quos qd **A**   **46** s. plurimumque **R** primumque **SAak**
48 idque **R** *om.* **SA**   **49** mansuefactum **A**   peruacata S[1]A
52 educant **SA** *agn.* F.-H.   **54** sunt **SA** sint **R** *agn.* F.-H.
manu/de (*vel* a) manu **R** *multi*

derer gestatten. Dort findet sich nämlich ein gewaltiger Vorrat an Holz zur Herstellung der Pflöcke, und auch alles übrige steht dort in reicher Fülle zur Verfügung; denn der Boden ist reich an Quellen, was für die genannten Tiere besonders förderlich ist; ferner bietet er von sich aus den Tieren üppiges Grünfutter. Mit Vorliebe wählt man bergige Gegenden, die besonders reich an niedrigem Pflanzenwuchs und an Baumfrüchten sind. Denn man braucht nicht nur Wiesenkräuter, sondern auch Baumfrüchte. Besonders geschätzt sind Gegenden mit reichlichen Eichen-, Steineichen- und Zirneichenfrüchten, dann auch mit solchen des Erdbeerbaumes und sonstiger wilder Fruchtbäume, wie ich sie eingehender dargestellt habe, als ich über die Hausschweine zu sprechen hatte[3)]; denn die wilden Tiere leben im allgemeinen von derselben Nahrung wie die gezähmten.

Ein sorgsamer Hausvater darf sich aber nicht mit dem Futter zufrieden geben, das die Natur von selber anbietet; er muß in denjenigen Jahreszeiten, in denen die Wälder keine Frischnahrung bieten, den Hegetieren mit eingelagertem Futter zu Hilfe kommen und sie mit Gersten- oder Speltmehl oder Bohnen füttern, namentlich aber mit Weintrester und überhaupt mit solchen Futtermitteln, die sich möglichst billig beschaffen lassen. Damit aber die Tiere merken, daß ihnen dies als Futter angeboten wird, empfiehlt es sich, das eine oder andere gezähmte Tier mit einzusetzen, das bei seinem Umherschweifen im ganzen Gehege die noch unschlüssigen wilden Tiere an das dargebotene Futter heranführt. Es ist vorteilhaft, dies nicht nur in der Mangelzeit des Winters zu tun, sondern auch in den Wurfzeiten, damit die Muttertiere ihre Jungen leichter aufziehen können. Der Hegemeister wird also fleißig nachsehen müssen, ob die Muttertiere schon geworfen haben, um ihnen mit zusätzlich angebotenem Futtergetreide beistehen zu können.

55   Nec vero patiendus est oryx aut aper aliusve quis ferus
     ultra quadrimatum senescere. nam usque in hoc tempus
     capiunt incrementa, postea macescunt senectute. quare
     dum viridis aetas pulchritudinem corporis conservat, aere
     mutandi sunt. cervus tamen conpluribus annis sustineri   8
60   potest; nam diu iuvenis possidetur, quod aevi longioris vi-
     tam sortitus est.
         De minoris autem incrementi animalibus, qualis est le-
     pus, haec praecipiemus, ut in his vivariis, quae maceria
     munita sunt, farraginis, ut holerum, ferae intubi lactucae-
65   que, semina parvulis areolis per diversa spatia factis ini-
     ciantur, itemque Punicum cicer vel hoc vernaculum; nec
     minus hordeum et cicercula condita ex horreo promantur
     et aqua caelesti macerata obiciantur; nam sicca non ni-
     mis ab lepusculis adpetuntur. haec porro animalia vel simi-   9
70   lia his, etiam silente me, facile intellegitur, quam non ex-
     pediat conferre in vivarium, quod vacerris circumdatum est.
     siquidem propter exiguitatem corporis facile clatris sub-
     repunt et liberos nancta egressus fugam moliuntur.

                        DE APIBUS   2

     Venio nunc ad alvorum curam, de quibus neque diligen-   1
     tius quicquam praecipi potest, quam ab Hygino iam dictum
     est, nec ornatius quam Vergilio nec elegantius quam Celso.
     Hyginus veterum auctorum placita secretis dispersa moni-

---

58 s. aere mutandi **R** remutandi **A** remutundi **S**   **59** sustinere **A**
60 possidetur *codd. vix recte, coniciam* possidet vires
62 minoribus **SAR** *part.*   incrementi **ābçp** incrementis **SAR**
63 praecipiemus *codd. Jos.* praecipimus *vulgo*
64 farraginis ut *scripsi* farragini et **SAR** -ginis et *edd.*
66 uernaculum **tp** uernaculo **SAR**   **70** silente me **Sü** silentem et **AR**
73 nancta *Linde* nancte **S** nacte **AR**

  1 alueorum **R** *plerique*
  4 plagita **SA**[1]

Eine Antilope, einen Eber oder sonst ein Wildtier soll man nicht mehr als vier Jahre alt werden lassen. Bis dahin wachsen sie noch; später werden sie durch das Alter unansehnlich. Deshalb soll man sie verkaufen, solange ihnen ihre Jugend noch ein schönes Aussehen bewahrt. Nur der Hirsch kann länger gehalten werden; denn er bleibt lange Zeit jugendlich, weil ihm von Natur ein hohes Lebensalter bestimmt ist[4].

Über das Niederwild, etwa die Hasen, möchte ich nur soviel sagen, daß man diesen Tieren in solchen Gehegen, die von Mauern umschlossen sind, die Triebe von Mischgemüse, wie etwa Kohl, wilde Zichorie und Lattich, in kleinen, an verschiedenen Plätzen angelegten Gruben vorwirft, ferner punische[5] und einheimische Kichern; auch mag man Gerste und Platterbsen aus der Scheuer holen und in Regenwasser aufgeweicht verfüttern; im trockenen Zustand lieben die Hasen sie nicht besonders. Ich brauche nicht erst davon zu sprechen, wie wenig es sich empfiehlt, diese und ähnliche Tiere in ein mit Pfählen eingezäuntes Gehege zu setzen; das leuchtet ohne weiteres ein, da sie wegen ihrer geringen Körpergröße mühelos unter den Riegeln durchschlüpfen und ungehindert entkommen.

2. KAPITEL: ÜBER DIE BIENEN

Ich komme nun zur Pflege der Bienenstöcke. Über sie kann niemand gründlicher handeln, als es Hyginus bereits getan hat, niemand kunstvoller als Vergil, niemand geschmackvoller als Celsus. Hyginus hat die in abgelegenen Büchern verstreuten Lehren der alten Fachschriftsteller mit Fleiß gesammelt; Vergil hat

5 mentis industrie colligit, Vergilius poeticis floribus inlumi-
navit, Celsus utriusque memorati adhibuit modum. quare   2
ne adtemptanda quidem nobis fuit haec disputationis materia, nisi quod consummatio susceptae professionis hanc
quoque sui partem desiderabat, ne universitas inchoati ope-
10 ris nostri, velut membro aliquo resico, mutilata atque inper-
fecta conspiceretur.

Atque ea, quae Hyginus fabulose tradita de originibus
apium non intermisit, poeticae magis licentiae quam nos-
trae fidei concesserim. nec sane rustico dignum est sciscita-   3
15 ri, fueritne mulier pulcherrima specie Melissa, quam Iuppiter in apem convertit, an, ut † Euhemerus † poeta dicit,
crabronibus et sole genitas apes, quas nymphae Phryxonides educaverint, mox Dictaeo specu Iovis extitisse nutrices
easque pabula munere dei sortitas, quibus ipsae parvom
20 educaverunt alumnum. ista enim quamvis non dedeceant
poetam, summatim tamen et uno tantummodo versiculo
leviter attigit Vergilius, cum sic ait:

> Dictaeo caeli regem pavere sub antro.

> *(Verg. Georg. 4, 152)*

sed ne illud quidem pertinet ad agricolas, quando et in qua   4
25 regione primum natae sint, utrum in Thessalia sub Aristaeo
an in insula Cea, ut scribit Euhemerus, an Erechthei tem-

---

5 colligit S¹AR *plurimi (def. Dahllöf, Tempora p. 21)* collegit A²R *aliquot*
10 mutila SAγ mutilata R
10 s. imperfecta R in infectu SA *(cf. Jos. Hss. 30)*   15 mellis(s)am SA
16 euhemerus SAR *plerique perperam ex inferiore huius capitis loco trac-
tum ut vid.* homerus R *aliquot, fort. leg.* Eumelus
17 crabonibus SAR *part.*
17 s. Phryxonides *Gesner* phruyxonides S phrusxonides A phruxonides R
18 educauerunt mκγ   specu iouis A²R specucio quis SA¹
19 ipsa et aruom SA   20 educauerunt R *plerique*
deceant S¹ doceant A   22 Vergilius: *Ge. 4, 152*
25 natae sint R *aliquot* n. sunt SAR *rell. agn. Jos.*
26 erecthei SA. *nomen varie corr.* R

sie mit den Blüten der Poesie verschönt[6], Celsus hat beides im
rechten Maß vereinigt. Daher gab es für mich keinen andern
Grund, den Gegenstand dieses Abschnittes aufzugreifen, als den,
daß die Vollendung des begonnenen Vorhabens auch diesen Teil
verlangt, damit nicht am Ende das Ganze meines angefangenen
Werkes wie durch die Amputation eines Gliedes verstümmelt und
unvollkommen erscheint.

Allerdings möchte ich die sagenhaften Überlieferungen über die
Entstehung der Bienen, die Hyginus nicht beiseite gelassen hat,
mehr der dichterischen Freiheit als unserer sachlichen Gewissen-
haftigkeit konzedieren. Jedenfalls ist es nicht Aufgabe eines Land-
wirts nachzuforschen, ob es eine besonders schöne Frau namens
Melissa gegeben hat, die Jupiter in eine Biene verwandelt hat[7],
oder ob, wie der Dichter Eumelos[8] sagt, von den Hornissen
und der Sonne Bienen erzeugt worden sind, die die phryxoni-
schen[9] Nymphen aufgezogen haben, und ob es dann in der Dikte-
Höhle Ammen des Zeus gegeben hat, die durch göttliche Gnade
diese Nahrung gefunden haben, mit der sie ihren kleinen Zög-
ling füttern konnten[10]. Derartiges ist gewiß einem Dichter ange-
messen; gleichwohl berührt es Vergil nur beiläufig und nur mit
einem einzigen Vers, wo er sagt:

> *„nährten den himmlischen Herrscher im Innern*
> *der Höhle von Dikte"*[11]

Aber auch dies geht den Bauern nichts an, wann und in welchem Land sie zuerst entstanden sind, ob in Thessalien unter
Aristaeus[12] oder auf der Insel Keos, wie Euhemerus schreibt,
oder zur Zeit des Erechtheus auf dem Berg Hymettos[13], wie

poribus in monte Hymetto, ut Euphronius, an Cretae Sa-
turni temporibus, ut Nicander; non magis quam utrum examina, tamquam cetera videmus animalia, concubitu subo-
30   lem procreent an heredem generis sui floribus eligant, quod
affirmat noster Maro, et utrum evomant liquorem mellis an
alia parte reddant. haec enim et his similia magis scrutan-   5
tium rerum naturae latebras quam rusticorum est inquirere.
studiosis quoque litterarum gratiora sunt ista in otio le-
35   gentibus quam negotiosis agricolis, quoniam neque in opere
neque in re familiari quicquam iuvant. quare revertamur
ad ea, quae alveorum cultoribus magis apta sunt.

QUOT GENERA SUNT APIUM ET QUOD   3
EX HIS OPTIMUM

Peripateticae sectae conditor Aristoteles in his libris,   1
quos de animalibus conscripsit, examinum genera conplura
demonstrat, eorumque alia, quae vastas sed glomerosas
easdemque nigras et hirsutas apis habent, alia minores qui-
5   dem, sed aeque rutundas et infusci coloris horridique pili;
alia magis exiguas nec tam rutundas, sed obesas tamen et   2

---

27 Hymetto *edd. vett.* hy(e)metio **SAR** *aliquot* himetio **R** *plerique* Hymetio
Jos.
    Euphronius *Pontedera* euthronius SA euponius **R** *part., alii multifariam*
corr.   28 Nicander/meander **R** *aliquot*   29 **s.** sobolem S²R
36 reuertamur/perferamur **A**¹ perfertamur **A**²   37 aluorum **A**

1 *lemma varie immutant* **R** *ante* Peripateticae *omissis verbis* et – optimum
textui inser. **SA**
2 examinum SA exapium **m** is apium **p** exagium **os** apium **R** *aliuot* apium
sive examinum κγ (*Arist. h. an.* 553 b 1 τῶν μελιττῶν)
3 eorumque *Ursinus* earumque *codd.*   alia quae/alique γ alias **t**
4 nigras **SR** generis **A**   alias **AR**   minores/maiores **R** *partim*
5 aeque **R** neque **SA**   rutundas *hic ut infra bis* S²**AR**
    infusci **R** *probat Jos. coll.* 8, 7, 2 ; 9, 10, 1 fusci SA   6 alias **R**

Euphronios[14] meint, oder auf Kreta zur Zeit des Saturn, wie bei
Nikander[15] steht; ebensowenig die Frage, ob die Bienenschwär-
me so, wie man es bei den übrigen Tieren sieht, ihren Nachwuchs durch Paarung erzeugen oder sich den Erben ihrer Art in
den Blüten suchen, was unser großer Maro behauptet[16]; ferner
ob sie die Honigflüssigkeit ausspeicheln oder aus einem anderen
Körperteil ausscheiden. Dies und dergleichen zu erforschen ist
eher Sache derer, die den Geheimnissen der Natur nachspüren, als
der Bauern. Außerdem machen sie den Literaturbeflissenen, die
das in ihrer Freizeit lesen, mehr Vergnügen als den Landwirten
bei ihrer Tätigkeit, da es weder die Arbeit erleichtert noch den
Ertrag vermehrt. Wir wollen daher zu den Dingen zurückkommen,
die den Bienenzüchter mehr angehen.

3. KAPITEL: WIE VIELE BIENENARTEN ES GIBT, UND WELCHE VON IHNEN DIE BESTE IST.

Aristoteles, der Begründer der peripatetischen Schule, stellt in
seinem Werk über die Tiere mehrere Arten von Bienenvölkern
dar[17], unter ihnen eine, die große aber unförmige, schwarze und
struppige Bienen hat, eine weitere mit zwar kleineren, aber eben-
mäßig runden Bienen von dunkler Farbe und mit abstehenden
Haaren; wieder eine andere mit noch kleineren und weniger run-

latas, coloris meliusculi, nonnulla minimas gracilisque et
acuti alvei, ex aureolo varias atque leves, eius auctoritatem
sequens Vergilius maxime probat parvolas, oblongas, leves,
10 nitidas,

> ardentis auro et paribus lita corpora guttis,
>
> (Verg. Georg. 4, 99)

moribus etiam placidis; nam quanto grandior apis atque
etiam est rutundior, tanto peior; si vero saevior, maxime
pessima est. sed tamen iracundia notae melioris apium faci-   3
15 le delinitur adsiduo interventu eorum qui curant. nam cum
saepius tractantur, celerius mansuescunt, durantque, si diligenter excultae sunt, in annos decem. nec ullum examen
hanc aetatem potest excedere, quamvis in demortuarum
locum quotannis pullos substituant. nam fere decumo ad
20 internecionem anno gens universa totius alvi consumitur.
itaque ne hoc in toto fiat apiario, semper propaganda erit   4
suboles observandumque vere, cum se nova profundent
examina, ut excipiantur et domiciliorum numerus augeatur.
nam saepe morbis intercipiuntur, quibus quemadmodum
25 mederi oportet, suo loco dicetur.

7 nonnullas **R**   8 aluei/aculei **R** *aliquot*   auriolo **SA**   eiusque **R**
9 Vergilius : *Ge. 4, 99*   paruulas **S²A²R**   15 delenitur **os** denitur **SA**
currant **SA** curant aluearia **R**   16 tractatur **SA**   18 hanc hac **S**
19 decimo **R**   20 internitionem (-nic- **A²**) **AR**
ad intern. *fort. post* universa *transponas*   21 ne/nec **R**
apiario fiat **R**   22 soboles **S²A²R**   profundant γ
25 dicemus **üntp**

den, aber gleichwohl kräftigen und breiten Bienen von etwas
freundlicherer Farbe, endlich eine mit ganz kleinen und zierlichen Bienen mit spitzigem Hinterleib, die eine goldgelbe Grund-
farbe variieren und glatt sind. Nach seiner Vorlage rühmt Vergil
am meisten die ganz kleinen, länglichen, glatten und zierlichen,

> *„golden leuchtend, am Leib mit gleichen Tropfen*
> *besprenkelt, "*[18]

die auch ein friedliches Wesen haben. Denn je größer und run-
der eine Biene ist, um so schlechter ist sie; wenn sie dann auch
noch einigermaßen bösartig ist, ist sie am allerschlechtesten.
Trotzdem kann Bösartigkeit bei einer edleren Bienenrasse leicht
durch beständiges Eingreifen der Bienenhalter gemildert werden.
Wenn man sich nämlich häufiger mit ihnen beschäftigt, werden
sie schneller zahm. Das Leben der Völker währt, wenn sie gut
gezogen sind, gegen zehn Jahre. Kein Volk kann diese Lebens-
dauer überschreiten, obgleich es jährlich zum Ersatz der gestorbenen Bienen Jungbienen hervorbringt; denn ungefähr im zehnten
Jahre verbraucht sich jedes Volk bis zum Untergang des gesamten Stockes. Um zu verhüten, daß dies im ganzen Stand geschieht, muß ständig Nachwuchs gezüchtet werden, und im Frühjahr muß man darauf bedacht sein, wenn neue Völker schwärmen, diese einzufangen und die Zahl der Stöcke zu vermehren.
Oft werden ja auch Völker durch Krankheiten dahingerafft; wie
man diese heilen muß, wird an seinem Ort behandelt werden.

QUALES PABULATIONES ET QUI SITUS   4
EARUM ESSE DEBEAT

1

Interim per has notas, quas iam dicimus, probatis apibus
destinari debent pabulationes, easque sint secretissimae et,
ut noster praecepit Maro, viduae pecudibus, aprico et minime procelloso caeli statu,

5

> quo neque sit ventis aditus, nam pabula venti
> ferre domum prohibent, neque oves haedique petulci
> floribus insultent aut errans bucula campo
> decutiat rorem et surgentis atterat herbas.

> *(Verg. Georg. 4, 9 ss.)*

2

10 eademque regio fecunda sit fruticis exigui et maxime thymi
aut origani, tum etiam thymbrae vel nostratis cunilae, quam
satureiam rustici vocant. post haec frequens sit incrementi maioris surculus, ut ros marinum et utraque cytisus – est
enim sativa et altera suae spontis – itemque semper virens
15 pinus et minor ilex – nam prolixior ab omnibus inproba-
tur –; ederae quoque non propter bonitatem recipiuntur,   3
sed quia praebent plurimum mellis. arborum vero sunt pro-
batissimae rutila atque alba zizyphus nec minus † amaracus †. tum etiam amigdalae persicique ac piri, denique

rubr. earum/pastionum **R** *pauci*
1 apius **S¹A¹**   2 (a)eque **AR**   2 s. et ut os ut et **SAR**   3 praecipit **R**
   Maro: *Verg. Ge., 4, 9–12*   uiduae **R** uide **SA**   5 quo/quod **R**
6 oues/opes **SA¹**   9 maxime *om.* **A¹os**   10 aut/auct **S¹A**
   cunelae **A²R** *plerique*   11 satyrā & iā **S** satratis etiam **A¹**
14 minor/murens **A¹**   ulex **S¹A¹**
15 bonitatem/nouitatem **S¹** in bonitatem **A¹**   recipiuntur/re nt˙ **S**
17 ziziphus *ed. pr.* zizippus **AR** *in ras.* **S**
17 s. amaracus **SA²R** *corrupte ut vid.* amaragus **A¹p** amaricus κγ *ap. Pall.*
   1, 37, 2 legitur inter citraginem et hyacinthum, conicio tamarices *4, 14, 11*
18 ac piri **S** a p. **A¹** atque p. **A²R**

4. KAPITEL: WIE IHRE NAHRUNG
UND IHR STANDORT BESCHAFFEN
SEIN SOLL

Inzwischen müssen, sobald die Bienen nach den erwähnten Kennzeichen ausgewählt sind, die Futterplätze bestimmt werden. Sie sollen möglichst weit abseits liegen, wie unser Vergil vorschreibt, frei von (weidendem) Vieh, in sonniger und möglichst wenig windiger Lage,

> „*wo die Winde nicht wehen – denn Winde hindern die Bienen,
> Futter nach Hause zu tragen – noch Schafe und muntere Kitze
> in den Blüten sich tummeln und felddurchschweifende Kühe
> streifen den Tau vom Gras und die sprießenden Kräuter
> zertrampeln.*"[19]

Auch soll das Gelände viel niedriges Staudenwerk tragen, besonders Thymian und Majoran, dann auch Thymbra oder die einheimische Cunile, die die Bauern Saturei nennen[20]. Ferner soll es reichlich Büsche von höherem Wuchs geben, wie Rosmarin und beide Cytisus-Arten[21] – es gibt nämlich Saat-Cytisus und wildwachsenden –, außerdem immergrüne Pinien und niedrige Steineichen – denn die hochwachsenden werden von allen Züchtern abgelehnt –; auch Efeu wird zugelassen, nicht wegen seiner Güte, wohl aber weil er besonders große Mengen Honig liefert. Von den Bäumen sind am vorteilhaftesten der rote und weiße Zizyphus[22], nicht weniger die Tamariske (?)[23], ferner Mandel-, Pfirsich- und Birnbäume, überhaupt fast alle Obstbäume, um nicht bei den

pomiferarum pleraeque, ne singulis inmorer, at silvestrium
20 commodissime faciunt glandifera robora, quin etiam terebinthus nec dissimilis huic lentiscus et odorata cedrus ac
tilia. solae ex omnibus ut nocentes taxi repudiantur.

Mille praeterea semina vel crudo caespite virentia vel   4
subacta sulco flores amicissimos apibus creant, ut sunt in
25 virgineo solo frutices amelli, caules acanthini, scapus as-
phodeli, gladiolus narcissi; at in hortensi lira consita nitent
candida lilia nec his sordidiora leucoia, tum Punicae rosae
luteolaeque et Sarranae violae, nec minus caelestis luminis
hyacinthus; Corycius item Siculusque bulbus croci deponi-
30 tur, qui coloret inodoretque mella. iam vero notae vilioris   5
innumerabiles nascuntur herbae cultis atque pascuis regionibus, quae favorum ceras exuberant, ut vulgares lapsanae
nec his pretiosior armoracia rapistrique holus et
intibi silvestris ac nigri papaveris flores, tum agrestis
35 pastinaca et eiusdem nominis edomita, quam Graeci σταφυ-
λίνος vocant.

Verum ex cunctis quae proposui quaeque omisi tempo-   6
rum conpendia sequens – nam inexputabilis sunt numeri –
saporis praecipui mella reddit thymum, eximio deinde
40 proximum thymbra serpillumque et origanum. tertiae notae, sed adhuc generosae, marinum ros et nostras cunela,
quam dixi satureiam. mediocris deinde gustus † amara-

19 at siluestr. A²R ad s. SA¹ ac s. gx, cf. § 4; c. 8, 8
20 s. tereuenthus S¹A¹ terebenthus S²   21 et odorata cedrus om. SA¹
22 tilia A²R   sola SA¹   ut A¹ sunt A²R om. S
25 frutices R plerique   echantini S   26 at AR ad S
27 sordidiora leucoia/sordidolareucola SA¹   28 serranae SA
   numinis A²R   29 croci S cruci A¹ crocique A²R
30 inodorequae A¹ odoretque A²R   mella om. SA¹   tam uerro SA¹
31 s. regionis SA¹   34 intubi A²R
35 s. σταφυλεινον SA¹ σταφυλινην sim. A²R partim, om. R multi v. sp. rel.
38 sunt numeri scripsi et enumeri SA¹ erat numerus A² et numerus R
39 praecipue SA¹   eximio/thymo vel thimo R
42 post satureiam add. a rusticis uocari t
42 s. amara(n)chini SAR corrupte, cf. § 3 amaranthum p

einzelnen zu verweilen. Von den wildwachsenden Bäumen sind am günstigsten die eicheltragenden, aber auch der Terpentinbaum und der ihm ähnliche Mastixbaum[24], die duftende Zeder und die Linde; der einzige von allen, den man als schädlich verwirft, ist der Taxus.

Außerdem bringen tausenderlei Pflanzen, die entweder auf freier Weide wachsen oder auf Beeten gesät werden, Blüten hervor, die die Bienen aufs höchste schätzen; so auf jungfräulichem Boden Sternblumenstauden, Akanthus- und Asphodillstengel, Narzissen; auf dem Gartenbeet gesät, prangen die weißen Lilien und die nicht minder herrlichen Levkojen, ferner punische Rosen, gelbe und tyrische Veilchen und die nicht weniger himmlisch leuchtende Hyazinthe; auch pflanzt man die Zwiebeln korykischer[25] und sizilischer Krokusse, da diese dem Honig Farbe und Aroma verleihen. Darüber hinaus wachsen auf Kornäckern und Weideflächen unzählige einfachere Kräuter, die das Wachs der Bienen mehren, so der ordinäre Ackersenf (?), der ebenso gewöhnliche Meerrettich, das Senfkraut, die Blüten der wilden Endivie und des schwarzen Mohns, ferner der Feldpastinak und seine kultivierte Abart, die die Griechen *staphylínos* nennen.

Jedoch von allen, die ich genannt habe und die ich aus Zeitersparnis übergangen habe – denn es gibt sie in unüberschaubarer Zahl –, gibt der Thymian den Honig mit dem edelsten Geschmack. An zweiter Stelle folgen mit geringem Abstand Thymbra, Quendel und Majoran. Den dritten, immer noch bevorzugten Platz nehmen Rosmarin und die einheimische Cunile ein, die ich oben als Saturei bezeichnet habe. Einen nur mittelmäßigen Ge-

cini † ac ziziphi flores reliquaque, quae proposuimus,
cibaria. sed ex sordidis deterrimae notae mel habetur ne-   7
45 morense quod sporto atque arbuto provenit, villaticum
quod nascitur in holeribus et stercorosis herbis.

Et quoniam situm pastionum atque etiam genera pabulo-
rum exposui, nunc de ipsis receptaculis et domiciliis examinum loquar.

DE SEDIBUS APIUM ELIGENDIS   5

Sedes apium collocanda est contra brumalem meridiem   1
procul a tumultu et coetu hominum ac pecudum, nec calido
loco nec frigido, nam utraque re infestantur. haec autem
sit ima parte vallis, ut et vacuae, cum prodeunt pabulatum,
5 apes facilius editioribus advolent et collectis utensilibus
cum onere per proclivia non aegre devolent. si villae situs
ita conpetit, non est dubitandum, quin aedificio iunctum
apiarium maceria circumdemus, sed in ea parte, quae te-   2
tris latrinae stercilinique et a balinei libera est odoribus.
10 vel et si positio repugnabit nec maxime tamen incommoda
congruent, sic quoque magis expediet sub oculis domini esse apiarium. sin autem cuncta fuerint inimica, certe vicina vallis occupetur, quo saepius descendere non sit grave
possidenti. nam res ista maximam fidem desiderat, quae
15 quoniam rarissima est, interventu domini tutius custoditur.

43 reliquaque quae *ed. pr.* reliquaq(a)e **SAR**   **44** cibariis **SA**[1]
habentur **SA**   **45** arbuto *ed. Ald.* arbusto *codd.*
46 et stercorosis herbis *om.* **SA**[1]

1 apium/apibus **A**[2]**R**   **4** ut et *scripsi* et ut *codd., cf. 4. 1*
8 s. tetris/tretris **S**[1]**A**[1]   **9** liberta **S**   **10** uel et **S** uellet **A**[1] uerum **A R**
repugnauit **S**[1]**A**[1]   maxima **A**[2]**R**   **11** congluent **SA**[1]
expeditet **A**[2] expedit et **R**   **12** certa **SA**[1]

schmack verleihen die Tamarisken- (?) und Zizyphus-Blüten und
die übrigen oben erwähnten Futterpflanzen. Dagegen gilt unter
den schlechten Honigarten als der minderwertigste, soweit es sich
um Wildpflanzenhonig handelt, der von Pfriemengras und Hag-
apfelbäumen, soweit es Zuchtblütenhonig ist, der von Kohlblüten
und gedüngten Pflanzen.

Nachdem ich nun die Lage der Futterplätze und die Arten
der Futterpflanzen beschrieben habe, komme ich jetzt zu den
Wohnungen und Behausungen der Bienen selbst.

5. KAPITEL: DIE STANDORTE
FÜR BIENENZUCHT

Den Bienenstand errichtet man mit Blickrichtung zur winter-
lichen Mittagssonne, fern von aller Unruhe und dem Verkehr
der Menschen und Tiere, an einem Platz, der weder heiß noch
kalt ist; denn beides schadet den Bienen. Er soll auf dem Grund
einer Einsenkung stehen, so daß die Bienen einerseits bei dem
unbelasteten Ausflug zur Futtersuche leichter zum höherliegenden
Gelände emporfliegen, andererseits dann, wenn sie das ihnen
Dienliche gesammelt haben, mit ihrer Last ohne Schwierigkeit
über das abschüssige Gelände herniederfliegen. Ist die Lage des
Gehöftes dafür günstig, dann soll man unbedenklich den Bienenstand an das Wohngebäude anlehnen und mit einer Lehmmauer
umgeben, allerdings nur an einer Seite des Gebäudes, die vom
Gestank der Latrine, der Mistgrube und des Bades nicht erreicht
wird. Aber auch wenn die Lage dem nicht voll entspricht und
nicht gerade alle Nachteile zusammentreffen, ist es immer noch
besser, wenn sich der Bienenstand unter den Augen des Besitzers befindet. Wenn aber alles dem entgegensteht, wird man
eine nahe gelegene Talsenke wählen, zu der öfters hinunterzu-
steigen für den Besitzer keine große Mühe bedeutet. Denn dieses
Geschäft fordert äußerste Zuverlässigkeit, und da diese sehr selten
zu finden ist, wird es mit geringerem Risiko besorgt, wenn der

neque ea curatorem fraudulentum tantum, sed etiam segnitiae inmundae perosa est. aeque enim dedignatur, si minus pure habita est ac si tractetur fraudulenter.

Sed ubicumque fuerint alvaria, non editissimo clauden- 3
20 tur muro. qui si metu praedonum sublimior placuerit,
tribus elatis ab humo pedibus exiguis in ordinem fenestellis
apibus sit pervius. iungaturque tugurium, quo et custodes
habitent et condatur instrumentum; sitque maxime reple-
tum praeparatis alvis ad usum novorum examinum, nec mi-
25 nus herbis salutaribus, et si qua sunt alia, quae languentibus adhibentur.

> palmaque vestibulum aut ingens oleaster obumbret, 4
> et cum vere novo ducent examina reges,
> vicina invitet decedere ripa calori
30 > obviaque hospitiis teneat frondentibus arbos.

(Verg. Ge. 4, 20 s., 23 s.)

Tum perennis aqua, si est facultas, inducatur vel extrac- 5
ta manu detur, sine qua neque favi neque mella nec pulli
denique figurari queunt. sive igitur, ut dixi, praeterfluens
unda vel putealis canalibus inmissa fuerit, virgis ac lapi-
35 dibus aggeretur apium causa,

> pontibus ut crebris possint consistere et alas
> pandere ad aestivum solem, si forte morantis
> sparserit aut praeceps Neptuno immerserit Eurus.

(Verg. Georg. 4, 27 ss.)

16 fraudulentum ψ fraudulentium **SAR**   **16** s. sednitiae S¹A¹ signitiem **t**
17 inmundae *ante* segnitiae **R** inmundam **t**   dedignantur **AR** *aliquot*
19 albaria SA¹ aluearia A²R   **21** fenestelles SA¹
22 quo A²R quod SA¹ *probant Linde, Jos., sed cf. e.g. Verg. Aen. 3, 110*
   Liv. 3, 13, 10 Sen. contr. 1, 8, 2 Cels. 3, 4
23 *ante* condatur *add.* quo F.-H.   **24** alubis SA¹ alueis A²R
27 ss. *versus Verg. Ge. 4, 20–23*   **29** decetere S¹ decetera A¹
31 s. extructa A²R   **32** qua/aqua A²R   **36** ut crebris/aut cr. A
37 aestium SA¹   **38** aut - immerserit *om.* S *versus Verg. Ge. 4, 27–29*

Herr häufig persönlich anwesend ist. Es duldet ja nicht nur keinen betrügerischen Sachwalter, sondern auch keinen, der aus Bequemlichkeit unsauber ist. Die Bienenzucht ist nämlich gegen
mangelnde Sauberkeit genauso empfindlich wie gegen unredliche
Verwaltung.

Einerlei nun, wo die Bienenstöcke stehen, in jedem Fall soll
man sie mit einer nicht zu hohen Mauer umgeben. Baut man sie
aus Furcht vor Dieben lieber höher, dann soll sie drei Fuß hoch
über der Erde durch eine Reihe kleiner Fensteröffnungen für
die Bienen durchlässig sein. An sie angelehnt baut man eine
Bude, in der sich die Wärter aufhalten und das Gerät aufbewahrt
wird; vor allem soll sie mit bereitgestellten Bienenbehältern zur
Verwendung für neue Völker reichlich ausgestattet sein, ferner
mit Heilkräutern und anderen Dingen, die man etwa für erkrankte
Bienen benötigt.

> *„Auch eine Palme beschatte den Stock, ein mächtiger Ölbaum;*
> *Wenn dann im Lenz die Herrscher mit neuen Heeren hinaus-*
> *zieh'n,*
> *Soll sie ein nahes Gestade verlocken, die Hitze zu meiden,*
> *und ein gefälliger Baum sie mit gastlichen Blättern be-*
> *schützen.“[26]*

Wo es möglich ist, leite man fließendes Wasser hinein, oder man
reiche von Hand Wasser aus einem Ziehbrunnen; denn ohne Wasser können weder Waben noch Honig noch Jungbienen ausgebildet werden. Hat man nun, je nachdem, wie gesagt, fließendes
Wasser oder Brunnenwasser durch Wasserrinnen zugeführt, dann
muß man Reisig und Steine darin anhäufen, und zwar um die
Bienen willen,

> *„daß sie auf vielerlei Brücken zu steh'n, der Sonne die Flügel*
> *darzubreiten vermögen, wenn etwa ein plötzlicher Windstoß*
> *sie bei der Rast übersprüht oder gar ins Wasser getaucht*
> *hat.“[27]*

Conseri deinde circa totum apiarium debent arbusculae   6
40 incrementi parvi, maximeque propter salubritatem. nam
sunt etiam remedio languentibus cytisi, tum deinde casiae
atque pini et ros marinum, quin etiam cunelae et thymi frutices, item violarum vel quae utiliter deponi patitur qualitas
terrae. gravis et tetri odoris non solum virentia, sed et
45 quaelibet res prohibeantur, sic uti cancri nidor, cum est
ignibus adustus, aut odor palustris coeni. nec minus viten-
tur cavae rupes aut vallis argutiae. quas Graeci ἠχὼ vocant.

DE VASIS ALVEORUM PROBANDIS   6

Igitur ordinatis sedibus alvaria fabricanda sunt pro condi-   1
tione regionis. sive illa ferax est suberis, haud dubitanter
utilissimas alvos faciemus ex corticibus, quia nec hieme fri-
gent nec candent aestate; sive ferulis exuberat, his quoque,
5 quoniam sunt naturae corticis similes, aeque commode vasa
texuntur. si neutrum aderit, opere vitorio salicibus conec-
tentur, vel si nec haec suppetent, ligno cavae arboris in
tabulas desectae fabricabuntur. deterrima est conditio ficti-   2

39 debet S   **42** s. fructices **R** *aliquot*
43 itemque A²**R**   quae SA¹ quaecumque A²**R**
47 ualles argutae A²**R**   **49** ηχοις *vel sp. vac.* **R** *plerique*

1 albaria SA¹ aluearia **R** *simili modo et infra*
3 utilissimus S utilissimos A**R** *aliquot*   **3** s. rigent **R**
5 quoniam/quom *vel* cum **R** *plerique*   similis A**R** *aliquot*
aeque/equibus **R**
6 opere uitorio (uictorio w² nectorio l tectorio p) salicibus tb¹br¹ø
opererio salicibus S operarios ali (alios g) cibos connectuntur εκγ
(*exc.* t) fyc *sim.* h operario alii cibos uel opere uitorio
6 s. salitibus connectuntur i ; *de loco v.* Linde p. 32 Jos. Hss. p. 67
connectuntur **R**   **7** cauae SA. *cf.* Varro 6, 16, 15 cauatae **R**
post arboris *add.* aut **R**   **8** tabulas/faniles A   deterrime SA³

Ferner muß man rings um den Bienenstand Büsche von niedrigem Wuchs anpflanzen, hauptsächlich um der Gesundheit der Bienen willen. Wenn sie nämlich krank sind, helfen ihnen Cytisus-Sträucher, ferner Seidelbast, Kiefern und Rosmarin, aber auch Cunilen-, Thymian- und Levkojenstauden und was sonst die Güte des Bodens nützlicherweise anzupflanzen erlaubt. Fernhalten soll man dagegen nicht nur Pflanzen von beklemmendem und abstoßendem Geruch, sondern überhaupt alles Stinkende, zum Beispiel den Schwelgeruch angebrannter Krebse oder den Gestank von Morast. Ebenso meide man hohle Felsen oder die Überakustik eines Tales, die die Griechen Echo nennen.

6. KAPITEL: DIE WAHL DER BIENEN-BEHÄLTER

Wenn sonach der Standort eingerichtet ist, sind Bienenbehälter herzustellen, und zwar je nach örtlichen Möglichkeiten. Bietet die Gegend Korkeichen, dann wird man die Stöcke ohne Zweifel am besten aus Rinden herstellen, weil diese im Winter nicht kalt, im Sommer nicht heiß sind. Ist sie reich an Steckenkraut[28], dann werden die Behälter ebenso gut aus diesem geflochten, weil es der Natur des Korkes verwandt ist. Ist beides nicht vorhanden, dann wird man sie aus Weidengeflecht herstellen, und falls auch dies nicht verfügbar ist, aus dem Holz eines hohlen Baumes, den man in Scheiben zersägt hat. Die ungünstigsten Bedin-

lium, quae et accenduntur aestatis vaporibus et gelantur
10   hiemis frigoribus. reliqua sunt alvorum genera duo, ut ex
     fimo fingantur vel lateribus extruantur. quorum alterum
     iure damnavit Celsus, quoniam maxime est ignibus obno-
     xium; alterum probavit, quamvis incommodum eius non
     dissimulaverit, quod, si res postulet, transferri non possit.
15   itaque non adsentior ei, qui putat nihilo minus eius generis   3
     habendos esse alvos. neque enim solum id repugnat ratio-
     nibus domini, quod inmobiles sint, cum vendere aut alios
     agros instruere velit – hoc enim commodum pertinet ad
     utilitatem solius patris familiae –, sed – quod ipsarum
20   apium causa fieri debet –, cum aut morbo aut sterilitate
     aut penuria locorum vexatas conveniet in aliam regionem
     mitti, nec propter praedictam causam moveri poterint. hoc
     maxime vitandum est. itaque quamvis doctissimi viri aucto-   4
     ritatem reverebar, tamen ambitione summota quid ipse
25   censerem non omisi. nam quod maxime movet Celsum, ne
     sint stabula vel igni vel furibus obnoxia, potest vitari late-
     ricio circumstructis alvis, ut inpediatur rapina praedonis et
     contra flammarum violentiam protegantur; easdemque,
     cum fuerint movendae, resolutis structurae compagibus li-
30   cebit transferre. sed quoniam plerisque videtur istud opero-
     sum, qualiacumque vasa placuerint conlocari debebunt.

---

10 ut/uel **R**   **11** finguntur **SA**   **15** ei **SR** et **A**   putant **SA**

16 habendos **SA**   **17** cum/tum **SAR** *nonnulli*   **18** commodum ⁄modium **A**
pertinet *om.* **A**   **19** patri **SA**   **20** causa **R** coriosa **SA**

21 aut penuria **R** et p. **SA**

22 poterint **S** *dubitanter posui Jos. secutus; haec futuri forma invenitur
nonnisi CIL V 6693,12, nusquam ut vid. ap. Col.* poterant **AR**
poterunt *edd. plerique fort. recte*

25 mouet **A²R** mouit **S²** nouit **S¹** nouet **A¹**   **26** *ante* latericio *add.* opere **R**

27 circumcinctis **R** *aliquot* circumcinctis vel circumstructis κγ

28 protegantur *ed. Ald.* proteguntur *codd.*

gungen bieten Tongefäße, weil diese in der Sommerhitze glühend
heiß, im Winterfrost eiskalt werden. Endlich gibt es noch zwei
weitere Arten, Bienenstöcke zu bauen: entweder formt man sie
aus Mist, oder man mauert sie aus Ziegeln. Die erste Art hat
Celsus mit Recht verworfen, weil diese Stöcke sehr leicht ein
Raub der Flammen werden; die zweite hat er gebilligt, allerdings
auch ihren Nachteil nicht verheimlicht; sie können nämlich bei
Bedarf nicht von der Stelle bewegt werden. Deshalb kann ich
ihm nicht beipflichten, wenn er meint, man solle trotzdem Stöcke
dieser Art haben. Denn ihre Unbeweglichkeit widerspricht nicht
nur den Interessen des Besitzers, wenn er etwa verkaufen oder
einen anderen Grund einrichten will – was ausschließlich den Vor-
teil des Eigentümers betrifft –; vielmehr – und dies ist wegen
der Bienen selbst erforderlich – wenn einmal Krankheit oder Unfruchtbarkeit oder die Dürftigkeit des Standortes es geraten sein
läßt, die Bienen in eine andere Gegend zu verlegen, dann können
sie aus dem erwähnten Grunde nicht von der Stelle gerückt werden. Dies muß auf jeden Fall vermieden werden. Deshalb habe ich
– bei allem Respekt vor der Autorität des hochgelehrten Herrn –
meine Meinung nicht verschwiegen, ohne damit anmaßend sein zu
wollen. Denn das, was Celsus am meisten bestimmt, daß nämlich die Bienenstände weder dem Feuer noch den Dieben ausgesetzt sein sollen, kann auch dadurch erreicht werden, daß man
sie mit Ziegelmauern umgibt, um ihre Ausplünderung durch Diebe zu verhindern und sie vor Vernichtung durch Feuer zu schützen; wenn sie dann einmal verlegt werden sollen, kann man die
Ummauerung niederreißen und die Stöcke vom Ort bewegen.
Aber da den meisten dies zu mühsam ist, sollen sie eben die
Behälter aufstellen, die ihnen passen.

QUEMADMODUM ALVI CONLOCANDAE 7
SINT

　　Suggestus lapideus extenditur per totum apiarium in tres　1
pedes altitudinis totidemque crassitudinis extructus, isque
diligenter opere tectorio levigatur, ita ne ascensus lacertis
aut anguibus aliisve noxiis animalibus praebeatur. super-　2
5　ponuntur deinde, sive, ut Celso placet, lateribus facta domicilia, sive, ut nobis, alvaria praeterquam tergo et frontibus circumstructa; seu, quod paene omnium in usu est, qui
modo diligenter ista curant, per ordinem vasa disposita ligantur vel laterculis vel caementis, ita ut singula binis parie-
10　tibus angustis contineantur liberaeque frontes utrimque
sint. nam et qua procedunt, nonnumquam patefaciendae
sint, et multo magis a tergo qua subinde curantur examina.
sin autem nulli parietes alvis intervenient, sic tamen conlo-　3
candae erunt, ut paulum altera ab altera distet, ne, cum in-
15　spiciuntur, ea, quae in curatione tractatur, haerentem sibi
alteram concutiat vicinasque apes conterreat; quae omnem
motum imbecillis – ut cereis scilicet – operibus suis tamquam ruinam timent. ordines quidem vasorum superinstruc-
tos in altitudinem tris esse abunde est, quoniam summum
20　sic quoque parum commode curator inspicit.

　　Ora cavearum, quae praebent apibus vestibula, pronio-　4
ra sint quam terga, ut ne influant imbres, et si forte tamen
incesserint, non inmorentur, sed per aditum effluant. prop-

lemma quemadmodum deinde praecepimus quemadmodum alue con-
locande sint **SA**　**1** in tres **R** per tres **SA**
　2 totidemque crassitudinis *om.* **SA**　**3** ita ne ascensus lacertis *om.* **S**
　4 noxis **SA**[1]
　6 s. tergo et frontibus **SA** a tergo **R** et frontibus tergo **ah**[2]**k.** *v. Jos. Hss. 81*
　11 qua **SA** quia **R**　**11 s.** patefaciendae sint **S** p. sunt **AR**　**14** distent **Aap**
　15 tractantur **R**　　sibi siue **A**[1] sibe **A**[2]　**16** conterat **R**
　17 cereis **R** ceteris **SA**　**22** ut ne **AR** binę **S**

7. KAPITEL: AUFSTELLUNG DER BIENENBEHÄLTER

Man errichtet eine Steinterrasse in der Ausdehnung des ganzen Bienenstandes, drei Fuß in der Höhe und ebenso viel in der Tiefe. Sie wird sorgfältig mit Verputz abgeglättet, so daß sie den Eidechsen, Schlangen und sonstigen Schädlingen keine Möglichkeit bietet emporzuklettern. Darauf setzt man entweder – nach Celsus – die aus Ziegel gemauerten Kammern oder – wie ich es empfehle – die Bienenbehälter so, daß sie mit Ausnahme der Vorder- und Rückseiten von einer Mauer umschlossen sind; eine andere Möglichkeit ist die – und sie wird von fast allen gewählt, die dieses Geschäft mit Sorgfalt betreiben –, daß man die in einer Reihe aufgestellten Behälter mit Ziegeln oder Bruchsteinen derart verbindet, daß jeder an seinen beiden Seiten durch ein schmales Mäuerchen gehalten wird, seine Vorder- und Rückseite aber frei zugänglich ist. Denn manchmal muß man die Seite, an der die Bienen den Stock verlassen, öffnen, weit öfter noch die Rückseite, von der aus man die Völker regelmäßig versorgt. Wenn man aber kein Mäuerchen von Behälter zu Behälter setzt, soll man diese wenigstens so aufstellen, daß sie durch einen kleinen Zwischenraum getrennt sind, damit nicht bei jeder Kontrolle der Behälter, den man gerade versorgt, den neben ihm stehenden erschüttert und die Nachbarbienen erschreckt; denn diese fürchten jede Erschütterung angesichts der Empfindlichkeit ihrer Bauten – sie sind ja nur aus Wachs – wie eine Zerstörung. Im übrigen reicht es vollkommen aus, drei Behälterreihen übereinander zu stellen; denn schon da hat der Pfleger Mühe, in die oberste Reihe hineinzuschauen.

Die Öffnungen der Behälter, die den Bienen als Eingänge dienen, sollen tiefer liegen als die rückwärtigen Teile, damit das Regenwasser nicht einfließt und, falls es doch eingedrungen ist, nicht im Innern stehen bleibt, sondern durch die Öffnung abfließt. We-

ter quos convenit alvaria porticu supermuniri, sin aliter,
25 luto Punico frondibus inlimatis adumbrari; quod tegumen
cum frigora et pluvias tum et aestus arcet. nec tamen
ita nocet huic generi caloris ut hiemis halitus. itaque semper aedificium sit post apiarium, quod aquilonis excipiat 5
iniuriam stabulisque praebeat teporem. nec minus ipsa do-
30 micilia quamvis aedificio proteguntur, obversa tamen ad
hibernum orientem conponi debebunt, ut apricum habeant
apes matutinum egressum et sint experrectiores; nam frigus
ignaviam creat. propter quod et foramina, quibus exitus aut
introitus datur, angustissima esse debent, ut quam mini-
35 mum frigoris admittant. eaque satis est ita forari, ne possint
capere plus unius apis incrementum. sic neque venenatus
stelio nec obscenum scarabei vel papilionis genus lucifu-
gaeque blattae, ut ait Maro, per laxiora spatia ianuae favos 6
populabuntur. atque utilissimum est pro frequentia domici-
40 lii duos vel tres aditus in eodem operculo distantis inter
se fieri contra fallaciam lacerti, qui velut custos vestibuli
prodeuntibus inhians apibus adfert exitium, eaeque paucio-
res intereunt, cum liceat vitare pestis obsidia per aliud vo-
lantibus effugium.

25 frontibus **SA**
inlimates **A**   **26** et aestus **S** estatus **A** aestus **R**
26 s. nec tamen ita nocet *om.* **S**[1]
27 hiemis alitus **ah**[2]**k** hiemalitus **SA** hiemis aestus (*vel* haustus) **R**
29 stabilisque **S**   **30** protegantur **R**   **35** possit **SA**   **36** neque/nec **R**
37 stelio **SA**[1] (*Verg.*) stellio **A**[2]**R**   obcenum **S**[1]**A**   scarabri **SA**
38 blactae **R**   Maro: *Verg. Ge. 4, 243*   laxiriora **S**[1]   spatiae **A**[1]
39 populantur **R**   **42** inhians **R** in hanc **SA**
43 liceat **S**[2]**ah**[2]**k** liceant **SA**[1] licet **R**   obsidis **A**
43 s. ulantibus **A** uadentibus **R**

gen des Regens ist es auch angebracht, die Stöcke mit einem Vordach auszustatten oder andernfalls ihnen ein Schattendach aus Blättern zu geben, die mit karthagischer Tonerde bestrichen sind; ein solches Vordach hält nicht nur Frost und Regen, sondern auch die Hitze des Sommers ab. Freilich schadet diesen Tieren die Einwirkung der Hitze nicht so sehr wie die des Frostes. Aus diesem Grund soll auch hinter dem Bienenstand stets ein Gebäude stehen, das den Ansturm des Nordwinds abfängt und den Bienenhäusern milde Temperatur sichert. Ebenso wichtig ist es, daß diese selbst, auch wenn sie im Schutz eines Gebäudes stehen, zum Wintersonnenaufgang hin frei stehen, damit die Bienen einen sonnigen Morgenausflug haben und munterer sind; denn die Kälte macht sie träge. Deshalb müssen auch die Löcher, die dem Austritt und Zutritt dienen, sehr eng sein, um so wenig Kälte wie möglich eindringen zu lassen. Es ist völlig ausreichend, sie so groß zu machen, daß sie nicht mehr als den Körperumfang einer einzigen Biene fassen. Auf diese Weise werden weder der giftige Stelio[29] noch das Geschmeiß der Käfer und Schmetterlinge oder die lichtscheuen Asseln – wie Vergil sagt [29a] – durch zu weiträumige Öffnungen eindringen und die Stöcke ausplündern. Sehr nützlich ist es auch, je nach Stärke des Volkes im Behälter zwei oder drei Löcher in derselben Verschlußwand, aber in einigem Abstand voneinander anzubringen, und zwar gegen die Heimtücke der Eidechse, die wie ein Torwächter den heraustretenden Bienen auflauert und sie tötet; es kommen nicht so viele von ihnen um, wenn sie die Möglichkeit haben, den Anschlägen dieses Ungeziefers zu entgehen, indem sie ein anderes Flugloch benützen.

DE CONPARANDIS APIBUS QUAE   **8**
EMUNTUR

Atque haec de pabulationibus domiciliisque et sedibus   1
eligendis abunde diximus; quibus provisis sequitur, ut examina desideremus. ea porro vel aere parta vel gratuita con-
tingunt. sed quas pretio conparabimus, scrupulosius prae-
5 dictis conprobemus notis, et earum frequentiam prius quam
mercemur apertis alvaribus consideremus. vel si non fuerit   2
inspiciendi facultas, certe id quod contemplari licet notabi-
mus, an vestibulo ianuae conplures consistant et vehemens
sonus intus murmurantium exaudiatur. atque etiam si om-
10 nes intra domicilium silentes forte conquiescent, labris foramini aditus admotis et inflato spiritu ex respondente
earum subito fremitu poterimus aestimare vel multitudinem vel paucitatem. praecipue autem custodiendum est, ut   3
ex vicinia potius quam peregrinis regionibus petantur,
15 quoniam solent caeli novitate lacessiri. quod si non contingit ac necesse habuerimus longinquis itineribus advehere,
curabimus, ne salebris sollicitentur, optimeque noctibus
collo portabuntur. nam diebus requies danda est, et infun-
dendi sunt grati apibus liquores, quibus intra clausum alan-

---

1 populationibus **AR** *aliquot*   domicilibusque S^{1}A
2 prouisis/prouis **SA**   **3** ea *om.* **SA**
porpo S porerro A^1 porpro A^2 parte **SA**
4 conparabimus (comp- **R**) **AR** parabimus S
scrupulosius *Schn.* scrupulosus SA studiosius **R**
5 frequentia SA   **6** fuerint S^{1}A   **7** spiciendi S^{1}A aspiciendi S^2
conplari S^{1}A   **7** s. notauimus SA   **8** an SA in **R** an in t *agn. Jos.*
9 intus **R** intue S^1 intuemur S^2 inuie **A**   **10** fortes SA
conquiescant **R**   **11** in flatu **R** *aliquot* in palato **A** in *ante ras.* S
12 sumito SA   **14** *ante* peregrinis *add.* ex **R**   petuntur SA
16 aduehe S^{1}A   **17** curauimus SA   **19** grati apibus/gratia pius SA

8. KAPITEL: ÜBER DEN ANKAUF
VON BIENEN

Über die Wahl der Futterpflanzen, Behausungen und Standorte
ist hiermit genug gesagt; hat man für diese Dinge gesorgt, dann
benötigt man als nächstes die Bienenvölker. Man bekommt sie entweder durch Kauf oder umsonst. Diejenigen, die man gegen Geld
erwirbt, wird man besonders sorgfältig auf die oben erwähnten
Merkmale hin prüfen und vor dem Kauf ihre Stärke durch Öffnen
des Behälters in Augenschein nehmen. Hat man keine Möglichkeit hineinzusehen, so wird man wenigstens das genau betrach-
ten, was man wahrnehmen kann: ob nämlich auf dem Vorplatz des
Flugloches mehrere Bienen anstehen und ob im Inneren sich ein
kräftiges Brausen vernehmen läßt. Selbst wenn gerade alle Bienen in ihrer Behausung schweigen und der Ruhe pflegen, ist dies
möglich dadurch, daß man die Lippen ans Flugloch legt und
hineinhaucht; aus dem plötzlichen Brausen, das daraufhin erfolgt,
läßt sich abschätzen, ob viele oder wenige Bienen im Stock enthalten sind. Vor allem muß man darauf achten, die Völker lieber
aus der Nachbarschaft als aus entfernten Gegenden zu beschaffen,
weil ein ungewohntes Klima sie in der Regel reizbar macht. Ist das
nicht möglich und halten wir es für unvermeidlich, sie aus großer
Entfernung herbeizuschaffen, dann müssen wir sehr darauf bedacht sein, sie nicht durch starke Erschütterungen zu quälen; am
besten trägt man sie bei Nacht auf dem Nacken; denn tagsüber
müssen sie Ruhe haben. Dann gibt man Flüssigkeit in den Stock,
die die Bienen lieben und von der sie sich ernähren können, solange sie im Behälter eingeschlossen sind. Hat man sie dann auf

20 tur. mox cum perlatae domum fuerint, si dies supervenerit,   4
    nec aperiri nec conlocari oportebit alvum nisi vesperi, ut
    apes placidae mane post totius requiem noctis egrediantur.
    specularique debebimus fere triduo, numquid universae se
    profundant; quod cum faciunt, fugam meditantur. ea reme-
25 diis quibus debeat inhiberi, mox praecipiemus.

    At quae dono vel aucupio contingunt, minus scrupulose   5
    probantur, quamquam ne sic quidem velim nisi optimas
    possidere, cum et inpensam et eandem operam custodis
    postulent bonae atque improbae quoque. maxime refert, ut
30 non sint degeneres intermiscendae, quae infament genero-
    sas. nam minor fructus mellis respondet, cum segniora in-
    terveniunt examina. verumtamen quoniam interdum prop-   6
    ter conditionem locorum vel mediocre pecus – nam malum
    nullo quidem modo – parandum est, curam vestigandis
35 examinibus hac ratione adhibebimus.

        QUEMADMODUM SILVESTRIA
        EXAMINA CAPIANTUR

    Ubicumque saltus sunt idonei [mellifici], nihil antiquius   7
    apes quam quibus utantur vicinos eligunt fontes. eos itaque
    convenit plerumque ab hora secunda obsidere speculari-
    que, quae turba sit aquantium. nam si paucae admodum
40 circumvolant – nisi tamen conplura capita rivorum diductas
    faciunt rariores –, intellegenda est earum penuria, propter
    quam locum quoque non esse mellificum suspicabimur. at   8

---

22 apes/auis **A**   requiem noctis *F.-H.* quiem noctis **SA** noctis requiem **R**
23 debemus **R**   numquid S namq ; **A** quid **R**   **24** s. remedia **R**
25 debeant **R**   **28** et eandem **SR** eandem **A**   custodes **A**
29 quoque **SA** quod **R** *cf. Kühner-St. II 8*
   refert ut **A** referunt S refert **R**   **35** adhiberimus **S**[1]**A**

36 mellifici **SAR** *uncis inclusi ut glossam a fine huius § sumptam*
38 ab ora **S**[1] arbor a- **A**   **40** deductas **A**
42 s. at si ad si **S**[1]**A** ac si **R** *aliquot cf. c. 4. 3*

den eigenen Hof gebracht, und ist der Tag darüber bereits ange-
brochen, dann darf der Behälter nicht vor dem Abend geöffnet
und an seinen Platz gestellt werden, so daß sie Bienen erst nach
der Ruhe einer ganzen Nacht am nächsten Morgen besänftigt ins
Freie kommen. Drei Tage lang muß man sie noch beobachten, ob
etwa alle ausfliegen; denn in diesem Fall sinnen sie auf Flucht.
Mit welchen Mitteln diese verhindert werden kann, will ich später mitteilen[30].

Diejenigen Bienen, die man als Geschenk erhält oder selbst
fängt, überprüft man natürlich nicht so genau, obschon ich auch
in diesem Fall nur sehr gute Völker besitzen möchte; denn die guten und die schlechten verlangen denselben Aufwand und dieselbe
Sorgfalt des Pflegers. Besonders wichtig ist es, daß man keine
entarteten Bienen untermischen darf, weil sie die edlen verderben.
Der ganze Honigertrag wird geringer, wenn sich einzelne arbeits-
unwilligere Völker darunter befinden. Da die örtlichen Umstände
trotzdem manchmal dazu zwingen, auch mittelmäßige Völker – auf
keinen Fall freilich schlechte – sich zuzulegen, wird man beim Auf-
spüren (wilder) Völker folgende Methode anwenden:

DAS EINFANGEN WILDER BIENEN-
SCHWÄRME

In jedem dafür geeigneten Waldgebiet suchen die Bienen in erster Linie für ihren Wasserbedarf nahegelegene Quellen. An diesen muß man, am besten von der zweiten Tagesstunde an, sich aufhalten und beobachten, in welcher Zahl die Bienen zum Wasser-
holen kommen. Fliegen nur wenige umher, so wird man – sofern
nicht etwa eine Vielzahl von Quellen die Bienen zersplittert und
weniger erscheinen läßt – daraus ersehen können, daß nicht viele
in der Gegend sind. Dies läßt auch die Vermutung zu, daß die Gegend selbst nicht für Honiggewinnung geeignet ist. Kommen sie

si commeant frequentes, spem quoque aucupandi examina
maiorem faciunt; eaque sic inveniuntur: primum quam lon-
45 ge sint explorandum est, praeparandaque in hanc rem liquida rubrica, qua cum festucis inlitis contigeris apium terga fontem libantium, commoratus eodem loco facilius redeuntis agnoscere poteris. ac si non tarde id facient, scias
eas in vicino consistere; sin autem serius, pro mora tem-
50 poris aestimabis distantiam loci. sed cum animadverteris   9
celeriter redeuntis, non aegre persequens iter volantium
ad sedem perduceris examinis.

In his autem, quae longius meare videbuntur, sollertior
adhibebitur cura; quae talis est: harundinis internodium
55 cum suis articulis exciditur et terebratur ab latere talea,
per quod foramen exiguo melle vel defruto instillato ponitur iuxta fontem. deinde cum ad odorem dulcis liquaminis
conplures apes inrepserunt, tollitur talea et inposito foramini pollice non emittitur nisi una; quae cum evasit, fugam
60 suam demonstrat observanti, atque is, dum sufficit, perse-   10
quitur evolantem. cum deinde conspicere desiit apem, tum
alteram emittit, et si eandem petit caeli partem, vestigiis
prioribus inhaeret; si minus, aliam quoque atque aliam foramine adaperto patitur egredi regionemque notat, in quam
65 plures revolent, et eas persequitur, donec ad latebram
perducatur examinis. quod sive est abditum specu, fumo

---

45 explorandum/explorantur *Pol.*
      praeparandaque *ed pr.* praeparandumque **SAR** properandumque γ
      hac **SA**   46 quâ **SA**   cum/tunc **R**   contigerit **R**
47 com(m)oratus **üt** com(m)oratur **SAR** *multi*
49 mora **d²lae** more S more **AR**   51 persequens A persequeris **SR**
55 ab latere talea **R** alua (alba S¹) teret ales (alia S) **SA**
56 defriti **SA²** defritim **A¹**   57 pontem S¹A
58 inrepserunt **R** insperserunt **SA**   apposito **R**
59 s. pollice – suam *om.* **A¹**   cum *ante* euasit *om.* **SA**
61 desiit *ed. pr.* desit **R** possit **SA**   apem tum **R** apertum **SA**
62 petit **R** cepit **SA**   64 notet **R**   65 et eas **R** eas **SA**   66 quod **SA** quo **R**

aber in Massen, dann lassen sie den Imker hoffen, Völker einfangen zu können. Man findet sie auf folgende Weise: Zunächst muß man ermitteln, in welcher Entfernung sie siedeln. Zu
diesem Zweck bereitet man sich flüssige rote Farbe vor und tupft
diese den Bienen, während sie trinken, mit Grashalmen auf den
Rücken; wartet man an der gleichen Stelle ab, so wird man sie,
wenn sie wiederkehren, ziemlich leicht erkennen. Brauchen sie dazu nicht lange, so ist klar, daß sie ihren Standort in der Nähe haben; kommen sie später, so wird man aus der Zwischenzeit auf die
Entfernung schließen. Wenn man nun bemerkt, daß sie rasch wiederkehren, dann wird man unschwer ihrem Flugweg folgen und
zum Aufenthaltsort des Volkes geführt werden.

Bei denen dagegen, die offensichtlich einen weiteren Weg zu-
rücklegen, braucht man ein ausgeklügelteres Verfahren, das sich
folgendermaßen darstellt: Man schneidet von einem Rohr einen
Hohlabschnitt samt den beiderseitigen Knoten ab, bohrt in diesen
Stab seitlich eine Öffnung, durch die man etwas Honig oder
Fruchtsaft einträufelt, und legt ihn so neben die Quelle. Wenn
dann auf den Duft der süßen Flüssigkeit hin mehrere Bienen
hineingekrochen sind, hebt man das Rohr auf, deckt das Loch mit
dem Daumen zu und läßt nur eine Biene entkommen. Im Davon-
fliegen verrät sie dem Beobachter ihren Fluchtweg, und dieser folgt
ihr, soweit es ihm möglich ist. Hat sie sich seinem Blick entzogen,
dann entläßt er eine zweite Biene, und wenn diese in dieselbe Him-
melsrichtung fliegt, hält auch er an seiner bisherigen Richtung fest;
andernfalls läßt er weiterhin eine nach der anderen durch die Öffnung entweichen und stellt fest, in welche Richtung die Mehrzahl
von ihnen fliegt. Ihnen folgt er solange, bis er zum Schlupfwinkel
des Schwarms gelangt. Hält sich dieser in einer Felshöhle auf, dann

elicietur et, cum erupit, aeris strepitu coercetur. nam statim
sono territum vel in frutice vel in editiore silvae fronde
considit et a vestigatore praeparato vaso reconditur. sin   11
70 autem sedem habet arboris cavae, et aut extantis rami, si
quem obtinent, aut ipsius trunci, si in eo sunt, mediocritas
patitur, acutissima serra, quo celerius id fiat, praeciditur
primum superior pars, quae ab apibus vacat, deinde infe-
rior, quatenus videtur habitari. tum recisus utraque parte
75 mundo vestimento contegitur – quoniam hoc quoque plurimum refert –, ac si quibus rimis hiat, inlitis ad locum per-
fertur relictisque parvis, ut iam dixi, foraminibus more ceterarum alvorum conlocatur.

Sed indigatorem convenit matutina tempora vestigandi   12
80 eligere, ut spatium diei habeat, quo exploret commeatus
apium. saepe enim, si serius coepit eas denotare, etiam cum
in propinquo sunt, iustis operum peractis se recipiunt
nec remeant ad aquam; quo evenit ut vestigator ignoret,
quam longe a fonte distet examen.
85 Sunt qui per initia veris apiastrum atque, ut ille vates ait,   13

trita melisphylla et cerinthae ignobile gramen
(*Verg. Georg. 4, 63*)

aliasque colligant similes herbas, quibus id genus animalium delectatur, et ita alvos perfricent, ut odor ac sucus
vasis inhaereat. quae deinde emundata exiguo melle re-

69 considit S consedit A considet R   uase R
70 extantis rami si *scripsi* extat ramus *codd.*
71 trunci si R trucis (truncis S²) SA   74 inhabitari R
76 inlitis S inlitas *vel* illitas R   77 relictis (que *om.*) SA
foraminibus R certaminibus S certaminis A   77 s. certarum SA
79 conueniet R   80 diei/die S¹ diē A   86 *versus* Verg. Ge. 4, 63
mellisque colligant similique herbas philla A
86 s. et cerinthae – colligant *om.* S¹   88 perfigent S¹A¹
ac fucus SA et sucus R   89 uasis/in uasis A   mundata AR
89 s. respargant SAnt *fort. recte*

wird er ausgeräuchert und beim Ausbrechen durch Metallgeräusche gebannt; denn sie erschrecken unverzüglich am Lärm, setzen sich in Stauden oder weiter oben im Laub eines Baumes fest und lassen sich vom Verfolger in einem mitgebrachten Gefäß bergen. Hat der Schwarm aber seinen Sitz in einem hohlen Baum, und läßt die mäßige Dicke des abstehenden Astes – falls sie in einem solchen wohnen – oder die des Stammes selbst – falls sie in ihm sind – es zu, dann sägt man mit einer sehr scharfen Säge – damit es schnell geht – erst oben, wo keine Bienen mehr sitzen, dann unterhalb des Abschnittes, in dem sie zu sitzen scheinen, durch. Danach deckt man das abgeschnittene Stück an beiden Schnittflächen mit einem sauberen Tuch – auch dies ist äußerst wichtig – ab, verstreicht etwa vorhandene Ritzen und bringt es an den vorgesehenen Standort. Dort wird es mit kleinen Öffnungen, wie oben gezeigt, versehen und wie die anderen Bienenkästen aufgestellt.

Der Bienenspürer wählt zweckmäßigerweise den Morgen für das Suchen von Bienen, um den ganzen Tag zur Beobachtung ihrer Wege zur Verfügung zu haben. Beginnt er damit zu spät, dann kommt es oft vor, daß die Bienen, auch wenn sie in der Nähe hausen, nach der Erledigung ihrer üblichen Tagesleistung sich zurückziehen und nicht mehr ans Wasser kommen; die Folge ist, daß der Beobachter nicht ausmachen kann, wie weit der Schwarm von der Quelle entfernt ist.

Es gibt Imker, die zunächst Bienenkraut[31)] und, wie der Dichter sagt,

„fein zerriebne Melissen und einfache Wachsblumenstengel"[32)]

und andere derartige Pflanzen sammeln, an denen sich die Bienen freuen, und mit diesen die Gefäße einreiben, so daß ihr Geruch an ihnen haftet. Dann reinigen sie die Behälter, besprengen

90 spergant et per nemora non longe a fontibus disponant,
eaque cum repleta sunt examinibus, domum referant. sed 14
hoc nisi locis, quibus abundant apes, facere non expedit.
nam saepe vel inania vasa nancti qui forte praetereunt,
secum auferunt, neque est tanti vacua perdere conplura, ut
95 uno vel altero potiare pleno. at in maiore copia, etiam
si multa intercipiuntur, plus est, quod in repertis apibus
adquiritur.
    Atque haec ratio est capiendi silvestria examina; dein-
ceps altera est vernacula retinendi.

QUEMADMODUM VERNACULA   9
NOVA EXAMINA OBSERVENTUR
ET IN ALVOS CONDANTUR

    Semper quidem custos sedule circumire debet alvaria; 1
neque enim ullum tempus est, quo non curam desiderent.
sed eam postulant diligentiorem, cum vernant et exundant
novis fetibus, qui nisi curatoris obsidio protinus excepti
5 sunt, diffugiunt. quippe talis est apium natura, ut pariter
quaeque plebs generetur cum regibus; qui ubi evolandi vires adepti sunt, consortia dedignantur vetustiorum multoque magis imperia, quippe cum rationabili generi morta-
lium, tum magis egentibus consilii mutis animalibus nulla
10 sit regni societas. itaque novi duces procedunt cum sua 2

93 nacti S²R   qui α quae SAR
95 potiare akæp patiore SAg pati ore *vel* patiare *vel* potiore R pati *vel*
potiare *sim.* zküxǫnvtä 96 si multa/simulata Aγc
97 atquiritur SA¹ acquiritur R 99 altera (*om.* est) Aα

argum. in textu habent SA
3 exeundant SA 4 nouas A
5 quippe talis – magis imperia *om.* osö 6 reginibus S¹A¹
8 generi *Gesn.* genere *codd.* 9 consilium A   muti S multa A

sie mit etwas Honig und stellen sie im Wald nahe bei den Quellen
auf. Wenn sie sich mit Bienenvölkern gefüllt haben, tragen sie sie
nach Hause. Doch dieses Verfahren empfiehlt sich nur an Plätzen,
die sehr reich an Bienen sind. Denn oft kommt es vor, daß jemand,
der zufällig vorbeikommt, die leeren Behälter mit sich nach Hause
nimmt; es lohnt sich aber nicht, mehrere leere zu opfern, um dabei
den einen oder anderen vollen zu erhalten. Wo dagegen eine große
Menge Bienen vorhanden ist, gewinnt man auch dann, wenn viele
gestohlen werden, immer noch mehr an den Schwärmen, die man
hinzugewinnt.

Dies ist das Verfahren, um wilde Bienen einzufangen. Es folgt
nun ein anderes, um sich die aus dem eigenen Bestand hervorge-
gangenen zu sichern.

9. KAPITEL: BEOBACHTUNG UND BERGUNG JUNGER VÖLKER AUS DEM EIGENEN BESTAND

Zwar muß der Wärter stets mit Eifer die Bienenstände kontrol-
lieren; denn es gibt keinen Zeitpunkt, an dem sie nicht der Fürsorge bedürften. Sie fordern sie aber in besonderem Maße, wenn
sie den Frühling erleben und voller Jungbienen stecken; denn
wenn diese nicht durch die Aufmerksamkeit des Betreuers recht-
zeitig abgefangen werden, machen sie sich auf und davon. So ist
nämlich die Natur der Bienen eingerichtet, daß jedes Volk gemeinsam mit seinen Königen[3.3)] entsteht. Wenn die letzteren die Kraft
zum Ausflug erlangt haben, lehnen sie das Zusammenleben mit
den älteren ab, weit mehr noch deren Herrschaft, wie es denn
schon bei den vernunftbegabten Menschen, aber noch viel mehr
bei den jeder Überlegung baren und nicht mit der Sprache begabten Tieren keine Gemeinsamkeit des Regierens gibt. So treten also

iuventute, quae uno aut altero die in ipso domicilii vestibulo glomerata consistens egressu suo propriae desiderium
sedis ostendit; eaque tamquam patria contenta est, si a
procuratore protinus adsignetur. sin autem defuit custos,
15 velut iniuria repulsa peregrinam regionem petit. quod ne   3
fiat, boni curatoris est vernis temporibus observare alvos
in octavam fere diei, post quam horam non temere se nova
proripiunt agmina, eorumque egressus diligenter custodiat.
nam quaedam solent, cum subito evaserunt, sine cunctatio-
20 ne se proripere. poterit exploratam fugam praesciscere ves-   4
pertinis temporibus aurem singulis alvis admovendo. siquidem fere ante triduum, quam eruptionem facturae sunt,
velut militare signum moventium tumultus ac murmur ex-
oritur, ex quo, ut verissime dicit Vergilius,

25   *corda licet vulgi praesciscere, namque morantis*
        Martius ille aeris rauci canor invocat et vox
        auditur fractos sonitus imitata tubarum.

                                (Verg. Georg. 4, 70 ss.)

Itaque maxime observari debent, quae istud faciunt, ut   5
sive ad pugnam eruperint – nam inter se tamquam civilibus

---

11 die in **R** dein **SA**   **12** consistentegressus (-gressu S^2) **SA**
13 eaque **SR** eadem **A**   tamquam **SA** uelut **R**
13 s. a procuratore **p** procuratori **R** procurator **SA** *agn. Jos.*
15 uelut/uel **SAR** *aliquot*   repulsam **SAR** *aliquot*   **16** flat S^1**A**
    obseruari aluis **SA**   **17** tamere **SA**   **18** agmine S^2**A** acio mine S^1
    eorumque egressus **R** *partim* eoque regressus **SA**ϙ iär'. *utramque lect.*
    varie conflant **R** *aliquot, v. Jos. Hss. 70)*
    diligenter **SA** ut dil. **R** diligentius ϰγ   **20** praescissere **AR** *aliquot*
23 militaria **R** milia S^1**A** militiç S^2 mouentius S^1**A**^{1}
24 uergilius *Ge. 4, 70–72*   **25** moranti S^1**A**
26 inuocat **SA** increpat **R** *(Verg.)*   **27** fractos fructus **A**   **28** debet **R**

die neuen Könige mit ihren Jungbienen heraus; diese verharren zunächst den einen oder anderen Tag in dichtem Gedränge unmittelbar hinter dem Flugloch und zeigen dann durch ihr Hervortreten
das Verlangen nach einem eigenen Wohnsitz an; wenn ihnen ein
solcher vom Wärter sofort zugewiesen wird, sind sie mit ihm als
Heimat einverstanden; ist jener aber nicht zur Stelle, dann streben
sie in die Ferne, als wären sie unrechtmäßigerweise verstoßen worden. Um dies zu verhindern, ist der Wärter verpflichtet, im Frühjahr die Stöcke bis zur achten Tagesstunde zu beobachten – nach
ihr brechen nicht leicht junge Schwärme auf – und ihr Heraustreten
genau zu überwachen. Denn manche Bienen lieben es, sofort nach
dem Heraustreten ihren Flug ohne Zögern anzutreten. Der Wärter
kann die beabsichtigte Flucht genau voraussehen, wenn er abends
das Ohr an jeden Stock legt. Denn drei Tage vor dem bevor-
stehenden Ausbruch erhebt sich ein Lärmen und Brausen wie von
einer Truppe, die den Abbruch des Lagers vorbereitet; weshalb
auch Vergil vortrefflich sagt[14]:

> *„Zeitig erfährt man die Pläne des Volks; denn wenn es noch*
> *   zaudert,*
> *Ruft es der heisere Klang der Kriegstrompete, und Töne*
> *Hört man, die an die Stöße des Tubageschmetters erinnern."*

Also müssen die Völker, die das tun, ganz besonders überwacht
werden, damit, sobald die Bienen entweder zum Kampf aus-
schwärmen – denn zuweilen kämpfen sie untereinander wie in

30 bellis et cum alteris quasi cum exteris gentibus proelian-
tur – siva fugae causa se proripuerint, praesto sit ad utrumque casum paratus custos. pugna quidem vel unius inter   6
se dissidentis vel duorum examinum discordantium facile
conpescitur; nam ut idem ait,

35   *pulveris exigui iactu conpressa quiescit,*

(*Verg. Georg. 4. 87*

aut aqua mulsea passove et alio quo liquore simili respersa
videlicet familiari dulcedine saevientium iras mitigante; iam
eadem mire etiam dissidentis reges conciliant. sunt enim
saepe plures unius populi duces, et quasi procerum seditio-
40 ne plebs in partis diducitur; quod frequenter fieri prohi-
bendum est, quoniam intestino bello totae gentes consu-
muntur. itaque si constat principibus gratia, manet pax in-   7
cruenta. sin autem saepius acie dimicantis notaveris, duces
seditionum interficere curabis; dimicantium vero proelia
45 praedictis remediis sedantur.

Ac deinde cum agmen glomeratum in proximo frondentis
arbusculae ramo consederit, animadvertito, an totum examen in speciem unius uvae dependeat. idque signum erit
aut unum regem inesse aut certe plures bona fide reconci-
50 liatos, patierisque dum in suum revolet domicilium. sin   8

30 quasi cum *om.* S[1]   **32** paratos **A**   inter **R** in **SA**   **36** mulsa **R**
alio quo liquore **R** aliquo (-quor S[1]) liquore **Shkbl** aliquore **A**
simili **R** simplici **SA**   respersam **R**   **37** dulcedinis **A**
37 s. iam eadem *scripsi* nam e. **SAR**   **38** mire inire **R** *aliquot*
40 deducitur **AR**
42 manet *edd. praeter Jos.* maneat *codd.* (*in archet. fonte fort.* manat *corr.*
in manet)   **43** aciem **R**   **48** speciem **R** spiciem **SA**   **49** pluris **R**
50 patierisque *scripsi* paterisque **SA** patieris α petieritis **R**

Bürgerkriegen und mit anderen Schwärmen wie mit auswärtigen
Völkern – oder in der Absicht zu fliehen heraustreten, ein für beide Fälle vorbereiteter Wärter zur Stelle ist. Die Schlacht eines in
sich selbst uneinigen Volkes oder zweier verfeindeter Völker läßt
sich leicht unterdrücken; denn wie wiederum Vergil sagt[35],

> „*trifft sie der Wurf einer Hand voll Staub, dann kommt sie zur*
> *Ruhe*",

oder auch dann, wenn man die Bienen mit Honigmet oder Trok-
kenbeerwein oder irgendeiner ähnlichen Flüssigkeit besprengt;
denn die ihnen vertraute Süße beruhigt ihren Zorn. Die gleichen
Mittel besänftigen erstaunlicherweise sogar die verfeindeten Könige. Es gibt nämlich oft mehrere Könige in einem Volk, und die
Masse wird gleichsam durch die Auseinandersetzung der Fürsten
in sich gespalten; daß dies häufig geschieht, soll man verhindern,
weil durch den inneren Zwist ganze Völker zugrunde gehen. Wenn
also unter den Fürsten Eintracht herrscht, bleibt auch der Frie-
de ohne Blutvergießen erhalten; stellt man dagegen fest, daß sie
öfter gegeneinander kämpfen, dann muß man die Anführer des
Aufruhrs töten. Die Kämpfe der streitenden Bienen werden also
mit diesen Mitteln beschwichtigt.

Hat sich aber ein Schwarm in dichter Ballung an einem Ast des
nächsten belaubten Baumes niedergelassen, dann soll man zunächst feststellen, ob der ganze Schwarm in Form einer einzigen
Traube niederhängt. Dies ist ein Zeichen dafür, daß nur ein König in ihm steckt, oder doch mehrere, die sich freundschaftlich ver-
tragen; man wird ihn also gewähren lassen, bis er in seinen eigenen

autem duobus aut etiam conpluribus velut uberibus diductum fuerit examen, ne dubitaveris et plures proceres et
adhuc iratos esse. atque in his partibus, quibus maxime
videris apes glomerari, requirere duces debebis. itaque suco
55 praedictarum herbarum, id est melisphylli vel apiastri, manu inlita, ne ad tactum diffugiant, leviter inseres digitos et
diductas apes scrutaberis, donec auctorem pugnae reperias.

Sunt autem hi reges maiores paulo et oblongi magis **10**
quam ceterae apes, rectioribus cruribus, sed minus am-   1
plis pinnis, pulchri coloris et nitidi, levesque ac sine pilo,
sine spiculo nisi quis forte pleniorem quasi capillum, quem
5 in ventre gerunt, aculeum putat, quo et ipso tamen ad
nocendum non utuntur. quidam etiam infusci atque hirsuti
reperiuntur, quorum pro habitu damnabis ingenium.

  nam duo sunt regum facies, duo corpora plebis.   2
  alter erit maculis auro squalentibus ardens
10 *et rutilis clarus squamis insignis et ore.*
        (Verg. Georg. 4, 92 + 95, 91, 93 + 92)

atque hinc maxime probatur qui est melior; nam deterior
[sordido sputo similis] tam foedus est quam

---

51 s. diductum **p** deductum **R** ductum **SA**   **56** ad tactum/attactum S[1]
57 diductus S deductus **AR**   scrutaueris S

3 pennis S[2]p   **5** tamen tantum **R** *plerique*   **7** damnabilis **A**
8 ss. *tres versus libere conflati ex Verg. Ge. 4, 92. 95. 91. 93. 92*
9 alter erit **R** alterit **A** alter r S   **11** hinc/hic **R**
probatu S[1] probata S[2]   **12** sordido sputo similis *seclusi*

Stock zurückkehrt. Ist der Schwarm aber in zwei oder mehr Euter – sozusagen – geteilt, dann wird man nicht zweifeln, daß es
mehrere unter sich noch verfeindete Könige gibt. Sie wird man an
denjenigen Stellen suchen, wo sich die Bienen am massenhaftesten
zusammendrängen. In diesem Fall wird man seine Hand zunächst
mit dem Saft der oben genannten Pflanzen, also der Melisse oder
des Bienenkrauts, einreiben, damit die Bienen nicht bei der Berührung auseinanderstieben, dann die Finger behutsam in die
Traube stecken und die getrennten Bienengruppen durchsuchen,
bis man den Urheber des Streites findet.

10. KAPITEL

Diese Könige sind etwas größer und länger als die übrigen Bienen, haben gestrecktere Beine, aber nicht so lange Flügel, eine
schöne, glänzende Farbe, sind glatt und ohne Behaarung und haben keinen Stachel, es sei denn, es möchte jemand jenes dichtere
Haar, das sie am Hinterleib führen, für einen Stachel halten, den
sie freilich nicht als Waffe gebrauchen. Andere finden sich, die
dunkel und struppig sind; entsprechend ihrem Aussehen wird man
ihre Wesensart ablehnen.

„Denn zwei Arten von Königen gibt's, zwei Arten von Völkern.
Glühend von dunklen Flecken aus Gold ist die eine von ihnen,
Hat ein schönes Gesicht und helle, rötliche Schuppen."[36]

Daran vor allem erkennt man den besseren König. Denn der
schlechtere ist so häßlich, wie

> *pulvere ab alto*
> cum venit et sicco terram spuit ore viator,

(Verg. Georg. 4. 96 s.)

15 sed, ut idem ait,

> *desidia latamque trahens inglorius alvum.*

(Verg. Georg. 4. 94)

omnes igitur duces notae deterioris

> *dede neci, melior vacua sine regnet in aula.*

(Verg. Georg. 4. 90)

qui tamen et ipse spoliandus est alis, ubi saepius cum 3
20 examine suo conatur eruptione facta profugere. nam velut
quadam conpede retinebimus erronem ducem detractis
alis; qui fugae destitutus praesidio finem regni non audet
excedere, propter quod ne dicionis quidem suae populo
permittit longius evagari.

QUEMADMODUM FREQUENTANDAE 11
SINT ALVI, QUAE EXIGUA HABENT
EXAMINA

Sed nonnumquam idem necandus est, cum vetus alvare 1
numero apium destituitur atque infrequentia eius alio quo
examine replenda est. itaque cum primo vere in eo vase na-

---

13 s. puluere – uiator *Verg. Ge. 4, 96 sq.*　　**16** desidia *e.q.s. ibid. 94*
18 dede *e.q.s. ibid. 90*　　**20** facta/fata S
21 erronem Sh¹eüo (*exc.* r) errorem **R** errantem ψ
23 dictionis **AR** *nonnulli*　　　　suae/suo **AR** *aliquot*

argum. ante § 2 habent codd.
1 idem S²A de S¹ is t *om.* **R**　　　uetus **R** uetatus **SA**
2 alio quo *Linde* (cf. 9, 9, 6) alia (alie S¹) quo **SA** aliquo **R**
3 examina **SA**　　　cum primo **R** tum pr. **SA**

> *„wenn auf staubiger Straße*
> *wandert ein Mann und trockenen Munds auf den Weg*
> *spuckt"*[37],

und,, wie derselbe Dichter sagt[38],

> *„faul und ruhmlos hinter sich her einen mächtigen Wanst*
> *schleppt."*

Alle: Könige dieser schlechteren Art:

> *„bringe sie um, laß den besseren Herrn am Hofe regieren."*[39].

Abeer auch ihn muß man der Flügel berauben, wenn er öfter mit seineem Volk ausbricht und zu fliehen versucht. Wenn man ihm nämilich die Flügel ausgerissen hat, hält man den Streuner wie mit einerr Art Fußfessel am Stock fest, und da er der Voraussetzung für die Flucht beraubt ist, wagt er nicht mehr, seinen Herrschaftsbereichh zu verlassen, und erlaubt deshalb auch dem ihm untertanen Volkk nicht, allzuweit auszufliegen.

11. KAPITEL: WIE MAN SCHWACH BESETZTE BIENENSTÖCKE AUFFÜLLT

Manchmal muß er auch getötet werden, wenn in einem alten Stocck die Zahl der Bienen zurückgeht und seine schwache Belegunngg durch ein anderes Volk ergänzt werden muß. Wenn also zu Begtinn des Frühlings in diesem Behälter der Nachwuchs ausge-

ta est pullities, novus rex eliditur, ut multitudo sine dis-
5 cordia cum parentibus suis conversetur. quod si nullam
progeniem tulerint favi, duas vel tres alvorum plebes in
unam contribuere licebit, sed prius respersas dulci liquore,
tum demum includere et posito cibo, dum conversari consuescant, exiguis spiramentis relictis triduo fere clausas
10 habere.

Sunt qui seniorem potius regem submoveant, quod est   2
contrarium. quippe turba vetustior velut quidam senatus
minoribus parere non censet atque imperia validiorum contumaciter spernendo poenis ac mortibus afficitur. illi   3
15 quidem incommodo, quod iuveniori examini solet accidere,
cum antiquarum apium relictus a nobis rex senectute defecit et tamquam domino mortuo familia nimia licentia dis-
cordat, facile occurritur; nam ex iis alvis, quae plures
habent principes, dux unus eligitur, isque translatus ad eas,
20 quae sine imperio sunt, rector constituitur. potest autem
minore molestia in his domiciliis, quae aliqua peste vexata
sunt, paucitas apium emendari. nam ubi cognita est clades,   4
frequentis alvi, si quid abundet, favos oportet considerare.
tum deinde cerae eius, quae semina pullorum continet, par-
25 tem recidere, in qua regii generis proles animatur. est
autem facilis conspectu, quoniam fere in ipso fine cerarum velut papilla uberis apparet eminentior et laxioris fi-
stulae, quam sunt reliqua foramina, quibus popularis notae

---

4 eliditur *edd. plerique* eligitur *codd.* (*cf. infra § 3*) *probat Jos.*
6 duas **R** diu **SA**   7 dulci/uici **A**   8 cibo dum/ciborum **S**[1]
11 submoueant **R** st moueat **A** summouent **S**
13 non censet *Linde* non censent **S** non cessent (-ant **α**) **Aα** necesse est **R**
13 **s.** contumaciter **S**[2]**R** coitu aciter **S**[1]**A**   14 afficiuntur (-unt **α**) **Aα**
15 iuuenioiri **S**[1]**Aecde** iuniori **R** *aliquot*   16 **s.** defecit **R** *aliquot*
18 occurritur **SR** *aliquot* discurritur **AR** *plerique* discurritur uel (uel
  cum **cdq**) occurritur κ destruitur uel cum occurritur üϱnx[1]   iis his **AR**
21 minorem molestiam **SA**   21 **s.** uexata sunt **SA** uexantur **R**
22 claues **A**   23 frequentis **A** infrequentis **SR**
  quid abundet *scripsi* qđ (quos **R**) habet **SAR**
24 cerae eius **SA** cerei usque **p** cerei **R**   25 animantur **R** *aliquot*
27 apparet – laxioris *om.* **SA**   28 sint **R**

schlüpft ist, wird der neue König umgebracht, damit die Masse ohne Streit mit ihren Eltern zusammenlebt. Wenn irgendwelche Stöcke überhaupt keinen Nachwuchs gebracht haben, kann man die Völker von zwei oder drei Stöcken in einen zusammensiedeln, aber sie erst dann einschließen, wenn man sie vorher mit einer süßen Flüssigkeit besprengt hat, und unter Beigabe von Futter etwa drei Tage lang unter Verschluß halten, bis sie sich ans Zusammenleben gewöhnt haben; dabei sollen nur ganz kleine Atemlöcher offenbleiben.

Es gibt Imker, die lieber den alten König beseitigen; das ist aber falsch, denn das alte Volk ist wie ein Senat nicht willens, den Jüngeren zu gehorchen, und während es sich den Anordnungen der Stärkeren beharrlich widersetzt, erleidet es Strafen und Hinrichtungen. Dem Nachteil dagegen, der dem jüngeren Volk leicht erwächst, wenn der von uns belassene König der älteren Generation wegen seines Alters ausfällt und sozusagen nach dem Tode des Hausherrn das Gesinde in übermäßiger Zuchtlosigkeit sich streitet, läßt sich mühelos begegnen; man wählt nämlich aus den Stöcken, die mehrere Könige haben, einen Herrscher aus, verpflanzt ihn zu denen, die ohne Führung sind, und setzt ihn als Regenten ein. Noch weniger Mühe macht es, in solchen Stöcken, die durch irgendeine Krankheit heimgesucht worden sind, dem Mangel an Bienen aufzuhelfen. Sobald man nämlich den Schaden festgestellt hat, muß man die Waben in stark bevölkerten Behältern daraufhin prüfen, ob etwas entbehrlich ist, dann von einer Wabe, die mit Nachwuchssamen[40] belegt ist, einen Teil abschneiden, in dem sich Königsbrut regt. Das kann man leicht mit dem Auge erkennen; denn meistens ragt (die Königszelle) unmittelbar am Rand der Wachstafeln wie eine Brustwarze heraus und ist von größerem Durchmesser als die übrigen Zellen, in denen sich der Nachwuchs

pulli detinentur. Celsus quidem adfirmat in extremis favis 5
30 transversas fistulas esse, quae contineant regios pullos.
Hyginus quoque auctoritatem Graecorum sequens negat
ex vermiculo, ut ceteras apes, fieri ducem, sed in circuitu
favorum paulo maiora, quam sunt plebei seminis, inveniri
recta foramina repleta quasi sorde rubri coloris, ex qua
35 protinus alatus rex figuretur.

Est et illa vernaculi examinis cura, si forte praedicto 12
tempore facta eruptione patriam fastidiens sedem longi- 1
orem fugam denuntiavit. id autem significat, cum sic apis
evadit vestibulum, ut nulla intro revolet, sed se confestim
5   levet sublimius. crepitaculis aeris aut testarum plerumque 2
vulgo iacentium terreatur fugiens iuventus, eaque vel
pavida cum repetierit alvum maternam et in eius aditu
glomerata pependerit, vel statim se ad proximam frondem
contulerit, protinus custos novum loculamentum in hoc

29 celsus quae (-usq; A) quidem (-dam A) SA   30 transuersa A
continent A   32 uermiculo p uernaculo SR uernacula A
circuitū S   33 fauonum S¹ fauore A¹   sint R
34 recta codd. tecta prop. Gesn.
sorde SR corrupte ut vid. sordide A coniciam sanie. de re v. Aristot. h.
an. 5,554 a 24; Plin. 11,48   35 halatus SA

2 eruptionem SA   patriae SA
fastidiens (-dię A) sedens sedem SA
4 intro (intra cq) reuolet S¹zäκγr introire uolet (valet A¹) S²AR
5 (a)ereis R (exc. κγr) 6 eaque SA eaque qu(a)e R
9 loclamentum S locamentum A

ordinären Standes befindet. Celsus behauptet, am Rande der Waben lägen waagerechte Zellen, die die königlichen Sprößlinge enthalten. Hyginus erklärt nach griechischen Quellen, ein König entstehe nicht wie die übrigen Bienen aus einer Made, sondern im Umkreis der Waben fänden sich senkrecht stehende Zellen, die etwas größer sind als die für die gewöhnliche Brut, und sie seien mit einer Art Gallert[41] von rötlicher Farbe angefüllt, aus dem unmittelbar der geflügelte König entstehe.

12. KAPITEL

Auch folgendes ist bei einem Schwarm aus eigenem Besitz zu beachten, falls er etwa zu der oben erwähnten Zeit einen Ausbruch macht, weil er des angestammten Wohnsitzes überdrüssig ist, und eine Flucht in größere Ferne ankündigt. Er läßt dies daran erkennen, daß alle Bienen den Stock verlassen, ohne daß eine zu ihm zurückfliegt, und sich sogleich in größere Höhe emporschwingen. Dann soll man die flüchtende Brut unverzüglich mit Schlagen auf Metall oder Scherben, wie sie meist überall umherliegen, erschrekken; wenn sie dann in ihrer Angst zum heimischen Stock zurückkehrt und als Klumpen unter seinem Flugloch hängt oder sich unmittelbar zum nächsten belaubten Baum begibt, muß der Wärter schleunigst einen neuen Behälter, der dafür bereitgestellt ist, in-

10 praeparatum perliniat intrinsecus praedictis herbis, deinde
    guttis mellis respersum admoveat, tum manibus aut etiam
    trulla congregatas apes recondat. atque uti debet adhibita   3
    cetera cura diligenter conpositum et inlitum vas interim
    patiatur in eodem loco esse, dum advesperascat, primo
15 deinde crepusculo transferat et reponat in ordinem reli-
    quarum alvorum. oportet autem etiam vacua domicilia   4
    conlocata in apiariis habere. nam sunt nonnulla examina,
    quae cum processerunt statim sedem sibi quaerant in pro-
    ximo eamque occupent, quam vacantem reppererunt.
20 Haec fere adquirendarum atque etiam retinendarum
    apium traditur cura.

    REMEDIA MORBO LABORANTIUM   13

    Sequitur, ut morbo vel pestilentia laborantibus remedia   1
    desiderentur. pestilentiae rara in apibus pernicies, nec
    tamen aliud, quam quod in cetero pecore praecepimus,
    quid fieri possit, reperio nisi ut longius alvi transferantur.
5   morborum autem facilius et causae dispiciuntur et inveni-
    untur medicinae.
    Maximus [que vel minimus] annuus earum labor est initio   2
    veris, quo tithymalli floret frutex et quo samaras ulmi

10 perliniat **AR** perlinat **S** *agn. Schn. Jos.; forma dubia, cf. e.g. 6,8,2;
   17,6 al.* linire, *sed 6,17,4* linas   12 debeat **Aψ**
15 s. reliquorum alueorum **R**   17 nonnulli **A**
19 eamque t eaque **SA** eandemque **R**   uocantem **S¹A** uacuam **R**
   reppererunt **bp** repererunt **R** repperunt **S¹A** repperiunt **S²**
21 crura **S¹A**

3 praecipimus **SA** *prob. Jos.*   4 possit/potest **A**   5 inspiciuntur **A**
7 maximus *Kleberg (post Ald. et Schn. qui add.* autem) maximusque ucl
  minimus **AR** maximumque uel minimum **S**   animus **R** *aliquot*
  eorum **At**
8 quo samaras *scripsi praeeunt. partim Gesn. Schn. (cf. 5,6,2; 6; 7,6,7;
  Plin. 16,72; 17,76)* quos amaras **SA** quo samera t quo (*sive* quae)
  amara **R**   ulmis **SA**

wendig mit den genannten Kräutern einreiben, mit Honigtropfen
besprengen und unter den Schwarm halten, dann mit den Händen
oder auch mit einer Kelle die aneinanderhängenden Bienen einbringen. Ist dann für alles übrige, wie es sich gehört, gesorgt,
dann soll er den Behälter, sorgsam verschlossen und abgedichtet,
vorerst an dieser Stelle stehen lassen, bis es Abend wird, und erst
bei einbrechender Dunkelheit wegtragen und in der Reihe der
übrigen Stöcke aufstellen. Man sollte aber auch leere Stöcke auf
dem Bienenstand haben; denn es gibt manche Schwärme, die sich
nach dem Verlassen (ihres Stockes) sofort eine neue Unterkunft
in nächster Nähe suchen und die besetzen, die sie gerade leer vor-
finden.

Dies etwa sind die Maßnahmen, die für die Erwerbung und Er-
haltung von Bienen empfohlen werden.

13. KAPITEL: MITTEL GEGEN KRANKHEITEN

Als nächstes benötigen wir Heilmittel für Bienen, die an einer
Erkrankung oder an einer (ansteckenden) Seuche leiden. Durch
Seuchen kommen Bienen nur selten um; ich wüßte aber kein anderes Mittel dagegen anzugeben als das, das ich auch bei den übrigen Haustieren genannt habe[42], nämlich die Stöcke recht weit vom
Ort zu entfernen. Bei Erkrankungen ist es ziemlich leicht, die Ursachen zu erkennen und Abhilfe zu finden.

Das schwerste Leiden des ganzen Jahres tritt im Frühjahr auf,
wenn die Wolfsmilch blüht und die Ulmen ihre Blütenbüschel zei-

[semina sua] promunt. nam quasi novis pomis ita his pri-
10 mitivis floribus inlectae avide vescuntur post hibernam fa-
mem, alioqui citra satietatem tali nocente cibo. cum se
adfatim repleverunt, profluvio alvi, nisi celeriter succurritur, intereunt. nam tithymallus maiorum quoque animalium
ventrem solvit, et proprie ulmus apium, eaque causa est,
15 cur in regionibus Italiae, quae sunt eius generis arboribus
consitae, raro frequentes durent apes. itaque veris prin- 3
cipio si medicatos cibos praebeas, isdem remediis et provi-
deri potest, ne tali peste vexentur, et, cum iam laborant, sanari. nam illud, quod Hyginus antiquos secutus auctores
20 prodidit, ipse non expertus adseverare non audeo, volenti-
bus tamen licebit experiri. siquidem praecepit apium corpo- 4
ra, quae cum eiusmodi pestis incessit, sub favis acervatim
enecta reperiuntur, sicco loco per hiemem reposita circum
aequinoctium vernum, cum clementia diei suaserit, post
25 horam tertiam in solem proferre ficulneoque cinere obrue-
re. quo facto adfirmat intra duas horas, cum vivido halitu
caloris animatae sunt, resumpto spiritu, si paraeparatum
vas obiciatur, inrepere. nos magis, ne intereant, quae dein- 5
ceps dicturi sumus, aegris examinibus adhibenda censemus.
30 nam vel grana Punici mali tunsa et vino Ammineo consparsa vel uvae passae cum rore Syriaco pari mensura pinsitae
et austero vino insucatae dari debent, vel si per se ista
frustrata sunt, omnia eadem aequis ponderibus in unum le-

9 semina sua *codd., recte om. edd. ante Jos.*
11 alioquin R   tali/ptali SA   12 repleuerint S
15 in regionibus italiae R ingeniobus taliae SA   16 ueris SR herbis A
17 s. prouidere SAq   19 antiquos/maiores R   20 audeo SAü² audet R
21 praecipit R *plerique*   23 enecta S enectae AR
reperiuntur/periuntur S¹A   26 quo facto R qui f. SA   inter Aq
27 coloris AR   spirituü A   28 inrepere R inreferre SA
29 dictu S¹ dictü A   30 punici mali p punica mali SA mali punici R
30 s. consparsam SA   31 syriaco Ald. ex Pallad. 4,15,1 sutorio SAR
32 insucae SA

gen. Durch diese ersten Blüten wie durch frisches Obst angelockt,
schlingen die Bienen nach der kargen Winterszeit gierig eine Nahrung in sich hinein, die an sich schon schädlich ist, wenn sie nur
mäßig genossen wird. Wenn sie sich damit bis zur Sättigung anfül-
len, gehen sie an Durchfall zugrunde, falls man ihnen nicht rasch
zu Hilfe kommt. Denn die Wolfsmilch ruft auch bei größeren Tieren Durchfall hervor, und die Ulme tut es speziell bei den Bienen. Das ist auch der Grund, warum in solchen Gegenden Italiens,
wo riesige Mengen Ulmen angepflanzt sind, die Bienenvölker nur
selten lange Zeit stark bleiben. Wenn man ihnen also am Anfang
des Frühlings Diätnahrung anbietet, kann man damit verhindern,
daß sie von diesem Übel befallen werden, aber auch sie heilen,
wenn sie bereits erkrankt sind. Was Hyginus nach griechischen Ge-
währsmännern schreibt, habe ich selber nicht ausprobiert und wage
daher nicht, es zu bestätigen; wer aber will, kann es ja versuchen.
Hyginus empfiehlt nämlich, die Bienenleichen, die nach dem Auftreten dieser Krankheit haufenweise unter den Waben gefunden
werden, den Winter über an trockenem Ort aufzubewahren, dann
um die Frühjahrs-Tagundnachtgleiche, wenn ein freundlicher
Tag dazu einlädt, sie nach der dritten Tagesstunde in die Sonne zu
legen und mit Feigenholzasche zu bedecken. Innerhalb zweier
Stunden, nachdem dies geschehen ist – so behauptet Hyginus –,
werden sie an dem belebenden Hauch der Wärme wieder lebendig,
fangen an zu atmen und kriechen, wenn man ihnen einen vorberei-
teten Behälter nähert, in diesen hinein. Ich meine, man sollte lieber dafür sorgen, daß sie nicht sterben, und für die kranken Bienen das tun, was ich im folgenden sagen werde. Man gibt ihnen
zerstoßene und mit Aminäerwein angefeuchtete Granatapfelkerne
oder Trockentrauben mit Sumachfrüchten[43] zu gleichen Teilen,
zerquetscht und mit saurem Wein angefeuchtet; oder wenn jedes
dieser Mittel für sich ohne Wirkung bleibt, bietet man alles zusammen zu gleichen Teilen vermengt und verrieben und in einem irde-

vigata et fictili vaso cum Ammineo vino infervefacta, mox
35 etiam refrigerata ligneis canalibus adponi. nonnulli rorem   6
marinum aqua mulsea decoctum, cum gelaverit, imbricibus
infusum praebent libandum. quidam bubulam vel hominis
urinam, sicut Hyginus adfirmat, alvis adponunt.

Nec non etiam ille morbus maxime est conspicuus, qui   7
40 horridas contractasque carpit, cum frequenter aliae mortuarum corpora domiciliis efferunt, aliae intra tecta, ut
publico luctu, maesto silentio torpent. id cum accidit,
harundineis infusi canalibus offeruntur cibi, maxime decocti mellis et cum galla vel arida rosa detriti. galbanum
45 etiam, ut eius odore medicentur, incendi convenit, passo-
que et defruto vetere fessas sustinere. optime tamen facit   8
amelli radix, cuius est frutex luteus, purpureus flos. ea
cum vetere Ammineo vino decocta exprimitur, et ita liqua-
tus eius sucus datur. Hyginus quidem in eo libro, quem de
50 apibus scripsit, „*Aristomachus*" inquit „*hoc modo succur-*
rendum laborantibus existimat, primum ut omnes vitiosi favi
tollantur et cibus ex integro recens ponatur, deinde ut fumi-
gentur". prodesse etiam putat apibus vetustate corruptis   9
examen novum contribuere, quamvis periculosum sit, ne
55 seditione consumantur, verum tamen adiecta multitudine
laetaturas. sed ut concordes maneant, earum apium, quae
ex alto domicilio transferuntur, quasi peregrinae plebis
summoveri reges debent. nec tamen dubium, quin frequen-

---

34 et fictili **R** et *om.* **SAφ**   uase **R** (*cf. 9, 8, 10*)
35 rorem **p** robore **SA** roʂ **R**
36 mulsea (*cf. Pallad. l. l.*) decoctum **p** mulso decoctum **R** uelea decoctu
    S uel eadem coctu **A**   gelauerunt **AR**   inbricibus **SA**
39 morbis **SA**   **41** corporis **SA**   *post* domiciliis *add.* suis **R**
    intra tecta/intracta **S¹A**   **42** maesto/esto **S¹A**   **43** offeruntur ciui **S¹**
44 galle **SA**   uel cum arida rosa detrita **A**   **46** ueteras fossas **SA**
48 decocta **Sp** decocto **AR**   **52** cibus ex/ciuis et **SA**
54 constituere **R** *aliquot*   periculosum/periculo **R** periculum **æp**
56 laetaturas *F.-H.* l(a)etatura **S¹AR** letatur **S²** laetantur *Jos., sed sententia*
    ad or. obl. pertinet   **57** plebes **SA**
58 summouere reges **γbeos** regi summoueri **SA**   debere **R**

nen Gefäß mit Aminäerwein erhitzt, danach wieder abgekühlt in
hölzernen Trögen an. Manche stellen Rosmarin mit Honigmet, abgekocht und wieder abgekühlt, in Hohlziegeln zum Trinken bereit. Einige stellen auch, wie Hyginus behauptet, Rinder- oder
Menschenurin vor die Stöcke.

Besonders auffallend ist auch ein Leiden, das die Bienen in
Kummer und Schmerz umkommen läßt, wenn sie häufig teils die
Leichen der Gestorbenen aus der Behausung schaffen, teils inner-
halb des Baues wie bei einer öffentlichen Trauer in düsterem
Schweigen verharren. In diesem Falle gießt man ihnen durch Rohr-
halme Nahrung in den Stock, insbesondere abgekochten und mit
Gallapfel oder getrockneter Rose vermischten Honig. Auch
empfiehlt es sich, Galban anzuzünden, damit sie an dessen Geruch
genesen, und die Erschöpften mit Trockenbeerwein und alten
Fruchtsaft zu stärken. Am meisten hilft aber die Wurzel der
Sternblume[44], die eine goldgelbe Staude und eine purpurne Blüte
hat. Man kocht sie in altem Aminäerwein ab, quetscht sie aus und
reicht den so gewonnenen Saft den Bienen. Hyginus sagt in seinem Buch über die Bienen: *„Aristomachos[44a] ist der Meinung,
man müsse den kranken Bienen auf die Weise helfen, daß man zunächst alle schadhaften Waben beseitigt und völlig neues Futter in
die Stöcke gibt, danach diese ausräuchert."* Hyginus meint auch,
wenn die Bienen durch Alter verbraucht sind, sei es vorteilhaft,
einen neuen Schwarm zuzuteilen; wenn auch die Gefahr besteht,
daß sie an Uneinigkeit zugrundegehen, so würden sie sich doch
über den Zuzug neuen Volkes freuen. Allein um sie in Eintracht
zu erhalten, muß man eben die Könige derjenigen Bienen, die aus
einem anderen Bau herübergenommen werden, als Fremdlinge für
das Volk beseitigen. Jedenfalls gibt es keinen Zweifel daran, daß

tissimorum examinum favi, qui iam maturos habent pullos,
60 transferri et subici paucioribus debeant, ut tamquam novae
prolis adoptione domicilia confirmentur. Sed id cum fiet, 10
animadvertendum est, ut eos favos subiciamus, quorum
pulli iam sedes suas adaperiunt et velut opercula foraminum
obductas ceras erodunt exserentes capita. nam si favos in-
65 maturo foetu transtulerimus, emorientur pulli, cum foveri
desierint.

Saepe etiam vitio, quod φαγέδαιναν Graeci vocant, in- 11
tereunt; siquidem cum sit haec apium consuetudo, ut prius
tantum confingant, quantum putent explere posse, non-
70 numquam evenit consummatis operibus cereis, ut dum examen conquirendi mellis causa longius evagatur, subitis imbribus aut turbinibus in silvis opprimatur et maiorem partem plebis amittat. quod ubi factum est, reliqua paucitas
favis conplendis non sufficit, tumque vacuae cerarum par-
75 tes conputrescunt et vitiis paulatim serpentibus corrupto
melle ipsae quoque apes intereunt. id ne fiat, vel duo populi 12
coniungi debent, qui possint adhuc integras ceras explere,
vel si non est facultas alterius examinis, ipsos favos, antequam putrescant, vacuis partibus acutissimo ferro liberare.
80 nam hoc quoque refert, ne admotum hebes ferramentum,
quia non facile penetret, vehementius inpressum favos sedi-

61 sed id *vel* et id **R** sed sit **SA**   62 est *om.* **SA**   63 et *om.* **SA**
opercula foraminum/operculum **A**   64 erodunt **R** produnt **S** produn **A**
capita nam **SR** capitamina **A**   64 s. immaturos (in- **A**) **SA**
67 quod om. **S**
φαγέδαιναν *sim. ante vel post* Graeci **R** *plerique* ΦΑΓΕΔΕΝΑΝ *hoc*
l. **SA**   68 sit/sint **S**[1]**A**   69 confingant **S** contingant **A** configant **R**
putant **R**   70 consummatis *Gesn.* consumatis **R** consu'mas **A** cusumas **S**
dum *om.* **R**   71 conquirendis **SA**   euagatum **R**
72 turbinibus/turnibus **S**[1]**A**   opprimantur **R** *plerique*
73 flebis **S**[1]   reliqua **R** aliqua **SA**   74 fauis/cauuis **A**
uacua **Aah**[2]**k**   74 s. partes *om.* **Aah**[2]**k**
75 conputrescunt **R** *plerique* cum (*vel* tum) putrescunt (*vel* -scant) **R**
aliquot cum (*om.* putr.) **S** patescunt **A**k patescant **ah**[2]   corrupta **SA**
76 uel duo **SA** duo **R**   78 alterius/exterius **A**   80 hebes/habes **S**[1]**A**
81 inpressum (*vel* impr.) **Sκγb** inpressos (impr. **Ab**) **AR** *plerique*

man Waben von sehr starken Völkern, die schon eine ausgereifte
Brut haben, verpflanzen und schwachen Völkern unterschieben
soll, damit diese Stöcke sozusagen durch Adoption neuer Nachkommenschaft verstärkt werden. Dabei muß man freilich darauf
achten, nur solche Waben einzusetzen, deren Brut bereits ihre Zellen öffnet, das Wachs, das gewissermaßen als Deckel über die
Kammern gezogen ist, abnagt und die Köpfe herausstreckt. Denn
wenn man Waben mit unreifer Brut verpflanzt, gehen die Jungbienen ein, weil sie nicht mehr gehegt werden.

Oft gehen sie auch an einer Krankheit zugrunde, die die Griechen *phagédaina*[45] nennen. Die Bienen haben nämlich die Ge-
wohnheit, zunächst einmal so viele Waben zu bilden, wie sie füllen
zu können glauben; manchmal aber kommt es vor, daß ein Volk,
das nach Beendigung der Wachsarbeit zur Honigsuche weiter aus-
fliegt, in den Wäldern von plötzlichen Regengüssen oder Wirbel-
winden überrascht wird und den größeren Teil seines Bestandes
einbüßt. Ist dies geschehen, dann reicht der geringe verbliebene
Rest nicht aus, um die Waben zu füllen, und die leergebliebenen
Wachsteile fangen an zu faulen; allmählich wird dann durch den
schleichenden Schaden auch der Honig verdorben, und die Bienen
gehen ein. Damit dies nicht geschieht, soll man entweder zwei Völker vereinigen, die die noch leeren Waben füllen können, oder,
falls man keine Möglichkeit hat, ein zweites Volk zu bekommen,
die Waben selbst, noch ehe sie faulen, von den leergebliebenen
Teilen befreien, und zwar mit einem sehr scharfen Messer. Auch
dies ist wichtig, denn wenn man ein stumpfes Messer verwendet,
könnte es durch den hohen Druck, der nötig ist, weil es nur

bus suis conmoveat; quod si factum est, apes domicilium
derelinquunt.

Est et illa causa interitus, quod interdum continuis annis 13
85 plurimi flores proveniunt et apes magis mellificio quam
fetibus student. itaque nonnulli, quibus minor est harum rerum scientia, magis fructibus delectantur ignorantes exitium apibus imminere, quae et nimio fatigatae opere pluri-
mae pereunt, nec ullis iuventutis supplementis confrequen-
90 tatae novissime reliquae intereunt. itaque si tale ver inces- 14
sit, ut et prata † etiam parva † floribus abundent, utilissimum est tertio quoque die exiguis foraminibus relictis per
quae ⟨non⟩ possint erepere, alvorum exitus praecludi, ut
ab opere mellificii avocatae apes, quoniam non sperent se
95 posse ceras omnes liquoribus stipare, fetibus expleant.

QUID QUOQUE TEMPORE FACIANT 14
APES, ET PER ANNI TEMPORA QUID
CURATOR FACERE DEBEAT

Atque haec fere sunt examinum vitio laborantium reme- 1
dia; deinceps illa totius anni cura, ut idem Hyginus commodissime prodidit.

Ab aequinoctio primo, quod mense Martio circa VIII
5 Kalendas Aprilis in octava parte Arietis conficitur, ad ortum Vergiliarum dies verni temporis habentur duodequin-

---

85 mellificio *scripsi* mellificis *codd.* mellificiis *ed. pr. omnesque deinceps,
sed forma plur. nusquam legitur*   **86** harum/arum S¹A
88 imminore SA   **89** s. confrequentatae/cum frequentate AR *plerique*
91 etiam parua SA *quod corruptum esse apparet* et arua (parva α) R
coniciam et campania (*vel* campestria)   **92** quoque/que S¹R *pauci*
93 non *add. ed. Ald.*   possit R
erepere *Linde* ere p S crep A eripe p *om.* R   praecludit S¹A
94 ab opere R alueo fere SA   mellificii ïïl mellifici SAR
euocatae R   se non sperent R   **95** fletibus A¹a

2 *ante* deinceps *fort. addendum* aluorum, *cf. Pallad. 4, 15, 3*
5 s. ortū S octu A exortum R   6 dies/dis S¹A
6 s. duodequinquaginta SAα duo et q. R

schwer eindringt, die Waben von der Stelle rücken; in diesem
Fall verlassen die Bienen den Stock.

Auch dies kann zum Untergang eines Volkes führen, daß gelegentlich mehrere Jahre lang besonders viele Blüten kommen und
die Bienen sich mehr um das Einbringen von Honig als um das
Brüten kümmern. Dann freuen sich manche Imker, die weniger
von der Sache verstehen, an dem reichen Ertrag, ohne zu ahnen,
daß den Bienen das Aussterben droht; denn sehr viele von ihnen
gehen an der übermäßigen Arbeitsbelastung ein, und die übrigen
sterben zuletzt ebenfalls aus, weil sie durch keinerlei Nachwuchs
ergänzt werden. Wenn also ein derartiger Frühling eintritt, daß
die Wiesen und Blachfelder voll Blüten stehen, ist es am besten,
jeden dritten Tag die Fluglöcher der Stöcke zu verschließen und
nur ganz kleine Öffnungen zu belassen, durch die sie nicht heraus-
kriechen können, so daß sie, von der Honigsuche abgehalten, die
Waben mit Brut füllen, weil sie nicht hoffen können, das gesamte
Wachs mit Nektar vollzustopfen.

14. KAPITEL: WIE SICH DIE BIENEN IN DEN EINZELNEN JAHRESZEITEN VERHALTEN UND WAS IHR PFLEGER IN DEN EINZELNEN JAHRESZEITEN ZU TUN HAT

Soweit die Maßnahmen, die bei Schäden an den Bienenvölkern
anzuwenden sind. Es folgt nun eine Übersicht über ihre Betreuung
durch das ganze Jahr, wie sie ebenfalls Hyginus aufs übersichtlich-
ste zusammengestellt hat.

Vom ersten Äquinoktium an, das um den 25. März nach dem ersten Achtel des Widders eintritt, bis zum Aufgang der Plejaden[46]
rechnet man 48 Tage Frühjahrszeit. In dieser Zeit soll man, so

quaginta. per hos primum ait apes curandas esse adapertis
alveis, ut omnia purgamenta, quae sunt hiberno tempore
congesta, eximantur et araneis, qui favos corrumpunt, de-
10 tractis fumus inmittatur factus incenso bubulo fimo. hic
enim quadam cognatione generis maxime est apibus aptus.
vermiculi quoque, qui tiniae vocantur, item papiliones ene-   2
candi sunt. quae pestes plerumque favis adhaerentes decidunt, si fimo medullam bubulam misceas et his incensis
15 nidorem admoveas. hac cura per id tempus, quod diximus,
examina firmabuntur eoque fortius operibus inservient. ve-   3
rum maxime custodiendum est curatori, qui apes nutrit,
cum alvos tractare debebit, uti [que] pridie castus ab rebus
veneriis neve temulentus nec nisi lotus ad eas accedat abs-
20 tineatque omnibus redolentibus esculentis, ut sunt salsa-
meta et eorum omnia liquamina, itemque foetentibus acri-
moniis alii vel ceparum ceterarumque rerum similium.

Undequinquagesimo die ab aequinoctio verno, cum fit   4
Vergiliarum exortus circa V Idus Maias, incipiunt examina
25 viribus et numero augeri. sed et iisdem diebus intereunt,
quae paucas et aegras apes habent. eodem tempore proge-
nerantur in extremis partibus favorum amplioris magnitudinis quam sunt ceterae apes, eosque nonnulli putant esse
reges; verum quidam Graecorum auctores οἴστρους appel-

7 per hos/peros **S**
10 factus **SAκγρ** facto **R**   fimi **S**   **12** uermiculi/uel miculi **S¹A¹**
13 fabis **S¹A**   **14** inpensis **SA**   **16** eoque *scripsi* eaque *codd.*
18 uti *ed. Ald.* utique *codd.*   **19** venereis **R** *plerique*
      temulentus/te (ste **S²**) molestus **S** temulestus **A¹**
20 *ante* omnibus *add.* fere **R**   exculentis **St¹** excultis **A**
20 s. salamenta **SA¹**   **21** aliquamina **S¹A¹** eliquamina **A²R**
22 ceparum ceterarumque **R** ceparumque **S¹A** ceparum **S²**
      rerumque **S²**   **23** fit **SA** sit **R**   **27** in extremis **R** et extr. **SAq**
28 sunt/sani **S**   **29** quidem **R** *aliquot*   *pro* οἴστρους *sp. vac.* **R** *plerique*

meint er, die Bienen dadurch versorgen, daß man ihre Stöcke öffnet, um alle ihre Ausscheidungen, die sich im Lauf des Winters
angesammelt haben, herauszunehmen, die Spinnenweben, die die
Waben schädigen, zu entfernen und dann den Rauch von ange-
zündetem Rindermist hineinzuleiten. Dieser ist nämlich durch eine
gewisse Artverwandtschaft den Bienen besonders bekömmlich.
Ferner muß man die kleinen Würmchen töten, die man Motten
nennt, ebenso die Schmetterlinge; dieses an den Waben hängende
Ungeziefer fällt gewöhnlich herab, wenn man Rindermark mit Mist
vermischt und anzündet und den Qualm davon hineintreibt. Durch
diese Fürsorge werden in der angegebenen Zeit die Völker gekräftigt und widmen sich danach um so energischer ihren Arbeiten. Ganz besonders aber muß der Bienenwärter, wenn er an den
Stöcken zu hantieren hat, darauf achten, daß er am Tag zuvor sich
des Geschlechtsverkehrs und des Alkohols enthält und nicht un-
gewaschen zu den Bienen kommt, außerdem auf alle scharf rie-
chenden Speisen verzichtet, z.B. auf alle marinierten Fische und
die dazu gehörenden Brühen, und auch den aufdringlichen Geruch
von Knoblauch, Zwiebel und allen übrigen derartigen Dingen von
sich fernhält.

Am 49. Tag nach dem Frühjahrsäquinoktium, wenn rund fünf
Tage vor den Iden des Mai[47)] der Frühaufgang der Plejaden eintritt, beginnen die Völker an Kraft und Zahl zu wachsen, während
gleichzeitig diejenigen, die nur wenige und kranke Bienen haben,
zugrunde gehen. Zur selben Zeit kommen an den Rändern der
Waben Bienen von größeren Körpermaßen als die übrigen zur
Welt; manche halten Sie für Könige; aber einige griechische Dar-
steller nennen sie *oístroi*[48)] aus dem Grund, weil sie die Völker um-

30 lant ab eo, quod exagitent nec patiantur examina conquies-
cere. itaque praecipiunt eos enecari.

   Ab exortu Vergiliarum ad solstitium, quod fit ultimo   5
mense Iunio circa octavam partem Cancri, fere examinant
alvi. quo tempore vehementius custodiri debent, ne novae
35 suboles diffugiant. tumque peracto solstitio usque ad ortum
Caniculae, qui fere dies triginta sunt, pariter et frumenta
et favi demetuntur. sed hi quemadmodum tolli debeant.
mox dicetur, cum de confectura mellis praecipiemus. ce-   6
terum hoc eodem tempore progenerari posse apes iuvenco
40 perempto Democritus et Mago nec minus Vergilius prodiderunt. Mago quidem ventribus etiam bubulis idem fieri
adfirmat, quam rationem diligentius prosequi supervacuum
puto, consentiens Celso, qui prudentissime ait non tanto
interitu pecus istud amitti, ut sic requirendum sit.

45 Verum hoc tempore et usque in autumni aequinoctium   7
decimo quoque die alvi aperiendae et fumigandae sunt.
quod cum sit molestum examinibus, saluberrimum tamen
esse convenit. suffitas deinde et aestuantis apes refrigerare
oportet, consparsis vacuis partibus alvorum et recentissimi
50 rigoris aqua infusa; deinde si quid ablui non poterit, pinnis
aquilae vel etiam cuiuslibet vasti alitis, quae rigorem habent, emundari. praeterea ut tiniae verrantur papilionesque   8
enecentur, qui plerumque intra alvos morantes apibus exi-
tio sunt. nam et ceras erodunt et stercore suo vermes pro-

---

33 octauo in partem **A**   **35** soboles **S²R** *aliquot*
36 pariter et **A** pater et **S** pariter **R**   **37** demetuntur **R** demuntur **SA**
   hi quemadmodum **R** hiemadmodum **SA**
38 *post* mellis *add.* dicetur **S** dicetur cum supra **Aφ**   **39** progenerare **SA**
40 peremto **S**   Mago/magno **SA¹**   **45** et usque ci'que **A**
47 cum sint **SA**   **48** aestuantis (tu *postea del.*) **S**
49 uacuis/baculus **A**   rectissimi **SAR** *pauci*   **50** ablui/aluus **A**
51 uasti alitis/bestialitis **A**   rigore **S¹A**
52 tineae uerrantur **SA** tineae si apparuerint euer(r)antur **R**
53 necentur (-cem- **S¹**) **SA**   inter **AR** *aliquot*
54 ceras **R** ceteras **S** ceteros **A**

herjagen und nicht zur Ruhe kommen lassen; diese Autoren schreiben deshalb vor, man solle sie umbringen.

Vom Aufgang der Plejaden bis zur Sonnenwende, die Ende Juni etwa nach dem ersten Achtel des Krebses eintritt, wird in den Stöcken die junge Brut lebendig. In dieser Zeit müssen sie ganz besonders aufmerksam überwacht werden, damit die Brut nicht entflieht. Danach, von der Sonnenwende bis zum Aufgang des Hundssterns, d.h. etwa 30 Tage lang[49], werden gleichzeitig die Kornfelder und die Waben abgeerntet. Wie man diese ausnimmt, soll später gesagt werden, wenn ich über die Honigbereitung handle. Im übrigen behaupten Demokritos und Mago, und ebenso Vergil[50], daß in dieser Zeit Bienen aus einem getöteten Jungstier erzeugt werden können; Mago behauptet sogar, daß dies auch aus Kuhbäuchen geschehen könne. Ich halte es für überflüssig, auf dieses Verfahren näher einzugehen, und stimme mit Celsus überein, der sehr vernünftig feststellt, der Verlust dieser kleinen Tiere sei nicht so schwer, daß man ihn auf diese Weise ausgleichen müßte.

Indes soll man in dieser Zeit und bis zum Herbstäquinoctium alle neun Tage die Stöcke öffnen und ausräuchern. Das ist zwar offensichtlich den Bienen unangenehm, aber auch sehr heilsam. Die geräucherten und in Unruhe versetzten Bienen muß man hinterher abkühlen, indem man die nicht besetzten Teile des Stockes besprengt und Wasser von frischester Kühle hineingießt; soweit man den Stock danach nicht auswischen kann, soll man ihn mit Federn eines Adlers oder sonst eines großen Vogels, die genügend Festigkeit haben, reinfegen. Außerdem soll man die Motten auskehren und die Schmetterlinge töten, die sich gewöhnlich im Innern der Stöcke aufhalten und für die Bienen schädlich sind; denn sie nagen das Wachs an und erzeugen durch ihre Ausscheidungen

55 generant, quos alvorum tinias appellamus. itaque quo tem- 9
    pore malvae florent, cum est eorum maxima multitudo. si
    vas aeneum simile miliario vespere ponatur inter alvos et in
    fundum eius lumen aliquod demittatur, <efficitur, ut> un-
    dique papiliones concurrant. dumque circa flammulam voli-
60 tent, adurantur, quoniam nec facile ex angusto susum evo-
    lent nec rursus longius ab igne possint recedere, cum lateri-
    bus aeneis circumveniantur, ideoque propinquo ardore
    consumantur.

        A Canicula fere post diem quinquagesimum Arcturus 10
65 oritur, cum inroratis floribus thymi et cunelae thymbraeque
    apes mella conficiunt, idque optimae notae. emitescit
    autumni aequinoctio, quod est ante Kalendas Octobris,
    cum octavam partem Librae sol attigit. sed inter Caniculae
    et Arcturi exortum cavendum erit, ne apes intercipiantur
70 violentia crabronum, qui ante alvaria plerumque obsidian-
    tur prodeuntibus.

        Post Arcturi exortum circa aequinoctium Librae, sicut 11
    dixi, favorum secunda est exemptio. ab aequinoctio deinde,
    quod conficitur circa VIII Kalendas Octobris ad Vergilia-
75 rum occasum diebus quadraginta, ex floribus tamaricis et
    silvestribus frutectis apes collecta mella cibariis hiemis re-
    ponunt. quibus nihil est omnino detrahendum, ne saepius
    iniuria contristatae velut desperatione rerum profugiant.

---

56 eorum SA (*recte, sc. papilionum*) earum **R** *agn. F.-H., Jos.*
57 similem SA   **58** eus lumen S[1] ellus **A**   dimittatur **AR** *plerique*
    efficitur ut *addidi*   **59** concurrent **R** concurrunt *edd. plerique*
60 sursum **R**   **61** possint *scripsi* possunt *codd.*   **63** consumatur S.A
64 canicule SA   acturus SA[1]   **65** cunelae/cul(a)e S[1]A
    thybraque **A** thymbraque ϙ   **66** idque **R** atque **SA**
    nota **AR** *aliquot   post* notae *distinxi*
    emitescit **R** enitescit **A** nitescit S   **70** crabonum **A**
73 s. deinde quod **R** d. cum SA
75 tamaricis **R** amaricis t amaracis SA *cf. c. 4.3*   **78** constristate S

Würmer, die wir Wabenmaden nennen. Wenn man also in der Zeit
der Malvenblüte, in der es eine besonders große Menge Schmetterlinge gibt, abends ein ehernes Gefäß in der Form eines Meilen-
steines[51] zwischen den Stöcken aufstellt und auf seinem Boden ein
Licht brennen läßt, hat dies zur Folge, daß die Schmetterlinge von
überall her sich sammeln und beim Umflattern des Lichtes verbrennen, weil sie aus dem engen Behälter nicht leicht nach oben
entweichen und sich auch nicht in weiterer Entfernung vom Licht
halten können, da sie ringsum von der Broncewandung eingeengt
sind und folglich durch die Nähe der Hitze umkommen.

Etwa 49 Tage nach dem Aufgang des Hundssterns geht der
Arkturus auf[52], zu einer Zeit, in der die Bienen aus den tau-
nassen Blüten des Thymians, der Cunele und des Saturei Honig
bereiten, und zwar die beste Sorte. Das Wetter wird mild um das
Herbstäquinoktium, das vor dem 1. Oktober liegt, wenn die Sonne
das erste Achtel der Waage erreicht hat. Zwischen dem Aufgang
des Hundssterns und des Arkturus muß man Vorsorge treffen, daß
die Bienen nicht von den bösartigen Hornissen getötet werden, die
meist vor den Stöcken auf ihr Heraustreten lauern.

Nach dem Arkturus-Anfang, d.h. um das Waage-Äquinoktium,
findet, wie schon gesagt, das zweite Ausnehmen der Waben statt.
Vom Äquinoktium an, das auf den 24. September fällt, in den 40
Tagen bis zum Untergang der Plejaden sammeln die Bienen Honig
von Tamariskenblüten und Waldsträuchern und verwahren ihn für
ihre Ernährung im Winter. Davon darf ihnen keinesfalls etwas entzogen werden, damit sie nicht durch allzu häufige Schädigung ver-
stimmt werden und aus Verzweiflung auswandern.

Ab occasu Vergiliarum ad brumam, quae fere conficitur 12
80 circa VIII Kalendas Ianuarii in octava parte Capricorni,
iam recondito melle utuntur examina. nec me fallit Hipparchi ratio, quae docet solstitia et aequinoctia non octavis
sed primis partibus signorum confici. verum in hac ruris
disciplina sequor nunc Eudoxi et Metonis antiquorumque
85 fastus astrologorum, qui sunt aptati publicis sacrificiis,
quia et notior est ista vetus agricolis concepta opinio nec
tamen Hipparchi subtilitas pinguioribus, ut aiunt, rusticorum litteris necessaria est.

Ergo Vergiliarum occasu primo statim conveniat aperire 13
90 alvos et depurgare, quicquid inmundi est, diligentiusque
curare, quoniam per tempora hiemis non expedit movere
aut patefacere vasa. quam ob causam dum adhuc autumni
reliquiae sunt, apricissimo die purgatis domiciliis opercula
intus usque ad favos admovenda sunt omni vacua parte
95 sedis exclusa, quo facilius angustiae cavearum per hiemem
concalescant; idque semper faciendum est, etiam in his alvis, quae paucitate plebis infrequentes sunt. quicquid dein- 14
de rimarum est aut foraminum, luto et fimo bubulo mixtis
inlinemus extrinsecus, nec nisi aditus, quibus commeent.
100 relinquemus. et quamvis porticu protecta vasa nihilo minus
congestu culmorum et frondium supertegemus quantum-
que res patietur a frigore et tempestatibus muniemus.

Quidam exemptis interaneis occisas aves intus includunt. 15
quae tempore hiberno plumis suis delitiscentibus apibus
105 praebent teporem. tum etiam, si sunt adsumpta cibaria.
commode pascuntur esurientes nec nisi ossa earum relin-

79 confingitur SA   **84** Metonis/mentonis SA
85 fastus (*i.q. fastos*) **p** fatus SAR   aptatis S aptatus A
86 notior **R** noctior A nouior S   opio S[1]   **89** conveniet **R**
90 depurgari **R** *pauci*   **92** patefacere/tepefacere **R** *aliquot*
   quam causam **A**   atumni **A**   **93** reliquiae sunt **R** requiescunt SA
94 admauenda S[1]   **95** sediis S   **99** intrinsecus **A**   **100** protectu **A**
103 interraneis SA[1]   occasis **A**   aues/has apes **A**
104 delitescentibus A[2]**R**   **105** adsumpta SR assupta **A** absumpta t *vulgo*
106 ossa **R** oss S[2]A os S[1]

Vom Plejadenuntergang bis zur Wintersonnenwende, die etwa am 25. Dezember im ersten Achtel des Steinbocks eintritt, leben die Völker bereits von ihrem angelegten Honigvorrat. Natürlich ist mir die Berechnung des Hipparchos[53)] bekannt, nach der die Sonnenwenden und Äquinoktien nicht auf das erste Achtel der Sternbildzeichen, sondern auf deren Anfänge fallen. Aber in unserer Landbauwissenschaft folge ich den Kalendern der alten Astronomen Eudoxos[54)] und Meton[55)], die mit unseren staatlichen Kultfesten übereinstimmen, weil dieser alte, den Bauern vertraute Ansatz bekannter ist und weil die größere Exaktheit des Hipparchos für die „plumpere Muse der Bauern" wie man gern sagt, nicht notwendig ist.

Gleich beim Untergang der Plejaden ist es also angebracht, die Stöcke zu öffnen und auszumisten, was an Unrat in ihnen ist, und dies um so sorgfältiger, als es nicht empfehlenswert ist, die Behälter während des Winters zu bewegen und zu öffnen. Aus diesem Grund soll man, solange noch etwas vom Herbst übrig ist, an einem besonders sonnigen Tage die Stöcke reinigen und dann die Verschlußwände nach innen bis an die Waben schieben, so daß kein freier Zwischenraum verbleibt, damit der verengte Raum während des Winters leichter warm zu halten ist; dies ist in jedem Fall nötig, auch bei solchen Stöcken, die wegen der Schwäche des Volkes nur unzulänglich besetzt sind. Danach bestreicht man alle etwa noch vorhandenen Ritzen und Löcher von außen mit einer Mischung aus Lehm und Kuhmist und läßt lediglich eine Öffnung zum Aus- und Eintreten frei. Und wenn auch die Behälter durch ein Vordach geschützt sind, überdeckt man sie doch noch mit einer Schütte aus Stroh und Laub und schützt sie, soweit es irgend möglich ist, gegen Kälte und Wind.

Manche Leute schließen ausgenommene tote Vögel im Inneren mit ein, weil sie den Bienen im Winter Wärme spenden, wenn sich diese in ihren Federn verkriechen. Ja wenn sie ihren Nahrungsvorrat aufgebraucht haben, stillen sie ihren Hunger nicht ungern an den Vögeln und lassen nur die Skelette übrig. Wenn dagegen die

quunt. sin autem favi suffecerint, permanent inlibatae, nec
quamvis amantissimas munditiarum offendunt odore suo.
melius tamen nos existimamus tempore hiberno fame labo-
110 rantibus ad ipsos aditus in canaliculis vel contusam et
aqua madefactam ficum aridam vel defrutum aut passum
praebere. quibus liquoribus mundam lanam imbuere oportebit, ut insistentes apes quasi per siponem sucum
evocent. uvas etiam passas cum infregerimus, paulum 16
115 aqua respersas probe dabimus. atque his cibariis non
solum hieme, sed etiam quibus temporibus, ut iam supra
dixi, tithymallus atque ulmi florebunt, sustinendae sunt.
post confectam brumam diebus fere quadraginta quicquid 17
est repositum mellis, nisi liberalius relictum, consumunt:
120 saepe etiam vacuatis ceris usque in ortum fere Arcturi,
qui est ab Idibus Februariis, ieiunae favis accubantes
torpent more serpentium et quiete sua spiritum conservant.
quem tamen ne amittant, si longior fames incesserit, optimum est per aditum vestibuli siponibus dulcia liquamina
125 inmittere et ita penuriam temporum sustinere, dum Arcturi
ortus et hirundinis adventus commodiores polliceantur
futuras tempestates. itaque post hoc tempus, cum diei per- 18
mittit hilaritas, procedere audent in pascua. nam ab aequinoctio verno sine cunctatione iam passim vagantur et ido-
130 neos ad fetum decerpunt flores atque intra tecta conpor-
tant.

---

107 suffecerint *Linde* suffecere S² sufficere S¹A sufficerent R
108 mantissimas SA   109 *ante* nos *add.* esse R   111 aquam AR *pauci*
112 munda A   117 dixi (*cf. c. 13, 2*) S²R dixit S¹A
atque SA atque etiam R   sustinenda SAç
119 repositum *Linde* repositam A reposita S repositi R   consumunt S
120 cereris S¹   122 torpente A   spiritum sapium A
conseruent A   123 ne/e A   amittam SA   125 sustineri α
128 ab *om.* SA   130 ad fetum/adfectum A¹

Waben noch genug Futter bieten, rühren sie die Vögel nicht an, und diese stören die sonst so sehr auf Reinlichkeit bedachten Bienen auch nicht durch ihren Geruch. Ich halte es aber für besser, den Bienen, sofern sie im Winter Mangel leiden, unmittelbar am Flugloch in kleinen Trögen entweder zerriebene und in Wasser aufgeweichte Trockenfeigen oder Eingemachtes oder Trockenbeerwein zu geben. Es empfiehlt sich, in diese Flüssigkeiten saubere Wolle einzutauchen, damit die Bienen sich auf sie setzen und den Saft wie durch ein Pumprohr ansaugen können. Auch zerkleinerte Trockentrauben, ein wenig angefeuchtet, kann man sehr gut anbieten. Mit diesen Futtermitteln soll man sie nicht nur im Winter, sondern auch in den Zeiten füttern, in denen, wie oben erwähnt, die Wolfsmilch und die Ulmen blühen. In den nächsten 40 Tagen nach der Wintersonnenwende brauchen sie den gesamten Honigvorrat auf, es sei denn, er war übermäßig reichlich angelegt. Wenn die Waben ausgeleert sind, liegen die Bienen oft bis gegen den Aufgang des Arkturus nach den Iden des Februar[56] ausgehungert neben den Waben in Erstarrung wie die Schlangen und erhalten sich durch ihr Ruhen das Leben. Damit sie es nicht ganz verlieren, wenn eine längere Hungerszeit eintritt, ist es am besten, ihnen durch das Flugloch mit Rohren süße Säfte zuzuführen und so die Armut der Zwischenzeit zu überbrücken, bis der Arkturus-Aufgang und die Ankunft der Schwalben das Nahen einer angenehmeren Zeit versprechen. Wenn es danach ein freundlicheres Wetter erlaubt, wagen sie es wieder, zu den Futterplätzen auszufliegen. Vom Frühjahrsäquinoktium an schweifen sie dann unbedenklich überall umher, weiden die für ihre Brut geeigneten Blumen ab und tragen sie in ihr Haus.

Haec observanda per anni tempora diligentissime Hyginus praecepit. ceterum illa Celsus adicit, paucis locis eam
felicitatem suppetere, ut apibus alia pabula hiberna atque
135 alia praebeantur aestiva. itaque quibus locis post veris 19
tempora flores idonei deficiunt, negat oportere inmota
examina relinqui, sed vernis pastionibus adsumptis in ea
loca transferri, quae serotinis floribus thymi et origani
thymbraeque benignius apes alere possint. quod fieri ait
140 et Achaiae regionibus, ubi transferuntur in Atticas pastiones, et Euboea et rursus in insulis Cycladibus, cum ex aliis
transportantur Scyrum, nec minus in Sicilia, cum ex reli-
quis eius partibus in Hyblaeam conferuntur. idemque ait ex 20
floribus ceras fieri, ex matutino rore mella, quae tanto
145 meliorem qualitatem capiant, quanto iucundiore sit materia
cera confecta. sed ante translationem diligenter alvos in-
spicere praecepit veteresque et tiniosos et labantis favos
eximere, nec nisi paucos et optimos reservare, ut simul et
⟨novi⟩ et ex meliore flore quam plurimi fiant, eaque vasa,
150 quae quis transferre velit, non nisi noctibus et sine con-
cussione portare.

133 praecipit **R**　　　addicit **SR** d̄t̄ **A**　　　locis/longis **A**
134 suppetere *om.* **SA**
135 s. post ueris tempora/potueris sitempora **SA**　　**137** absumptis **R**
139 possunt **R** *aliquot*　**142** transportantur/transferuntur **R** *aliquot*
　　Scyrum *ed. pr.* syrum **SAR**　**144** ceras **SR** celsus **A** celsus ceras **ah²k**
　　ex **R** ea **S** ea' **A**　　matutino – tanto *om. v. sp. rel.* **A**
145 iucundior **SA**　**147** praecipit **R** *plerique*
　　tiniosos **S** tiniosus **A** tineosos **R**　　lauentes **S** labentes **A**
149 s. et noui et *temptavi* && **S** ei etiam **A** etiam **R**　　quam *om.* **A**
149 s. uasa quae **AR** us aquae **S**

Dies alles fordert Hyginus im Laufe des Jahres aufs sorgfältigste zu beachten. Celsus fügt noch hinzu: Nur wenige Orte seien so
gesegnet, daß sie für die Bienen sowohl Winterfutter wie auch
Sommerfutter bieten könnten; deshalb dürfe man an den Orten,
wo die passenden Blüten nach Beendigung des Frühjahrs nicht
mehr ausreichten, die Völker nicht einfach am Platz stehen lassen, sondern man müsse sie nach der Erschöpfung der Frühjahrs-
blüte in solche Gegenden versetzen, die die Bienen mit spät-
blühendem Thymian, Wohlgemut und Saturei reichlicher ernähren
können. So halte man es in manchen Gegenden Achaias, wo man
die Bienen auf Futterplätze Attikas und Euböas bringt, und auf
den Kykladen, wo man sie von anderen Inseln nach Skyros schafft,
ebenso in Sizilien, wo man sie aus den übrigen Landschaften in
die Umgebung von Hybla[57)] verlegt. Ferner behauptet Celsus, aus
den Blüten entstehe nur das Wachs, aus dem Morgentau dagegen
der Honig, der um so bessere Qualität erhalte, je edler das Material ist, aus dem das Wachs gemacht ist. Nach Celsus soll man
die Bienenstöcke vor der Verlegung gründlich untersuchen, die alten, vermotteten und brüchigen Waben herausnehmen und nur
wenige, und zwar die besten, behalten, damit möglichst viele neue
und zugleich aus besserem Material gebaute entstehen; auch solle
man die Stöcke, wenn man sie verlegen will, nur bei Nacht und
ohne Erschütterung transportieren.

DE MELLE CONFICIENDO ET
QUEMADMODUM CASTRARI DEBEANT
ALVI

15

Mox vere transacto sequitur, ut dixi, mellis vindemia, 1
propter quam totius anni labor exercetur. eius maturitas
intellegitur, cum animadvertimus fucos ab apibus expelli
ac fugari. quod est genus amplioris incrementi simillimum
5 api, sed, ut ait Vergilius,

> *ignavum fucos pecus*
>> *(Verg. Georg. 4, 168; Aen. 1, 435; cf. Georg. 4, 244)*

et „*immune*", sine industria favis adsidens. nam neque ali- 2
menta congerit et ab aliis invecta consumit. verumtamen ad
procreationem subolis conferre aliquid hi fuci videntur,
10 insidentes seminibus, quibus apes figurantur. itaque ad fo-
vendam et educandam novam prolem familiarius admittun-
tur; exclusis deinde pullis extra tecta proturbantur et, ut
idem ait, „<*a*> *praesepibus arcentur*". hos quidam prae- 3
cipiunt in totum exterminari oportere. quod ego Magoni
15 consentiens faciendum non censeo, verum saevitiae modum
adhibendum. nam nec ad occidionem gens interimenda est,
ne apes inertia laborent, quae, cum fuci aliquam partem
cibariorum absumunt, sarciendo damna fiunt agiliores. nec

---

1 uere/fere **Ae**   uindemiam **SA**   3 focus **A**[1]
5 api sed **S** apis (api **ah**[2]**k**) et **AR**
   Vergilius: *Ge. 4, 168 (Ae. 1, 435) et 244*
7 et immune/etiam rure **SAR** *aliquot* et immune et iam rure **g**
8 alis **S**[1]   9 sobolis **S**[2]**R** *plerique*   hi fuci/in fugi **A**
10 s. adfovendum **A**   11 et educandum *om.* **SA**   11 s. admittantur **S**
13 praesepibus *Kleberg* a praesepibus **R** presepius **SA** *cf. Verg. Ge. 4, 168*
14 oporteret **SA**   15 non censeo **S**[2]**R** nonseo **S**[1] *om.* **A**
   uerum **SR** sed **A**   seuitae **SA**   16 interemenda **S**[1]**A**

15. KAPITEL: ÜBER DIE HONIGBEREITUNG UND DAS AUSSCHNEIDEN DER WABEN

Wenn dann der Frühling vorüber ist, folgt, wie schon gesagt, die Zeidelung, um derentwillen man die Arbeit des ganzen Jahres auf sich nimmt. Den rechten Zeitpunkt dafür kann man erkennen, wenn man beobachtet, daß die Drohnen von den Bienen aus dem Stock gedrängt und verjagt werden. Dies ist eine Insektenart, die etwas größer ist als die Bienen, aber diesen sehr ähnlich; nach Vergil[58] sind die *„Drohnen ein nutzloses Vieh"* und ein *„pflichtenloses"*, das ohne Arbeitsleistung bei den Waben umhersitzt. Denn es sammelt keine Nahrung und verzehrt nur, was andere gesammelt haben. Gleichwohl scheinen die Drohnen irgendeinen Beitrag zur Aufzucht der Brut zu leisten, denn sie sitzen auf den Keimen, aus denen sich die Bienen bilden. Deshalb werden sie zum Ausbrüten und zur Aufzucht der neuen Generation nicht ungern zugelassen; sobald aber die jungen Bienen ausgeschlüpft sind, jagt man sie aus dem Haus und – wiederum nach Vergil – *„drängt sie weg von den Krippen"*[59]. Manche sind der Ansicht, man sollte die Drohnen völlig ausschalten. Ich halte das in Übereinstimmung mit Mago nicht für notwendig und glaube, man sollte nicht übermäßig rücksichtslos vorgehen. Auf der einen Seite soll man diese Tiere nicht völlig ausrotten, damit die Bienen nicht der Bequemlichkeit verfallen; denn wenn jene einen Teil des Futters wegfressen, wächst ihr Eifer, den Verlust ersetzen. Andererseits soll man die

rursus multitudinem praedonum convalescere patiendum
20 est, ne universas opes alienas diripiant. ergo cum rixam   4
fucorum et apium committi saepius videris, adapertas alvos
inspicies, ut, sive semipleni favi sint, differantur, sive iam
liquore conpleti et superpositis ceris tamquam operculis ob-
liti, demetantur.

25   Dies vero castrandi fere matutinus occupandus est; neque enim convenit aestu medio exasperatas apes lacessi.
duobus autem ferramentis ad hunc usum opus est sesqui-
pedali vel paulo ampliore mensura factis, quorum alterum
sit culter oblongus ex utraque parte acie lata, alterum uno
30 capite aduncum scalprum prima fronte planum et acutissi-
mum, quo melius hoc favi subsecentur, illo eradantur et,
quicquid sordidum deciderit, attrahatur. sed ubi a poste-   5
riore parte qua nullum est vestibulum, patefactum fuerit alvare, fumum admovebimus factum galbano vel arido fimo.
35 ea porro vase fictili prunis inmixta conduntur, idque vas an-
satum simile angustae ollae figuratur, ita ut pars altera
sit acutior, per quam modico foramine fumus emanet, altera latior et ore paulo patentiore, per quam possit adflari.
talis olla cum est alvari obiecta, spiritu admoto fumus ad   6

19 conualescere *Jos.* coalescere *codd.*   **20** uniuersas **R** unsas **SA**
opes **R** apes **SAnlr**[1] *agn. Jos.*   aliena **S**   diripi **S**[1] diripiet **A**
21 aluus **S**   **22** inspicies **R** inspiciens **SA** aspicies κγ
fauis indifferantur **A**   **23** conplecti **A**   **26** apes *om.* **A**
lacessiri **R**   **27** ad hunc/ad huc **S**
29 alterum *post* lata *posui, post* oblongus *habent* **SA** *item post* scalprum
inser. **SAR** *aliter hunc locum dispos. Schn. in comm. p.* 505
30 capit **S**[1]**A**   adunum **A**   **31** subsecentur **SA** succidantur **R**
erradentur **S**   **32** sordium **R**   **33** qua`ullum **A**
33 s. aluare **S** alueare **R** aluu albare **A**   **35** uase/uas et **A**
prunis/primis **A**   idque uas/idquas **A**   **36** ita ut **R** ut *om.* **SA**
37 emanat **A**
38 patentiore **R** *plerique* latiore **SAR** *aliquot utramque lect. compil.*
iqjuiiqnx[1]   **39** alvari *Jos.* (*cf. supra* § 5 *et c. 11,1*) albario **SA** alucario **R**
admotu **SA**

Menge der Schmarotzer nicht überhandnehmen lassen, damit sie nicht allen Vorrat ausplündern, der ihnen nicht gehört. Wenn man also sieht, daß öfters Kämpfe zwischen Bienen und Drohnen stattfinden, wird man die Stöcke öffnen und prüfen, um sie entweder, falls die Waben erst halb voll sind, noch zurückzustellen oder, sofern sie mit Honig gefüllt und mit darübergezogenem Wachs wie mit Deckeln abgedeckt sind, auszunehmen.

Zum Wabenausschneiden wählt man gewöhnlich den frühen Morgen; denn es ist untunlich, die Bienen zu belästigen, wenn sie von der Mittagshitze gereizt sind. Man braucht zu diesem Zweck zwei eiserne Werkzeuge, beide anderthalb Fuß oder etwas mehr lang, von denen das eine ein längliches, beiderseits mit breiter Schneide versehenes Messer, das andere eine an der Spitze gekrümmte Hippe ist, deren vorderes Ende abgeflacht und sehr scharf ist, derart daß man mit dem einen die Waben gut ausschneiden, mit dem anderen auskratzen und allen Unrat, der zu Boden fällt, herausziehen kann. Hat man auf der Rückseite, wo sich kein Vorraum befindet, den Stock geöffnet, dann schafft man Rauch aus Mutterharz und getrocknetem Mist herbei; diese Stoffe werden in einem Tongefäß mit Schlehen vermischt, und das Gefäß selbst, einen Henkelkrug, bildet man ähnlich einem Wasserkrug in der Form, daß es auf der einen Seite spitzer zuläuft und ein kleines Loch hat, durch das der Rauch austritt, auf der anderen Seite flacher ist und eine etwas weitere Öffnung hat, durch die man hineinblasen kann. Hat man einen solchen Topf vor den Bienenstock gestellt, dann treibt man den Rauch durch Hineinblasen zu den Bie-

40 apes promovetur, quae confestim nidoris inpatientes in
priorem partem domicilii et interdum extra vestibulum se
conferunt.

Atque ubi potestas facta est liberius inspiciendi, fere, si
duo sunt examina, duo genera quoque favorum inveniun- 7
45 tur. nam etiam in concordia suum quaeque plebs morem
figurandi ceras fingendique servant. sed omnes favi semper
cavearum tectis et paululum ab lateribus adhaerentes dependent, ita ne solum contingant, quoniam id praebet exa- 8
minibus iter. ceterum figura cerarum talis est qualis et
50 habitus domicilii. nam et quadrata et rutunda spatia nec
minus longa suam speciem velut formae quaedam favis
praebent, ideoque non semper eiusdem figurae reperiuntur
favi. sed hi qualescumque sunt, non omnes eximantur. nam
priore messe, dum adhuc rura pastionibus abundant, quinta
55 pars favorum, posteriore, cum iam metuitur hiemps, tertia 9
relinquenda est. atque hic tamen modus non est in omnibus
regionibus certus, quoniam pro multitudine florum et ubertate pabuli apibus consulendum est.

Ac si cerae dependentis in longitudinem decurrunt, eo
60 ferramento, quod simile est cultro, insecandi sunt favi,
deinde subiectis duobus bracchiis excipiendi atque ita
promendi. sin autem transversi tectis cavearum inhaerent,
tunc scalprato ferramento est opus, ut adversa fronte in-
pressi desecentur. eximi autem debent veteres vel vitiosi, 10

40 promouetur **R** promeourunt **S** promourunt **A** promouerunt **q**
41 se/sed **A**   **44** pauorum **SA**   **45** in concordia suum **R** incordia sunt **SA**
46 seruat **R** (*cf. Kottmann p. 14*)   **48 s.** quoniam – figura *om.* **A**
  quoniam/quom *vel* cum **R**   id/hic **A**   **50** quadrati **A**
  rotunda **S²AR**   spatio **A**   **52** eius quem **SA**   periuntur **SA**
53 fauis **SA**   sunt **R** sint **SA**   **54** priorĕ esse **S**
55 metuitur **SR** metuntur **A**   hiems *vel* hyems **R**
56 tamen/tantum **αφος**   **60** est simile **R**
61 bracchiis duobus excipiandi **A**

nen; diese können den Brandgeruch schlecht ertragen und entweichen sofort in den vorderen Teil des Behälters, zuweilen auch aus
dem Vorraum hinaus ins Freie.

Hat man sich damit die Möglichkeit geschaffen, unbehindert ins
Innere des Stockes zu blicken, dann entdeckt man manchmal, falls
zwei Völker in ihm sind, auch zwei Arten von Waben. Denn selbst
bei völliger Eintracht bewahrt jedes Volk seine Eigenart im Bauen
und Modeln der Waben. Immer aber hängen sämtliche Waben an
der Decke und zum geringen Teil auch an den Seiten des Stockes,
ohne je den Boden zu erreichen; denn dieser dient den Bienen als
Lauffläche. Im übrigen ist die Form der Waben so wie die Anlage
der Behausung. Viereckige, runde, langgestreckte Räume übertragen wie Model ihre Gestalt auf die Waben; daher finden sich nicht
lauter Waben gleicher Form. Aber einerlei, welche Form sie haben, nicht alle dürfen ausgenommen werden. Bei der ersten Zeidelung, wenn das Land noch reiche Futterplätze bietet, läßt man
nur ein Fünftel, bei der zweiten aber, wo bereits der Winter droht,
ein Drittel im Stock. Dieses Maßverhältnis liegt nicht für alle Gegenden gleichermaßen fest; man muß eben je nach Blütenreichtum
und Nährwert des Futters für die Bienen sorgen.

Hängen nun die Waben der Länge nach im Stock, dann schnei-
det man sie mit dem messerartigen Gerät an, fängt sie mit beiden
Armen auf und holt sie so heraus. Hängen sie dagegen quer zum
Eingang von der Decke herab, dann braucht man das gekrümmte
Werkzeug, um sie durch einen Druck der Spitze von vorn her ab-
zuschneiden. Herausnehmen soll man die alten und schadhaften

65 et relinqui maxime integri ac melle pleni et si qui tandem
pullos continent, ut examini progenerando reserventur.

Omnis deinde copia favorum conferenda est in eum locum, in quo mel conficere voles, linendaque sunt diligenter
foramina parietum et fenestrarum, ne quid sit apibus per-
70 vium, quae velut amissas opes suas pertinaciter vestigant
et persecutae consumunt. itaque ex iisdem rebus fumus
etiam in aditu loci faciendus est, qui propulset intrare
temptantis.

Castratae deinde alvi si quae transversos favos in aditu 11
75 habebunt, convertendae erunt, ut alterna vice posteriores
partes vestibula fiant. sic enim proxime cum castrabuntur,
veteres potius favi quam novi eximentur ceraeque renova-
buntur, quae tanto deteriores sunt quanto vetustiores. quod
si forte alvaria circumstructa et inmobilia fuerint, curae
80 erit nobis, ut semper modo a posteriore modo a priore parte castrentur. idque fieri ante diei quintam horam debebit,
deinde repeti vel post nonam vel postero mane.

Sed quotcumque favi sunt demessi, eodem die dum te- 12
pent conficere mel convenit. saligneus qualus et tenui vimi-
85 ne rarius contextus saccus, inversae metae similis, qualis est
quo vinum liquatur, obscuro loco suspenditur. in eum deinde carptim congeruntur favi. sed adhibenda cura est, ut
separentur eae partes cerarum, quae vel pullos habent vel
rubras sordes; nam sunt mali soporis et suo suco mella cor-

65 tandem *edd. vett.* tamen *codd. Jos.* tantum *Schn. om. F.-H.*
66 reseruetur S[1] seruentur **A**   **70** omissas **A**
71 consumunt **SAR** *vix recte, exspectaveris* defendunt *sim.*
71 ss. itaque – temptantis *om.* **A**[1]
72 propulset **A**[1]ψgœüx[2]**vt** propulsent **SA**[2]**R** *plerique*   **76** uestibulo **SAa**
cum *om.* **SA**   **77** veteres – renouabuntur *om.* **SAy**
80 modo-a priore *om.* **S**[1]   **82** manes **S**   **83** sed/et **S**
demissi **S** demisi **A**   **83 s.** depent **A**
84 mella conficere *vel* mella conficere mel **R**   **87** carpti **SA**
fauis **SA**   **88** partes/ceres **A**   **89** rubas **SA**
sua suco **SA** suco suo **R**

Waben; im Stock läßt man nur völlig unbeschädigte und solche, die
mit Honig gefüllt sind, endlich solche, in denen sich noch Brut befindet, um sie der Vermehrung des Volkes zu erhalten.

Die gesamte Masse der (ausgenommenen) Waben bringt man
danach in den Raum, in dem man den Honig abzufüllen beabsich-
tigt, und verstreicht sorgfältig alle Wand- und Fensteröffnungen,
damit die Bienen keine Möglichkeit finden, einzudringen; denn sie
forschen hartnäckig nach ihren verlorenen Schätzen, und wenn sie
sie wiederfinden, zehren sie sie auf. Deshalb erzeugt man auch am
Eingang dieses Raumes Rauch aus den gleichen Brennmaterialien,
der sie beim Versuch, in den Raum zu dringen, abwehren soll.

Nach dem Ausschneiden muß man diejenigen Stöcke, die quer
zum Eingang verlaufende Waben hatten, umdrehen, damit der bislang rückwärtige Teil nun zum Vorhof wird. Auf diese Weise werden bei der nächsten Entnahme eher die alten als die neuen Waben herausgeschnitten und das Wachs wieder erneuert, das ja um so
schlechter ist, je älter es ist. Sind dagegen die Stöcke fest um-
mauert und unbeweglich, dann muß man daran denken, sie das
einemal von hinten, das anderemal von vorn auszuschneiden. Dies
alles muß noch vor der 5. Tagesstunde geschehen; danach darf man
die Arbeit erst nach der 9. Stunde oder am nächsten Morgen wieder aufnehmen.

Der Honig aller ausgebeuteten Waben muß noch am gleichen
Tage, solange sie noch stockwarm sind, abgefüllt werden. Man
nimmt ein Weidensieb oder einen in lockerer Webarbeit hergestellten Sack, ähnlich einer umgedrehten Wendesäule[60] und von
der Art, wie man ihn zum Filtern des Weines gebraucht, und hängt
ihn an schwach erleuchteter Stelle auf. Da hinein werden die Waben in großen Stücken geworfen; doch ist dabei zu beachten, daß
man Wabenteile, die Bienenbrut oder rote Brutmasse[61] enthalten,
davon abtrennt; denn diese haben einen schlechten Geschmack

90 rumpunt. deinde ubi liquatum mel in subiectum alveum 13
defluxit, transferetur in vasa fictilia, quae paucis diebus
aperta sint, dum musteus fructus defervescat, isque saepius
ligula purgandus est. mox deinde fragmina favorum, quae
in sacco remanserunt, retractata exprimuntur. atque id se-
95 cundae notae mel defluit et a diligentioribus seorsum re-
ponitur, ne quod est primi saporis, hoc adhibito fiat dete-
rius.

DE CERA FACIENDA 16

Cerae fructus quamvis aeris exigui non tamen omitten- 1
dus est, cum sit eius usus ad multa necessarius. expressae
favorum reliquiae posteaquam diligenter aqua dulci perlu-
tae sunt, in vas aeneum coiciuntur; adiecta deinde aqua
5 liquantur ignibus. quod ubi factum est, cera per stramenta
vel iuncos defusa colatur atque iterum similiter de integro
coquitur et in quas quis voluit formas aqua prius adiecta
defunditur. eamque concretam facile est eximere, quoniam
qui subest umor non patitur formis inhaerere.

10 Sed iam consummata disputatione de villaticis pecudibus 2
atque pastionibus, quae reliqua nobis rusticarum rerum
pars superest, de cultu hortorum, Publi Silvine, deinceps
ita, ut et tibi et Gallioni nostro conplacuerat, in carmen
conferemus.

91 transferetur SA transferatur t transfertur R **92** isque/hisque R *plerique*
94 remanserunt retractata R retractata remanserunt SA   id in SA

3 posteaquam/postea A **3 s.** aqua – adiecta *om. v. sp. rel.* A
delcis S **4** coiciuntur Sf coni(i)untur AR
5 stra(g)menta R strām SA **7** quis/quisque R
aqua prius/aquarius SA
10 uillaticas A
12 superest/subest R *pauci* est A   publis S¹A¹

L. IUNI(I) COLUMELLAE REI RUSTICAE LIBER X EXPLICIT
subscr. SAR *plerique* finis R *aliquot*

und verderben den Honig durch ihren Saft. Wenn dann der zum Fließen gebrachte Honig in eine untergestellte Wanne abgeflossen ist, wird er in irdene Gefäße umgefüllt, die man ein paar Tage offen stehen läßt, bis sich die mostartige Masse abgekühlt hat, und öfter mit einem Löffel gereinigt. Anschließend nimmt man die Wabenstücke, die im Sack verblieben sind, zum zweitenmal vor und preßt sie aus. Doch ist der Honig, der dann noch ausfließt, nur zweite Wahl und wird von sorgfältigen Imkern getrennt aufbewahrt, damit der der ersten Qualität nicht durch Berührung mit ihm an Güte verliert.

16. KAPITEL: ZUBEREITUNG DES WACHSES

Der Wachsertrag hat zwar geringen Kaufwert, ist aber gleichwohl nicht zu verachten, da man ihn für vielerlei Dinge benötigt. Nachdem die ausgepreßten Wabenreste mit süßem Wasser sorgfältig ausgewaschen sind, wirft man sie in einen Broncekessel, gibt Wasser hinzu und verflüssigt sie über einem Feuer. Ist dies geschehen, dann seiht man das Wachs durch Stroh oder Binsen, kocht es von neuem in gleicher Weise auf und gießt es in beliebige Formen, in die man zuvor etwas Wasser gegeben hat. Wenn das Wachs erstarrt ist, läßt es sich leicht herausnehmen, weil das zuvor hineingegossene Wasser ein Festhaften in den Gefäßen verhindert.

Nachdem hiermit die Behandlung der Kleintiere und ihrer Wartung abgeschlossen ist, bleibt noch der letzte Teil der Landwirtschaft übrig, nämlich der Gartenbau. Ihn will ich nunmehr, wie du, Publius Silvinus, und unser lieber Gallio es gewünscht habt, in Versen darstellen.

LIBER DECIMUS

PRAEFATIO

Faenoris tui, Silvine, quod stipulanti spoponderam tibi,
reliquam pensiunculam percipe, nam superioribus novem
libris hac minus parte debitum, quod nunc persolvo, reddi-
deram. superest ergo cultus hortorum, segnis ac neglectus
quondam veteribus agricolis, nunc vel celeberrimus. siquidem cum parcior apud priscos esset frugalitas, largior tamen pauperibus fuit usus epularum, lactis copia ferinaque
5 ac domesticarum pecudum carne velut aqua frumentoque
summis atque humillimis victum tolerantibus. mox cum
sequens et praecipue nostra aetas dapibus libidinosa pretia
constituerit cenaeque non naturalibus desideriis, sed censi-
bus aestimentur, plebeia paupertas summota pretiosioribus
10 cibis ad vulgares conpellitur. quare cultus hortorum, quorum iam fructus magis in usu est, diligentius nobis, quam
tradidere maiores, praecipiendus est, isque, sicut constitue-
ram, prorsa oratione prioribus subnecteretur exordiis, nisi
propositum meum expugnavisset frequens postulatio tua,
15

1
2
3

---

1 stipulantis **A**   3 ac minus **AR**   4 ortorum **S**   segnis signis **A**
6 partior **Aabcs**   7 ferinaque **R** ferineque **SA** *agn. Lundstr.*
9 s. cum sequens/consequens **R**   10 nostr(a)e aetas **SA**
   libidinose **A** -osis **R**   11 naturalius **SA**   desideriis/desieris **S**
13 ad uulgares/adulcares **A**
13 s. quorum iam *Lundstr.* quorum **SA** quoniam et **R**
15 praecipiendis isque **A**   16 prorsa *Lundstr.* prosa **R** prorsus **SA**
   oratione prioribus *om.* **SA**

ZEHNTES BUCH[1]

VORWORT

Von dem dir zustehenden Zins, den ich dir, Silvinus, auf dein Verlangen zugesagt habe, empfange nun die letzte kleine Rate; denn in den vorangehenden Büchern habe ich die Schuld, die ich jetzt begleiche, bis auf diesen Teil abgetragen[2]. Es bleibt also noch der Gartenbau übrig, den alten Bauern einstmals uninteressant und kaum von ihnen betrieben, heute aber äußerst beliebt[3]. Denn obwohl bei den alten die Einfachheit herrschte, hatten doch auch die Armen üppiger zu essen, da hoch und niedrig sein Leben mit reichlichen Mengen von Milch, Wildpret und Schlachttieren ebenso wie mit Wasser und Getreide fristete. Später aber, als die folgende und vor allem unsere eigene Zeit für Lebensmittel willkürliche Preise festgesetzt hat und der Wert der Mahlzeiten nicht nach dem natürlichen Bedürfnis, sondern nach der Zahlungskraft taxiert wird, wird die ärmere Bevölkerung von den kostspieligeren Lebensmitteln abgedrängt und auf die einfacheren verwiesen. Deshalb muß der Anbau der Gärten, deren Ertrag jetzt immer größere Bedeutung erlangt, von uns genauer dargestellt werden, als ihn die älteren Schriftsteller behandelt haben, und er würde, wenn es nach meiner Absicht ginge, den vorhergehenden Teilen in Prosa angefügt werden, wenn nicht über mein Vorhaben deine wiederholte Aufforderung gesiegt hätte. Sie hat mich dahin

quae pervicit, ut poeticis numeris explerem georgici carminis omissas partis, quas tamen et ipse Vergilius signi-
20 ficaverat posteris se memorandas relinquere. neque enim   4
aliter istud nobis fuerat audendum quam ex voluntate vatis
maxime venerandi, cuius quasi numine instigante pigre sine dubio propter difficultatem operis, verum tamen non sine spe prosperi successus adgressi sumus tenuem admodum
25 et paene viduatam corpore materiam, quae tam exilis est,
ut in consummatione quidem totius operis adnumerari veluti particula possit laboris nostri, per se vero et quasi
suis finibus terminata nullo modo speciose conspici. nam
etsi multa sunt eius quasi membra, de quibus aliquid pos-
30 sumus effari, at tamen eadem tam exigua sunt, ut, quod
aiunt Graeci, ex inconprehensibili parvitate harenae funis
effici non possit. quare quicquid est istud, quod elucubra-   5
vimus, adeo propriam sibi laudem non vindicat, ut boni
consulat, si non sit dedecori prius editis a me scriptorum
35 monumentis. sed iam praefari desinamus.

18 peruicit **R** praecepit **SA**
georgici/greci *v. l. in* **R**   **19** uergilius *cf. Ge. 4, 147 sq.*
20 se memorandas/post se mem. (*vel* commem.) *ex Verg. l. l.* **R** *plerique*
post se memoranda posteris se memoranda **a**   relinquo **R** *pars*
21 audiendum **cdqs**   **22** instigante **R** castigante **SA**   **24** prosperis **A**
26 s. veluti *Schn.* uelut in (in *om.* **cdq**) **SAR**   **28** speciosi **A**
29 etsi multa/et simul **SA**   **30** at tamen *scripsi* et tamen **SA** tamen **R**
exigua/exciua **A**   **33** adeo **SA** ideo **R**

gebracht, in dichterischen Versen den noch unerledigten Teil des
Landwirtschaftsgedichtes zu ergänzen, von dem freilich Vergil
selbst erklärt hatte, daß er ihn der Darstellung durch Spätere
überlasse[4]. Denn anders hätte ich dies nicht wagen dürfen als
eben nach dem Wunsch des verehrungswürdigsten Dichters: Von
seinem göttlichen Willen – wenn ich so sagen darf – ermutigt,
habe ich, zögernd zwar wegen der Schwierigkeit der Aufgabe,
aber nicht ohne die Hoffnung auf einen glücklichen Ausgang,
diesen ziemlich mageren, ja beinahe körperlosen Gegenstand in
Angriff genommen, der so bescheiden ist, daß er zwar im Ganzen meines Werkes gewissermaßen als kleines Teilchen zählen
kann, für sich selbst aber und auf seine eigenen Grenzen be-
schränkt in keiner Weise ansehnlich wirkt. Denn obschon er aus
vielen Einzelgliedern besteht, über die ich etwas zu sagen vermag, so sind doch auch diese wieder so winzig, daß – nach dem
griechischen Sprichwort – aus der unfaßbaren Kleinheit der Sand-
körner kein Strick gedreht werden kann[5]. Deshalb kann das, was
ich erarbeitet habe, sei es wie immer, so wenig Anspruch auf
eigenen Ruhm erheben, daß es schon zufrieden ist, wenn es auf
die früher von mir herausgebrachten Bücher keinen Schatten
wirft. Doch genug mit der Vorrede![6]

Hortorum quoque te cultus, Silvine, docebo
atque ea, quae quondam spatiis exclusus iniquis,
cum caneret laetas segetes et munera Bacchi
et te, magna Pales, nec non caelestia mella,
5   Vergilius nobis post se memoranda reliquit.

Principio sedem numeroso praebeat horto
pinguis ager putris glebae resolutaque terga
qui gerit et fossus gracilis imitatur harenas.
atque habilis natura soli, quae gramine laeto
10   parturit et rutulas ebuli creat uvida bacas.
nam neque sicca placet nec quae stagnata palude
perpetitur querulae semper convicia ranae.
tum quae sponte sua frondosas educat ulmos
palmitibusque feris laetatur et aspera silvis
15   achradis aut pruni lapidosis obruta pomis
gaudet et iniussi consternitur ubere mali,

Loci similes in Verg. Ge. (*uncis includuntur, quos num noster spectaverit
dubitari potest*):   **1** 3,440; 4,118   **2** 4,147   **3** 2,4s. 3,527   **4** 3,1
4,1   **5** 4,148   **6** 4,8   **7** 1,64 (2,248) 2,274 1,44   **8** 2,204
9 2,525   **10** 2,330 2,430   **12** 1,378   **13** 2,47 2,446   **14** (2,364)
1,152   **15** 2,34   **16** (2,82)

   1 te *ex* de *corr.* A   **2** exclusus **dq**   **5** uirgilius **R**
   7 putres (*vel* -is) glebas **R**   terra **SA**μ   **8** terit **A**μ**td**[1]
   mittatur **A**   **9** atque habilis *om.* **A**
  11 placet sed nec stagnata **S** placet nec stagnata **A**
  13 frondoses **A**[1]   **15** ach /// radis **S** aclaradis **A**
   pruni/primi **Ap** **16** iniussi **k**[2] iniussa **SA** iniussu **R**

Auch den Anbau der Gärten will ich dich lehren, Silvinus, und
das, was einst, auf allzu engen Raum begrenzt, Vergil, als er
von üppigen Saaten sang und von den Gaben des Bacchus, von
dir, große Pales[7], und von dem himmlischen Honig[8], uns hinterließ, daß wir nach ihm darüber sprächen.

Den Platz zunächst für einen vielseitig nutzbaren Garten biete
ein fetter Boden von mürber Scholle, der lockere Beete hat und,
wenn er umgegraben ist, den Eindruck feinen Sandes macht. Geeignet ist ein so beschaffener Boden, daß er üppiges Gras hervorbringt und, wenn er befeuchtet ist, die rötlichen Beeren des
Niederholunders[9] gedeihen läßt. Denn weder trockenes Land befriedigt noch solches, das, von stehendem Wasser versumpft, das
ständige Schimpfen des klagenden Frosches zuläßt. Ferner (wählt
man) solches Land, das aus freiem Willen dichtbelaubte Ulmen
aufzieht und sich an wildem Wein erfreut, das dicht von ganzen
Wäldern wilder Birnbäume bewachsen ist oder vom Steinobst des
Pflaumenbaumes überschüttet und vom Segen des ungezüchteten
Apfelbaumes bedeckt wird, jedoch die schwarze Nieswurz und

sed negat elleboros et noxia carbasa suco
nec patitur taxos nec strenua toxica sudat,
quamvis semihominis vesano gramine feta
20   mandragorae pariat flores maestamque cicutam,
nec manibus mitis ferulas nec cruribus aequa
terga rubi spinisque ferat paliuron acutis.
vicini quoque sint amnes, quos incola durus
adtrahat auxilio semper sitientibus hortis,
25   aut fons inlacrimet putei non sede profunda,
ne gravis haustus opus tendentibus ilia vellat.
talis humus vel parietibus vel sepibus hirtis
claudatur, ne sit pecori neu pervia furi.
neu tibi Daedaliae quaerantur munera dextrae
30   nec Polyclitea nec Phradmonis aut Ageladae
arte laboretur, sed truncum forte dolatum
arboris antiquae numen venerare Priapi
terribilis membri, medio qui semper in horto
inguinibus puero, praedoni falce minetur.

35   Ergo age nunc cultus et tempora quaeque serendis
seminibus, quae cura satis, quo sidere primum
nascantur flores Paestique rosaria gemment,

18 (2,118)   **23** 4.18 (1,160)   **24** 1.106; 4,512   **25** (1,480)
32 (4,111; 4,535)   **34** 4,110   **35** 2,253   **36** (2,354) 1,1
37 4,119

17 carpasa *Schn.* (*v. comm. p. 510 s.*) carbasa S carbas ia A galbana R
19 feta S f(o)etu **AR**   **21** (a)equ(a)e **R**
22 rubi spinisque *add. velt* rubis pinisque S rubi spinis quae A rubis
        spinisque **R**
26 haustus opus *scripsi coll. Hor. sat. 2, 1, 2* hausturis **dqt** haustris **cp**
        hausuris SA   **27** sepius A   hitis SA
28 ne sit/neu (*vel* neut) sit **R**   **29** nec SA   dealię A
30 fradmonis **p** fragmonis **Skt** phragmonis **AR**   agelade A
31 arte/ante A   sedtrus cŭ forte A
32 Priapi/triphalli *vel* trifalli (*ex glossa* ithyphalli) **R** *plerique*
34 in gunib; A   **37** pestique **R** festaque S festi A festi quoque **a**

auch die weiße mit ihrem schädlichen Saft abweist, keine Eiben
duldet und keine bitteren Gifte ausschwitzt, auch wenn es ge-
bärend Blüten der halbmenschenähnlichen Alraune mit ihrem be-
törenden Laub und bitteren Schierling hervorbringt[10], und Pfriemenkraut, das die Hände unsanft trifft[11], und Hecken (?) des
Brombeerstrauches, der die Beine nicht schont, und Judendorn
mit spitzen Stacheln. Auch seien Flüsse in der Nähe, die der harte
Landmann den ewig dürstenden Gärten zur Hilfe heranholt; oder
ein Quell benetze das Land, in einem Brunnen von nicht zu tiefer
Lage, damit nicht das mühevolle Schöpfen den Arbeitern die
Lenden verzerrt.

Ein solcher Boden werde mit Mauern oder dornigen Hecken
umgeben[12], daß weder Vieh noch Diebe Zugang finden. Und du
brauchst weder die Gaben der Hand des Dädalus zu suchen noch
die Kunst des Polyklet oder Phradmon oder Ageladas[13] in Anspruch zu nehmen; verehre vielmehr einfach den roh behauenen
Stamm eines alten Baumes als die Gottheit Priapus[14] mit dem
schreckenerregenden Glied, der stets inmitten eines Gartens
den Knaben mit seinem Geschlecht, den Dieb mit seiner Sichel
bedroht.

Nun denn, ihr pierischen[15] Musen, lehret jetzt im schlichten
Lied den Anbau und die Aussaatzeiten jedes Samens, lehrt, wie
die Saaten gewartet werden, unter welchem Gestirn sie zu blühen
beginnen, wann die Rosenbeete von Paestum[16] treiben, wann die

quo Bacchi genus aut aliena stirpe gravata
mitis adoptatis curvetur frugibus arbos,
40   Pierides, tenui deducite carmine, Musae.

Oceani sitiens cum iam canis hauserit undas
et paribus Titan orbem libraverit horis,
cum satur Autumnus quassans sua tempora pomis
sordidus et musto spumantis exprimet uvas,
45   tum mihi ferrato versetur robore palae
dulcis humus, si iam pluviis defessa madebit.
at si cruda manet caelo durata sereno,
tum iussi veniant declivi tramite rivi,
terra bibat fontis et hiantia compleat ora.
50   quod si nec caeli nec campi competit umor
ingeniumque loci vel Iuppiter abnegat imbrem,
expectetur hiems, dum Bacchi Gnosius ardor
aequore caeruleo celetur vertice mundi
solis et adversos metuant Atlantides ortus.
55   atque ubi iam tuto necdum confisus Olympo,
sed trepidus profugit Chelas et spicula Phoebus
dira Nepae tergoque Croti festinat equino,
nescia plebs generis, matri ne parcite falsae.
ista Prometheae genetrix fuit altera cretae;
60   altera nos enixa parens, quo tempore saevos
Tellurem Ponto mersit Neptunus et imum

---

38 (2,76)   **39** (2,522) (1,188) (2,81)   **45** 1.45 (1,147) 1.162 2.25 (2,64)
46 2,184 3,429   **47** 1,260   **48** 1,106 ss.   **49** 2,218   **51** 2.177
52 1,222   **53** (4,388) 3,4   **60** 1,61 3,267

45 mihi/m (i *suprascr.*) S   **46** si *om.* S   defossa R
47 ad si S¹A   **49** hianti compleat ore R   **50** quod sine celi A
52 gnosius μd noxius SAR
53 caerules celetur *edd. vett.* caeruletur (ru *postea exp.*) S ceruletur **Adk**
celeretur R   **54** lantides A
57 nepe **pr** nepet **bms** neget **l** negat **SAaμk** negat uel nepet **dq** (et *post*
sp. vac.) **c**   eroti **AR**   **59** promethei SA
59 *sq.* altera crete altera nos (*om.* μ) enixa (nixa μ) parens R altera noxe
nixa parens S alter axae nisa parens A   **61** mersit *om.* S

Schößlinge des Bacchus oder wann der mit fremdem Reis belastete Obstbaum sich gütig unter adoptierten Früchten[17] biegt.

Hat der durstige Hundsstern bereits die Wogen des Ozeans getrunken[18] und der Sonnengott der Welt die gleiche Stundenzahl (von Tag und Nacht) gegeben, preßt der satte Herbst, sein Haupt mit Früchten schüttelnd und vom Most bespritzt, die schäumenden Trauben aus, dann soll mir die süße Scholle mit dem eisenbewehrten Grabscheit umgewendet werden, falls sie von den Regenfällen schon nachgiebig und naß geworden ist. Bleibt sie aber unverändert hart bei heiterem Wetter, dann sollen auf dein Geheiß Wasserbäche auf fallender Gasse herbeieilen, soll die Erde Quellen trinken und die klaffenden Spalten füllen. Gibt es aber weder vom Himmel noch vom Boden Wasser, verweigert die Natur des Landes oder Jupiter den Regen, dann warte man bis zum Winter, bis die gnossische Geliebte des Bacchus[19] vom Himmelsgewölbe unter das blaue Meer versinkt und die Atlastöchter das Licht der Sonne fürchten, die ihnen gegenüber aufgeht. Und in der Tat, sobald der Sonnengott nicht mehr sicher und auf seinen Olymp vertrauend, sondern ängstlich vor den Scheren und dem grimmen Stachel des Skorpions ausweicht und auf dem Pferderücken des Schützen[20] davoneilt, dann, ihr Unwissenden über euere Herkunft, schont nicht euere irrtümlich angenommene Mutter![21]. Diese hier war nur die zweite Mutter, nämlich die der Kreide(-Menschen) des Prometheus; die andere aber hat uns hervorgebracht zu einer Zeit, als der wütende Neptunus die Erde

concutiens barathrum Lethaeas terruit undas.
tumque semel Stygium regem videre trementem
Tartara, cum pelagi streperent sub pondere Manes.
65 nos fecunda manus viduo mortalibus orbe
progenerat, nos abruptae tum montibus altis
Deucalioneae cautes peperere. sed ecce
durior aeternusque vocat labor: heia age segnis
pellite nunc somnos et curvi vomere dentis
70 iam viridis lacerate comas, iam scindite amictus;
tu gravibus rastris cunctantia perfode terga,
tu penitus latis eradere viscera marris
ne dubita et summo fermentis caespite mixta
ponere, quae canis iaceant urenda pruinis,
75 verberibus gelidis iraeque obnoxia cauri,
alliget ut saevus boreas eurusque resolvat.
post ubi Riphaeae torpentia frigora brumae
candidus aprica zephyrus regelaverit aura
sidereoque polo cedet Lyra mersa profundo
80 veris et adventum nidis cantabit hirundo,
rudere tum pingui, solido vel stercore aselli
armentive fimo saturet ieiunia terrae,

63 s. (1,36)   **65** (1,123) (1,237) (1,330)   **66** 4,112 (3,412) (3,535)
67 1,62   **68** 2,412; 1,63   **69** 1,262; 2,223 (1,162)   **71** 1,496;
1,94; 1,164; 2,236   **74** 2,376   **75** (3,356)   **76** 1,370 s.; 3,277 s.
(3,442 s.)   **76** s. (1,93)   **76** ss. 1,46   **77** 3,382; 4,518   **78** 2,330
80 (1,377) (4,307)   **81** 2,347   **82** 3,128

62 lactheas A   **66** abruptae tum/abrupętū S   altis *om.* A
71 cunctantia *ex* cum tatia *corr.* S   **72** marris k matris *rell.*
73 fermentis *scripsi coll.* 3, 11, 3 feruenti p frementia S frequentia A[1]**ast**
frequenti A[2]R frondenti *Schn.* feruentia *Gesner Lundstr.*
acespite A[1]   mixtia A   **74** iaceantur S[1] iacent AR
75 hauri A   **76** allegat cdqt   **77** rishae S riphei A[1]
78 auras SA   **79** sidere qq̄ A
80 cantabit *Postgate* cantauit SAR   **82** terra A

unters Meer getaucht und selbst den Lethestrom in Schrecken
versetzt hatte, da er die tiefste Hölle erschütterte. Dies war das
einzigemal, wo der Tartarus den stygischen König zittern sah,
während die Totenseelen unter der Last der Meerflut verstört
umherirrten. Uns schuf eine schöpferische Hand, als die (frühere)
Menschheit von der Erde genommen war; uns haben damals Felsen, die Deukalion von hohen Bergen abgebrochen hatte, in die
Welt gesetzt. – Doch sieh, noch härter ist die Mühe, die uns
ohne Ende ruft: Wohlan denn, so verjagt die träge Schläfrig-
keit, zerstört mit dem gekrümmten Zahn der Pflugschar die grünen Kräuter und reißt die (Pflanzen)decke auf[22]; du zerschlage
mit dem schweren Karst die zähen Schollen; du kratze ohne Säu-
men mit dem breiten Bickel[23] das Innere des Bodens heraus
und breite es, mit Dünger vermengt, auf der Rasenfläche aus;
dort soll es im grauen Reif zur Auswitterung liegen, den kalten
Peitschenhieben und der Wut des Nordwestwindes preisgegeben,
damit es der grimme Nordwind bindet und der Südostwind wieder
auflöst. Danach, wenn der helle Frühlingswind die starren Fröste
des riphäischen[24] Winters durch seinen sonnigen Lufthauch auf-
getaut hat, wenn die Leier am Himmelszelt in die Tiefe hinab-
getaucht ist[25] und die Schwalben in den Nestern den Anbruch
des Frühlings verkündet haben[26], dann wird der Gemüsegärtner
der Dürftigkeit des Bodens mit fettem Mergelton, trockenem
Eselsmist[27] oder Rinderdung aufhelfen und selbst die Körbe tra-

ipse ferens holitor diruptos pondere qualos,
pabula nec pudeat fisso praebere novali,
85   inmundis quaecumque vomit latrina cloacis.
densaque iam pluviis durataque summa pruinis
aequora dulcis humi repetat mucrone bidentis.
mox bene cum glebis vivacem cespitis herbam
contundat marrae vel docti dente ligonis,
90   putria maturi solvantur ut ubera campi.
tunc quoque trita solo splendentia sarcula sumat
angustosque foros adverso limite ducens
rursus in obliquum distinguat tramite parvo.

Verum ubi iam puro discrimine pectita tellus
95   deposito squalore nitens sua semina poscet,
pangite tunc varios, terrestria sidera, flores:
candida leucoia et flaventia lumina calthae
narcissique comas et hiantis saeva leonis
ora feri calathisque virentia lilia canis
100   nec non vel niveos vel caeruleos hyacinthos.
tum quae pallet humi, quae frondens purpurat auro,
ponatur viola et nimium rosa plena pudoris;
nunc medica panacem lacrima sucoque salubri
glaucea et profugos vinctura papavera somnos

---

83 1,164 (2,241)   **84** s. 1,71; 1,80 s.   **86** (1,418 s.)   **87** (2,184)
88 4,273   **90** 1,44; 2,184   **91** 1,46   **93** 1,98   **95** 2,324
98 4,122 s.; 2,151   **100** 4,183   **101** (2,500)   **104** 1,78

83 diductos a deductos **R**   quales **Sbms** quata **A**
86 puluis **AR**   **88** uiuacem/uiuacu **S** uiua cum **A**
89 docti *scripsi coll. Prop. 2, 19, 12 et Hor. c. 3, 6, 38* fracti *codd.* tracti
vel forti *prop. Gesner* **91** sumat *edd. vett.* sumant **SR** summant **A**
96 pangite *Gesn. Schn.* pingite **SA** pingit et in **R**   **97** lamina **A**
99 nitentia/virentia *Gesn.*   **101** frondes **SA**
purpurat auro **cdp** purpura tabo **SAbμs** purpurat tabo **a** *var. l. in* **cd**
104 profusus **A** profusos **aμ**   uinctora papa vero **A**[1]

gen[28], die das Gewicht des Düngers sprengt, und er wird sich
nicht zu gut sein, dem aufgegrabenen jungen Erdreich als Nahrung das zu reichen, was der Abtritt aus schmutzigen Kloaken
hergibt[29]. Die durch die Regenfälle bereits verdichtete und durch
Fröste verhärtete Oberfläche des süßen Erdreichs bearbeitet er
erneut mit der zweizinkigen Hacke. Danach zerkleinere er zusammen mit den Erdschollen die lebende Pflanzendecke gründlich
mit dem Zahn des Breitbickels oder der geschickt geführten Zin-
kenhacke, damit die mürbe Masse des reifen Bodens locker werde!
Danach nehme er noch einmal die vom Humus blankgeriebene
Jäthacke, ziehe quer zum Beet schmale Pfade und teile diese
wiederum durch eine Gasse im rechten Winkel auseinander!

Wenn aber nun das Land alle Häßlichkeit verloren hat und in
sauberer Ordnung frisiert voll Schönheit seine Einsaat fordert,
dann malt[30] man darauf bunte Blumen, die Sterne der Erde:
die weißen Levkojen[31] und die gelben Augen der Ringelblume,
Narzissen und die grimmigen Mäuler des rachenaufsperrenden
wilden Löwen[32], grünende Lilien mit weißgrauen Kelchen, auch
Hyzinthen[33], weiße oder auch blaue. Ferner säe man Veilchen[34],
solche, die blaß auf der Erde ruhen, und solche, die purpurn
und golden emporwachsen, und Rosen, die von Schamrot ein
Übermaß zeigen; dann sät auch Heilwurz mit lindernden Tropfen[35], Hornmohn[36] mit heilsamem Saft und Mohn, der den

105   spargite, quaeque viros acuunt armantque puellis,
         iam Megaris veniant genitalia semina bulbi,
         et quae Sicca legit Getulis obruta glebis,
         et quae frugifero seritur vicina Priapo,
         excitet ut Veneri tardos eruca maritos.
110   iam breve chaerepolum et torpenti grata palato
         intiba, iam teneris frondens lactucula fibris
         alliaque infractis spicis et olentia late
         ulpica quaeque fabis habilis fabrialia miscet:
         iam siser Assyrioque venit quae semine radix
115   sectaque praebetur madido sociata lupino,
         ut Pelusiaci proritet pocula zythi.

         Tempore non alio vili quoque salgama merce
         capparis et tristis inulae ferulaeque minaces
         plantantur nec non serpentia gramina mentae,
120   et bene odorati flores sparguntur anethi
         rutaque Palladiae bacae iutura saporem
         seque lacessenti fletum factura sinapis,
         atque holeris pulli radix lacrimosaque cepa
         ponitur et lactis gustus quae condiat herba,
125   deletura quidem fronti data signa fugarum
         vimque suam idcirco profitetur nomine Graio;

106 2,324   **108** (2,224)   **109** (3,97)   **111** 1,120   **112** 4,30
113 (3,220)   **114** 2,14 (1,319)   **117** 3,245; 531   **120** (3,114)
121 (2,181 ss.) (2,519)

105 ac cuunt A   armentque **cdœ**   **106** bului A[1]
107 eaq; sicca A   **108** uincina A[1]   **109** uereri tardo servea A
110 chae repulum A chaerephylum *edd. inde a Gesn.*   **111** intuba **R**
      frondens (frondes A) et lactula **SA**   **114** qua semine **SA** quo s. **cd**
118 inuleq; minaces (*om.* ferulae) **SA**   **119** non *om.* **A**
      mente **SA**   **120** odorat S[1]A odorate S[2]   anteti S[1] antheti **A**
121 palladia ebace A   **124** custus S[1] clistus (cl *in ras.*) **A**
125 deiectura **R**   fugarum **p** fucarum **SAR**   **126** Graio/grati **A**

flüchtigen Schlaf zu bannen vermag[37]; auch laßt aus Megara[38]
lebenfördernde Zwiebelsamen kommen, die die Männer scharf
machen und für die Mädchen wappnen, und wilde Rauke[38a], die
das von gätulischer Scholle bedeckte Sicca[39] erntet und die man
in der Nähe des zeugungsfördernden Priapus anpflanzt, damit sie
die lustlosen Ehemänner zur Geilheit stachelt; ferner das niedrige Kerbelkraut[40] und die Endivie, die einem angegriffenen Gaumen wohltut; sodann den mit zarten Blättern sprießenden Salat,
Knoblauch mit gespalteten Köpfen, weithin duftenden Lauch und
was sonst eine raffinierte Küche unter die Bohnen mischt; dann
Rapunzel[41] und eine Wurzel[42], die aus assyrischem Samen
sprießt und vereint mit feuchter Lupine vorgesetzt wird, um zum
Trinken pelusischen[43] Bieres anzuregen.

Zur gleichen Zeit setzt man auch die Kapern, die einen billigen
Vorrat in der Salzlauge bilden, bitteren Alant und das drohende
Pfriemenkraut, und sät das kriechende Kräuterwerk der Minze,
den duftreich blühenden Dill, die Raute, die den Geschmack der
Olive verbessern wird, den Senf, der jeden zu Tränen reizt,
der ihn versucht, und pflanzt die Wurzel des Schwarzkohls[44] und
die tränenlockende Zwiebel sowie ein Kraut, das den Geschmack
der Milch würzt, aber freilich auch die Brandmale auf der Stirn
flüchtiger Sklaven beseitigen kann und seine Fähigkeit infolge-

tum quoque conseritur, toto quae plurima terrae
orbe virens pariter plebi regique superbo
frigoribus caules et veri cymata mittit:
130 quae pariunt veteres caesposo litore Cumae,
quae Marrucini, quae Signia monte Lepino,
pinguis item Capua et Caudinis faucibus horti.
fontibus et Stabiae celebres et Vesvia rura;
doctaque Parthenope Sebethide roscida lympha,
135 quae dulcis Pompeia palus vicina salinis
Herculeis vitreoque Siler qui defluit amni,
quae duri praebent cymosa stirpe Sabelli
et Turni lacus et pomosi Tiburis arva,
Bruttia quae tellus et mater Aricia porri.

140 Haec ubi credidimus resolutae semina terrae,
adsiduo gravidam cultu curaque fovemus,
ut redeant nobis cumulato fenore messes.
et primum moneo largos inducere fontis,
ne sitis exurat concepto semine partum.
145 at cum feta suos nexus adaperta resolvit,
florida cum soboles materno pullulat arvo,
primitiis plantae modicos tum praebeat imbres

127 (2,14)   129 (1,300)   130 4,432 (1,436)   133 ss. (2.224)
134 4,564; 3,337   136 3,447 (4,373)   138 (2,167 + 171)
140 1,224 (1,44)   141 2,51 (1,302)   142 (1,49) (1.161)   143 1,106
+ 2,175   146 (3,136) 2,17; 1,341; 3,75 (4,349)   147 4.115 (1.429)

127 consertur SA   128 pleui S¹
130 caesposo *Ash* cesposo cq *ed. Ald.* caeposo SAR cetoso dp
131 lepino *edd. vett.* lepuno SAR   132 horti p hortis Ss horris AR
133 uesuia R uesbia S uespia Aa
134 sebethide *ed. Ald.* sebeti de œ sebethride SAR
135 pompeia R rompheia SAa   136 uetreque A
137 cymos asurpes abelli A¹   138 triburis A   140 resoluta AR
141 culto A   143 fontis R fontes SA
145 adaperto A adoperta R *aliquot*   146 aruo S aluo AR

dessen im griechischen Namen verkündet[45]. Außerdem wird eine
Pflanze angebaut, die, auf der ganzen Welt in Massen gedeihend,
dem kleinen Mann wie dem stolzen König im Winter Stengel, im
Frühling frische Sprossen liefert[46], die die Alten an der zwie-
belreichen Küste von Cumae[47] züchteten, die die Marruciner[48],
die Signiner am Mons Lepinus[49], das reiche Capua und die Gär-
ten am caudinischen Engpaß[50], das quellenreiche Stabiae[51], die
Äcker am Vesuv, das gelehrte Parthenope[52], bewässert vom
Sebethis-Fluß, erzeugten, die das süße Wasser von Pompeji,
das dem Salzstrand von Herculaneum benachbart ist, und der
Siler[53], der mit glasklarer Flut dahinströmt, die Sabeller, die
eine sprossenreiche Sorte züchten, und der Turnussee[54] und die
Felder des obstreichen Tibur liefern, das Bruttierland und
Aricia[55], die Heimat des Lauchs.

Haben wir diese Samen der aufgelockerten Erde anvertraut,
dann pflegen wir die Trächtige mit dauernder Sorgfalt und Mühe,
damit wir Ernten mit gehäuftem Zins zurückerhalten. Als erstes
fordere ich, reichlich Wasser hinzuleiten, damit nicht nach der
Aufnahme des Samens Durst das junge Leben ausbrennt. Wenn
aber dann die gebärende Erde sich öffnet und ihre Verschlüsse
lockert, wenn der blühende Nachwuchs aus dem mütterlichen Erdreich sprießt, dann soll der eifrige Gärtner den ersten Pflan-

sedulus inrorans holitor ferroque bicorni
pectat et angentem sulcis exterminet herbam.
150   at si dumosis positi sunt collibus horti
nec summo nemoris labuntur vertice rivi,
aggere praeposito cumulatis area glebis
emineat, sicco ut consuescat pulvere planta
nec mutata loco sitiens exhorreat aestus.

155   Mox ubi nubigenae Phrixi nec portitor Helles,
signorum et pecorum princeps, caput efferet undis,
alma sinum tellus iam pandet adultaque poscens
semina depositis cupiet sinere ubera plantis,
invigilate, viri! tacito nam tempora gressu
160   diffugiunt nulloque sono convertitur annus.
flagitat ecce suos genetrix mitissima fetus
et quos enixa est partus, iam quaerit alendos
privignasque rogat proles. date nunc sua matri
pignora, tempus adest; viridi redimite parentem
165   progenie! tu cinge comas, tu dissere crines.
nunc apio viridi crispetur florida tellus,
nunc capitis porri longo resoluta capillo
laetetur mollemque sinum staphylinus inumbret.
nunc et odoratae peregrino munere plantae
170   Sicaniis croceae descendant montibus Hyblae.

148 1,264   149 1,134 (1,68 s.)   150 2,179 s.   151 (1,418)
154 3,434 (2,50) (3,479)   155 4,502   156 1,263; 4,352
157 2,330 (1,7)   158 2,354 (2,14) (2,278)   159 1,313
159 s. 3,283   160 2,402   165 2,368   166 4,121   168 (3,464)
(4,137)   169 3,414   169 s. 1,56   170 4,109

150 ad si S¹A¹   151 uertice R cortice SA   152 acere S¹A
154 aestus R aestu SA   157 alma sinum R masinū SA
158 sinere ubera *scripsi coll. Verg. Aen. 9, 620 al.* se nubere SAa denubere
R   160 diffugunt S¹   161 fetu A   165 comam R
166 erispetur A   167 captis A   170 sicanis S¹A

entrieben nur noch mäßige Güsse gewähren, soll sie mit der
doppelzinkigen Hacke bearbeiten und aus den Furchen das Unkraut entfernen, das sie beengt. Doch falls die Gärten auf
Hügeln voll dürrem Buschwerk angelegt sind und keine Bäche
von der Höhe des Bergwaldes fließen, dann sei die Einsaatfläche
durch einen vorgelagerten Damm und Anhäufung von Humus erhöht[56], damit sich die Pflanze an trockenen Boden gewöhnt und
nicht nach ihrer Versetzung verdurstend die Sonnenglut scheut!
Später, wenn der Träger des wolkengeborenen Phrixus und der
Helle[57], der unter den Sternbildern und Schafen der erste ist,
sein Haupt aus dem Meer erhebt, wenn die gütige Erde ihren
Busen offnet, die herangewachsenen Setzlinge fordert und danach
begehrt, den eingesetzten Pflänzchen die Brüste zu geben, dann
heißt es wach sein, ihr Männer; denn mit lautlosem Schritt eilt
die Zeit dahin, und unhörbar wendet sich das Jahr. Es fordert
die allmilde Mutter ihre Kinder, und die Leibesfrüchte, die sie
geboren hat, wünscht sie nun zu nähren und verlangt sie auch
als Stiefkinder[58]. Jetzt also gebt der Mutter ihre Kinder! Die
Zeit ist gekommen. Bedeckt die Gebärerin mit grünem Jungvolk;
du bekränze ihr Haar, du ordne ihre Locken! Nun kräusle sich die
blühende Erde von grünem Eppich, nun prange sie im lockeren
Langhaar des Knoblauchs, und Pastinak[59] beschatte ihren weichen
Busen! Jetzt sollen durftende Krokusse als fremdes Geschenk von
den sizilischen Höhen des Hybla niedersteigen. Jetzt komme

nataque iam veniant hilaro samsuca Canopo
et lacrimas imitata tuas, Cinyreia virgo;
sed melior stactis ponatur Achaia murra.
et male damnati maesto qui sanguine surgunt
175   Aeacii flores inmortalesque amaranti
et quos mille parit dives natura colores,
disponat plantis holitor, quos semine sevit.
nunc veniat quamvis oculis inimica corambe,
iamque salutari properet lactuca sapore,
180   tristia quae relevat longi fastidia morbi:
altera crebra viret, fusco nitet altera crine,
utraque Caecilii de nomine dicta Metelli;
tertia, quae spisso, sed puro vertice pallet,
haec sua Cappadocae servat cognomina gentis;
185   et mea, quam generant Tartesi litore Gades,
candida vibrato discrimine, candida thyrso est.
Cypros item Paphio quam pingui nutrit in arvo,
punicea depexa coma, sed lactea crure est.

Quot facies, totidem sunt tempora quamque serendi.
190   Caeciliam primo deponit Aquarius anno,
Cappadocamque premit ferali mense Lupercus.

171 (2,11) 4,287   **174** (2,14) (2,48)   **176** (1,452)   **180** 4,252 (3,67)
181 2,228   **182** 3,280   **184** 2,240   **185** (3,33)   **187** (2,203)
189 1,253   **190** 3,304

171 thilaro S   **172** cynireia SR cyniretta A
173 stactis **ap** tactis SAR intactis **bcdmas**   archaia A
175 amaranthi *codd.*   **178** corambe *Lundstr.* coramue *codd.*
179 sopore R   **181** crine (ne *in ras.*) S criem A   **183** tertisque A
    spissos et SA   **185** quas Aμ   **186** discrimina AR
187 nutrit aruo A[1]   **188** comas et SA
    crure **p** crura SAaμ cura R   **189** quot/quod SA
191 cappadocamque S   lu /// percus S lui percus A

auch der aus dem heiteren Canopus[60] stammende Majoran[61]
und jene Pflanze, die deine Tränen, Tochter des Kinyras, nach-
ahmt[62]; doch weil sie besser ist für Myrrhenöl, pflanze man die
achäische Myrrhe[63], und auch die Blumen, die aus dem bekla-
genswerten Blut des übel verurteilten Aiax sprießen[64], und nie
verblühende[65] Amaranten, und die tausenderlei Farben, die die
unerschöpfliche Natur hervorbringt, verteile der Gärtner durch die
Pflanzen, die er mit Samen ausgesät hat. Jetzt komme auch der
Kohl[66] – obschon er den Augen schadet – und es beeile sich der
Lattich mit seinem heilsamen Geschmack, der die Appetitlosigkeit
nach langer Krankheit behebt; eine Art grünt häufig, die andere
glänzt mit dunkler Haarkrone; beide sind nach dem Namen des
Caecilius Metellus benannt[67]. Eine dritte Art, die eine dichte,
aber ordentliche blaßgrüne Haarkrone trägt, bewahrt den Namen
des Kappadokiervolkes als den ihren; dazu meine eigene, die
Gades[68] an der tartessischen Küste wachsen läßt: weiß ist sie
am buschigen Scheitel, weiß am Stengel. Ferner die Art, die
Zypern auf fettem paphischem Boden gedeihen läßt, mit Flechten
von rötlichem Haar, doch milchweiß am Fuß.

Soviel Arten, soviele Zeiten des Auspflanzens gibt es. Die
caecilische setzt man zur Zeit des Wassermanns im Anfang des
Jahres, die kappadokischen pflanzt Lupercus im Totenmonat[69].

tuque tuis, Mavors, Tartesida pange Kalendis,
tuque tuis, Paphie, Paphien iam pange Kalendis.
dum cupit et cupidae quaerit se iungere matri
195 et mater facili mollissima subiacet arvo,
ingenera: nunc sunt genitalia tempora mundi,
nunc Amor ad coitus properat, nunc spiritus orbis
bacchatur Veneri, stimulisque Cupidinis actus
ipse suos adamat partus et fetibus implet.
200 nunc pater aequoreus, nunc et regnator aquarum
ille suam Tethyn, hic polluit Amphitriten,
et iam caeruleo partus enixa marito
utraque nunc reserat pontumque natantibus implet.
maximus ipse deum posito iam fulmine fallax
205 Acrisioneos veteres imitatur amores
inque sinus matris violento depluit imbre;
nec genetrix nati nunc aspernatur amorem
et patitur nexus flammata cupidine Tellus.
hinc maria, hinc montes, hinc totus denique mundus
210 ver agit, hinc hominum pecudum volucrumque cupido,
atque amor ignescit menti saevitque medullis,

---

194 (3,187)   195 (1,341)   196 ss. 2,324 ss.   200 2,325
203 4,515 (3,541)   204 (4,344)   206 2,325 s.   207 3,393
208 2,318   209 2,444   209 s. 2,338 s.   210 s. 3,242 s.

---

193 tuis *Gesner* suis *codd.*
  Paphie Paphien *Pontedera* (Paphien, Paphie *coni. Gesner*) paphien
  iterum *codd.* Paphien Cythereia *Schrader*
194 cupite queritser ingere A   195 facilis SA *Lundstr.*
  mol(l)issimo R   198 aptus SA   199 suos *F.-H.* suas SAR
  partes R
201 polluit *codd.* pellicit *edd. vett. prob. Schn. Häußner Lundstr.*
  amphicitriten S amphicliten A   202 caeruleos R
203 pontumque cd pontiumq; q portumque SAabmμ
205 acrisioneos *edd. vett.* acrisionios R acrisineos S arisineos A
206 defluit bcmqs   207 humorem A   208 et SA sed R

Du, Mars, stecke die tartessichen an deinem Monatsbeginn[70],
du, Paphierin, den paphischen Kohl an deinen Kalenden[71]. Solange die Pflanze danach verlangt, der begehrenden Mutter vereint zu werden, und die Mutter in all ihrer Weichheit noch willig
unter lockerer Scholle liegt, setze sie in den Boden: Jetzt ist
die Zeugungszeit der Welt[72], jetzt drängt der Geschlechtsrausch
nach der Begattung, jetzt stürzt sich die Seele des Erdkreises
in die Arme der Venus, und von den Stacheln der Lust getrieben,
verliebt er sich in die eigenen Geschöpfe und macht sie schwanger.
Jetzt verführt der Vater des Meeres[73] seine Amphitrite, der Herr
der Gewässer[74] seine Tethys; jede der beiden bringt ihrem blauen
Gemahl Kinder ans Licht und füllt das Meer mit schwimmenden
Wesen. Selbst der höchste der Götter, der Schwerenöter, legt
seinen Blitz beiseite und imitiert die alte Liebe zur Akrisios-
Tochter[75], indem er mit heftigem Regen in den Schoß seiner
Mutter niederströmt; und die Mutter, die Erde, verweigert sich
nicht der Liebe des Sohnes und duldet, von Begierde entflammt,
die Vereinigung. Deshalb feiern die Meere, deshalb die Berge,
deshalb die ganze Welt den Frühling; daher der Lusttrieb der
Menschen, des Viehs und der Vögel, und das Geschlecht ent-
brennt im Gemüt und tobt im Eingeweide, bis Venus die frucht-

dum satiata Venus fecundos compleat artus
et generet varias soboles semperque frequentat
prole nova mundum, vacuo ne torpeat aevo.

215   Sed quid ego infreno volitare per aethera cursu
passus equos audax sublimi tramite raptor?
ista canit, maiore deo quem Delphica laurus
inpulit ad rerum causas et sacra moventem
orgia naturae secretaque foedera caeli
220   extimulat vatem per Dindyma castra Cybeles
perque Cithaeronem, Nyseia per iuga Bacchi,
per sua Parnasi, per amica silentia Musis
Pierii nemoris, Bachea voce frementem
Delie te Paean et te Euhie Euhie Paean.
225   Me mea Calliope cura leviore vagantem
iam revocat parvoque iubet decurrere gyro
et secum gracili conectere carmina filo,
quae canat inter opus Musa modulante putator
pendulus arbustis, holitor viridantibus hortis.

213 s. (3,65)   **215** (3,9)   **215** s. 3,108 s.   **216** (1,40) (4,565)
218 2,490   **219** 1,60   **221** 3,43   **222** 3,292   **223** 4,320 (3,45)
225 3,305   **226** (2,39) (3,191)   **227** 2,45   **228** (1,293)
229 (2,89)

212 fecundus **SA**   **217** iste **S**[1]   **218** ad **SA** et **R**
    causas et **R** causa est **SA**   **220** extimulet **R**   castra **R** casta **SA**
221 citeronem **A**[2]**R** ciceronem **A**[1]   nyseiaque *sim.* **R**
222 parnasi a parnasii **SA** (pern- **bcms**) **R**
    per amica **S** pnica **A** per omissa **R**   **223** baccheia **SA**
224 et ehyie (ie *in ras.*) ehyie paen **S** ete hyie ehyi epaen **A** et ehye
    ehye (*vel* ehyie) pean **cdq**   **225** cura leuiore **R** curauerit ore **SA**
228 musa/mosu **A**[1]   putatos **cdq**   **229** penulus **SA**
    uindantib: **A**

baren Leiber füllt und allerlei Nachwuchs erzeugt und die Welt immer neu mit jungen Wesen bevölkert, damit sie nicht in einem kinderlosen Zeitalter abstirbt.

Doch wieso gestatte ich Verwegener meinen Rossen, in ungezügeltem Lauf durch den Äther zu fliegen, und lasse mich auf hoher Bahn entführen?[76] Von solchen Gegenständen singt der Dichter, den unter einem größeren Gott der delphische Lorbeer zu den Urgründen der Dinge geführt hat und in Begeisterung versetzt, wenn er die heiligen Weihen der Natur, die ewigen Gesetze des Himmels berührt und durch Dindyma, die Bergfeste der Kybele[77], durch den Kithairon[78], durch die nysischen Berge des Bacchus[79], durch den Panaß[80], der diesem Gotte selbst gehört, durch das Schweigen des pierischen Haines[81], das die Musen lieben, mit baccheischer Stimme das Preislied des Apoll von Delos und des Bacchos Euhios ertönen läßt. Mich ruft meine Muse rasch zurück, wenn ich mich etwas sorglos gehen lasse, heißt mich im eng begrenzten Zirkel laufen[82] und mit ihr ein Lied aus dünnem Faden zu weben, wie es der Ästebeschneider bei seiner Arbeit unter der Leitung der Muse singt, wenn er in den Bäumen sitzt, und der Gärtner, wenn die Gärten grünen.

230 Quare age, quod sequitur, parvo discrimine sulci
spargantur caecis nasturcia dira colubris,
indomito male sana cibo quas educat alvos,
et satureia thymi referens thymbraeque saporem
et tenero cucumis fragilique cucurbita collo;
235 hispida ponatur cinara, quae dulcis Iaccho
potanti veniat nec Phoebo grata canenti;
haec modo purpureo surgit glomerata corymbo,
murteolo modo crine viret deflexaque collo,
nunc adaperta manet, nunc pinea vertice pungit,
240 nunc similis calatho spinisque minantibus horret,
pallida nonnumquam tortos imitatur acanthos.
mox ubi sanguineis se floribus induit arbos
punica, quae rutilo mitescit tegmine grani,
tempus aris satio, famosaque tunc coriandra
245 nascuntur gracilique melantia grata cumino
et baca asparagi spinosa prosilit herba
et moloche, prono sequitur quae vertice solem,
quaeque tuas audax imitatur, Nysie, vitis

230 1,63   231 2,320   233 3,397 (2,126)   234 1,20 (4,122) (3,204)
240 (1,151 s.)   241 4,123   242 4,142 (1,188)   244 1,215
245 (2,111)

232 indomino SA   quasseducat SA
aluus SA   236 potati ueiat ne SA   crata S[1]
240 calathos pinis (om. que) SA   imitantibus SA
242 arbor SAm
244 tempus aris cq t. haris SAR tunc rhaphanis Housman
245 nascantur A   gracili (om. que) R   cumino uv camino SAR
246 bacas R   aspargi vel aspgi R   247 molo hȩ S molo hec A
solem ad[1] molē SAR   248 qu(a)etuas S[1]A

Auf denn zu dem, was folgt: In dichtem Abstand säe man in die
Furchen Kresse, die die augenlosen Würmer tötet[83], die der Leib
nach unverdauter Speise als böses Übel entstehen läßt, und Saturei, der an den Duft des Thymians und Majorans erinnert, Gurken
mit schmiegsamem und Kürbisse mit zerbrechlichem Hals; auch
pflanze man borstige Artischocken, die Bacchus liebt, wenn er
trinkt, nicht aber Phoebus, wenn er singt[84]; sie wachsen manchmal
mit einem dichten, purpurfarbigen Busch empor, manchmal treiben sie myrtenbraune Blätter, manchmal bleiben sie offen bei ab-
wärts gebogenem Stengel, oft stechen sie mit ihrer Spitze wie
Pinienzapfen, oft gleichen sie einem Korb und starren von drohen-
den Stacheln, zuweilen sind sie blaß und dem gewundenen Bären-
klau ähnlich[85]. Später, wenn sich der Granatapfelbaum, dessen
Frucht reift, wenn sich die Hülle ihrer Kerne rötet, mit roten
Blüten kleidet, ist es Zeit, die Natterwurz[86] zu säen, und dann
wächst auch der hochgeschätzte Coriander und der beliebte Fen-
chel mit seinem schlanken Samenkorn; es sprießt das Spargel-
kraut mit seiner dornigen Frucht empor und die Malve, die sich
mit der Spitze nach der Sonne dreht; kühn ahmt sie deine Reben

nec metuit sentis: nam vepribus improba surgens
250   achradas indomitasque bryonias alligat alnos.
       nomine tum Graio, ceu littera proxima primae
       pangitur in cera docti mucrone magistri,
       sic et humo pingui ferratae cuspidis ictu
       deprimitur folio viridis, pede candida beta.

255   Quin et odoratis messis iam floribus instat:
       iam ver purpureum, iam versicoloribus anni
       fetibus alma parens pingi sua tempora gaudet.
       iam Phrygiae loti gemmantia lumina promunt,
       et coniventes oculos violaria solvunt,
260   oscitat et leo et ingenuo confusa rubore
       virgineas adaperta genas rosa praestat honores
       caelitibus templisque Sabaeum miscet odorem.
       nunc vos Pegasidum comites Acheloidas oro
       Maenaliosque choros dryadum nymphasque Napaeas,
265   quae colitis nemus Amphrysi, quae Thessala Tempe,
       quae iuga Cyllenes et opaci rura Lycaei
       antraque Castaliis semper rorantia guttis
       et quae Sicanii flores legistis Halaesi,
       cum Cereris proles vestris intenta choreis

---

250 2,451   **252** (4,283)   **255** 3,414 (4,39)   **256** 2,149 (1,313);
4,306 (+ Aen. 10,181)   **257** 2,173 (1,7); 4,231 (2,240)   **258** 2,432
259 (4,32)   **260** 1,430; 3,307   **262** 1,56 s.   **264** 1,17; 4,535
265 2,469; 4,317   **265 s.** 3,2   **266** 1,337; 1,156; 1,16; 4,539
267 3,293 (4,126)

---

250 achradas *Ursinus* achrados **Sd** archados **AR**
       bryonias alligat (*corr. ex* -ant) **S** brycinias (bryson- **A**[2]) alligant **A** bionias
       alligat **R** bryonias *alibi nusquam, dubito an leg.* bryonia colligat
251 tum/cum **ad**μ   greio **SA**   proxima/poma **A**
254 uiridispei de **S**[1]   **255** insta **SAcd**   **256** annus **SAa**
257 pingi **S**[2] pium gi **S**[1]**A** cingi **R**   **258** loti *ed. Ald.* lot(a)e **SAR**
       geminantia **Aacdqs**   **259** coniuentis **SA**   uiuaria **SA** in uaria μ
261 praestat *Postgate* prestet **SAR** praeset *Häußner Lundstr.* praebet **ap**
       Ald. Gesn. alii   **262** odorem **R** honorem **SA**   **263** comitis **AR**
265 amphrys(s)ii **SA**   **267** castaliis **R** casis **SA**
269 proles **R** flores **SA**   intenta *edd. vett.* intecta *codd.*

nach, nysischer Gott, und hat keine Angst vor Dorngestrüpp;
denn (auch) die unverschämte Bryonie[87] rankt mit ihren Dornen
empor und umklammert die Wildbirnenbäume und unveredelten
Erlen. Dann wird auch der Mangold – grün am Blatt, am Stengel
weiß; sein Name ist auf Griechisch der des Buchstaben, der als
nächster nach dem ersten vom Griffel des gelehrten Schulmeisters
ins Wachs gegraben wird[88] – mit der eisernen Spitze des Setz-
holzes in den fetten Humus gepreßt.

Ja, nun steht auch den duftenden Blumen die Ernte bevor:
Schon herrscht der purpurne Frühling, schon ist es der gütigen
Mutter (Erde) eine Lust, ihr Haar von den wechselnden Farben
ihrer Kinder bunt bemalt zu sehen. Schon zeigt der phrygische
Lotos[89] seine Edelsteinlichter, und die Veilchenbeete öffnen ihre
halbgeschlossenen Augen; es sperrt der Löwe den Rachen auf, und
die aufgeblühte Rose, die jungfräulichen Wangen von dem ihr
innewohnenden Rot übergossen, erweist den Göttern Ehre und
verbreitet sabäischen Duft in den Tempeln. Jetzt bitte ich euch,
ihr Töchter des Acheloos[90], Gefährtinnen der Pegasos-Töchter,
und die Dryadenchöre vom Maenalus[91] und die Nymphen der
Bergtäler, euch, die ihr den Hain von Amphrysos[92] und das
thessalische Tempetal, die Berge von Kyllene[93], die düstere
Landschaft des Lykaios[94] und die Felsen bewohnt, die ewig vom
kastalischen Wasser[95] tropfen, und euch, die ihr die Blumen des
sizilischen Halaesus[96] sammeltet, als die Tochter der Ceres, von

270   aequoris Hennaei vernantia lilia carpsit
          raptaque Lethaei coniunx mox facta tyranni
          sideribus tristes umbras et Tartara caelo
          praeposuit Ditemque Iovi letumque saluti –
          et nunc inferno potitur Proserpina regno –:
275   vos quoque iam posito luctu maestoque timore
          huc facili gressu teneras advertite plantas
          Tellurisque comas sacris artate canistris.
          hic nullae insidiae Nymphis, non ulla rapina:
          casta Fides nobis colitur sanctique Penates.
280   omnia plena iocis, securo plena cachinno,
          plena mero, laetisque virent convivia pratis.
          nunc ver egelidum, nunc est mollissimus annus,
          dum Phoebus tener ac tenera decumbere in herba
          suadet et arguto fugientis murmure fontis
285   nec rigidos potare iuvat nec sole tepentis.
          iamque Dionaeis redimitur floribus hortus,
          iam rosa mitescit Sarrano clarior ostro.
          nec tam nubifugo borea Latonia Phoebe
          purpureo radiat voltu, nec Sirius ardor
290   sic micat aut rutilus Pyrois aut ore corusco

271 (4,492)   **272** (1,36)   **274** 4,487 (3,476)   **276** 1,40; 2,23
277 4,280   **279** (2,514)   **282** 1,341   **283** 2,372; 2,527
284 4,19 (2,525); 1,109   **286** (1,349)   **287** 2,506   **288** 3,6
289 (4,425)   **290** 1,233

270 hennaei S hennei A et(h)nei R   **271** coniux S¹A
272 umbras/imbres A   **273** iouilo etumque SA
276 gressus S¹A   tenera S¹A   advertite p avertite SAR
artate **cdq** aptate SAR
278 hinc SA *agn. Lundstr. F.-H. sed cf. Verg. Aen. 6, 399 et Szantyr,
L. Gr. p. 210*   **279** penates/poenas A¹   **280** secura A
chachino AR   **281** vigent *Schn. F.-H.* uirent *codd. edd.*
282 ver egelidum *Gesner* uere gelidum SA uer est gelidum R
283 tener ac R tenerans SA   decumbere **a** decumbit SAR
284 murmure *scripsi coll. Verg. Ge. 1, 109* gramine *codd. edd.*
285 portare **Ad**   **286** (h)ortus R herbis SA   **288** nec ìa SA
Phoebe/phoobe R pobe SA   **290** sic mitigata ut A
aut S ut R   rutilus dμ rutilis **acq** rutibus **hms** rutilius **AR**

eueren Chorgesängen gefesselt, auf den Feldern von Henna[97]
Frühlingslilien pflückte und geraubt, sodann zur Gattin des Herrn
der Unterwelt erhoben wurde, da sie den Sternen die Schatten der
Traurigkeit, dem Himmel den Tartarus, dem Jupiter den Dis, dem
Leben den Tod vorzog (auch jetzt noch herrscht ja Proserpina
über das Untere Reich): Laßt nun auch ihr von der Trauer und
der bedrückenden Furcht ab, lenkt eure zarten Füße hierher mit
leichtem Schritt und ordnet, was die Erde wachsen ließ, in heilige Körbe. Hier droht den Nymphen keine Gefahr; hier gibt es keinen Raub: Wir sind der keuschen Fides[98] und den heiligen Pena-
ten ergeben. Alles ist voll Lustigkeit, voll sorgenlosem Lachen,
voll Wein, und auf üppigen Wiesen blüht die Gastlichkeit. Jetzt
ist der Lenz noch mild, jetzt ist das Jahr am erquickendsten,
solange die Sonne noch sanft ist und uns einlädt, uns im sanften
Gras zu lagern, und aus den mit hellem Plätschern dahineilenden
Bächen trinken läßt, die nicht mehr eisig und noch nicht von der
Sonne lauwarm sind. Und jetzt bedeckt sich der Garten mit den
Blumen der Dione-Tochter[99]; schon reift die Rose, leuchtender
als sarranischer Purpur[100]. Auch die Latona-Tochter Phoebe[101]
leuchtet nicht so rötlich beim wolkenverjagenden Nordwind, auch
der Brand des Sirius strahlt nicht so stark, noch der rötliche
Feuerplanet[102] oder der Morgenstern mit seinem hellen Glanz,

Hesperus, Eoo remeat cum Lucifer ortu,
nec tam sidereo fulget Thaumantias arcu,
quam nitidis hilares conlucent fetibus horti.
quare age vel iubare exorto iam nocte suprema
295   vel dum Phoebus equos in gurgite mersat Hibero,
sicubi odoratas praetexit amaracus umbras,
carpite narcissique comas sterilesque balausti.
et tu, ne Corydonis opes despernat Alexis,
formoso Nais puero formosior ipsa,
300   fer calathis violam et nigro permixta ligustro
balsama cum casia nectens croceosque corymbos
sparge mero Bacchi; nam Bacchus condit odores.
et vos, agrestes, duro qui pollice mollis
demetitis flores, cano iam vimine textum
305   surpiculum ferrugineis cumulate hyacinthis.
iam rosa distendat contorti stamina iunci
pressaque flammeola rumpatur fiscina caltha,
mercibus ut vernis dives Vortumnus abundet
et titubante gradu multo madefactus Iaccho
310   aere sinus gerulus plenos gravis urbe reportet.

291 (1,221)   **294** 1,63 (1,328)   **295** 3,446 s. (1,272) (2,322)
296 (3,414)   **297** 4,122 s.   **301** s. 1,56   **302** 2,347   **304** 4,34
(3,166)   **305** 4,183   **307** 1,266   **310** 1,275

291 hesperus ore eo meat A[1]   **292** fuget A   **293** houi A
295 cum phoebus R   **297** sterilesque SA
balausti d balausi R balausio SA   **298** tu ne p tunc SAR
dispernat R   **299** formosa AR   **301** cum *om.* A
302 sparget S[1]A   **303** agerestes S[1]A
304 cano iam R canolā SA   **305** surpiculum SAR sirpiculum a *edd.*
cumulate a tumulat SA comulate R   **306** contorto SAμ
308 uortumnus *edd. vett.* uertumnus t portunus SAR
310 aere/ar(r)e R
gerulus **Sbd** (*ubi v. l.* genus *supra lin.*) genus Aμc (*ubi v. l.* gerulus *in
marg.*) genus uel gerulus q   plenos **bdm** plenus SAcμ
grauis **SR** genus grauis A gens grauis A   reporiet A

wenn die Sonne im Osten aufgeht, und auch die Thaumas-Tochter[103] glänzt mit ihrem himmlischen Bogen nicht so schön, wie die lachenden Gärten mit ihren Kindern strahlen. Wohlan denn, wenn der Tag anbricht, noch ganz am Ende der Nacht, oder wenn Phoebus seine Rosse ins westliche Meer hinabtauchen läßt, dann erntet den Majoran, wo er seine durftenden Schatten ausgebreitet hat, und Sträuße von Narzissen und von Wildgranatenblüten, die keine Früchte mehr bringen werden. Und damit Alexis den Reichtum des Korydon nicht verachte[104], bringe du, Nais[105], die du noch schöner bist als der schöne Knabe, Veilchen in Körben herbei und besprenge den Balsam, mit schwarzem Liguster vermischt, und Krokusbüsche, mit Seidelbast vereint, mit dem Wein des Bacchus; denn Bacchus gibt den Düften Dauer[106]. Und ihr, Bauern, die ihr mit harten Daumen die weichen Blumen pflückt, füllt das Körbchen, das aus grauem Schilf geflochten ist, mit rostroten Hyazinthen. Fast sollen die Rosen die gedrehten Binsenfäden sprengen, und der Korb, der mit flammenden Ringelblumen vollgestopft ist, soll aus den Fugen gehen, so daß Vortumnus[107] reichen Überfluß an Frühlingsware hat und der Marktbeschicker mit schwankendem Schritt nach kräftigem Weingenuß eine schwere Last von Münzen im Gewandbausch aus der Stadt nach Hause bringt.

Sed cum maturis flavebit messis aristis
atque diem gemino Titan extenderit astro
hauserit et flammis Lernaei bracchia cancri,
allia tunc caepis, cereale papaver anetho
315   iungite, dumque virent, nexos deferte maniplos
et celebres Fortis Fortunae dicite laudes
mercibus exactis hilarisque recurrite in hortos.
tunc quoque proscisso riguoque insparsa novali
ocima comprimite et gravibus densate cylindris,
320   exurat sata ne resoluti pulveris aestus
parvulus aut pulex inrepens dente lacessat
neu formica rapax populari semina possit.
nec solum teneras audent erodere frondes
implicitus conchae limax hirsutaque campe,
325   sed cum iam valido pinguescit lurida caule
brassica cumque tument pallentia robora betae
mercibus atque holitor gaudet securus adultis
et iam maturis quaerit supponere falcem,
saepe ferus duros iaculatur Iuppiter imbres,
330   grandine dilapidans hominumque boumque labores;

311 1,111 (1,314)   **314** 1,212   **315** 1,400   **316** 2,393 (3,288)
318 3,95; 4,523 (3,154); 1,97   **319** 1,178   **321** (3,233)   **322** 1,185 s.
325 2,367   **327** (3,376)   **328** 1,348 (2,372 s.) (2,416)   **329** (2,419)
330 1,118

312 expenderit S   **313** flammis/terris **bcm** (*supra lin.*) d
314 alia SA   tunc/cum R   aneto SAR
315 deferte A adferte μ   **317** exatis SA   decurrit et in hortos A
318 tum AR   **319** cūprimite S
       densatque cylindris A *fort. et* S[1] *ubi ras. inter* -at *et* yl-
320 sata ne/satana SA   (a)estu R   **323** sola A
       audenter odere S[1]A[1]   **324** campi SA   **325** iam *om.* A
       pinguescit SA turgescit R   **326** robore SA
327 mercibus SAR messibus *Schrader*   **329** imbres/ignes R *aliquot*

Doch wenn die Ernte mit reifen Ähren gilbt und der Sonnengott im Zeichen der Zwillinge den Tag ausdehnt und die Arme
des lernäischen[108] Krebses mit seinen Flammen schon verzehrt
hat, dann nehmt Knoblauch zusammen mit Zwiebeln, Feldmohn
mit Dill, tragt die gebündelten Pflanzen, solang sie noch frisch
sind, zum Markt, singt, wenn ihr alles verkauft habt, das festli-
che Preislied auf Fors Fortuna[109] und eilt zurück in eure Gärten! Dann grabt erneut den Boden um, bewässert ihn, sät Basilien-
kraut ein und preßt das Beet mit schweren Walzen, damit nicht
die Wärme der aufgelockerten Krume die Saat verdorren läßt
oder der kleine Erdfloh sie heimsucht und mit seinem Zahn beschädigt oder die räuberische Ameise die Samenkörner plündern
kann. Doch die mit ihrem Haus verbundene Schnecke und die
borstige Raupe wagen nicht nur zarte Blättchen anzunagen; vielmehr wenn der Kohlkopf bereits auf starkem Stengel bleich und
mächtig wird, wenn die hellen Blätter des Mangolds schwellen
und der Gärtner sich arglos an der herangewachsenen Ware freut,
wenn er sich schon anschickt, das Messer an die reifen Pflanzen zu setzen, dann schleudert oft der tobende Jupiter schwere
Regengüsse nieder und zerschlägt mit seinem Hagel das Werk der

saepe etiam gravidis inrorat pestifer undis,
e quibus infestae Baccho glaucisque salictis
nascuntur volucrae serpitque eruca per herbas,
quo super ingrediens exurit semina morsu;
335   quae capitis viduata comas spoliataque nudo
vertice trunca iacent tristi consumpta veneno.

Haec ne ruricolae paterentur monstra, salutis
ipsa novas artis varia experientia rerum
et labor ostendit miseris ususque magister
340   tradidit agricolis ventos sedare furentis
et tempestatem Tuscis avertere sacris.
hinc mala Rubigo viridis ne torreat herbas,
sanguine lactentis catuli placatur et extis.
hinc caput Arcadici nudum cute fertur aselli
345   Tyrrhenus fixisse Tages in limite ruris,
utque Iovis magni prohiberet fulgura Tarchon,
saepe suas sedes praecinxit vitibus albis.
hinc Amythaonius, docuit quem plurima Chiron,
nocturnas crucibus volucres suspendit et altis
350   culminibus vetuit feralia carmina flere.
sed ne dira novas segetes animalia carpant,
profuit interdum medicantem semina pingui

---

331 3,409 (3,304)   **332** 2,13   **332** s. (1,470)   **334** ss. 2,378 s.
336 (3,230)   **338** 1,4; 4,315   **338** s. 1,133 (1,145)   **342** 1,151;
2,162; 4,12   **343** 4,547   **344** (1,273)   **345** 1,126   **347** 2,221
(2,233)   **348** 3,550   **349** s. 1,402 s.   **352** 3,459 (3,509)
352 s. 1,193 s.

332 e quibus **SAcd**μ ex (*vel* et) quibus **R** *plerique*   **333** nascantur **A**
uolucrae *scripsi* (*cf. de arb. 15*) uolucre **A** uolucres **SR**
herbas *scripsi* hortos *codd.*   **334** quo **SAcdq** quos **a**μ *edd.* quod **bm**
335 comis **A** coma **R**   **340** agricoli **A**   **342** rubigo *om.* **A**
343 lactentis **d** lactantis **SAR**   catuli **R** catulis **SA**   exitis **S¹A**
345 limine **R**   ruris **R** rursus **SA**   **346** utique **A**
tarcho **S** tarcha **A**
348 amitaonius **bedœ** aminthanus **S** amynthanus **A**μ (-anius) **a**
352 sanguine pingui **R** *part.*

Männer und der Stiere; oft auch läßt er giftgeschwängerten Regen
fallen, aus dem fliegende Tierchen wachsen, die dem Bacchus
und den dunklen Weidenhainen schaden[110], und die Kohlraupe
kriecht durch die Pflanzen, steigt an ihnen empor und läßt die
Schößlinge durch ihren Biß verdorren, so daß die Strünke ihres
Haupthaares beraubt und ausgeplündert mit nacktem Stengel wel-
ken, vom bitteren Gift vernichtet.

Damit die Landleute solche Heimsuchungen nicht erdulden
müssen, hat die vielseitige Erprobung der Dinge, der Fleiß und
die belehrende Erfahrung neue Methoden der Rettung aufgezeigt
und den hilflosen Bauern an die Hand gegeben, um mit etruski-
schen Kulthandlungen tobende Stürme zu beschwichtigen und das
Unwetter abzulenken. Danach wird auch Rubigo[111] mit Blut und
Eingeweide eines noch saugenden Jungtieres besänftigt, auf daß
sie nicht die frischen Pflanzen verdorren lasse. Danach soll auch
der etruskische Priester Tages[112] den Kopf eines arkadischen
Esels ohne seine Haut an der Feldmark aufgepflanzt haben, und
Tarchon hat, um die Blitze des großen Jupiter fernzuhalten, häufig seinen Wohnsitz mit (wilden) Weißreben umgeben. Und so hat
der Sohn des Amythaon[113], dem Chiron einen Schatz von Kennt-
nissen vermittelt hatte, nächtliche Vögel[114] an Kreuzen aufge-
hängt und sie gehindert, hoch von den Dächern todbringende Kla-
gelieder zu singen. Doch damit nicht Schädlinge die jungen Saaten fressen, war es oft hilfreich, die Pflänzchen zu imprägnieren

Palladia sine fruge salis conspargere amurga
innatave Laris nigra satiare favilla.
355   profuit et plantis latices infundere amaros
marrubii multoque sedi contingere suco.
at si nulla valet medicina repellere pestem,
Dardanicae veniunt artes nudataque plantas
femina, quae iustis tum demum operata iuvencae
360   legibus obsceno manat pudibunda cruore,
sed resoluta sinus, resoluto maesta capillo,
ter circum areolas et saepem ducitur horti.
quem cum lustravit gradiens – mirabile visu –,
non aliter quam decussa pluit arbore nimbus
365   vel teretis mali vel tectae cortice glandis,
volvitur in terram distorto corpore campe.
sic quondam magicis sopitum cantibus anguem
vellere Phrixeo delapsum vidit Iolcos.

Sed iam prototomos tempus decidere caules
370   et Tartesiacos Paphiosque revellere thyrsos
atque apio fasces et secto cingere porro.

355 4,267; 3,509   **356** 3,448   **357** (4,280)   **358** 2,7 s.
359 3,153 (+ 1,339)   **362** 1,345   **365** 4,160; 81 (2,74)
366 (2,327) (4,413)   **367** 3,99; 3,478   **367** s. 1,244   **369** 1,305
(2,542)

354 innată uelaris SA innata uel aris R
356 marruuii S marruuit A
     sedi *ed. Ald.* (*cf. Plin. 19, 179*) seri *codd.*   **357** ad S¹A
     uacet S¹A   **358** dardani(a)e R   **359** iuuent(a)e R
361 sinius SA   maiesta A   **363** quem SA quae R
     miserabile SA   **364** pluit ab arbore R   **366** in/ad R
     campue A² conpue *ut uid.* A¹   **367** magicis/macis S¹A
     sopitum R soticŭ SA   **369** prot(h)ocomos R   **370** partesiacos S
     reueller & hirsos (-os *ex* -us *m.* 2) S   **371** apios SA

und mit der fetten Pallasgabe Ölschaum ohne Salz zu besprengen oder reichlich mit schwarzer Asche aus dem häuslichen Herd zu bestreuen. Nützlich war es auch, auf die Pflanzen den bitteren Saft des Andorns auszugießen und sie mit viel Sedumsaft zu tränken. Wenn aber überhaupt kein Mittel dem Schaden abzuhelfen vermag, dann sind die Künste des Dardanus[115] an der Reihe und das Weib mit nackten Füßen, das zum erstenmal die Regel seiner Weiblichkeit erleidet und voll Scham das Blut aus ihrer Scheide fließen sieht: das wird nun mit offenem Busen und mit aufgelösten Haaren ernsten Sinnes dreimal um die Beete und den Gartenzaun geführt. Sobald sie schreitend sich diesem nähert, fällt die Raupe mit verdrehtem Leib zu Boden – ein wahres Wunder! –, nicht anders als wie ein Regen glatter Äpfel oder schalenumschlossener Eicheln niederprasselt, wenn man an den Bäumen rüttelt. So hat in alter Zeit Iolkos[116] die von Zauberliedern eingelullte Schlange von dem Goldvlies niedergleiten sehen.

Doch nun ist es an der Zeit, die ersten Gemüsestiele abzuschneiden, die Stengel des tartessischen und des paphischen Kohles auszureißen und Bündel aus Eppich und aus Schnittlauch zu bin-

iamque eruca salax fecundo provenit horto,
lubrica iam lapathos, iam thamni sponte virescunt
et scilla, hirsuto saepes nunc horrida rusco
375   prodit et asparagi corruda simillima filo
umidaque andrachle sitientis protegit antes
et gravis atriplici consurgit longa phaselos,
tum modo dependet trichilis, modo more chelydri
sole sub aestivo gelidas per graminis umbras
380   intortus cucumis praegnasque cucurbita serpit.
una neque est illis facies. nam si tibi cordi
longior est, gracili capitis quae vertice pendet,
e tenui collo semen lege; sive globosi
corporis atque utero nimium quae vasta tumescit,
385   ventre leges medio; sobolem dabit illa capacem
Naryciae picis aut Actaei mellis Hymetti
aut habilem lymphis hamulam Bacchove lagoenam;
tum pueros eadem fluviis innare docebit.
lividus at cucumis, gravida qui nascitur alvo
390   hirtus et ut coluber nodoso gramine tectus

---

374 2,413 (1,449)   **375** 2,131   **376** (4,425)   **378** 3,415
379 4,28   **380** 4,121 s.   **381** 2,85 (3,384)   **386** 2,438
388 (2,451)

---

373 s. iam thamni ... hirsuto *om.* A   thanni R
374 scilla d est illa S[1] stilla S[2] stila R   tirsuto (*vel* tyrs-) R
375 corruda R curru da S curruda A
376 andrachle *Lundstr.* andrachie (*vel.* -ię) *codd.*
     antes *edd.* antas SAR   **377** gravas A   longe A
     phasedos A phasedus R
378 dependet *scripsi* dependes SAR dependens bcm *edd.*
     trichilis *Gesner* (*cf. 393*) richili R triplicis SA   celydri SA
380 intortos AR   praegnansque abdm   **383** e tenui/et tenui S[2]d
     lege siue/leges iube SA   glouosi S[1]A[1]   **384** atque *om.* A[1]
385 uentre leges R uentreles SA
386 narycię S[2] narcię S[1]A naritię (*vel* -ie) R
     aut Actaei *edd. vett.* aut hactei R autaei SA   **388** fluuis SA
389 at μ aut SAa et R   qui R que SAd   **390** colyber SAacμ

den. Schon kommt aus den fruchtbaren Gärten die lustweckende Rauke[117]; schon sprießen auch ohne Pflege der Sauerampfer, der den Stuhlgang löst, der Thamnus[118] und die Meerzwiebel, ein ganzes Gestrüpp von borstigem Mäusedorn und der wilde Spargel, der dem Gartenspargel äußerst ähnlich ist; der feuchte Portulak[119] beschützt die dürstenden Rabatten, und es wächst die lange Schwertbohne in die Höhe, die der Melde feindlich ist; dann auch die krumme Gurke und die schwangere Melone: Zuweilen hängt sie im Gerüst, zuweilen kriecht sie nach der Art der Natter unter der sommerlichen Sonne durch den kühlen Schatten des Grases[120]. Und nicht alle haben einerlei Gestalt[121]; denn falls du die längere Sorte liebst, die an einem schlanken Kopfende hängt, dann wähle Samen aus dem engen Hals; doch willst du lieber die mit kugeligem Körper, die am Leib zu übermächtigem Umfang aufquillt, dann nimm ihn mitten aus dem Bauch: er wird dir Früchte bringen, in die du narykisches[122] Pech oder Honig vom attischen Hymettos füllen kannst oder die als Wassereimer oder Weinflaschen dienen können; auch werden sie die Jungen im Fluß das Schwimmen lehren[123]. Jedoch die blaßgrüne[124] Gurke, die mit aufgeschwollenem Bauch behaart heranwächst und stets wie eine Natter unter dem Schutz des Grases mit gekrümmtem Leib zu

ventre cubat flexo semper collectus in orbem,
noxius exacuit morbos aestatis iniquae.
fetidus hic suco, pingui quoque semine fartus.
at qui sub trichila manantem repit ad undam
395   labentemque sequens nimio tenuatur amore,
candidus, effetae tremebundior ubere porcae,
mollior infuso calathis modo lacte gelato
dulcis erit riguoque madescit luteus arvo
et feret auxilium quondam mortalibus aegris.

400   Cum canis Erigones flagrans Hyperionis aestu
arboreos aperit fetus cumulataque moris
candida sanguineo manat fiscella cruore,
tunc praecox bifera descendit ab arbore ficus
Armeniisque et cereolis prunisque Damasci
405   stipantur calathi et pomis, quae barbara Persis
miserat, ut fama est, patriis armata venenis;
at nunc expositi parvo discrimine leti
ambrosios praebent sucos oblita nocendi.
quin etiam eiusdem gentis de nomine dicta
410   exiguo properant mitescere Persica malo.
tempestiva madent, quae maxima Gallia donat,
frigoribus pigro veniunt Asiatica fetu.

391 (2,154)   395 (3,285)   399 1,237   400 (1,33)   401 1,55
402 1,485   403 (4,119)   408 4,415   409 (3,280) (4,356)
410 s. 1,196   411 1,184 s.; 2,19   412 1,300

391 uente A   393 suco pingui quoque R sucoque et pingui SA
394 trichila manantem repit R tricleã anterepit SA
     ad undam R anundam SA   395 nimio R nimium SA
396 effetae R et fetae S et fete A   tremebundio rubore S¹A
397 gelato/geluo A   398 erit riguque S¹ eri triguq; A erit regnoq: cd
     madescit codd. edd. malim madescet   arbo S¹A   399 quodam A
403 bifere SA   407 ad S¹A   412 frigibus S¹A   pigri SAa

einem Ring gewunden daliegt, ist gefährlich und verschlimmert noch die Krankheiten des bösen Sommers. Ihr Saft ist brackig, und sie steckt voll fetter Kerne. Doch die, die unter einem Traggerüst sich dem fließenden Wasser entgegenreckt und, während sie seinem Gleiten folgen will, in überstarker Sehnsucht sich verzehrt, die weiße, zitternd wie das Euter einer Muttersau, weich wie Topfenkäse, den man eben in die Körbe eingegossen hat, die wird auch süß sein und goldgelb auf bewässertem Acker reifen und nicht selten kranken Menschen Hilfe bringen.

Wenn Sirius, der Hund der Erigone[125], von Hyperions[126] Hitze glühend, die Früchte der Bäume öffnet, und wenn der weiße Obstkorb, mit Maulbeeren hoch aufgefüllt, von blutigem Saft trieft, dann kommt die frühreife Feige vom zweimal tragenden Baum herab, dann füllen sich die Körbe von Aprikosen und wachsgelben Damaszenerpflaumen, auch von den Früchten, die das barbarische Persien geschickt hat[127], wie es heißt, mit dem Gift ihrer Heimat behaftet; doch jetzt bietet man sie ohne ernstliche Gefahr für Leib und Leben an, und sie spenden einen ambrosischen Saft und denken nicht daran, zu schaden. Überdies beeilen sich die nach demselben Volk benannten Pfirsiche, mit ihrer kleinen Frucht weich zu werden. Die größten Früchte, die aus Gallien kommen, werden zeitig weich; doch die, die Asien schickt, entwickeln sich langsam und reifen erst zur Frostzeit. Zur Zeit des

at gravis Arcturi sub sidere parturit arbos
Livia, Chalcidicis et Caunis aemula Chiis,
415   purpureaeque Chelidoniae pinguesque Mariscae
et callistruthis, roseo quae semine ridet,
albaque, quae servat flavae cognomina cerae,
scissa Libysca simul, picto quoque Lydia tergo.
quin et Tardipedi sacris iam rite solutis
420   nube nova seritur caeli pendentibus undis
gongylis, inlustri mittit quam Nursia campo,
quaeque Amiterninis defertur bunias arvis.

Sed iam maturis nos flagitat anxius uvis
Euhius excultosque iubet claudamus ut hortos.
425   claudimus imperioque tuo paremus agrestes
ac metimus laeti tua munera, dulcis Iacche,
inter lascivos Satyros Panasque biformes
brachia iactantes vetulo marcentia vino.
et te Maenalium, te Bacchum teque Lyaeum
430   Lenaeumque patrem canimus sub tecta vocantes,
ferveat ut lacus et multo completa Falerno
exundent pingui spumantia dolia musto.

413 1,204   **417** 2,240   **420** 1,43 (1,214)   **423** 2,219
426 3,527 s.   **428** (2,296)   **430** 2,4 (7) (529) (388)   **432** 2,6

413 ad S¹A   **414** calchi dicis S   **415** purpure quae SA
   cheliodoniae SA¹ cheliodiniae A²
416 callistruithis SA callisthrutis **bm** callischrutis μq callis crui tis **cd**
417 flaua A   cera A   **419** salutis A   **420** pedentibus S¹A
421 gongilis R congili S¹A congyli S²   nursia/in ursia A mursia **aq**
423 anuxius Aμ   **424** Euhius *edd.* euchios SAR   claudiamus S¹
426 leti tua R letita S¹ *ut vid.* leti jã S² letitia A
427 lascivos/latinos A   pansasque A   **429** baccũ SA
430 vacantes S¹   **431** multo R musto SA   completo A

Arkturus[128] aber bringt seine Früchte der schwer beladene livi-
sche[129] Feigenbaum, der mit den chalkidischen[130] und den Cau-
neen aus Chios[131] wetteifert, die roten Chelidonier[132] und die
fetten Marisker, die kallistruthische Art[133] mit rötlich lächelnden
Kernen, die weiße, die den Namen des blonden Wachses trägt[134],
mit ihr die gespaltene libysche und die lydische mit ihrer flecki-
gen Haut. Außerdem sät man nach ordnungsmäßig abgehaltener
Vulcanus-Feier[135] bei der ersten Wolkenbildung, solange das
Wasser des Himmels noch oben hängt, die Dickrübe aus, die Nursia aus seinem fetten Acker liefert, und die Steckrübe, die von
den Feldern Amiternums kommt.

Doch da bereits die Trauben reifen, ruft Euhius[136] besorgt
nach uns und fordert, daß wir die Rebgärten schließen. Jawohl,
wir Bauern sperren sie zu, deinem Befehl gehorsam, süßer Bacchus, und ernten fröhlich deine Gaben, wobei wir unter ausgelasse-
nen Satyrn und doppelgestaltigen Panen die Arme in die Höhe
werfen, die vom alten Wein schon kraftlos sind. So singen wir und
rufen dich, Maenalius, dich, Bacchus, dich, Lyaeus, dich, Lenaeus,
Vater, unter unser Dach, damit der Bottich brodle und die
schäumenden Fässer, vom Falernersaft gefüllt, den fetten Most
kaum fassen können.

Hactenus hortorum cultus, Silvine, docebam
siderei vatis referens praecepta Maronis,
435   qui primus veteres ausus recludere fontis
Ascraeum cecinit Romana per oppida carmen.

433 2,1   **434** (3,397)   **435 s.** 2,175 s.

433 hortorum S¹ agrorum S²AR *part.* aruorum **ad**
434 siderei/sideie **SA**

L. (Liƀ **A**) IUNI MODERATI COLUMELLE REI RUSTICĘ CE-
PURICUS DE CULTU HORTORUM LIBER UNDECIMUS EX-
PLICIT (expl. feliciter μ) **SA**μ Iunii moderati columellae rei rustice
cepuricus de cultu hortorū liber decimus (*sic!*) explicit **m**: *subscr. om.*
R *plerique*

Soviel, Silvinus, wollte ich dich über die Pflege der Gärten lehren, indem ich der Anweisung des himmlischen Dichters Maro[137] folgte, der als erster es gewagt, die alten Quellen aufzuschließen, und in der Römersiedlung ein askräisches Gedicht[138] gesungen hat.

ERLÄUTERUNGEN

BUCH 6

1) Die Ableitung des Wortes *iumentum* von *iuvare* „unterstützen" scheint ein Augenblickseinfall Columellas zu sein; alle
antiken Erklärer bieten sonst die richtige Ableitung von
iugum „Joch" (Varro ling. Lat. 5,135; Plin. 13,296; Gell.
20,1,28; Non. 54,25). Dagegen wird die antike Erklärung
von *armentum* aus *arare* (vgl. Varro a.O. 5,96; Isid. orig.
12,1,8) heute angefochten (Walde-Hofmann, Lat. et. Wörterb. I[3] 68).

2) Bei Cic. de off. 2,89 geht die Anekdote noch weiter: Was
als viertes? – Pflügen! – Was hältst du vom Geldverleihen?
– Was hältst du vom Morden? – Plin. 18,29 berichtet nur
die ersten Fragen und Antworten, vielleicht unter dem Ein-
fluß Columellas.

3) Varro gibt diese Deutung mehrfach: ant. rer. human. 10 frg.
1 Mirsch (Gell. 11,1,1) und rust. 2,1,9; sie ist von den
Späteren oft wiederholt worden (im Altertum zuletzt von
Isid. orig. 12,1,32).

4) Nach der Überlieferung wurde bei der Gründung Roms die
Stadtgrenze durch ein Rindergespann (Stier außen, Kuh innen) mit einem Broncepflug auf die Weise in den Boden ge-
pflügt, daß die ausgehobene Erde nach innen fiel (Cato bei
Serv. Aen. 5,755; Varro ling. Lat. 5,143; Ov. fast. 4,821
ff.; Lydus de mens. 4,73 u.a.).

5) Bezüglich der Demeter gilt dies nur ganz allgemein in dem
Sinne, daß ihre Gabe, die Feldfrucht, von der Arbeit der
Pflugstiere abhängig ist; von einer speziell attischen Ver-
bindung des Rindes mit Demeter ist uns nichts bekannt.
Dagegen gilt Triptolemos in Athen, wo er ein Heiligtum
neben dem der Demeter hatte, seit alters als Ur-Pflüger

(viell. dasselbe wie Buzyges; dieser wiederum ist nach Aristot. frg. 386 R. parallelisiert mit Epimenides, welcher vor dem Triptolemos-Tempel mit einem Rind dargestellt war: Pausan. 1,14,1); als Hirte und Lehrer des Ackerbaues spielt er noch in hellenistischer und römischer Zeit eine Rolle in der athenischen Kulturpropaganda, die Attika als Ursprungsland aller Zivilisation erscheinen lassen wollte.

6) Über Mago s. Bd. I S. 668 und das Nachwort im Bd. III.

7) Irrtum des Autors; der Rückverweis meint Buch 2.2,22 ff.

8) Über Celsus vgl. Bd. III, Nachwort; der Verweis bezieht sich auf eines der verlorenen Bücher über Landwirtschaft.

9) Es handelt sich wahrscheinlich um dieselbe Pflanze, die Kap. 8,2 nur als *cunila* bezeichnet ist, also wohl um den wilden Majoran; vgl. Plin. 19,165; 20,168 f.; 25,99; J. André, Lexique des termes de botanique 109.

10) *coriago* „Hauterkrankung", gr. ἐχεδερμία (Hippiatr. 26; Veg. mul. 2,118). Vegetius, der in seiner Tierheilkunde (3,4,17 ff.) unsere Stelle fast wörtlich ausschreibt, bietet ebenda 3,54 eine weit ausführlichere Beschreibung und Therapie dieser Krankheit nach einer unbekannten Quelle. Danach gehören zu den Symptomen auch ständiges Fieber, Verhärtung der Spina, Furunkel auf dem Rücken und übermäßige Freßlust. Als Ursache wird nur Aufscheuern der Haut und andere äußere Druckeinwirkung angegeben; die Zahl der Therapiemittel ist dagegen hier weit größer als bei Col.

11) Zersetzungs- oder Oxidationsprodukt verschiedener geschmolzener Metalle, bes. des Bleis. Über Arten, Entstehung und Verwendung der Silberglätte s. Plin. 33,105–110.

11a) Eine Art von Geschwulst, die in der Mitte ein dunkles Korn hat; genauer beschrieben in Buch 7,5,11; vgl. Cels. 5,28,14; Plin. 20,184; 24,101 f. u.ö.

12) Die sog. Κιμωλία γῆ (zuerst Aristoph. Ran 713), *Cimolia creta* (ausführlich Plin. 35,196 ff.) wird häufig wegen ihrer Verwendbarkeit in der Medizin und Textilindustrie gerühmt; sie hat ihren Namen von der Kykladeninsel Kimolos, tritt aber an vielen Orten (u.a. Lykien, Thessalien, Sardinien, Umbrien) auf, teils weiß, teils rötlich. Ihre Zusammensetzung ist nicht bekannt; wahrscheinlich handelt es sich um eine schwefelhaltige Tonerde.

13)	Kappadokien war berühmt durch sein schieferig abspalt-
	bares gelbliches Steinsalz (Plin. 31,68; 77; Galen.
	19,724), das aber auch in Salinen zubereitet wurde (Plin. a.O.
	82) und in kleinen Stücken, ähnlich unserem Würfelzucker, in
	den Handel kam (ebd. 84). Wodurch es sich von anderen
	Salzen unterschied, ist nicht bekannt.

14)	σίλφιον, *laserpicium*, eine oft genannte, aber bisher nicht
	bestimmte Ferula-Art (Gertenkraut, Pfriemenkraut), die in
	Nordafrika heimisch war, aber bereits im 1. Jh. n. Chr. dort
	ausgestorben war (Plin. 19,39). S. Steier, RE III A 103 f.;
	J. André a.O. 294.

15)	Nach Altinum, einer Landstadt unweit des heutigen Venedig,
	benannt.

16)	Es handelt sich ziemlich sicher um den Wermut (Artemisia
	absinthium L.); vgl. J. André a.O. 14. Die Bezeichnung
	Santonica (nach dem gallischen Stamm der Santonen: Plin.
	27,45) unterscheidet diese Unterart von anderen wie der
	Pontica und *Italica*, bezeichnet aber nicht einen isolierten
	Standort, da die Wermutpflanze in ganz Südeuropa verbrei-
	tet war.

17)	Vgl. oben Kap. 19.

18)	Höchste Erhebung des kleinasiatischen Idagebirges.

19)	Der Ascanius ist ein bithynischer See nahe dem Ida und
	der Troas; das Beiwort *sonantem* „brausend" läßt vermu-
	ten, daß Vergil sich ihn als Fluß vorstellte.

20)	Dieser Übergang schließt sich fast wörtlich an Vergil, Georg.
	3,138, an.

21)	Gewöhnlich *filicula* geschrieben (Cato agr. 158,1; Cels.
	2,12,1 u.a.); eine Farnkrautart, Polypodium vulgare L.;
	vgl. André a.O. 138.

22)	Diese enge Begrenzung der zuchtgeeigneten Lebenszeit
	deckt sich mit dem Exzerpt aus Apsyrtos, Geopon. 16,1,1.
	Varro rust. 2,7,7 f. erwähnt sie nicht. Aristot. hist. an.
	6,22, 567 b und Plin. 8,163 f. nennen wesentlich längere
	Fortpflanzungszeiten, da sie nur biologische, nicht züchteri-
	sche Informationen geben.

23)	Zu „Democritus" (= Bolos von Mende) s. Bd. III. Nach-
	wort.

24)	Tatsächlich sind von diesem Zeitpunkt an die Kauflächen
	(infundibula) der Zähne ausgeschliffen. Mit der Sache

befaßt sich schon Aristoteles (hist. an. 6,22). Col. scheint sich an Varro (2,7,3) oder dessen Quelle anzulehnen.

25) *herba pedicularis*, „Läusekraut" (so genannt, weil ein Absud davon die Läuse töten soll), unser Rittersporn. S. André, a.O. 241.

26) § 8 desselben Kapitels.

26a) Eine dünnblätterig kristallisierte Art des Schwefelsäuresalzes, die vor allem auf der Insel Melos gefunden wurde; vgl. Nies, RE I 1296.

27) *git*, semitische Bezeichnung des römischen Schwarzkümmels, des Samens der Nigella sativa L.

28) Der Ausdruck *principiis agilioribus* stammt aus der Sprache der epikureischen Physik (vgl. z.B. Lucr. 6,225 ff., *ignem constituit natura minutis mobilibusque corporibus;* ähnl. 2,62 ff.; 142 f.; 204 f. und öfter), bedeutet also „aus beweglicheren Atomen" (die als „glatt" beschrieben werden). Col. ist kein Epikureer (vgl. etwa 3,10,10); daher wird man den Ausdruck hier nicht streng terminologisch nehmen dürfen.

29) Varro rust. 2,1,27, wo Mago und Dionysius zitiert sind.

30) Das überlieferte sinnlose *magili* muß eine andere Farbenbezeichnung verdrängt haben; das vom Herausgeber eingesetzte *maculosi* („scheckig") ist ein nicht ganz sicherer Heilungsversuch.

31) Columellas Überlegungen nähern sich hier der Mendelschen Lehre vom Wiederauftreten rezessiver Erbeigenschaften; wir kennen sonst keinen antiken Autor, der Ähnliches behauptet oder vermutet hätte.

32) Gemeint ist das Bilsenkraut, lat. *Apollinaris* oder *altercum* (über dieses ausführlich Plin 25,35 ff.); vgl. André, a.O. 25. 36.

33) 3,41 Gramm (seit 64 n. Chr.).

BUCH 7

1) Nach Varro 2,1,14 war in Griechenland die arkadische, in
Italien die reatinische Eselzucht am berühmtesten; vgl. Plin.
8,167; Plaut. As. 333; Pers. sat. 3,9 u.a.; Olck RE VI
639. – Die Überlieferung der Stelle ist gestört, der hier
gebotene Text ein vorläufiger Versuch, sie in Ordnung zu
bringen.
2) Vergil, Georgica 1,273.
3) Gemeint ist das Maultier; vgl. Buch 6,36-38.
4) Vergil, Georgica 2,109.
5) S. unten Kap. 4.
6) Eine Landstadt unweit von Venedig. – Zu „Gallien" gehört
auch die Poebene (Gallia Cisalpina).
7) Col. nennt hier einen schon in republ. Zeit berühmten
Viehmarkt, heute Val di Montirone in der Lombardei. Den
Schafreichtum dieser Gegend rühmt auch Varro 2 praef. 6.
8) Vergil, Georgica 3,387 ff.
9) So nach einem eigenen Versuch, den überlieferten Text, den
ich für verderbt halte, in Ordnung zu bringen. Die Aussage
selbst bleibt auch dann noch befremdlich.
10) Vgl. Buch 1,1,8.
11) Vergil, Georgica 3,384 f.
12) Ebenda 443 f.
13) Ein Fest der Tierzüchter zu Ehren der Pales, der Schutz-
göttin des Kleinviehs; es fand am 21. April statt und
wurde mit Reinigungsriten für die Tiere begangen.
14) Nach Varro 2,2,13 ist die Deckzeit für Schafe vom Untergang des Arcturus bis zum Untergang des Adlers, d.h.
nach Plin. 8,187: vom 13. Mai bis zum 23. Juli. Da die
Schafe 150 Tage tragen, werden die letzten Lämmer im

Dezember geworfen; nur sie können hier mit „Frühjahrs-
lämmern" gemeint sein; sie werden im Frühjahr schlacht-
reif (s. unten § 13).

15) Aristot. de gener. anim. 4, 767a 8 ff. kennt diese „Hir-
tenbehauptung" und bemüht sie als Beleg für seine Theorie,
daß die Entscheidung über das Geschlecht vom Übergewicht
des „Warmen" (männlich) oder des „Kalten" (weiblich) ab-
hänge.

16) Buch 6,28; vgl. Aristot. a.O. 765a 22 ff., der diese Vor-
stellung ablehnt.

17) Vergil, Georgica 3,324-327; 329; 332-334.

18) Vergil, Georgica 3,336 f.

19) Plin. 18,269 und 288 gibt als Datum des Aufgangs des
Hundssterns (Sirius) den 20. Juli für Italien an; Col.
dürfte dasselbe Datum im Auge haben.

20) Als „bekleidete" oder „bedeckte" Schafe werden sie deshalb bezeichnet, weil man ihr Fell zum Schutz gegen Be-
schädigung der Wolle mit einer Decke einhüllte.

21) Eine bis jetzt nicht behobene Störung des Textes. Der
Sinn könnte sein „. . . die willens sind, sie anzunehmen".

21a) Vergil, Georgica 3,414-418.

22) Vergil, Georgica 3,420-422.

22a) Vergil, Georgica, 3,441 ff.

23) Vergil, Georgica 3,453 f.

24) Vergil, Georgica 3,459 f.

25) Lat. *subluvies*, auch *subluvium* (Marcell. med. 18,31), ist
wohl eine entzündliche Ansammlung von Blut oder Lymph-
wasser unter Gelenken, Nägeln und Hufen, vielleicht auch
eine nässende Wunde; ebenso wie hier wird sie auch bei
Plin. 30,80 nur erwähnt, nicht beschrieben.

26) S. unten Kap. 11.

27) Buch 6,5,3; 14,1.

28) Eine nicht sicher bestimmte Krankheit der Haut, wahrscheinlich Rotlauf, ἐρυσίπελας oder πῦρ ἄγριον (Hippocr.
epid. 7,20), zuerst erwähnt bei Lucr. 6,660; 1167; beschrieben bei Cels. 5,28,4; als Krankheit des Menschen bei
Plin. 26,121. Näheres bei W. Richter, Komm. zu Verg.
Georg. 3,566 (S. 328) und J. Götte – K. Bayer, Vergil,
Landleben ([4]1981) 839.

29) Die „schwarze Galle" galt als Ursache vieler, meist tödli-
cher Krankheiten (Celsus 2,1 p. 30), unter anderem Dysen-

terie oder Ruhr (Hippocr. IV 511 § 23 Littré; Galen. III
381; V 122; IX 693 Kühn u.a.), Quartalfieber (Hippocr.
VI 69; Galen. XIV 745), Apoplexie (Hippocr. VII 15) und
Krebsgeschwüre (Galen. XI 139), auch seelisches Ungleich-
gewicht („Melancholie"). Nach den griechischen Ärzten tritt
sie im Herbst auf (Hippocr. VI 49; Galen. II 131; V 689
u.a.), während für den Sommer meist nur Überproduktion
der Galle festgestellt wird (Galen. XV 84; XVI 292; 420
u.a.).

30) Vgl. zu Buch 6,13,1.

31) Eine der zahlreichen Knöterricharten, wahrsch. Polygonum
aviculare L., wie in Buch 6,12,5; vgl. Plin. 27, 113; Marcell.
med. 1,2; André, Lexique des termes de botanique 281.

32) Wahrscheinlich dasselbe wie *mentagra*, λειχήν, eine Flechte,
die am Mund (Maul) entsteht, aber bei Vernachlässigung auf
den ganzen Körper übergreift (Plin. 26,2; Marcell. med.
19,1 ff.).

33) Buch 6,26.

34) Vergil, Georgica 3,313.

35) Die hier gebotene Textfassung ist der Versuch, der nahezu
hoffnungslos gestörten Überlieferung den mutmaßlichen
Sinn abzugewinnen. – Die Gepflogenheit, weidenden Tieren
einen Strick zwischen die Vorderfüße zu binden, um sie am
Entlaufen zu hindern, ist auch heute noch überall verbreitet.

36) D.h. nach einem halben Jahr.

37) Carthamus tinctorius L., die Färberdistel.

38) *sinum* ist ein dickbauchiges Gefäß für Wein, Milch und
dgl., etwa dem ital. *fiasco* entsprechend (vgl. Varro ling.
Lat. 5,26; 9,16; Non. 547 M.; Mart. 3,58,20; Daremberg-
Saglio, Dict. IV 1347). Als Hohlmaßbegriff tritt das Wort
nirgends auf.

39) In neronischer Zeit 3,41 Gramm; s. Hultsch, Metrologie
311; Jessen RE V 210.

40) Dieselbe Fessel (*numella*) ist auch in Buch 6,19,2 erwähnt,
und zwar als eine Halsschelle, hier dagegen nicht näher beschrieben. Eine Erläuterung des offensichtlich selten ver-
wendeten Wortes (sonst nur Plaut. Asin. 594 in einer Aufzählung von 6 Fesselarten) gibt Paul. ex Fest. 173 M.
(178 L.): *numella genus vinculi, quo quadrupedes deligantur; solet autem ea fieri nervo aut corio crudo bovis,*

ut plurimum. An einen solchen Riemen, der die Hinterbeine des Tieres beim Melken zusammenhält, ist wohl auch hier zu denken.

41) Daß Pinien- (nicht Fichten-)kerne gemeint sind (Pinus pinea L.), wird durch die Bemerkung des Diosc. 1,69 (eine Übersetzung bei Gossen, RE XX 1709) wahrscheinlich, daß die Kerne dieses Baumes zusammenziehend und erwärmend wirken sollen. Vgl. auch André, Lex. 251.

42) Zum Räuchern von Käse s. W. Kroll, RE X 1492 f.; W. Richter, Hermes 80,1952,218 f. (kritische Besprechung dieser Stelle).

43) Eigentlich „reich an Nackenstücken (*glandulae*)", die als besonders wohlschmeckend galten; s. Apic. 4,1,117; Mart. 3,82,21; 7,20,4.

44) Die Bäcker hielten Schweine, an die die beim Mahlen abfallende Kleie verfüttert wurde; vgl. Plaut. Capt. 807 ff.

45) *cicatrix* bezeichnet eigentlich die Narbe, die nach dem Abheilen einer Wunde bleibt; bei Schneidern und Schustern war es offenbar Fachausdruck für die Naht beim Ausbessern zerrissener Kleidungsstücke; vgl. Juv. 3,151.

46) *iuncus* ist die allgemeine Bezeichnung aller Binsenarbeiten, während *scirpus* eine bstimmte Unterart (Iuncus palustris L.) bezeichnet (André, Lex. 173; 285). Die Gegenüberstellung beider begegnet nur hier und bei Varro 1,22,1, setzt aber eine engere Bedeutung von *iuncus* voraus, die wir nicht kennen.

47) Vgl. Kap. 5,14; André, Rev. des études latines 32,1954,179.

47a) Verg. ecl. 7,54.

48) Buch 6,26.

49) Buch 6,26,4.

50) *mutus* „stumm" heißen die Tiere öfter in dem Sinne, daß sie keine Sprache haben (z.B. Cic. de fin. 1,71; ad Q. fr. 1,1,24; Hor. sat. 2,3,219 u.a.). Nach einer alten Gruppierung der Ausstattung eines Anwesens (Varro 1,17,1) gehört der Hund zum *instrumentum semivocale*, zum Unterschied vom Sklaven (*instrumentum vocale*). Col. scheint an unserer Stelle einen bestimmten Autor im Auge zu haben, den wir nicht bestimmen können.

51) δράξ, eigtl. „Hand", auch „Klaue", ein seltenes, fast nur in der Kaiserzeit begegnendes Wort; seine terminologische

Verwendung in der Tierzucht oder Zoologie erfahren wir nur
hier. Bei den Geoponikern heißt δράξ immer „Handvoll"
(so schon Batrachom. 237).

52) Vgl. oben Anm. 50.

BUCH 8

1) Vgl. Buch 2. Kap. 8.

2) Um welche Hühner es sich handelt, ist nicht klar. O. Keller, Ant. Tierwelt II 133, nimmt wohl richtig an, daß es verwilderte Hühner sind.

3) *Gallina Numidica* (*Africana*) ist das Perlhuhn, ebenso die anschließend erwähnte *Meleagris*, die auf selbständigen Wegen aus Nordafrika nach Griechenland gekommen ist. *Meleagris* soll sie nach dem ätolischen Heros Meleager heißen, an dessen Grab heilige Perlhühner gehalten wurden (Plin. nat. 10,74). Die beste antike Schilderung des Perlhuhns, die des Klytos von Milet, ist bei Athenaios 14,655 C ff. erhalten.

4) Die Aitiologie des Namens *Melicus* stammt aus Varro rust. 3,9,19, der ihn aber als phonematischen Archaismus erklärt und mit der Parallele *Thetis > Thelis* belegt; Col. scheint also den Unterschied zwischen Archaismus und Vulgarismus nicht zu kennen. – Plin. 10,48 spricht nur von *Melici galli*, ohne auf die Namensform einzugehen; seine Quelle ist weder Varro noch Col.

5) D.h. nach Ost-Südosten.

6) Damit korrigiert Col. eine Ansicht Varros, der (rust. 3,9,7) beides gleichermaßen empfiehlt.

7) Das Wort des Heraklit ist nur hier überliefert. Sein Sinn liegt wohl im Nachweis der Relativität der Begriffe, hier also des Begriffs der Reinheit.

8) Von den hier angeführten Zahlen ist nur die erste handschriftlich richtig überliefert (15); für die anderen bieten die Handschriften folgende falschen Werte: März 9, April 11; Mai bis September 13. Bei diesen Zahlen ist jeweils am

Anfang des Zahlreichen X weggefallen; seine Ergänzung ergibt eine einleuchtende Skala, die ich in den Text eingesetzt habe. So gibt auch Varro (3,9,8) als Höchstzahl 25
Bruteier an, Florentinus (Geop. 14,7,12) als Höchstzahl 23.

9)   Der Sinn dieser Einschränkung kann nur sein, daß die Brut-
henne nach dem Ausschlüpfen der Kücken nicht gleich an
dem auffallenden Größenunterschied der Jungen die Täu-
schung bemerken soll.

10) Dieselbe Meinung begegnet bei Horaz, sat. 2,4,12 ff., Plin.
10,145 und Antigonos von Karystos, mirab. 103, während
Aristoteles, hist. an. 6,2, 599a 28 ff. das Gegenteil lehrt,
sofern die Überlieferung in Ordnung ist.

11) Ergänzung von mir; die Überlieferung bietet an dieser
Stelle sinnlos „am dritten Tage".

12) Hier fehlt im überlieferten Text ein Ausdruck, der am
ehesten ein Verfahren bezeichnet haben kann, durch welches die schädliche Wirkung der Feigen oder Trauben verringert oder beseitigt wird.

12a) Kap. 3,4.

13) Dieser Name ist nur hier, und zwar von den besten Handschriften, überliefert; er bedeutet etwa „Zwitscherer". Bei
Plin. 10,109 heißt derselbe Vogel *tinnunculus*. Es handelt
sich wahrscheinlich um den Sperber, dessen Weibchen übrigens ein Feind der Tauben ist.

14) Varro rust. 3,7,10.

15) Für die in Frage kommende Zeit hat man den Wert des Se-
sterzes auf 17,55 Pfennig alter deutscher Goldwährung er-
rechnet; bei der Unstabilität moderner Währungen sind ge-
naue Angaben über die Kaufkraft der genannten Beträge
heute nicht möglich; jedenfalls sind 1000 Sest. mehr als
heute DM 1000. Varros Angabe betrifft nur einen Aus-
nahmepreis; als Normalpreis nennt er 200 Sest. je Paar.

16) Anspielung auf Seneca, dial. 12,10,3.

17) Nach Varro rust. 3,2,15, einem Abschnitt, der für die Wirt-
schaftsgeschichte der ausgehenden römischen Republik besonders aufschlußreich ist. Das folgende „jetzt" bezieht
sich auf Varros, nicht Columellas Zeit!

18) Vgl. Kap. 5,15.

19) Dieses *porrum Tarentinum* ist eine sonst nicht genannte
Lauchart; den Umständen nach kann sie aber nur eine der
beiden allgemein bekannten Laucharten sein, von denen Col.

selbst (11,3,30 ff.) spricht (vgl. auch Plin. 19, 108 ff.); doch ist nicht auszumachen, welche von beiden gemeint ist, da Col. hier keine spezifische Wirkung dieser Futterbeigabe verzeichnet.

19a) Über die universale medizinische Bedeutung der Brennessel handelt Plin. 22,31-38. – Hier kann es sich nur um eine prophylaktische Anwendung handeln, über die wir sonst keine Nachricht besitzen. Die Warnung vor den Brennesseln auch bei Geop. 14,22,4.

20) Es handelt sich um die wilde Cichorie (Cichorium intybus), nicht um die Garten-Endivie, wie aus Pallad. 1,30,2 (*agrestia intuba*) hervorgeht (anders J. André, Lex. des termes de botanique 170); Varro 3,10,5, der sie ebenfalls als *seris* vorstellt, erwähnt dazu, daß diese Pflanze, wenn sie getrocknet ist, durch einfaches Wässern wieder grün wird. – Vgl. auch Olck, RE III 2540.

21) Der Text ist an dieser Stelle unsicher, aber der Gegensatz zu den Jungtieren läßt keine wesentlich andere inhaltliche Deutung zu.

22) Die Deutung von βοσκάς = *agrestis*, also „Wildente" (d.h. wohl eine aus der Wildente gezähmte Art, vgl. Ps. Theophr. sign. temp. 28 und hier § 7) ist nicht ganz gesichert. Nach Olck, RE V 2641, war zur Zeit des Aristoteles, der den Namen zuerst mitteilt, die Ente überhaupt noch nicht regelrecht domestiziert. Alexandros von Myndos (bei Athen. 9,395 D) unterscheidet zwei Boskadenarten, von denen die eine größer, die andere kleiner als die νῆττα (Ente) ist; die kleinere könnte die Krickente sein. Vgl. Ruge, RE V 2643; Thompson, Glossary of Greek Birds 64.

23) Ein nicht bestimmbarer Meerfisch; der bei Varro rust. 3,3,9 (Columellas Vorlage!) ebenfalls genannt ist. H.O. Lenz, Zoologie der alten Griechen und Römer 481 (wo dieses Kapitel verkürzend übersetzt ist), setzt dafür ohne hinreichenden Grund den Papageifisch (*scarus*) ein.

24) Der *lacus Velinus*, oft auch mit dem Plural *lacus Velini* oder mit *palus Reatina* bezeichnet, ist ein heute nur noch in Resten vorhandenes Seensystem im Sabinerland zwischen Reate und Interamna (s. G. Radke, RE VIII A 625). Der Sabatinersee heißt heute Lago Bracciano (südl. von Sutri); nördl. von Sutri liegt der Ciminersee, jetzt Lago di Roncilione; noch weiter nördl. folgt der stattliche Lago di

Bolsena (lacus Volsiniensis), unweit Viterbo.

24a) Die Episode ist aus Varro rust. 3,3,9 entnommen; im übrigen behandelt auch Varro die Fischzucht in seinem letzten Kapitel (3,3,17) nach den Bienen (Kap. 16), denen Col. das folgende Buch reserviert.

25) Plinius (nat. 9,169) vermerkt, daß die *lupi* (Lachsbarsche?), die im Tiber „zwischen beiden Brücken" (doch wohl dem alten *pons sublicius* und dem *pons Milvius*) gefangen werden, die besten seien.

26) Varro rust. 3,3,9; das Zitat ist von Col. frei umgestaltet.

27) Numantinus: Beiname des Scipio Aemilianus Africanus Minor nach der Eroberung von Numantia 133 v. Chr.; Isauricus: Beiname des P. Servilius Vatia nach dem Sieg über die Isaurer in Kleinasien, 75 v. Chr.

28) Columella ist demnach nichts über die Aussetzung des Fisches bei Ostia und der kampanischen Küste durch den Flottenkommandanten Optatus Elipertius unter Claudius und seine spätere Häufigkeit in diesem Gebiet bekannt, worüber Plin. 9.62 f. berichtet. Daraus ergibt sich, daß er nach einer Quelle älteren Datums schreibt.

29) Nach der Stadt Tartessos im Mündungsgebiet des Quadalquivir benannt.

30) Scherzhafter Vergleich mit der bäuerlichen Tierzucht. So wird schon in der Odyssee (4,411 ff.) der robbenzählende Proteus mit einem schafezählenden Hirten verglichen, und Vergils Nachbildung (Georg. 4,411 ff. *velut stabuli custos in montibus olim, vesper ubi e pastu vitulos ad tecta reducit...)* dürfte Col. zu seinem Ausdruck angeregt haben.

31) Vergil, Georgica 1,53.

32) Fischzuchtanlagen der Art, wie sie Col. hier schildert, hat man in neuerer Zeit an der kretischen Küste gefunden (J. Leatham and S. Hood, Submarine Exploration in Crete 1955, Annual of Brit. School at Athens, 53/4, 1958/9, 263 ff.).

33) Genauer eine bisher nicht bestimmte Heringsart, *chalcis* genannt. O. Lenz, a.O. 484, denkt an eine kleine Echse, die Cicigna – nicht sehr wahrscheinlich, da es sich hier im übrigen um lauter Seefische handelt, also reine *esca maritima.*

34) Unbekannter Fisch. Vgl. Thompson, Gloss. of Greek fishes 75.

BUCH 9

1) Diese Sparte der Landwirtschaft wird ganz knapp von Varro 3,3,1 f. zwischen den *ornithones* (Geflügelhöfen) und *piscinae* (Fischbecken) erwähnt, und zwar mit derselben doppelten Zweckbestimmung. Dort steht auch der Hinweis auf die Altvorderen (*tritavi*), die zunächst nur Hasengehege (*leporaria*) kannten. Zusammenfassende Behandlungen des Gegenstandes bieten G. Jennison, Animals for Show and Pleasure (Manchester 1937), und H. Dohr. Die italischen Gutshöfe nach den Schriften Catos und Varros (Diss. Köln 1965).

1a) Dieser Satz beweist die Authentizität der in den Haupthandschriften überlieferten Buchtitel, in diesem Falle „*macellarius et apiarius*"; vgl. auch das Nachwort in Bd. III dieser Ausgabe.

2) Ölbaumholz wird als besonders dauerhaft, riß- und fäulnisfest gerühmt von Theophr. hist. pl. 5,4,2; 4; Vitr. 7,3,1; Plin. nat. 16,212; daher war es eines der gesuchtesten Nutzhölzer; vgl. Pease, RE XVII 2010.

3) Buch 7,9,16.

4) Während der Hirsch in Wahrheit 30–40 Jahre lang leben kann, hat ihm das Altertum zum Teil eine sagenhafte Langlebigkeit zugesprochen. Plin. 8,119 spricht von Hirschen, die angeblich über 100 Jahre, Pausan. 8,10,10 von einer heiligen Hirschkuh in Arkadien, die sogar über 300 Jahre alt geworden sei. Aristoteles kennt derartiges nicht oder lehnt es ab, davon zu reden.

5) Eine nur hier genannte, nicht näher zu bestimmende Art; vgl. J. André, Lex. des termes de botanique 89.

6) Vergil hat den Bienen das ganze 4. Buch seiner Georgica gewidmet.

7) Nach dem Zeugnis des Servius (zu Aen. 1,430) eine Demeterpriesterin, die wegen ihrer Weigerung, Kultgeheimnisse preiszugeben, von ihren Nachbarinnen zerrissen, von Demeter aber nach ihrem Tode in eine Biene verwandelt wurde.

8) Die Handschriften bieten an dieser Stelle den Namen *Euhemerus* (einige *Homerus*). Aber Euhemeros von Messene, der allein in Betracht käme, war kein Dichter, was natürlich auch Col. bekannt war. So dürfte die schon bei Olck, RE III 449, anonym notierte Vermutung, daß dafür *Eumelus* zu lesen sei, richtig sein. Eumelos von Korinth (6. Jh. v. Chr.) hat außer einem Epos „Korinthiaka" auch eine nicht näher bekannte „Bugonia" (Entstehung der Bienen aus der Leiche eines Rindes) geschrieben, wo die Erzählung gestanden haben kann.

9) Der Name begegnet nur hier; seine Richtigkeit ist nicht sicher.

10) Vgl. Vergil, Georg. 4,152; Antonin. Lib. 19 (nach Boios). Der neugeborene Zeus mußte vor seinem kinderfressenden Vater Kronos durch die Mutter in der Dikte-Höhle des kretischen Berges Ida verborgen werden und dort heimlich heranwachsen.

11) Vergil, Georgica. 4,152.

12) Aristaios, Sohn des Apollon und der Nymphe Kyrene, galt nach verbreiteter Sage als der erste Bienenzüchter; sein Mythos wird u.a. von Vergil, Georgica 4,315 ff. und Ovid, met. 15,359 ff., erzählt.

13) Ein Berg in Attika; Honig von Hymettos erfreute sich größten Ruhmes (Strab. 9,399; Pausan. 1,32,1; Plin. 11,32).

14) Wahrscheinlich Euphronios aus Athen, hellenistischer Schriftsteller, der über Weinzubereitung schrieb (Plin. 14, 120). Die Rückführung des Honigs auf die Zeit des Königs Erechtheus könnte seine Erfindung sein.

15) Nikandros von Kolophon, 2. Jh. v. Chr., schrieb darüber wahrscheinlich in der Einleitung zu seinem Lehrgedicht über die Bienenzucht („Melissurgika").

16) Ein Hauptproblem antiker Bienenkunde; vgl. Aristot. hist. an. 5,21, 353a; gen. an. 3,10, 760a; Plin. 11, 46; Verg. (*Maro*) Georg. 4,200 f.

17) Aristot., hist. an. 5,22, 553b 7 ff., zählt auf: 1. eine kleine, runde und farbige Art (die beste); 2. eine lange Art wie die Waldbiene; 3. die Raubbiene, schwarz, mit breitem Hinterleib; 4. der Drohn, am größten, ohne Stachel, träge. Col. folgt also nicht Aristoteles selbst, sondern einer unbekannten Quelle, die in diesem Zusammenhang Aristoteles genannt haben muß, aber eine etwas andere Kennzeichnung der Rassen geboten hat.

18) Vergil, Georgica 4,99.

19) Vergil, Georgica 4,9-12.

20) Satureia hortensis L., bohnenartiges Pfefferkraut oder Bohnenkölle, ein Lippenblütler (s. J. André, Lex. bot. 109).

21) Medicago arborea L., ein um seiner Blätter willen sehr geschätzter Strauch am Ostmittelmeer und in Italien; vgl. Buch 5,12 und Plin. 13,130; V. Hehn, Kulturpflanzen und Haustiere[9] 414 f.; J. André a.O. 113 f.

22) Rhamnus jububa L., Brustbeerbaum; über seine Arten s. André a.O. 341.

23) Die Handschriften haben an dieser Stelle *amaracus* (Majoran); das ist in diesem Zusammenhang unmöglich; aber die alte Konjektur *tamaraces* (Tamarisken) ist ein unsicherer Versuch, die Stelle in Ordnung zu bringen.

24) Pistacia terebinthus und Pistacia lentiscus L.

25) Korykos war eine kilikische Stadt im südl. Kleinasien.

26) Vergil, Georgica 4,20-21; 23-24.

27) Vergil, Georgica 4,27-29.

28) Ferula communis L., auch Pfriemen- oder Gertenkraut genannt, aus der Familie der Umbelliferen, in allen Mittelmeerländern beheimatet; s. J. André, a.O. 135.

29) Der *stelio*, oft als „Sterneidechse" übersetzt, ist bis heute nicht identifiziert. Vergil nennt ihn in den Georgica (4,243) ebenso wie die „lichtscheuen Asseln" (*blattae*, eig. „Schaben", aber die kommen sachlich nicht in Betracht), und Col. umschreibt hier nur den Vergilvers. Plinius (8,111; 29,90) unterscheidet einen giftigen griechischen und einen ungiftigen sizilischen *stelio*; der letztere sei der Eidechse ähnlich. Aristophanes (Wolken 172) gibt dem Tier die Fähigkeit zu klettern, sofern das sonst unbekannte Tier *galeotes* (γαλεότης) dasselbe wie *stelio* ist; auch Col. unterstellt die Kletterfähigkeit. Weiteres in meinem Komm. zu Verg. Georg. (1957) 365.

29a) Vergil, Georgica 4,243.

30) S. Kap. 9.

31) *Apiastrum*, das lat. Wort für die Melisse (Melissa officinalis L.), die im folgenden Vergilvers (Georg. 4,63) mit dem griechischen Namen *melisphyllon* erwähnt wird. Da das „und" (*atque*) einwandfrei überliefert ist, muß man annehmen, daß Col. beide Wörter als Bezeichnungen verschiedener Pflanzen verstanden hat.

32) Vergil, Georgica 4,63.

33) Die Imker des Altertums und Mittelalters waren davon überzeugt, daß die Königin das Bienenmännchen sei. Zwar haben schon voraristotelische Naturforscher offensichtlich daran gezweifelt und den Drohnen männliches Geschlecht und die Funktion der Zeugung zugesprochen (Xen. oecon. 7, 32, vgl. aber Breitenbach RE IX A 1852); welche Rolle in diesem Falle der Königin zugewiesen wurde, wissen wir nicht. Aristoteles selbst spricht nur vom „König" oder „Führer", und so alle nach ihm. Erst im 17. Jh. hat der holländische Zoologe Swammerdam (1637-1680) die wirkliche Rolle der Königin aufgedeckt.

34) Vergil, Georgica 4,70-72.

35) Vergil, Georgica 4,87.

36) Von Col. frei zusammengestellte Verse aus Versstücken Vergils (Georgica 4,92-95).

37) Vergil, Georgica 4,96 f.

38) Vergil, Georgica 4,94.

39) Vergil, Georgica 4,90.

40) Bildlicher Ausdruck, der nicht erkennen läßt, ob die Eier oder die aus ihnen entstandenen Maden gemeint sind. Die Verwandlungsstufen beschreiben u.a. Aristoteles, hist. an. 5,22, 554a 18 ff. und Plinius 11,48.

41) Das überlieferte Wort ist *sorde*, „Schmutz": in diesem Zusammenhang auffallend, aber durch Kap. 15,12 gesichert; es soll wohl nur einen mittleren Zustand zwischen fest und flüssig bezeichnen. Aristoteles sagt an der genannten Stelle wörtlich: „Die Königsbrut hat rötliche Farbe, die Konsistenz eingedickten Honigs und von Anfang an nahezu das Volumen dessen, was aus ihr hervorgeht. Aus ihr schlüpft nicht erst eine Made, sondern unmittelbar die Biene, wie man sagt." – Col. stützt sich auf Hyginus; dessen Darstellung geht – vielleicht durch Vermittlung des Aristo-

machos – auf Aristoteles zurück. – Plinius sagt a.a.O.:
„Der König hat von Anfang an Honigfarbe, da er aus der
ausgewählten Blüte allen Materials gemacht ist" (im Gegensatz zu den gewöhnlichen Maden, die als wachsfarbig oder
einfach als weiß bezeichnet werden).

42) Vgl. Buch 6,5,1; 7,5,2.

43) Rhus coriarius L., eine subtropische Anakardiazeen-Art, deren Frucht zur Herstellung eines Balsams verwendet wurde;
s. J. André, Lex. bot. 372.

44) Aster amellus L., Christauge, eine in Italien verbreitete
Pflanze, die Vergil (Georg. 4,271) im selben Zusammenhang
rühmt. Sie hat vielerlei Bezeichnungen; s. André, Lex.
27.

44a) Aristomachos von Soloi (Zypern), der angeblich 58 Jahre
lang nichts anderes als Bienenbeobachtung betrieben hat
(Plin. 11,19) und ein Werk μελισσουργικά („Bienenhaltung")
hinterließ, lebte zu unbekannter Zeit zwischen Aristoteles
und Hyginus. Sein Werk hat, wahrscheinlich nicht nur Hyginus, sondern auch Vergil und Celsus verwendet. Neben ihm
nennt Plin. 1,11 zwei gleichnamige Werke von zwei sonst
völlig untergegangenen Autoren, Neoptolemos und Philistos.
Ihr Verhältnis zu Aristomachos läßt sich nicht sicher bestimmen; am nächsten liegt die Annahme, daß ihre Bücher
durch das des Aristomachos überholt waren und Plinius
ihre Namen nur durch diesen kannte.

45) Auf Deutsch etwa „Fraß"; sonst von krebsartigen Geschwüren gebraucht. Col. meint damit vielleicht die sog. gutartige Faulbrut, im Unterschied zur ansteckenden, die nach ihm
(§ 1) nur selten vorkam.

46) Der Frühaufgang der Plejaden (Siebengestirn) wird hier, etwas abweichend von Varro 1,28 und Columellas eigener Angabe im 11. Buch (2,40) auf den 10. Mai festgesetzt, wie
es dem Caesarischen Kalender entspricht; vgl. auch Plin.
2,123 („sechs Tage vor den Iden des Mai"). Eine Übersicht über die antiken Plejadentermine gibt Gundel, RE
XXI 2511 f.

47) D.h. vor dem 15. Mai.

48) Zu Deutsch „Bremsen". Wahrscheinlich liegt eine Ver-
wechslung mit der der Biene von ferne ähnelnden Rinder-
bremse (Tabanus bovinus) zugrunde, die nichts mit der Bie-

ne zu tun hat. Col. gibt hier fremde Literatur wieder, ohne Rücksicht auf das, was er in Kap. 11,4 mitgeteilt hat.

49) Die antiken Berechnungen des Frühaufgangs des Hundssterns (Sirius) schwanken zwischen dem 19. Juli und 3. August: Varro a.a.O. gibt den Zeitraum zwischen Sonnenwende und Sirius-Aufgang mit 27 Tagen an, nimmt also für diesen den 24. Juli an; Col. will die Zahl hier nicht näher präzisieren, läßt aber in § 10 dieses Kapitels erkennen, daß er den 28. Juli im Auge hat, sofern man von dem Eudoxischen Termin des Arcturus-Aufgangs ausgehen darf.

50) Vergil, Georgica 4,538 ff. – Der Ursprung dieses in hellenistischer Zeit sehr verbreiteten Wundermotivs geht weit zurück (vgl. Anm. 8). Im allgemeinen wird ägyptische Herkunft angenommen; vgl. E. Norden, Orpheus und Eurydike, SB Berlin, Phil.-hist. Kl. 1934,6,626 ff.; F. Klingner, Virgil (1967) 323 ff.; L.P. Wilkinson, The Georgics of Vergil (1969) 268 f.

51) Der römische Meilenstein hatte die Form eines hohen Zylinders.

52) Der „Schwanz des Großen Bären", der hellste Stern des Bootes, hat seinen Frühaufgang nach der Berechnung des Eudoxos (s. unten Anm. 54) am 15. September, nach der des Euktemon am 16. September.

53) Hipparchos, um 190 v. Chr. in Nikaia (Bithynien) geboren, war der größte griechische Astronom; u.a. berechnete er das Jahr auf 1/300 Tag genau (etwas weniger als 365 1/4 Tage), stellte einen Katalog von mehr als 850 Sternen auf und entdeckte die Verschiebung der Äquinoktien.

54) Eudoxos von Knidos, etwa 408-355 v. Chr., bedeutender Mathematiker und Astronom, Schüler des Archytas, Gast in der Akademie Platons, zuletzt hoher Staatsbeamter seiner Heimatstadt, wurde besonders durch seine Forschungen über die Planetenbahnen berühmt.

55) Meton von Athen, Zeitgenosse des Perikles, Thukydides und Sokrates, Schöpfer eines astronomischen Kalenders, der die Periodizität des Sonnenjahres und der Mondumläufe durch ein Großjahr von 19 · 365 5/19 Jahren in ein System bringen sollte und im Jahr 432 in Athen offiziell eingeführt wurde.

56)　Es handelt sich um den **Spät**aufgang des Arcturus, den
　　　Eudoxos auf den 25. Februar fixiert hat. Die Idee des
　　　Februar sind der 13.

57)　Es gab auf Sizilien drei Städte dieses Namens im südöst-
　　　lichen Teil des Inseldreiecks, eine etwas nördlich von Cata-
　　　nia, eine nordwestlich von Syrakus, eine unweit des heutigen
　　　Ragusa. Hier ist wahrscheinlich die erste gemeint, die am
　　　Südhang des Ätna lag, in einer Gegend also, die durch be-
　　　trächtliche Höhenunterschiede sehr verschiedene Klima- und
　　　Vegetationszonen hat.

58)　Vergil, Georgica 4,168 (vgl. Aeneis 1,435) und 244.

59)　Vergil, Georgica 4,168.

60)　Gemeint sind die ungefähr kegelförmigen Säulen im Zirkus,
　　　die man beim Wagenrennen umfahren mußte.

61)　Vgl. die Anm. 41 (zu. Kap. 11,5).

BUCH 10

1) Zur besonderen Stellung dieses Buches im Gesamtwerk
   ist auf das Nachwort im 3. Band zu verweisen. Für die
   hier folgenden Notizen sind die reichen und gelehrten
   Erklärungen der Ausgabe von E. De Saint-Denis (Columelle de l'agriculture X [Coll. Budé], Paris 1969, S. 50 ff.)
   dankbar verwertet worden; sie sind bislang der einzige mo-
   derne Kommentar zum Columella-Text.
2) Man beachte das Spiel mit Ausdrücken des Kapitalver-
   verkehrs (*faenum, stipulare, pensiuncula, debitum, persol-
   vere*), die den Umgangston unter befreundeten Gutsnach-
   barn (= Geschäftspartnern ?) ironisch einfärbt.
3) Zur Entwicklung des Gartenbaues in Rom s. Olck, RE
   VII (1910) 768-841; P. Grimal, Les jardins romains
   (1943); L.A. Moritz, Der Kleine Pauly II 699 f. – Die von
   Col. offensichtlich begrüßte Erweiterung und Differenzie-
   rung wird von Horaz (c. 2,15) unter popularphilosophi-
   schem Gesichtspunkt bedauert; doch hat er den hellenisti-
   schen Ziergarten im Auge, Col. den Gemüsegarten, auch
4) Vgl. Verg. Georg. 4,147 f. *verum haec ipse equidem spatiis
   exclusus iniquis / praetereo atque aliis post me memoran-
   exclusus iniquis / praetereo atque aliis post me memoranda relinquo.* Man beachte Columellas engen Anschluß an
   diese Verse, ebenso unten in V. 5.
5) Griechisches Sprichwort; s. Macar. 3,97 ἐξ ἄμμου σχοίνιον
   πλέκει: ἐπὶ τῶν ἀδυνάτων. Vgl. Aristid. 2,309 u.a.; A.
   Otto, Sprichwörter der Gr. und Römer 160; R. Häußler,
   Nachträge (1968) 273.
6) Der folgende poetische Text, im Stil des Lehrgedichtes
   abgefaßt, könnte im Deutschen nur unter erheblichen in-

haltlichen Opfern in Versen wiedergegeben werden: die
Übersetzung verwendet daher Prosa, versucht jedoch einiges vom Stil des Originals zu retten.

7) Altrömische Göttin der Tierzucht; s. G. Radke, Die Götter Altitaliens (1965) 242. Pales wird auch von Vergil (Ge. 1,3.1) angerufen.

8) Nach dem Glauben fällt der Honig als Tau vom Himmel auf die Blätter der Bäume; s. Aristot. hist. an 5,22, 353 b 29; Plin. nat. 11,30.

9) *Sambucus ebulus* L..; vgl. 2,2,20 und Verg. Buc. 10,27, wo ebenfalls die roten Beeren erwähnt werden.

10) Die hier genannten Pflanzen haben sämtlich medizinisch-toxische Bedeutung: *elleborus* (ἐλλέβορος), lat. *veratrum*, dessen bitterer Saft (Cat. 99,14) als Purgativ, Vomitiv und Heilmittel gegen Wassersucht, Epilepsie und Wahnsinn angewendet wurde; *carbasum* (auch *carpasum*, gr. κάρπασος); bei Plin. 32,58 *carpathum*) ist bislang nicht bestimmt (André, Lexique 74); dem Efeu schrieb man bodenvergiftende Säfte zu (Verg. Ge. 4,47; vgl. Fuc. 9,30; Plin. 16,50 f.). Der Alraun (μανδραγόρας), ein Nachtschattengewächs mit eigenartig geformter Wurzel, die man als menschlichen Unterleib deutete und deren giftiger Saft als Schlafmittel und Narkotikum diente, galt zugleich als geheimnisvolles Aphrodisiakum; gut geschildert bei Diosc. med. 4,75 f.; vgl. auch Theophr. hist. pl. 6,2,9; 9,8,8; Plin. 25,147 ff. – Der Schierling *(Conium maculatum* L..) ist die klassische Giftpflanze der Alten (Theophr. hist.pl. 1,5,3; 9,8,3; Lucr. 5,896; Hor. sat. 2,1,56 u.a.), mit der auch Sokrates hingerichtet wurde.

11) Das sog. Steckenkraut *(ferula)* lieferte den antiken Schulmeistern die unentbehrliche Rute (Juv. 1,15; Mart. 10,62, 10 u.a.).

12) Zur Frage der Einfriedung s. 11,3,2-7.

13) Daedalus (vgl. δαίδαλος „kunstfertig") ist der sagenhafte Baumeister, der für König Minos von Kreta das Labyrinth erbaute. – Polyklet von Sikyon: Bildhauer des 5. Jh. – Phradmon: Erzgießer aus Argos im 5. Jh. – Ageladas: der Lehrer der Bildhauer Myron, Phidias und Polyklet. Anf. 5. Jh.

14) Priapos, Sohn der Aphrodite und des Dionysos, seit dem 1. Jh. auch in Italien allgemein verehrter Fruchtbarkeits-

gott, dessen meist roh gearbeitetes Holzbild (mit der Sichel in der Hand und großem erigiertem Glied) in Weinbergen und Gärten aufgestellt wurde; vgl. Verg. Ge. 4,110 f.; Culex 86; Copa 23 f.; Tib. 1,17 u.oft.

15) Bezeichnung der Musen als *Pierides* (seit Hes. opp. 1) nach der makedonischen Landschaft Pieria am Fuß des Olymp. Bei den Römern zuerst von Cic. nat. deor. 3,54 übernommen. – *deducite carmen* nach Verg. Buc. 6,5; vgl. auch Hor. epist. 2,1,225.

16) Die Rosen von Paestum (südl. Salernum) werden wegen ihres Duftes und ihrer Farben von vielen römischen Dichtern gerühmt; sie blühen außerdem zweimal jährlich (Verg. Ge. 4,119; Mart. 12,31,3).

17) Über das Pfropfen der Bäume s. Buch 5,11; de arb. 27.

18) Die Verse bezeichnen den Untergang des Hundssterns (24. - 26. Sept.) und das Herbst-Äquinoktium; vgl. 11,2,66. – Titan: Name des Helios (Sonne), des Sohnes des Hyperion und der Theia (Hes. Th. 371 ff.); seit Cicero (Arat. 60) häufig auch bei den röm. Dichtern.

19) Umschreibung von *Corona Gnosia*, einem Sternbild, in dem man den an den Himmel versetzten Hochzeitskranz der Ariadne, der Tochter des Minos (sein Regierungssitz ist Knossos) bei ihrer Vermählung mit Bacchus sah. Vgl. auch Verg. Ge. 1,221 f. – Zur Datierung des Untergangs der Corona und der Plejaden (der Atlas-Töchter, s. Verg. a.O.) vgl. 11,2,84; für das Folgende ebd. 88.

20) *Nepa* ist nach Paul. Fest. 164 f. M. die afrikanische Bezeichnung des Skorpions; ins Lat. wurde sie durch Ennius (Cic. rep. 1,30) eingeführt. – Crotus (Κρότος) ist der Schütze, lat. *Sagittarius* (Hyg. fab. 224), mit seinem griech. Namen hier zuerst in die lat. Literatur eingeführt.

21) Die jetzigen Menschen stammen nicht, wie sie oft glauben, von jenem Lehm, den Prometheus geformt hat, sondern von den Steinwürfen des Deukalion und der Pyrrha (Verg. Ge. 1,62 f.; Ov. met. 1,318 ff.) nach der großen Flut.

22) Der lat. Text mischt hier Poetisches („Haare" für Gras, die personifizierte Erde; ihr „Gürtel" für die starre Erdrinde) mit Technischem (*scindere, proscindere* als erstes Pflügen); ähnlich im folgenden Vers die „zögernden" *terga* (nicht zerfallene Schollen).

23) Im Gegensatz zu *bidens* ist *marra* wohl eine Schneidhaue ohne Zinken: vgl. Plin. 17,159; Juv. 15,166.

24) Nur adjektivisch vorkommende Bezeichnung für eine rauhe Gegend des hohen Nordens (Sarmatien, Skythien u.a.).

25) Untergang der Leier am 1.-3. Februar s. 11,2,14; Varro rust. 2,5,12.

26) Das Auftreten der Schwalbe datiert Col. 11,2,21 auf den 1. März.

27) Zur Qualität des Eselsmistes s. 2,14,4; 11,3,12.

28) Der Gärtner trägt den Dung in zwei Körben, die an den beiden Enden einer auf der Schulter ruhenden Stange hängen.

29) Zur Verwendung von menschlichem Dünger im Gartenbau s. 11,3,12.

30) *pingite . . . flores*: Formulierung nach Lukrez 5,1396 *tempora pingebant viridantis floribus herbas*; vgl. auch ebd. 2,375.

31) *leucoium* (λεύκοιον) ist wahrscheinlich das Schneeglöckchen; André, Lex. 185 denkt an Goldlack.

32) Die Bezeichnung für das Löwenmaul (*Antirrhinum maius* L.) begegnet nur hier und V. 260. Plin. 25,129 nennt es mit seinem griechischen Namen *antirrhinum* (vgl. Theophr. hist. pl. 9,19,2; Diosc. 4,130).

33) *hyacinthus* (ὑάκινθος) ist eine nicht genau bestimmbare Zwiebelpflanze, am ehesten wohl unsere Gartenhyazinthe, *Hyacinthus ciliatus* bzw. *Romanus*; anders C. Garlick, Cl. Rev. 35, 1921, 146 f. Auch Verg. Ge. 4,183 erwähnt sie als Gartenpflanze, Col. 9,4,4 als Bienenpflanze. Pallad. 1, 37,2 erklärt sie mit den lat. Bezeichnungen *iris* und *gladiolus* „wegen der Ähnlichkeit der Blätter".

34) Unter dieser Bezeichnung werden offenbar ähnliche, aber nicht unter sich verwandte Blumen verstanden, die im einzelnen nicht bestimmt werden können (vgl. André 330; De Saint-Denis, Rev. ét. lat. 41, 1963, 241).

35) Über das Schattengewächs *panax* („Allheiler") und die bei seiner Berührung auftretenden Tropfen s. Plin. 12,127; 25, 30.

36) Eine syrische Mohnart (*Glaucium corniculatum*) mit braunem Saft, der in der Medizin vielseitig verwendet wurde (Steier RE XV 2442 f., André 150); vgl. auch Diosc. 4,65; Plin. 20,205 f.

37) *Papaver somniferum* L., aus dessen Milchsaft das Opium gewonnen wird. Diese Mohnart ist bereits Homer (Il. 7, 306) als Gartenpflanze bekannt. Bei den Römern wird sie häufig als Schlafmittel erwähnt (Verg. Ge. 1,78; Aen. 4, 486; Ov. fast. 4,547; am. 2,6,31; Cels. 2,32 u.a.); s. Steier a.O. 2435 ff.

38) Die megarische Zwiebel wurde allgemein als starkes Aphrodisiakum gerühmt (Plin. 20,105 *venerem maxime . . . stimulant*; Ov. ars. am. 2,422 *bulbus . . . ex horto quae venit, herba salax*; vgl. Diosc. 2,200). Dasselbe gilt von der Rauke (*Brassica eruca* L.) einer Kohlart; vgl. Ov. ars. am. 2,121; rem. 799; Cels. 4,28,2; Plin. 10,182; 19,154. Über ihre sonstige offizinelle Bedeutung s. ebd. 20,126.

38a) Brassica eruca, eine Kohlart, die zu den stärksten Aphrodisiaka zählte (Ov. rem. 799; am 2, 421 ff.; Plin. 19, 154 u.a.).

39) Sicca Veneria, röm. Kolonie in Numidien mit bekanntem Heiligtum der Venus Erycina (Sall. Jug. 56,3). Gätulien steht hier verallgemeinert für N.-Afrika. – Vor Zwiebeln aus Libyen und aus Megara warnt Ov. rem. 797 f.

40) Gr. χαιρέφυλλον. lat. *caerefolium* (Plin. 19,170). Aussaat Ende Februar; 11,3,14; um Mitte Februar nach Pallad. 3,24,9.

41) Salatpflanze mit eßbarer Wurzel; ihre Bestimmung ist unsicher; möglicherweise handelt es sich um den Pastinak (*Pastinaca sativa*), eine Küchenpflanze mit weißer Rübe; s. André 295; Andrews, Cl.Phil. 44,1949,188.

42) Die „assyrische" Wurzel ist wohl identisch mit dem *rhaphanus Syriacus*, dem syr. Rettich (11,3,16;59); s. André 269.

43) Nach Pelusium genannt, einer Stadt im Nildelta, da das Bierbrauen im Altertum eine Spezialität Ägyptens war.

44) *Smyrnium olusatrum* L. („falsche Myrrhe"), nach ihren schwarzen Früchten benannt; vgl. 11,3,18 *olus atrum*, hier durch *h. pullum* poetisch variiert.

45) Gemeint ist die Gartenkresse (Pfefferkraut), *Lepidium sativum*, vgl. 11,3,16. Über ihre Heilkraft bei Lepra und Entstellungen der Haut s. Diosc. 2,225; Plin. 20,181; Athen. 3,119 B; 9,385 A. Der griech. Name λεπίδιον ist zugleich Demin. von λεπίς „Schuppe"; davon λεπίζω „abschuppen". Die Verse 125 f. sind also ein etymologi-

scher Scherz des Autors. Die Wirkung, die er hier der
Kresse zuschreibt, gibt Mart. 6,64,26 dem Zimt.

46) Diese zugleich gewöhnlichste und beliebteste Kuchenpflan-
ze ist der Kohl (*Brassica sativa*), dem bei Cato zwei berühmte Kapitel (agr. 156 f.) gewidmet sind. Mehrere Arten davon nennt Plin. 19,136 ff., jedoch weniger als Col.

47) Küstenstadt Campaniens, gr. Κύμη. Auch hier ist die Verbindung von *Cyme* und *cymata* eine etymologische Spiele-
rei. Zur *Brassica Cumana* s. Plin. 19,140.

48) Alter Stamm an der Küste Latiums.

49) Den Marrucinern landeinwärts benachbart.

50) Gemeint ist das Samnitengebiet bei Caudium. Ein Engpaß
bei Caudium war wegen einer militärischen Demütigung
der Römer im J. 321 v. Chr. berüchtigt (Liv. 9,2-6).

51) Küstenstadt am Vesuv, im J. 79 n. Chr. zusammen mit
Pompeji und Herculaneum verschüttet; heute Castellam-
mare.

52) Dichterischer Name für Neapel; es war seit langem der
Sitz vieler Philosophen und Gelehrter.

53) Der jetzige Sele, der im Golf von Salerno mündet.

54) Eine Quelle in Latium, auch *lacus Iuturnae* genannt. Die
Lacuturnenses ex valle Aricina erwähnt auch Plin. 19,141.

55) Jetzt Arricia, sö. von Rom, nahe dem Nemisee gelegen.

56) Vgl. 11,3,10; Pallad. 1,34,2.

57) Das Sternbild des Widders, nach der Sage der unter die
Sterne versetzte Widder mit dem goldenen Vlies, auf dem
die Geschwister Phrixos und Helle, die Kinder des Athamas
und der Nephele („Wolke"), durch die Lüfte flohen (Hygin.
fab. 1-5; Apollod. 1,80; Ov. fast. 3,851 ff.). Der hier genannte Aufgang des Widders fällt nach Columellas Kalender (11,2,31) auf den 23. März; der Widder ist das erste
Tierkreiszeichen, das im altrömischen Jahr aufging (daher
signorum princeps). – „Unter den Schafen" ist er der
Leithammel. Die enge Verknüpfung der beiden „ersten
Plätze" ist wieder ein Sprachscherz.

58) Gemeint sind die Pflanzen, die aus dem Saatbeet in eine
andere, also „fremde" Muttererde versetzt sind.

59) Vgl. IX 4,5; Col. meint also wohl die *pastinaca edomita*,
d.h. die Gartenkarotte; aber auch das Rapunzel ist nicht
auszuschließen (s. Anm. 41).

60) Ägyptische Stadt am Nildelta, ein antikes Vergnügungszentrum (Prop. 3,13,39; Sil. 11,431).

61) Plural, vom gr. σάμψυχα; die Bestimmung als Majoran ist unsicher, vgl. André, Lex. 26 (*amaracus*); 280 (*sampsucus Alexandrinus*).

62) Myrrha, Tochter des assyrischen (später kyprischen) Königs Kinyras und von diesem Mutter des Adonis, wurde in einen Myrrhenbaum verwandelt, als ihr Vater ihr nach dem Leben trachtete (Ov. met. 10,298 ff.; Hygin. fab. 58). – Die Myrrhe schwitzt an Wundstellen einen milchig-trüben Saft aus, der rasch eintrocknet und an Tränen erinnert. (Theophr. hist. pl. 9,4,2 ff.; Plin. 12,66 ff.; 19,163).

63) Die griechische Myrrhe. σμύρνα (Nik. Th. 848; Al. 405; Plin. 27,133 ff.) oder ἱπποσέλινον (Theophr. a.O. 2,2,1; Plin. 19,124; 162 f.) genannt, eine in Griechenland verbreitete Umbellifere, ist keine wirkliche Myrrhe, wird aber häufig mit ihr verwechselt (Theophr. a.O. 9,1,4; Steier, RE XVI 1138). Columellas günstiges Urteil über sie ist falsch.

64) Gemeint ist die Hyazinthe, auf deren Blütenblättern man AI zu lesen glaubte. Die hier angedeutete Sage von der Entstehung der Blume (Ov. met. 13,397 ff.; Paus. 1,35,4; Plin. 21,66) konkurrierte mit einer anderen Version, nach der der Jüngling Hyakinthos von Apollon in eine Blume verwandelt wurde (Ov. met. 10,162 ff.; Plin. a.O.; Hygin. fab. 272). Der Name bezeichnete allerdings mehrere Zwiebelpflanzen (André 165).

65) Das Attribut übersetzt den Namen. Gemeint ist das Tausendschön, *Celosia cristata*. Näheres darüber bei Plin. 21, 47.

66) *Corambe*, auch *crambe* = κράμβη, entweder *Brassica cretica*, eine Kohlart, oder andere nicht genau bestimmte Kohlarten. Der Name wird als „geschrumpft, verdorrt" gedeutet; vgl. Frisk, Gr. etym. Wörterb. II f f.

67) D.h. sie wird als *lactuca Caeciliana* bezeichnet. Über sie und ihre Arten s. 11,3,26; Plin. 19,126 ff.

68) Gades, h. Cadix, erwähnt Col. mehrfach, aber nur noch 8,16,9 als seine Heimatstadt.

69) D.h. im Februar, in den die jährliche Totenfeier der Römer, die Feralia (21. Februar), und die Lupercalien (15. Febr.) fielen. Lupercus ist der Name des lykäischen Pan

(Justin. 43.1.7). Die Lupercalien werden beschrieben bei
Dion. Hal. 1.80.1; Ov. fast. 2.19 ff.; 267 ff. u.a.

70) Also am 1. März.

71) D.h. am 1. April; der April war der Monat der Venus. Zur
Datierung vgl. 11.3.27 („bis zum 13. April").

72) Anspielung auf Lucr. 2.1105; das Folgende in Anlehnung
an Verg. Ge. 1.43;2.323 f.; Ov. fast. 1.151 f.

73) D.h. Poseidon-Neptunus.

74) D.h. Okeanos, der Gatte der Tethys (Hes. Th. 337; Ov.
fast. 5.81).

75) D.h. Danaë; sie ist deshalb hier genannt, weil Zeus sich
in Gestalt eines goldenen Regens mit ihr vereinigt hat.
Die jährliche Wiederholung des Liebesaktes deutet auf den
Frühlingsregen, wie ihn auch Vergil (Ge. 2.325 ff.) als
Paarung zwischen Jupiter (Himmel) und Tellus (Erde) dar-
gestellt hat.

76) Doppelanspielung auf das mythische (Dichter-) Roß Pega-
sos, das den Bellerophon auf seinem Ritt durch die Lüfte
abwarf, und auf die Sage von den Rossen des Helios, die
dessen Sohn Phaëthon nicht zu zügeln vermochte, so daß
die Sonne aus der Bahn geriet.

77) Die große Muttergottheit Kleinasiens, mit ekstatischem
Kult verehrt; zugleich Berggottheit und als solche auf
dem phrygischen Berg Dindyma lokalisiert.

78) Berg der Musen und des Bacchus zwischen Böotien und
Attika.

79) Nysa ist der sagenhafte Geburtsort des Dionysos; die Lo-
kalisierung schwankt zwischen mehreren Ländern Vorder-
asiens.

80) Berg bei Delphi, dem Apollon, dem Dionysos und den
Musen heilig.

81) Makedonische Landschaft am Olymp; vgl. Anm. 15.

82) Wie ein Pferd in der Reitschule.

83) Über die Gartenkresse als wurmvernichtende Pflanze s.
Diosc. 2.128; Plin. 20.128.

84) Daß die abgekochte Artischocke den Durst steigert, weiß
auch Plin. 22.263; daß sie die Kehle rauh macht, ist nur
hier gesagt.

85) Die Stelle wird gewöhnlich als Aufzählung von 6 Arti-
schockenarten aufgefaßt; doch gibt es dazu in der Fach-

literatur keine Parallele. Daher empfiehlt De Saint-Denis (Ausg. 1969, S. 63) ansprechend eine andere Deutung, nach der sie als Darstellung von 6 Entwicklungsphasen zu verstehen ist. Dies wäre ein Einzelfall bei Col., der jedoch wegen seiner künstlerischen Qualität Beachtung verdiente.

86) Auch Wiesenknöterich genannt; die griechische Bezeichnung ist ἄρον; die botanische Bestimmung ist jedoch unsicher (s. André 41). Die Pflanze wird von Plin. 24,143 wegen ihrer vielseitigen Heilwirkungen gerühmt.

87) Zaunrübe (*Tamus communis* L.), eine rankende Art der Cucurbitazeen mit giftigen Wurzelknollen.

88) Das Wort *beta* (Mangold) ist gleichlautend mit dem Namen des zweiten Buchstabens im griechischen Alphabet – wieder ein Sprachscherz des Dichters.

89) Da mit diesem Wort viele Pflanzen, auch Bäume, bezeichnet werden (s. André 189 f.), ist die hier gemeinte nur nach ihrem Attribut *Phrygia* und der Tatsache zu bestimmen, daß sie eine Gartenpflanze ist. Danach kommt am ehesten die für die Troas als Gemüsepflanze bezeugte Dreiblattart *Trifolium frugiferum* in Betracht, die auch in Attika beliebt war (Diosc. 3,40). André denkt auch an den Steinklee (*melilotus*), doch der gehört auf den Acker. Sicherheit ist nicht zu gewinnen.

90) Sagenumworbener westgriechischer Fluß, der in den korinthischen Meerbusen mündet. Die Töchter des Flußgottes sind Nymphen, ebenso wie alle im folgenden (bis V. 268) angerufenen weiblichen Gestalten.

91) Arkadisches Gebirge.

92) Kleiner thessalischer Küstenfluß, an dem Apollo neun Jahre lang dem König Admetos als Hirte diente (Verg. Ge. 3,2).

93) Berg in Arkadien, der höchste der Peloponnes.

94) Berg in Arkadien.

95) Berühmte Quelle am Parnaß, dem Apollon und den Musen heilig.

96) Kleiner Fluß an der sizilischen Nordküste nahe dem Ätna; im Mündungsgebiet lag die griechische Stadt Alaisa.

97) Felsenstadt in der Mitte Siziliens (heute Enna). Nach der Sage fand dort der Raub der Proserpina statt (Ov. met. 5,385 ff.).

98) Ihr Name bedeutet „Zuverlässigkeit", „Treue zum gegebenen Wort". Seit der Mitte des 3. Jh.s vor Chr. wird sie in Rom als Gottheit verehrt.

99) D.h. Venus.

100) Nach Sarra = Tyrus benannt, dem wichtigsten antiken Zentrum für Purpurproduktion.

101) D.h. Diana als Mondgöttin.

102) D.h. der Planet Mars. Als Πυρόεις („feuerartig") wird er zuerst bei Aristot. de mus. 339 a 9 bezeichnet (danach Cic. nat. deor. 2,53), als Πυροειδής von Eudoxos von Knidos (ars 5,13). Die Bezeichnung scheint sehr alt zu sein.

103) D.h. Iris, bei Homer Botin des Zeus; ihr Name bezeichnet zugleich den Regenbogen.

104) Anspielung auf die 2. Ekloge Vergils, in der der ländliche Hirte Corydon vergebens um den jungen Sklaven Alexis wirbt; vgl. bes. V. 45 ff., wo Corydon den Blumenreichtum des Landes anpreist.

105) Frei gewählter Name, eigtl. „Wassernymphe" (Verg. Buc. 10,10; vgl. ebd. 6,21 *Aigle Naiadum pulcherrima*).

106) Nach Plin. 13,19 (aus Theophrast) ist das beste Konservierungsmittel für Aroma nicht Wein, sondern Olivenöl.

107) Vortumnus (eigtl. „Umwender") ist ein altrömischer Gott (G. Radke, Die Götter Altitaliens 317 ff.; F. Miltner, RE VIII A 1669 ff.), der verschieden gedeutet wurde: als Gott, der das Hochwasser abwendet (Prop. 4,2,7 ff.), als Gott der sich wandelnden Jahreszeiten (ebd. 11 ff.), als ein sich verwandelnder Gott (ebd. 19 ff.) und als Gott des Warenaustausches (Porph. Hor. epist. 1,20,1; Ps.Ascon. Cic. Verr. II 1,154). Die letzte Deutung ist sicher sekundär, scheint aber Col. hier vorzuschweben (s. Miltner 1683). Das Standbild des Gottes stand im Vicus Tuscus derart, daß es zum Forum blickte. – Der Abschluß dieses Abschnittes läßt deutlich erkennen, daß es Col. nicht um bukolische Blumenästhetik, sondern um die Produktion einer Handelsware geht.

108) Nach der Sage ist das Sternbild des Krebses ein an den Himmel versetzter Krebs, der auf Veranlassung Heras den mit der Schlange von Lerna (bei Argos) kämpfenden Herakles gebissen hat (Eratosth. Catast. 88 ff. Robert; Hyg. astr. 2,33).

109) Fors Fortuna ist die altitalische Göttin des Erfolgs jeder Art (Ter. Phorm. 841; Eun. 134 u.a.; Radke a.O. 132). In Trastevere hatten sie zwei Tempel beim 1. und 6. Meilenstein der *via Portuensis;* dort pflegten ihr erfolgreiche Gewerbetreibende Votivgaben darzubringen.

110) Bacchus steht für sein Geschenk, die Rebe. Mit dem Schädling ist wohl die Wickelraupe gemeint, die in *de arb. volucra,* bei Cato, agr. 65 und Plin. 17,264 *convolvulus* heißt. Daß sie die Weiden beschädigt, ist ein Irrtum.

111) Robigus (m.) oder (nach Ov. fast. 4,509) Robigo (f.) ist eine der ältesten römischen Gottheiten, die den Getreiderost schicken oder verhindern konnte. Um sie zu besänftigen, wurde – angeblich seit Numa Pompilius – jeden 25. April das Fest der Robigalia mit Schaf- und Hundeopfer begangen (zur Erklärung des Hundeopfers s. Ov. a.O. 4,939 ff.; Plin. 29,58; Festus p. 358 M.).

112) Tages galt als Erfinder der Weissagungskunst (Cic. de div. 2,50).

113) Der mythische Arzt und Wundermann Melampus. Sein Lehrer Chiron, ein weiser Kentaur, war zugleich Lehrer des Achilleus.

114) Käuze oder Ohreulen.

115) Zunächst wohl der mythische Stammvater des troianischen Königshauses, von Späteren zum Erfinder der Magie umgedeutet, dessen Schriften Demokritos (d.h. wohl: Bolos von Mende) ausgegraben und erläutert haben soll (Plin. 30,9; Diod. 5,48,4; Clem. Al. protr. 2,13).

116) Stadt in Thessalien, Heimat des Iason, der mit Hilfe der Magierin Medeia das von einer Schlange bewachte Goldene Vlies aus Kolchis raubte. Iolkos steht hier metonymisch für Iason selbst.

117) Vgl. Anm. 38.

118) Die übliche Bezeichnung der Pflanze ist *tamnus*; es handelt sich um den Stock der wildwachsenden Schmerwurz oder schwarzen Zaunrübe (*Tamus communis* L.), auch *vitis nigra* genannt (André 310; 333).

119) Über Benennung und Aussehen der Pflanze s. Theophr. caus. pl. 1,10,4; Plin. 13,120; André 30.

120) Ganz ähnlich unterscheidet Plin. 19,61. – Zur Schlangengurke (*chelydrus*) s. 2,9,10; 7,10,5; 7,13,2; 11,3,48.

121) Zu den Gurkenformen vgl. 11,3,49 f.; Plin. 19,72; Pallad. 4,9,16. Die angebliche Bedeutung der Stelle, von der der Samen genommen werden soll, ist reine Spekulation ohne empirischen Hintergrund.

122) Das Attribut *Narycius* ist ein hübsches Beispiel gelehrter Anspielungstechnik in hellenistischer Dichtung; Col. übernimmt es aus Verg. Ge. 2,438; Vergil bezeichnet damit Harzbäume des bruttischen Silagebirges; ihm benachbart lag die griechische Siedlerstadt Lokroi, deren Gründer aus dem Gebiet um die mittelgriechische Stadt Naryka (Naryx) gekommen sind. Die Stadt selbst hat mit dem Harz nichts zu tun. Der vergilische Ausdruck hatte wahrscheinlich ein alexandrinisches Vorbild.

123) D.h. sie dienten Kindern als Schwimmblase (natürlich unaufgeschnitten und getrocknet); dies ist sonst nirgends bezeugt. Über Schwimmgürtel aus Binsen u.ä. vgl. Plaut. Aul. 595 f.; Hor. sat. 1,4,121.

124) Übersetzung der Farbangabe nach De Saint-Denis (vgl. seine Anm. S. 72 zu V. 389); sie kombiniert Beschreibungen von Prop. 4,2,43 (*caeruleus*) und Plin. 19,65 (*virides*). – Plinius erwähnt nur die schwere Verdaulichkeit dieser Gurke.

125) Tochter des Ikaros, die, nach der Ermordung des Vaters durch betrunkene Hirten von ihrem Hund Maera zu dessen Leiche geführt, sich das Leben nahm; sie selbst wurde als „Jungfrau", ihr Hund als „Sirius" unter die Gestirne versetzt.

126) Vater des Helios, doch oft mit ihm gleichgesetzt. – Zum Datum s. 11,2,58 *XIII Kal. Sept.* (20. August) *sol in Virginem transitum facit.*

127) Die Persea, die Frucht des in Abessinien heimischen, in Ägypten weit verbreiteten und seit der augusteischen Zeit auch in Italien bekannten Mimusopsbaumes (gute Beschreibung bei Theophr. hist. pl. 4,2,5; nach ihm Plin. 13,60 f.). Die Anspielung auf das „heimische" Gift geht auf eine vielleicht von Bolos von Mende erfundene Geschichte zurück: Der Baum sei wegen seiner giftigen Früchte von den Persern nach Ägypten gebracht worden, um die Ägypter zu vergiften; dort habe er jedoch nur gesunde und wohlschmeckende Früchte getragen. Vgl. Diosc. 1,129; Plin. 15, 45; Galen. 12,569 Kühn; vgl. Steier, RE XIX 943 f. –

Der folgende Satz bezieht sich dagegen auf den Pfirsich, der Anf. 1. Jh. n. Chr. aus Armenien oder Iran nach Italien gekommen ist.

128) D.h. Mitte September; vgl. 2,4,11.

129) Nach Plin. 15,70 nach einer Person benannt, die die Fruchtsorte in Italien eingeführt hat; ob in diesem Fall nach Livia, der Gattin des Augustus (vgl. die angebliche Vergiftung des Kaisers durch Livia mittels Feigen: Cass. Dio 56,30), ist fraglich.

130) D.h. aus Chalkis auf Euböa; s. 5,10,11; Varro 1,41,6; Plin. 15,71.

131) Die Feigen aus Chios rühmt schon Varro 1,41,6 wegen ihres Geschmacks und ihrer Saftigkeit. – *Caunea* ist eigentlich die Feige aus Kaunos in Karien, das offenbar ein Ausfuhrzentrum für getrocknete Feigen war. Hier steht *caunea* einfach für „Feige", wie schon bei Cic. de divin. 2,84 und *carica* bei Ov. met. 8,674; fast. 1,185 u.a.

132) Nach den chelidonischen Inseln vor der lykischen Küste.

133) Eine nicht näher bekannte Art mit wohlschmeckendem Fleisch (Plin. 15,69).

134) Nach Plin. 15,70 heißt sie *ficus abicerata*.

135) Das Vulcanus-Fest (*Volcanalia*) fiel auf den 23. August. Vulcanus (Hephaistos) heißt *tardipes*, weil er als Krüppel galt (s. L. Malten, RE VIII 333 ff.).

136) Beiname des Bacchus. In den folgenden Versen werden in Nachahmung des Hymnenstiles möglichst alle Namen des Gottes ausgesprochen.

137) D.h. P. Vergilius Maro.

138) D.h. ein Gedicht nach Art des Hesiod von Askra. Die Formulierung der beiden letzten Verse schließt sich eng an Verg. Ge. 2,175 f. an.

INDEX CODICUM

S = Leninopolitanus Clas. Lat. F. v. 1 (olim Sangermanensis)
A = Ambrosianus L 85 sup.
R = Hyparchetypus ex quo sequentes fluxerunt (hoc siglo signi-
    ficatur aut eorum omnium aut plurimorum aut potiorum
    consensus)
a = Laurentianus Plut. 53,32
b = Bibl. Brer. Mediol. A. D. XV, 4
c = Caesenas Malatestianus, Plut. 24 sin. 2
d = Laurentianus, Conu. Suppr. 285
e = Scorialensis R. I. 7
f = Mus. Brit. Add. 19903
g = Vallicellianus E 39
h = Vindobonensis Lat. 81 et 3144
i = Vaticanus Ottobon. Lat. 2059
j = Mus. Brit. Add. 17295
k = Laurentianus Plut. 53,24
l = Lipsiensis, Bibl. Univers., Rep. I, 13
m = Venetus, Marcianus 462
n = Vaticanus Ottobon. Lat. 1567
o = Vaticanus Ottobon. Lat. 1700
p = Laurentianus, Plut. 53,27
q = Laurentianus, Plut. 91 inf. 6
r = Vaticanus Lat. 1525
s = Laurentianus Strozz. 69
t = Bononiensis, Bibl. Univers. 2523
u = Vaticanus Urbin. Lat. 260
v = Vaticanus Lat. 1526
w = Vaticanus Lat. 1524
x = Gotoburgensis, Bibl. Univers., Lat. 28
y = Vaticanus Lat. 1527
z = Vindobonensis, Lat. 33

å = Mus. Brit., Lansdowne 833
ä = Parisinus Lat. 6830 A
ö = Parisinus Lat. 6830 B
ø = Mus. Brit., Harley 3556
ü = Parisinus Lat. 6830 C
æ = Laurentianus, Aedil. 168
œ = Morganensis 139
ą = Mus. Brit., Argundel. 81
þ = Walter 369
ç = Valentinus, Bibl. Univers., Lat. 651
đ = Neapolitanus, Lat. V A 7
ń = Neapolitanus, Lat. V A 6
ǫ = Oxoniensis, Bodleianus, Canon. Lat. Class. 305

B = Bambergensis misc. class. 55 (exc.)
F = Florentinus Laurentianus Plut. 29,19 (exc.)
G = Sangallensis N. 878 (exc.)
H = Monacensis Clm 4024 (exc.)
M = Ambrosianus C 212 (exc.)
O = Rostockensis, Manuscr. phil. 18 (exc.)
P = Parisinus Lat. 13955 (exc.)

α = ahk
γ = xüt(gnv œ þǫ)
κ = jucdq
φ = edwå
ψ = izä

Zum Befund der Überlieferung
s. Bd. I, S. 672 ff.